Premiere
Collection

中世イタリアの地域と国家
紛争と平和の政治社会史

佐藤公美

京都大学学術出版会

Stato e società locali nell'Italia del Medioevo.
La storia politica politica e sociale dei conflitti e della pace.

Hitomi Sato

Kyoto University Press 2012
ISBN 978-4-87698-224-0

プリミエ・コレクションの創刊にあたって

「プリミエ」とは，初演を意味するフランス語の「première」に由来した「初めて主役を演じる」を意味する英語です．本コレクションのタイトルには，初々しい若い知性のデビュー作という意味が込められています．

いわゆる大学院重点化によって博士学位取得者を増強する計画が始まってから十数年になります．学界，産業界，政界，官界さらには国際機関等に博士学位取得者が歓迎される時代がやがて到来するという当初の見通しは，国内外の諸状況もあって未だ実現せず，そのため，長期の研鑽を積みながら厳しい日々を送っている若手研究者も少なくありません．

しかしながら，多くの優秀な人材を学界に迎えたことで学術研究は新しい活況を呈し，領域によっては，既存の研究には見られなかった溌剌とした視点や方法が，若い人々によってもたらされています．そうした優れた業績を広く公開することは，学界のみならず，歴史の転換点にある 21 世紀の社会全体にとっても，未来を拓く大きな資産になることは間違いありません．

このたび，京都大学では，常にフロンティアに挑戦することで我が国の教育・研究において誉れある幾多の成果をもたらしてきた百有余年の歴史の上に，若手研究者の優れた業績を世に出すための支援制度を設けることに致しました．本コレクションの各巻は，いずれもこの制度のもとに刊行されるモノグラフです．ここでデビューした研究者は，我が国のみならず，国際的な学界において，将来につながる学術研究のリーダーとして活躍が期待される人たちです．関係者，読者の方々ともども，このコレクションが健やかに成長していくことを見守っていきたいと祈念します．

第 25 代 京都大学総長 松本 紘

目　次

序　章　　　　　　　　　　　　　　　　　　　　　　　　　　　　　　*1*

第1章　コムーネと広域秩序
　　　　── 12・13世紀ロンバルディア・ピエモンテの
　　　　　　都市間仲裁制　　　　　　　　　　　　　　　　　　　　*13*

はじめに　*15*
第1節　研究の現状と課題　*16*
第2節　12・13世紀のロンバルディアとピエモンテ　*19*
第3節　コムーネ間の合意形成　*24*
　　1. 協定実現の手順　*24*
　　2. 協定への参加者　*28*
第4節　ピエモンテ都市の相互関係
　　　　── アレッサンドリアとヴェルチェッリの事例から　*30*
第5節　都市間仲裁制の原理とミラノの役割　*34*
第6節　都市コムーネ間仲裁制の限界と農村部の問題　*42*
章括　*50*

第2章　《準都市》共同体の形成と発展
　　　　── カザーレ・モンフェッラートと在地紛争　　　　　　　*53*

はじめに　*55*
第1節　中世集落カザーレの形成と発展の概要　*63*
第2節　中世カザーレの共同体組織とその秩序形成・維持機能　*67*
第3節　村落間紛争と共同体形成
　　　　── カザーレとパチリアーノの紛争　*71*
　　1. 紛争の展開　*72*
　　2. 地域と紛争の主体　*77*

第4節　中世農村部集落における紛争の担い手　*80*
章括　*86*

第3章　代官と代官区
　　　　──14世紀ヴィスコンティ国家下のベルガモ　*89*

はじめに　*91*
第1節　ヴィスコンティ国家と地域をめぐる研究の現状と課題　*94*
第2節　ベルガモ農村・渓谷条例集に見るヴィスコンティ
　　　　国家代官と代官区　*100*
第3節　代官と在地社会の現実　*113*
章括　*124*

第4章　党派とミクロ党派
　　　　──14・15世紀ベルガモにおける在地的
　　　　グェルフィとギベッリーニ　*127*

はじめに　*129*
第1節　党派の構造　*141*
第2節　党派と在地的同盟網の展開　*148*
第3節　上からの平和と下からの平和
　　　　──ヴィスコンティ国家による党派掌握の試みと党派の
　　　　自立的秩序形成　*161*
第4節　"si poterant accipere de iure". 在地的紛争抑止と
　　　　平和維持の地域的試み　*176*
章括　*179*

第5章　在地的党派と地域形成
　　　　──14世紀のベルガモ領域アルメンノとイマーニャ渓谷　*181*

はじめに　*183*

目次

　第 1 節　中世アルメンノおよびイマーニャ渓谷における所有と
　　　　　支配　*187*
　第 2 節　境界紛争とコムーネ・教区・小教区　*196*
　第 3 節　党派と地域をめぐる在地的人的結合関係　*202*
　章括　*221*

終章　結論と展望　　　　　　　　　　　　　　　　　　　*225*

附章　研究史概観　都市コムーネから地域国家へ：
　　　移行の契機とその歴史的特質，そして国家の
　　　歴史の方法論　　　　　　　　　　　　　　　　　　*233*
　1．都市コムーネからの「移行」問題　*233*
　2．中近世イタリア地域国家論　*245*

あとがき　*259*
主要参考文献　*265*
欧文要約　*287*
索引　*301*

v

序　章

■「自治的共同体」から「国家」へ

　中世イタリア半島中北部の展開を特徴付けたのは，都市であった。古代ローマ時代のキウィタスにキリスト教会の司教座が置かれ，都市が政治・経済・文化と防衛の中核となった伝統を背景に，イタリア半島中北部では，カロリング帝国の分裂とその後の異民族による襲撃の混乱の渦中で，都市が秩序の再建を担ってゆく。これらの都市は，やがて自治都市として「都市コムーネ」と呼ばれる共同体を形成し，11 世紀にはその制度としての姿もはっきりしてくる。豊かな都市経済と長い伝統を背景に，中世イタリアには独特の高度な自治都市政治文化の花が咲く。これら自治都市共和国「都市コムーネ」の群生と，相互の競合，活発な交流こそは，中世イタリア史の紛れもない核であった[1]。

　イタリア半島中北部の都市は，それぞれの都市共和国が，都市領域の周辺に広がるまとまった農村領域を公権力として統治する領域支配の体制を確立した[2]。この点において，イタリア都市はヨーロッパの中世都市の中でも際立った特徴をなしている。都市的ダイナミズムと農村史の深く，分かちがたい繋がりに牽引されながら，その後これらの都市国家の多くは，単独の支配者，または支配都市を持つ地域国家（領域国家）のもとに包摂され，領域編成体としても，政治機構としても，新たな形に再編成されてゆく。都市とその支配下の農村，さらにはそのような都市の支配を受けない農村や山間部の共同体，領主貴族の支配地など，様々な独立した政治的主体が流れ込み，よ

---

1) 中近世イタリア史の基調に都市を置く見解を明確に打ち出した近年の邦語文献として，齊藤寛海・山辺規子・藤内哲也編『イタリア都市社会史入門　12 世紀から 16 世紀まで』昭和堂，2008 年。特に藤内哲也「序章　歴史の中のイタリア都市社会」同書，1-15 頁。亀長洋子『イタリアの中世都市』山川出版社，2011 年がある。

2) このような公権力としての都市コムーネ像を打ち出した概説に E. Occhipinti, *L'Italia dei Comuni. Secoli XI–XIII*, Roma 2000 がある。

り広い領域と構成員を統合する新しい国家体制をつくってゆくのである。ヨーロッパの中世後期は，各地に様々な形の「国家」が発達し，諸勢力の統合の場として形をなしていった時代であるが，都市と農村の独自の結びつきのもとに，「自治的」な「共同体」が政治的主権者として築いた経験の共有が国家の外郭を深く規定した場。それが中世中北部イタリアであった。イタリア・ルネサンスの文化的・経済的繁栄を支えた政治的背景は，これら地域国家の競合と共存にあった。つまり，ヤーコプ・ブルクハルトが称えたルネサンスの国家を生み出したのは，このような中世イタリア史だったのである[3]。

　本書は，この都市コムーネ時代から地域国家時代への移行，そして初期地域国家の形成の動きを北イタリアの事例に基づいて分析し，明らかにすることを目的としている。具体的な検討対象となるのは，現在のイタリア共和国ではロンバルディア州およびピエモンテ州の一部にあたる，歴史的ロンバルディア地域とその周辺の事例である[4]。この地域の大都市ミラノでは，自治都市共和国コムーネの内部から，やがてミラノと周辺の多くの都市を支配するヴィスコンティ家の権力が成長した。同家の支配地は，1395年に正式に神聖ローマ皇帝の授封を受けて「ミラノ公国」と呼ばれるようになるが，国家としての実態は公国としての名前を獲得する以前から発達しており，これは歴史家によって「ヴィスコンティ国家」と呼ばれている[5]。

　そのような地域と時代における，都市史，都市・農村関係史，国家史，等々と呼ばれる分野が交錯する場所に，本書は成立している。したがって本書では，古典的な政治史や制度史への関心とともに，広義の社会史的視点によるアプローチが随所に採用されている。各々の構成要素は，社会集団論，紛争社会史，共同体論等と呼ぶこともできる。また，それを実現する際の手法においては，ミクロストーリアと呼ぶこともできるだろう。だがそれは，本書がそれらを集めた結果成立したからではない。順番は逆であり，中世イタリ

---

[3] J・ブルクハルト，柴田治三郎訳『イタリア・ルネサンスの文化』中央公論社，1974年。
[4] 現在のイタリア共和国におけるロンバルディア州の州境は，中世に「ロンバルディア」と見なされていた地域と一致しない。G. Andenna, *Il concetto geografico-politico di Lombardia nel Medioevo*, in Id., *Storia della Lombardia medioevale*, Torino 1998, pp. 3-19.
[5] 本書第3章参照。

アという時代と地域への一つのまなざしが，いくつかの分析の手法を介して表現されているということに他ならない。

■歴史学における「遠い国」と「近い国」

現在，中世イタリアを対象に，都市の深い刻印を受けた社会の側から国家を論じるとは，どういうことか。日本のイタリア中世史研究は，20世紀の日本西洋中世史学の枠組みの内部に生まれた。しかし，戦後日本の歴史学における中世イタリア史の位置は周縁的であった。周知のように，日本の戦後史学を担った歴史家達の問題意識は，戦後の荒廃を乗り越えて近代的な民主主義社会を建設する，という市民社会の要請と密接不可分の関係にあり，「近代化」のモデルとしてのヨーロッパと日本の比較を前提として，西洋史学は日本戦後歴史学の中でも重要な役割を担っていた。その中で独特の位置を占めていたのが，中世都市論と国家論であった。しかしそのいずれにおいても，イタリアは典型的な近代的西洋の裏面としての位置付けを与えられていたと言える。西洋中世都市史研究の牽引役を果たした増田四郎は，イタリア都市には「古代的」要素や「封建的」要素が混在したため，平等な市民の団結した共同体の代わりに「政治的な権力のために絶え間ない分裂あるいは抗争」が生じ「専制的なタイラント」を生み出したと見なした[6]。また，国民国家を単位とした歴史叙述の伝統の中で，王権の伸張に注目し，国制史的水準における近代化論を展開した堀米庸三にとって，王権への権力集中による統一国家を実現しなかったイタリアは近代化過程における敗者であった[7]。

日本のイタリア史研究の広範な隆盛がおよそ1980年代以降の現象であることは偶然ではないだろう。近年，日本におけるイタリア史研究の軌跡を紹介した齊藤寛海氏は，イタリアを見る目の変化を「遠い国」「近い国」という表現で表し，イタリアは「日本にとり，かつては遠い国であった」と述べている[8]。即ち，先進国としてのモデルを提供しないという理由で，イタリ

---

6) 増田四郎『都市』筑摩書房，1994年（初版は1952年如水書房）。イタリア都市については同書第5章，「西洋中世都市の二つの型」，同書90-133頁。引用部は111頁。
7) 堀米庸三『西洋中世世界の崩壊』岩波書店，1958年。
8) 齊藤寛海「イタリアの歴史　日本におけるその研究」，齊藤・山辺・藤内編前掲書，263-280頁。引用は263頁。

アは長く歴史学的に研究する意味のない地域と見なされており，その関心の欠如がイタリアを「遠い国」にしたというのである。しかし歴史観の変貌とともに，イタリアは「近い国」になってきた。齊藤氏は，歴史認識の基本となる枠組みが，一国ではなく様々な水準の地域や「世界」となったこと，階級対立とは異なる対立の諸相が注目されるようになると同時に，社会史の重要性が広く認識され，歴史認識の深化をもたらしたことなどをその理由として指摘している。結果として，研究する意味のない地域や時代は存在しなくなり，イタリアもまた，そのような対象の一つとして，様々な動機によって見直され，いわば関心の対象外から対象内に移動した。こうして見ると，イタリア史研究の隆盛は，戦後史学との断絶の最も顕著な象徴であるようにさえ見える。

　ところで，この「遠い国」という表現に触れた時，私が最初に想起したのは，ジョルジョ・キットリーニが2003年に発表した *Un paese lontano*，文字通り「遠い国」と題する論文であった[9]。齊藤論文とキットリーニ論文は奇しくも，それぞれに日本とイタリアの，歴史家の研究対象との関係の一種の変貌を前提として書かれたものであったが，両者の「遠い」という言葉の指そうとする内容は非常に異なっている。しかし，この二つの議論の発生する土台は，それぞれの国の土壌と背景に応じて異なった表現をとりつつも，一つの共通の潮流に換言できるのではないかと私には思われる。*Un paese lontano* は，「過去が，我々の現在に比べて，『遠い国』である，という感覚が，今日，広まっている。乖離の感覚。それはまた，しばしば，配慮の不在という感覚である。」という一文で始まる[10]。

　キットリーニの言う「遠い国」とは，地球上のどこか遠いところに存在する国のことではなく，対象としての「過去」そのものの比喩的表現であり，ここでは対象＝過去との乖離の感覚と，そこへの関心の希薄さが問題になっているのである。過去の遠さとは，過去を現在への繋がりの意識から観ることを放棄した結果として生じた距離であり，キットリーニによればその新しい態度は「過去をあたかも遠い国であるかのように」，すなわち現代社会に

---

9) G. Chittolini, *Un paese lontano*, in «Società e storia», 100-101 (2003), pp. 331-354.
10) Ibid., p. 331.

おける問題意識を過去に投影することをやめ，距離をおき，「他者」として見ることを我々に強いる[11]。このような傾向は，キットリーニによれば，イタリアでも，1970年代以来の新しい潮流として生まれた。それは時代から時代への動態よりも一つの時代の内部の多様性に注目し，フィールドを拡大し，研究対象を伝統的には重要ではないと考えられていた様々な側面に広げていった研究史上の流れに属する。キットリーニは，これら諸研究の意義を評価しつつも，次のような問いを投げかける。過去の研究は，果たして時代と時代の間の，動態的な関係を捨象して行われ得るものなのか。過去の研究においては，現在という場所に規定された見方を排除することが，本当に必要なのか。時代の動態的変化を理解することは，不自由な固い解釈の枠組みに縛られることと同義ではないし，同様に，現在の問題意識を過去を見る目に反映させることは，決して不可避的に目的論的アプローチを招き寄せるようなものではない[12]。

　キットリーニによれば，歴史と私達の関係の変貌はむしろ，将来の展望や，社会に変化をもたらし得るのだという確信の喪失に関わる問題である。対して50年代，60年代の歴史家達は，それぞれの展望やイデオロギーは異なっていたものの，多くが歴史家の役割というものを市民社会的・政治的情熱との関わりの中で理解してきた[13]。もちろん，キットリーニはそこへ戻れと言っているのではない。歴史家の認識と史学史の関係を問題にしているのである。

　この50年代・60年代の空気を私は，いわばイタリアの戦後史学と呼ぶことができると思う。日本とイタリアの我々は，同じ戦争から20世紀の後半に歩み出した二つの国の市民同士であり，この事実は現在の我々の生き方を規定し続けている。戦後，両国の歴史学はよく似た場所に立ち，いわば同源の水を汲んでいたのである。そして，後述のように，内容も問題意識も大きく異なるものの，20世紀後半に育った歴史家達は，その批判や超克の過程を何らかの形で経験してきた。その意味で，日本の西洋史研究が出会ったイ

---

11) Ibid., pp. 332-333.
12) Ibid., pp. 333-352.
13) Ibid., pp. 352-353.

タリア史という対象は，実は新しくて古いのではないだろうか。

■ポスト国民国家の国家史へ

　新しくて古い，古くて新しいイタリア史の二つの顔は，現在の歴史学の中でどのように統合され，生きた役割を果たせるのだろうか。このように考えながら振り返ると，日伊両国の戦後の歴史学のあり方の顕著な違いに改めて注意を払わざるを得ない。近年，実に多くの日本の戦後史学に関する批判と総括，回顧の試みがなされてきたことは繰り返すまでもないが，その批判の最大の焦点の一つが国民国家という強固な準拠枠の無前提的再生産にあったことは確かであろう[14]。しかし近代に統一されたイタリアには，そもそも無前提の準拠枠になり得るような強力な国民国家という枠組みが，存在しないのである[15]。

　国民国家という準拠枠の批判とは，近代歴史学の方法論そのものの再考であり，突き詰めれば実証と解釈の方法，史料の選択と評価，研究者と史料，対象の関係という問題に辿り着く。1970年代以降のアナール派新社会史の仕事や，後述するイタリアのミクロストーリアの方法論は，これらの問題への方法論的返答であった。

　だが，そもそも近代歴史学の中で国民国家という枠組みが相対的な比重しか持たなかったイタリア史学においては，同様の方法論的批判が国民国家批判のみに収斂する，ということは，あり得ない。言い換えれば，あらゆる国家的なものへの言及が国民国家へ収斂する，という構造を，歴史的規定性によって持ち得ない歴史学。それがイタリア史学ではないだろうか。

　20世紀末の方法論的革新の試みを既に経た現在，イタリアを対象に，国家または国家的なものを歴史的に論じるということは，ポスト国民国家の国家史というものが，いかなる視覚を持ち得るのかを示し得る稀有な事例に臨

---

14) 例えば，歴史学研究会編『戦後歴史学再考 「国民史」を超えて』青木書店，2000年。西川長夫「戦後歴史学と国民国家論」歴史学研究会編前掲書，73-121頁。永原慶二『20世紀日本の歴史学』吉川弘文館，2003年。小関素明「岐路に立つ「戦後歴史学」── 歴史学にはいま何が求められているのか」『日本史研究』537号，2007年，41-58頁。

15) イタリアの歴史学研究における国家の枠組みの位置づけについては，ミラノ大学のジョルジョ・キットリーニ教授との対話より多くの指唆を得た。記して厚く御礼申し上げたい。

序章

むということである．そしてそのような歴史を，ヨーロッパ史の只中にありながら，一度たりともその「典型」や「モデル」と見なされたことのないイタリアを対象に，イタリアから行うということは，国民国家史とユーロ・セントリズムが独特の形で絡まりあっていればこそ生じた過去の歴史学の問題に，ヨーロッパの内部から向き合うということを指している．

かつて日本の西洋史学研究者が問いを受け取り，投げ返したのは日本の歴史家達に対してであり，研究対象である国や地域自体の研究史上の蓄積も，数量として限られていた．であればこそ，「西洋」の内部のどこかに「典型」や「モデル」を設定し，日本の国民国家史との間に独特の関係が形成されることがあり得たのではないだろうか．だが現在は，西洋史研究者とヨーロッパ現地の研究との交流の可能性が飛躍的に増大する一方で，西洋認識そのものが多様化している．そして一方の対話者である日本の歴史学界そのものが，一国史の枠組みを大きく抜け出す対話の努力を重ねている．このように変貌する歴史学界では，「日本」も「ヨーロッパ」も「東アジア」も決して固定的な準拠枠ではあり得ないはずである．国民国家批判やユーロ・セントリズム批判から学び取ったことを真実に生かし，これらの準拠枠の再生産に自覚的であり続けながら，過去と現在をより深く理解する —— そのためにこそ，私達は，自らの研究が明らかにする対象の多様性を，対話と議論を介して共有する努力を多方向に開いてゆくべきなのだ．

イタリアから中近世像を描くということ，つまりヨーロッパの只中から，自らの多元的現実を前提として，一国史観的近代主義にもユーロ・セントリズムにも批判的距離を置いた対話のための発信を試みるということが，その一環であり得ることを私は願っている．こうして筆を進める間にも，イタリアを一つの台風の目とする欧州の激変は刻一刻と進み，私達のヨーロッパ観と，その認識の土台の理解を変えてゆく．ヨーロッパという地域世界は，冷戦構造の崩壊とともに多極化した世界の地域構造の一極として重要な意義を担ったが，その比重の増大と，「一国史観」への批判はもちろん，歩みをともにしていたのである．その世界が再度急速に変容する現在のような時代にこそ，私達は改めて，過度の単純化も理想化も戒めながら開かれた目で来し方を振り返り続けることを通じて，自らの位置と方向を問うべきなのだ．

本書のささやかな研究は，このような課題に全面的に応えるものではむろん，ない。本書の一部が原型をなしたのは 1990 年代末であり，個々の部分が形成される過程は，統合欧州の 10 年間と歩みをともにしながら過去の歴史学を振り返る過程でもあった。私は現在それを，史料と，その史料が生まれ出，生きた地域とその歴史を，自分の歴史とともに歩いてみようとした，十分に言語化されない無自覚な活動の軌跡として振り返っている。上のような問いと願いは，その結果として育まれたものである。

■本書の方法と構成

　上記のような課題に答えるために，本書では以下，いくつかの視点を導入することを試みる。一つは，都市コムーネから領域国家への展開を，一都市領域を超えた広域的秩序の形成という問題として捉えることである。即ち，大都市による小都市の併呑と，都市コムーネの政治構造や政体の内的変遷の帰結としてのみ捉えるのではなく，複数の都市や地域的団体の間の関係の形成と広い意味での相互交流と捉え，そのメカニズムの動態的展開そのものにおいて展望する。このような相互関係は，戦争や様々な紛争とその解決，および平和と秩序形成の場において具体的に現れる。したがってその検討には，紛争論的視点の導入が求められることになる。

　ところで，歴史学的議論としての紛争論の対象は広く，その従来の研究史との関連のあり方も一様ではない。特に，上述した国家の歴史学と紛争論はどのように接合しているのか。近著『アルプスの農民紛争 ── 中・近世の地域公共性と国家』で紛争と中近世国家の問題を取り上げた服部良久氏は，紛争と紛争解決を社会的な共同行為とみなし，自らの紛争史研究が紛争と紛争解決のプロセスを「なお制度化されていない当該社会の秩序との密接な相互関係において考察すること」を課題とする，「紛争の視点から国家と社会を捉える」試みであることを述べている[16]。そのきっかけが日本中世史に

---

16) 服部良久『アルプスの農民紛争 ── 中・近世の地域公共性と国家』京都大学学術出版会，2009 年，引用は ii 頁。紛争史研究の研究史と方法については，同「中世ヨーロッパにおける紛争と紛争解決 ── 紛争解決とコミュニケーション・国制」『史学雑誌』113-3，2004 年，60-82 頁；同「中世盛期ドイツにおける紛争解決と国制」『京都大學文學部研究紀要』第 43 号，2004 年，91-211 頁；同「中世ヨーロッパにおける紛争と秩序 ── 紛争解決と国家・社会」『史

おける村落間紛争の豊かな研究成果にあったことは氏が同著で述べている通りである。日本の中世村落の「自力」の慣習を、自力救済、すなわち「フェーデ」と比較し、従来は貴族に限定されるものと捉えられていたフェーデを農村社会に探求することから生まれたのが同書であった。即ち紛争論と中世国家論の接合とは、フェーデ論と問題の枠組みの中核を共有しながらも、法制史の強い影響を受けたフェーデ論を社会史的視覚からより広い枠組みの中で捉え返す試みである。フェーデ論はそもそも、自力救済の制限を近代国家形成史上のメルクマールとみなす国家論と不可分の関係にある議論である[17]。このことは、法制史的フェーデ論から紛争社会史への視覚の転換、または紛争社会史からのフェーデ再考が、新たな枠組みに立脚する国家論そのものに他ならないことを示している。

　日本中世の村の「自力」を、ヨーロッパ史上の「フェーデ」概念を導入して理解したのは稲葉継陽氏であるが、氏の村落フェーデ論そのものも、日本中世史学において西洋史学との相互影響のもとに発展してきた、自力救済の制限と近世国家の成立をめぐる諸研究の上に成立したものであった[18]。国人一揆を領主レベルの地域的平和団体とみなし、そこから戦国大名権力の成立を論じた勝俣鎮夫氏や、豊臣氏の全国統一を交戦権の否定＝惣無事として理解した藤木久志氏らの諸研究は、日本の自力救済の制限を近世国家成立の契機として捉えるものであった[19]。これらの成果の上に立ちつつ、「自力」の主体としての村落共同体を、領主階級同様のフェーデの主体として位置付け、中世の自立的な権利主体＝政治的主体として理解するところに成立したのが「村落フェーデ」概念である。言い換えれば、フェーデ論と交接する紛争社会史による中世国家論は、究極のところ、中世における政治的主体は何

林』第88巻第1号、2005年、56-89頁；同「13世紀のドイツ北西部における紛争解決と政治秩序」『京都大學文學部研究紀要』第45号、2006年、61-190頁；同編訳『紛争のなかのヨーロッパ中世』京都大学学術出版会、2006年。
17）フェーデ論については、本書第4章参照。
18）稲葉継陽「中世史における戦争と平和」『日本近世社会形成史論――戦国時代論の射程』校倉書房、2009年、53-77頁（初出は1999年）。同「中・近世移行期の村落フェーデと平和」同書、98-126頁（初出は2000年）。
19）勝俣鎮夫『戦国法成立史論』東京大学出版会、1979年。藤木久志『豊臣平和令と戦国社会』東京大学出版会、1985年。

者であり，どのような形で政治的に行為するのか，という問いに帰着する。

本序論の冒頭で述べたように，他地域に類例のない都市の発達とその政治的主体としての重要性，都市と農村の独自の結びつきを前提に，中世の中北部イタリアでは，多様な政治的主体の共存と交流による歴史的経験の共有が，国家という形成物を徐々につくり上げていった。このような地域において，紛争論的アプローチによって国家的な場における主体に接近してゆく作業は，中世の国家と社会とそのダイナミズムの像を豊かにする上で一つの貢献をなし得るのではないだろうか。

このような「主体」の営みに可能な限り近接しつつ，より広い国家的秩序への問いを深めてゆくために，本書は地域の微視的な現実を対象として分析を進めるミクロストーリアの手法も随所に採用した。ミクロストーリアについての詳細は「附章」(249 頁) を参照されたいが，ここで一つ付言しておきたいことがある。「ミクロストーリア」(「ミクロヒストリー」「マイクロヒストリー」等，日本語への訳出・転記に際しては多様な表現が採用されているが，ここではイタリア語の発音をそのままに転記しておく) という方法論がカルロ・ギンズブルグらの著作を通じて，アナール派の「新しい歴史学」とともに日本の歴史学界に紹介されたのは比較的近年のことである。しかし日本の歴史学界には，ミクロストーリアという名称では呼ばれず，華々しい方法論的提起としての外貌も纏わずに脈々と営まれてきた，歴史を生きた人々と地域の現実に密着した研究の長い伝統がある。それは伊賀国黒田庄という山間地の「ひとつの狭い土地に起こった歴史」を，「人間が生き，闘い，かくして歴史を形成してきた一箇の世界」として描きだした石母田正の『中世的世界の形成』に始まる独自の歴史学である[20]。一方，上記の「村落フェーデ」の発見も，自力の作法と民衆の武力の日常を「村」の視点から明らかにしてきた豊かな研究の成果に他ならなかった。言うまでもなく，日本中世史研究の世界は広い。研究者達の視覚や問題意識も様々に異なり，研究史上，大きな紆余曲折も経てきた。筆者は決して，それを単純化してまとめようというのではないし，ミクロストーリアと日本の地域研究が異なることも理解してい

---

20) 石母田正『中世的世界の形成』岩波書店，1985 年 (初版は伊藤書店，1946 年)。引用部は 13 頁。

る。それでもなお，筆者にミクロな視覚による研究への契機を与えたものとして，日本の中世史研究から受けた刺激は大きい。本書はそのような日伊の経験を架橋する場所に成立しており，直接・間接に多くを日本中世史研究に負っている。

　以下，具体的に本書の構成を示しておきたい。第1章では，12, 13世紀コムーネ時代の紛争と平和の中における秩序形成の問題を，仲裁制の分析によって扱う。そしてその際に，都市を越えた領域を対象とする時に問題となる領域構造の動態を扱い，同時に都市・農村関係の問題を再考するために，第1章の紛争論的視点を継続的に用いながら，第2章ではルネサンス期地域／領域国家の領域構造にも特徴を与えてゆく《準都市》の共同体形成と発展を，在地的現実に密着した形で検討する。このような，紛争論と在地社会論から展望されるコムーネ時代の広域秩序を前提として，第3章から第4章にかけては，地域国家の初期段階である14世紀ヴィスコンティ国家において，国家と在地社会，及び在地的社会集団との関係を，紛争と平和への関与を介して論じてゆく。第3章ではヴィスコンティ国家の制度的新要素である代官制が，在地社会の紛争状態との関わりにおいて論じられる。そしてその在地紛争の主体となる在地的グェルフィとギベッリーニの党派の構造と動態，及び紛争と平和との関連が扱われるのが第4章である。最後に第5章では，これらの党派における具体的な人的結合関係や存在の諸相を地域事例に基づき検討する。即ち本書は，コムーネから地域／領域国家への移行過程を，紛争と平和を介して在地的秩序が広域的秩序へと接合してゆく一つの，広義の社会史的過程と捉え，その秩序形成のメカニズムとダイナミズムをそこへの参画主体 ── 都市，農村，共同体，党派，小地域 ── とその相互関係により接近した形で論じてゆこうとするものである。

　最後に，附章として，都市コムーネから地域国家への移行の問題と，中世イタリア国家研究に関する研究史概観の章を設けた。上述のように，比較的新しい分野である日本のイタリア史研究と，長い伝統を持つ多様なイタリアの研究史を交錯させる作業は，本来自分の力を超えていたかもしれない。しかし何らかの形で今後の研究に役立つことを願って，敢えて試み，本書末尾に付した。

第1章 コムーネと広域秩序

―― 12・13世紀ロンバルディア・ピエモンテの
都市間仲裁制

写真:アルクァータ・スクリヴィアの中世の塔

ミラノから,ジェノヴァを指して南へ下ると,トルトーナを境に世界が変わる。霧深いポー平野を背にして,リグーリアの海風の渡るスクリヴィア渓谷に入るのだ。1227年,ジェノヴァとアレッサンドリアとトルトーナの間で争奪が繰り広げられた城砦・アルクァータは,スクリヴィア渓谷のほぼ中心に位置する。古代のポストゥミア街道にそって発達し,中近世には神聖ローマ帝国に直属する「帝国封」としてスピノラ家に服し,ジェノヴァ共和国とミラノ公国の中間地帯を握る小独立国家であり続けた。帝国封はナポレオンのイタリア支配とともに廃止され,アルクァータはウィーン会議の結果サルデーニャ王国に編入された。1859年,同王国の内務相・ラッタッツィの法令によってアレッサンドリア県に移管されて以来ピエモンテ州に属するが,歴史的・文化的なリグーリアとの結びつきの深さが今も諸所に垣間見える。現在の中心部はミラノの仲裁による破壊後,再度の仲裁を経て1244年にトルトーナ司教に与えられた後に再建された中世の構造を残している。

背景写真:シモーネ・ピリスの公証人記録簿 ベルガモ国立文書館 (Archivio di Stato di Bergamo) 所蔵。掲載許可 PROVVEDIMENTO N.144

はじめに

　12世紀から13世紀，コムーネ時代の北イタリアは，自治都市国家や大封建貴族間の絶え間ない戦争状態を経験した。コンタード征服が進展し，領域をめぐる争いが激化するとともに，諸勢力は相互に同盟を結んで戦った。しかしこの極めて不安定な状況の中からも，やがて一種の協働関係が発達する。局面的な戦いを積み重ねる浮動的な状況から，一都市を越えた，より広域的な領域の内部で，秩序と安定を志向する段階へと移行していくのである。
　この一都市を越えた広域秩序の創出は，都市国家内部における単独支配者による統治の仕組み，すなわち「シニョリーア」の成立・展開とほぼ平行して進展した[1]。封建貴族の家系に出自して「シニョーレ」となり，急速に複数の都市に支配を拡大したエッツェリーノ・ダ・ロマーノやオベルト・ペラヴィチーノ，モンフェッラート侯，そしてシャルル・ダンジューらの出現には，シニョーレが単独支配者となるとともに，一都市を越えた領域支配を拡大する様相を端的に見ることができる。シニョリーアの法的基盤は多様であり，「ポデスタ」（執政官）や戦時における軍指揮官への就任，市内抗争における調停者としての受容など，個々の都市との関係は様々であった。これまでの日本の研究においては，このシニョリーアの成立と広域秩序形成の過程は，およそシニョーレによる上からの支配の拡大，そしてシニョーレと個々の都市や農村との関係の問題として取り扱われてきたと言える。
　しかし一方で，諸都市の間では既にコムーネ期から多様な関係が結ばれていたのも事実である。局地的・散発的な戦時の2都市間同盟から，フリード

---

1) 「シニョリーア」という言葉に対して，齊藤寛海氏は「非常大権執行官」という意訳を当てている。齊藤寛海「二つのイタリア」，北原敦編『新版世界各国史十五　イタリア史』山川出版社，2008年。都市共和国のシニョリーアへの移行と領域国家の形成に関しては，G. Tabacco, *La storia politica e sociale. Dal tramonto dell'Impero alle prime formazioni di Stati regionali*, in *Storia d'Italia, 2. Dalla caduta dell'impero romano al secolo XVIII*, Torino 1974, pp. 249-274; Id., *Egemonie sociali e strutture del potere nel Medioevo italiano*, Torino 1974, pp. 275-395; P. J. Jones, *The Italian City-State: from Comune to Signoria*, Oxford 1997, pp. 333-660. D. ウェーリー著，森田鉄郎訳，『イタリアの都市国家』平凡社，1971年，310頁；齊藤寛海「イタリアの都市と国家」『岩波講座　世界歴史8　ヨーロッパの成長』岩波書店，1998年，251-273頁。

リヒ1世のイタリア遠征時に実現し、以後皇帝の南下の度に更新された広域同盟であるロンバルディア同盟、他都市出身者を司法・外交上の長官に迎える「ポデスタ制」を通じての人的交流など、様々な形態の関係が存在した。このような先行する時代の都市間関係と、その内部からの変化は、シニョリーアへの動きとどのような関係にあったのだろうか。「シニョーレ」もまた都市政府の制度的枠組みの内部から生まれたものであり、都市間の関係性からも影響を受けざるを得ないことは言うまでもない。だが、より重要なのは、コムーネ時代が終焉を迎え、新しい領域国家が形成されようとする時に生じる秩序形成原理の変化との関連で、シニョリーアがどのように位置づけられ得るかという問題である。また、それが他地域の広域的秩序創出過程と比較して、どのような特徴を持っているかであろう。そこでは、コムーネ時代というイタリア史上の個性的な中世経験は、ヨーロッパ中世全体の中でどのような意味を持ち得るのだろうか。

　本章は以上のような問題を念頭に置きつつ、その前提となる、シニョリーアの展開に先行する12・13世紀北イタリアにおける都市、および複数の団体間の関係と、その内部にあった秩序形態の一端を明らかにしようとするものである。そこで第1節ではまずこの時代の都市間関係をめぐる若干の研究史の整理を行い、問題の限定を行いたい。

第1節　研究の現状と課題

　一般に、各都市や各地域によって異なる研究史的伝統を持つ中北部イタリアにおいては、コムーネ時代における一都市を超えた領域的な問題や、都市間の相互関係に着目した研究は決して多いとは言えず、日本のイタリア史研究においてもあまり注目されてこなかった。E. セスタンは、シニョリーアの起源を論じた1968年の論文で、既にシニョリーアが複雑に拡大した都市間関係の中で生まれたことを指摘していた。しかしセスタンは、早期の都市同盟を一時的なものと捉え、13世紀以降の党派関係の拡大をより重視し

第1章　コムーネと広域秩序

た²⁾。一方，都市間の関係そのものを問題にする研究の視点は，主として都市間の同盟関係に関するものと，ポデスタ制に関するものの二つに分けられる³⁾。都市同盟の中でも中心的に考察されてきたのは，フリードリヒ・バルバロッサのイタリア遠征を契機に結成された対抗同盟であったロンバルディア同盟の研究であり，これらはおよそ，同盟の平時における影響力の大小を評価することに焦点を当ててきた⁴⁾。この都市同盟の平時における秩序形成能力に対しては概して否定的な評価が与えられてきたが，一時的にせよ一定の結合力を維持し得たことを評価し，その要因を「ポデスタ制」の活用に求めた A. ハーファーカンプ，北イタリア全体には及ばずとも，隣接する諸都市間での権域の確定作業などを通じて，ロンバルディア同盟が局地的な秩序形成において一定の役割を果たしたことを評価した R. ボルドーネの研究は注目される⁵⁾。これらの研究の中では，組織としての同盟そのものの評価に

---

2) E. Sestan, *Le origini delle Signorie cittadine: un problema storico esaurito?* in *La crisi degli ordinamenti comunali e le origini dello stato del Rinascimento*, a cura di G. Chittolini, Bologna 1979, pp. 53-75.

3) ポデスタ制に関しては，E. Cristiani, *Le alternanze tra consoli ed i podestà cittadini*, in *Problemi della civiltà comunale: atti del congresso storico internazionale per l'8. centenario della prima lega lombarda (Bergamo 4-8 settembre 1967)*, a cura di C. D. Fonseca, Bergamo 1971, pp. 47-51; E. Artifoni, *I podestà professionali e la fondazione retorica della politica comunale*, in «Quaderni Storici», 63 (1986), pp. 687-720. E. Occhipinti, *Milano e il podestariato in età comunale: flussi di esportazione e reclutamento*, in «Archivio storico lombardo», (1994), pp. 13-37; G. Franceschini, *La vita sociale e politica nel Duecento*, in *Storia di Milano IV*, Milano 1954, pp. 115-212; *I podestà dell'Italia comunale. Reclutamento e circolazione degli ufficiali forestieri (fine XII- metà XIV secolo)*, a cura di J. C. Maire Vigueur, Roma 2000. 日本では，山辺規子氏による以下の研究がある。芝井（山辺）規子「中世中期イタリアにおける支配者層の諸相の比較研究」研究課題番号11610395，平成11年度～平成13年度科学研究費補助金（基盤研究(C)(2)）研究成果報告書，平成14年（2002年）。

4) ロンバルディア同盟研究の詳細な研究史については，佐藤眞典「西ドイツとイタリアにおける中世盛期研究 ―― フリードリヒ・バルバロッサとイタリア諸都市（一）（二）（三）（四）」『史学研究』第173号，第177号，第189号，第194号，1986年，1987年，1990年，1991年，70-79頁，78-85頁，43-52頁，82-90頁。同「フリードリヒ＝バルバロッサとミラノ市」『広島大学教育学部紀要』第Ⅱ部第10巻，1987年，11-26頁；同「フリードリヒ＝バルバロッサと破壊された中・小都市」『広島大学教育学部紀要』第Ⅱ部第12巻，1990年，1-14頁；同『中世イタリア都市国家成立史研究』ミネルヴァ書房，2001年。

5) ロンバルディア同盟は加盟都市間の合議機関として同盟会議を設定していたが，ポデスタはこの同盟会議に赴任先のコムーネからの代表として出席することができたため，同盟内で優勢を得ようとする都市は，複数の都市にポデスタを派遣してその都市の代表に据えることによって，同盟の意志をコントロールし，分解を防いでいたと考えられている。A. Haverkamp, *La lega*

限定せず,広域的な秩序形成を問題にする若干の視点が提出された。

この都市間の同盟関係の形成とポデスタ制の展開という二つの現象をふまえ,M. ヴァッレラーニは都市間の関係が抜本的に変化した重要な時期として,12・13世紀の独自の秩序を捉えた。注目されるのは,この時期に発展した都市間の関係の地域的特色が,その後の広域秩序を規定していったことを指摘した点である。北西部イタリアでその後に支配的な地位を獲得していくのはミラノであるが,ヴァッレラーニによれば,この地位の基盤となった重要な要素は,ミラノが周辺のコムーネ,とりわけピエモンテに対してこの時期に支配的影響力を確立したことである。ポデスタの相互派遣は都市間に緊密な関係を形成した。彼はそこでポデスタを相互に派遣し合う都市群には,ミラノを中心としたグループとクレモナを中心としたそれの互いに性質を異にする二つが生まれたことに注目した。ヴァッレラーニによれば,この二つは党派的な対立関係を持つのみならず,政治システムとしても異なる性質を持つものであった。クレモナが関係を結んだ諸都市は,パルマ,モデナ,レッジョ,パヴィア,ベルガモなど,ポー平野中央部の,さらなる領域的拡大の可能性が限られた諸都市であり,これらの比較的大きなコムーネのほぼ対等な関係に基づく協力関係をつくっていった。対して,ミラノは自らの影響力を周辺のコムーネに拡大していくことにより,一極的なシステムをつくりあげた。ミラノは主としてピエモンテ方面や周辺の小コムーネに干渉し,紛争解決における仲裁者として次第にその影響力を拡大し,事実上の上位裁判権保持者としての地位を確立した。つまり,ミラノはピエモンテに対して,圧倒的な影響力を持つ中心として,次第にその干渉力を強めていった,とするのである[6]。このように,ポデスタの巡回と紛争解決における仲裁を重視す

 lombarda sotto la guida di Milano (1117-1183), in *La pace di Costanza 1183: un difficile equilibrio di poteri fra società italiana e impero*, Milano 1984, pp. 159-178; R. Bordone, *I comuni italiani nella prima lega lombarda*, in H. Mauer (hg.), Kommunale Bündnisse Oberitaliens und Oberdeutschlands im Vergleich, Vortrage und Forschungen XXXIII, Sigmaringen 1987, pp. 45-61. また,G. ラッカーニは,同盟が法人格となり,長期的に役割を果たしたことを近著で評価している。G. Raccagni, *The Lombard League, 1167-122*5, Oxford University Press, 2010.

6) M. Vallerani, *La politica degli schieramenti: reti podestarili e alleanze intercittadine nella prima metà del Duecento*, in G. Andenna, R. Bordone, F. Somaini, M. Vallerai, *Comuni e signorie nell'Italia settentrionale: la Lombardia (Storia d'Italia 6)*, Torino 1998, pp. 427-453.

ることで，ロンバルディア同盟のような明確な機構を持たない都市間の恒常的な関係に注目し，一種の政治システムとして機能的に捉えたヴァッレラーニの視点は，本章の考察にとって有益な示唆を与えるものである。

　だがここで，ミラノが影響力を拡大する契機となった「仲裁」という手続きの本質を考慮するならば，そのような場でのミラノの活動を，個々の都市コムーネに対する個別的な干渉力の強化・拡大と直ちに等置することには慎重であるべきであろう。むろんミラノからの諸都市への影響力の拡大自体は否定すべきことではない。しかし，仲裁制はあくまでも当事者主義的問題解決の延長上にある。したがってミラノから見れば自らの影響圏の拡大である事態が，同時に，ピエモンテの諸勢力にとっては，ピエモンテ地域社会内部における平和の追求であり，地域社会の内実に即した，自生的な秩序創出過程の展開の帰結であったと言えるのではないだろうか。故に，仲裁制を広域秩序創出の前提として重視するならば，その具体的な実践過程において，地域社会内部の実態，すなわちピエモンテの諸都市，諸勢力の間の関係が持った意義を過小評価することはできない。

　そこで本章では，ピエモンテの地域社会には，都市コムーネや封建貴族の間にどのような関係があり，そこにはどのような秩序創出システムがあったのかを明らかにし，その上でミラノによる介入の位置付けを行っていきたい。

　以下では，第2節で当時のロンバルディア・ピエモンテ間の政治的・社会的状況を概観し，第3節・第4節で，ピエモンテ社会内部での諸勢力間の関係についての検討を行う。その上で第5節では，ここでミラノが果たした役割についての再検討を行う。ここまでの節は都市を中心とした考察になるが，第6節では都市間関係の狭間にあった農村部の実態を示す事例に触れつつ，地域社会の領域的秩序を農村部の観点からも意義付けることを試みる。

第2節　12・13世紀のロンバルディアとピエモンテ

　周知のように，フリードリヒ1世のイタリア戦争以来，12・13世紀の北

イタリアは帝国軍との戦争，および皇帝・教皇の双方の介入によって触発された，皇帝派・教皇派の党派を形成しての戦争を絶え間なく繰り返していた。しかしコンスタンツの和約成立による一時的な安定，その直後のハインリヒ6世の介入に続いて，この間の局地的な抗争とその後の平和の結果，反皇帝派の中心都市であったミラノは対外的には相対的な安定を確保し，以後13世紀の繁栄へ向かっていくことになる。この時期，商業を中心とした経済的発展を背景に，新興市民層がコンソリ貴族による市政の独占を打破し，新たな政治制度である「ポデスタ制」のもとで重要な役割を果たすようになっていく[7]。

　したがって商工業上の利益の保持が政治課題としての重要性を増したこの時期には，ミラノにとって，サヴォイを抜けてシャンパーニュへ至るフランチジェナ街道，またジェノヴァへ至る街道を確保することがかつてない重要性を持つに至る[8]。しかし，ピエモンテからフランスへの交通路を遮断するような形で，ミラノの西に勢力を拡大していたのがモンフェッラート侯であり，このモンフェッラート侯と，農村部への支配の拡大や様々な利権をめぐって相争っていたのが，成長途上にあったピエモンテの諸都市コムーネであった。一方都市コムーネ側からの農村支配の拡大の試みは，農村部の集落側からの都市コムーネへの執拗な抵抗を招き，モンフェッラート侯はこうした集落をしばしば軍事的に支援したため，都市と農村の間にも頻繁に戦争が繰り返された。こうしてモンフェッラート侯との対立関係を介して利害の一致が生じたミラノとピエモンテ諸都市との間には，自ずと結びつきが生じ，軍事的・経済的内容を含む個別の都市同盟が結ばれていったのである[9]。

　モンフェッラート侯に限らず，ビアンドラーテ伯，カナヴァーゼ伯，ロマニャーノ侯など，ピエモンテ地域には大規模な封建貴族が多数勢力を持っており，ハインリヒ6世時代にはこれらの貴族は多く皇帝権を支持してい

---

7) G. Franceschini, op. cit., pp. 180-181.
8) Ibid., pp. 151-161.
9) Ibid., p. 133. 例えば，アレッサンドリアのポデスタであったグリエルモ・デッラ・プステルラによって，ミラノの領域支配防衛を目的に，アスティとアレッサンドリアの同盟が結ばれている。

第1章　コムーネと広域秩序

た[10]。しかし1197年のハインリヒの死とともに，皇帝の支持を失った貴族達は都市コムーネとの妥協を図り始める。モンフェッラート侯ボニファッチョも拡大政策を放棄して，アスティ，アレッサンドリア，ヴェルチェッリらとの交渉を始めた[11]。皇帝派政策を放棄したのは封建貴族に限らず，都市の支配権をめぐって都市コムーネと競合していた司教も同様であった。ハインリヒ6世の下でスポレート公やアンコーナ侯と並ぶ最有力家臣として，あらゆる会議と遠征に従い活躍したヴェルチェッリ司教アルベルトも，皇帝の死後はむしろ一転して教皇派政策を採り，教会裁判官として活動している[12]。

同時期，他方ではリグーリアの大商業都市ジェノヴァが，その商業政策の一部を新たに内陸部に向けていた。ジェノヴァから見れば，フランスとレヴァントへ向かう街道の位置するピエモンテおよびロンバルディアに安全を確保することが必要であったであろう。ロンバルディア・ピエモンテ・リグーリアの間には，一層緊密化した頻繁な交渉が行われたものと思われる。こうして，個別的な都市間の戦争と同盟もまた繰り返された。ミラノが都市間で結んだ協定数を，次章でも扱うミラノ・コムーネ関連文書集（Gli atti del Comune di Milano）から数えると，一貫してピエモンテが多数を占めるが，1220年代にはジェノヴァやトルトーナとの協定が増加しているのが分かる[13]。

しかしピエモンテとロンバルディアをより深く結びつけたのは，フリードリヒ2世に対抗して更新された，第二次ロンバルディア同盟である[14]。イ

---

10) A. M. Nada Patrone, *Il Piemonte medievale*, in A. M. Nada Patrone, G. Airaldi, *Comuni e Signorie nell'Italia settentrionale: il Piemonte e la Liguria (Storia d'Italia 5)*, Torino 1968, pp. 1-362, p. 33.

11) G. Franceschini, op. cit., p. 137.

12) ヴェルチェッリ司教アルベルトの活動については，L. Minghetti, *L'episcopato vercellese di Alberto durante i primi anni del XIII secolo*, in *Vercelli nel secolo XIII. Atti del primo congresso storico vercellese*, a cura di Società storica vercellese, vercelli 1982, pp. 99-112.

13) *Gli atti del Comune di Milano fino all'anno MCCXVI*, a cura di C. Manaresi, Milano 1919; M. F. Baroni, *Prefazione*, in *Gli atti del Comune di Milano nel secolo XIII, vol 1: 1217-1250*, a cura di M. F. Baroni, Milano 1976, pp. XIX-XX. 両史料集から数えると，ピエモンテの関連文書は一貫して多いが，それまでほとんど見られなかったジェノヴァとトルトーナの関連文書は1226年から1230年の間に急激に増加している。

14) G. Franceschini, op. cit., pp. 214-269; M. Vallerani, *Le città lombarde tra impero e papato*

21

タリアで帝冠を受け，シチリア王国の支配を整備した後，1225年，フリードリヒは全ロンバルディアの諸都市に，翌年クレモナで会議を開く旨召集をかけた。しかし，1189年以後に発行されたすべての特許状の返納を命じたシチリアの事例をふまえ，コンスタンツの和約で保証された特権の無効化を恐れた都市側は，同盟を結成しての抵抗に及んだのである。1226年3月，ミラノ・ボローニャ・ブレーシャ・マントヴァ・ヴィチェンツァ・パドヴァ・トレヴィーゾの代表が，マントヴァに結集し同盟を発足させた。続いて4月7日にブレーシャで誓約を行った後，同月中にはヴェローナ・ピアチェンツァ・ローディが追加的に参加している。そしてイタリアに南下しようとしていた王ハインリヒの軍勢を防ぐため，ラガリーナ渓谷の封鎖を実施した[15]。

　この時の誓約には，ピエモンテの都市は直接参加していない。しかし，3月の同盟発足時にマントヴァで作成された文書には，「[マントヴァは]至高の創造主の名において，またミラノ・ボローニャ・ブレーシャ・マントヴァ・ヴェルチェッリ・アレッサンドリア・ファエンツァ・ヴィチェンツァ・パドヴァ・トレヴィーゾの名誉とよりよき状態のために，同盟に参加した[16]」とあり，この同盟が少なくともヴェルチェッリとアレッサンドリアの利益も同時に念頭に置きながら結成されたことが分かる。

　事実，ロンバルディア同盟はピエモンテの戦争にしばしば介入し，「教皇派」都市を支援している。1227年には，アレッサンドリアとアスティの戦争の休戦実現に介入し，さらに1229年には，「皇帝派」モンフェッラート侯やアスティに対抗するアレッサンドリアの求めに応じて援軍をさしむけている[17]。在地的な争いに支援を獲得する上で，ロンバルディア同盟はピエモンテのコムーネにとっても有益な存在だったのである。一方フリードリヒがグレゴリウス9世から破門宣告を受けたことも影響し，ピエモンテの諸勢

(1226-1250), in G. Andenna, R. Bordone, F. Somaini, M. Vallerani, *Comuni e signorie*, op. cit., pp. 455-480.

15) G. Franceschini, op. cit., pp. 210-211.
16) *Gli atti del Comune di Milano nel secolo XIII*, vol 1: 1217-1250, op. cit., n. 158, p. 238.
17) *Annales Placentini Guelfi*, in *Monumenta Germaniae Historica. Scriptores 18*, Stuttgart 1990, p. 449.

力は次第に反シュタウファー政策を固めていった。モンフェッラート侯やビアンドラーテ伯といった古参の皇帝派封建貴族に加え，後には再度皇帝派として基盤を拡充するエッツェリーノ・ダ・ロマーノも，一時はロンバルディア同盟に参加している[18]。

　1237年の帝国軍のコルテヌォーヴァの大勝は，中北部イタリアにおける一時的な帝権の伸張と同盟側の弛緩をもたらした。この時にはミラノの旧来の同盟都市であったヴェルチェッリも皇帝派に参加した。しかし，ミラノに派遣されていた教皇特使モンテロンゴの働きで，司教が保有していた裁判権を都市コムーネに委譲することを条件に，1243年，ヴェルチェッリは同盟に復帰する[19]。次いでビアンドラーテ伯，ノヴァラの参加を得，さらにジェノヴァやピエモンテの封建貴族を再度結集させ，フリードリヒがリヨン公会議で廃位宣告を受ける1245年には，ミラノを中心としたロンバルディア同盟は完全に勢力を回復していた。

　13世紀前半は，中部ロンバルディアの相対的な安定に比べ，ピエモンテでは皇帝の動向や都市内の政治的な情勢によって左右され，都市間の同盟関係はしばしば入れ替わる不安定なものであり続けたと言える。しかしより重要な点は，個々の同盟関係自体は不安定なまま，ロンバルディア・ピエモンテ，さらにリグーリアにまたがる関係の緊密化が，この時期に一層進んだということであろう。通商の維持や，それに伴う在地的な安全保障という点において，この傾向は顕著であった。

　この点をふまえれば，あくまでも不安定な同盟関係や紛争の繰り返しを前提にしながら，その内部で，このような共通の関心が生まれていったと考えられるだろう。次節では，ミラノの仲裁による休戦実現の事例をとり，在地的な問題や，都市間関係との連関を明らかにしていきたい。

---

18) G. Franceschini, p. 217.
19) G. Franceschini, op. cit., p. 252; P. G. Caron, *La giurisdizione ecclesiastica negli statuti medioevali del comune di Vercelli*, in *Vercelli nel secolo XIII*, op. cit., pp. 357–378, 特に pp. 369–370.

第3節　コムーネ間の合意形成

1. 協定実現の手順

　以下この節では，ミラノが参加して執り行った休戦協定を検討し，仲裁の手続きそのもののあり方や，そこでの仲裁者以外の当事者達の関与の仕方を明らかにしていきたい。史料としては，C. マナレージが編纂した Gli Atti del Comune di Milano fino all'anno MCCXVI と，M. F. バローニが編纂した Gli Atti del Comune di Milano nel secolo XIII, vol 1: 1217-1250 を主に用いる。これらの史料はミラノの市政府が関与した政治・外交・司法に関わる文書を可能な限り網羅的に収集し編纂したものであり，裁判文書や法令，特許状，書簡などがすべて含まれているという内容豊富なものだが，ミラノ市の文書館に保管されてきた文書は含んでいない。というのはミラノでは15世紀に文書の収容庫が破壊され，14世紀中葉以前に遡るものは完全に失われてしまったからである。そのためマナレージは教会・修道院の収蔵庫や，ミラノが何らかの関係を持っていた他のコムーネの文書館からミラノ政府の関与した文書を探し出す，という労多い作業によって文書の収集・編纂を進めた[20]。マナレージは1216年で編纂をうち切ったが，続く13世紀の文書を編纂したバローニもこの基本的な方法を受け継いでいる[21]。したがってこれらの史料集は，ミラノ政府の行動を考える上で完全な素材を提供するものとは決して言えない。しかし逆に，このような経緯のために，周辺のコムーネや聖界団体との関係を示す史料が多数収録されていることがこれらの史料集の特徴であり，複数の共同体間の関係を考察しようとする本書にとっては極めて有益であり，示唆に富むものと言える。

　まずは，都市間の休戦の手続きについて整理してみよう。1199年，モンフェッラート侯とヴェルチェッリ，アレッサンドリア，アスティの間で結ば

---

20) C. Mananesi, *Prefazione*, in *Gli atti del Comune di Milano fino all'anno MCCXVI*, a cura di C. Manaresi, pp. XIII-XVII.

21) M. F. Baroni, *Prefazione*, in *Gli atti del Comune di Milano nel secolo XIII*, op. cit., pp. XV-XXI.

第1章　コムーネと広域秩序

れた協定が，比較的詳細な記録を残している[22]。

　既に述べたように，この時期ミラノは商業の発展に伴い，主要街道の確保に力を注いでいた。ハインリヒ6世への対抗戦争の一環として戦われたコモとの戦争，そしてその結果の平和は，ミラノにアルプスへ抜ける北方の道を切り開き，ザンクト・ゴットハルト峠への接続を保障した。加えてこの時代に重要性を増していたのが，フランスおよびリグーリアへの接続であった。この方面に立ち塞がっていたのがモンフェッラート侯であり，この侯と対立を重ねていたピエモンテの諸都市，すなわちアスティ・ヴェルチェッリ・アレッサンドリアとの間の紛争は，ミラノとピアチェンツァの北方および西方への接続を危うくしていた。そこで1199年，ミラノとピアチェンツァの2都市が，モンフェッラート侯とアスティ・アレッサンドリア・ヴェルチェッリの諸都市との間に平和協定を成立させるべく仲裁を行ったのである[23]。

　ここで取り成された一連の協定は，実に慎重な，各々のコムーネ，または侯からの権限の委託の積み重ねによって行われている。手順は次のようなものであった。

① 1198年3月14日，モンフェッラート侯側から，ミラノとピアチェンツァの命令に従うことが誓約された[24]。
② 次いで同3月23日，アスティのポデスタが，ミラノ，ピアチェンツァ，アレッサンドリア，ヴェルチェッリの関係諸都市からの使節の立ち会いのもとで，ミラノとピアチェンツァの命令に従うことを宣言[25]。しかしこれにはアレッサンドリアとヴェルチェッリも同様の行動をとることが条件として付されていた。
③ そこで翌日にはアレッサンドリアのポデスタが，その3日後にはヴェルチェッリのポデスタが，「同都市のコムーネと評議会の名において」

---

[22] *Gli atti del Comune di Milano fino all'anno MCCXVI*, op. cit., n. 212, pp. 303–304, n. 213, pp. 304–305, n. 214, pp. 305–306, n. 215, pp. 306–307, n. 216, pp. 307–308, n. 217, pp. 308–309, n. 218, p. 310, n. 219, pp. 311–312, n. 220, pp. 312–314, n. 221, pp. 314–315, n. 222, pp. 315–317.
[23] G. Franceschini, op. cit., p. 133.
[24] *Gli atti del Comune di Milano fino all'anno MCCXVI*, op. cit., n. 212, pp. 303–304.
[25] *Gli atti del Comune di Milano fino all'anno MCCXVI*, op. cit., n. 213, pp. 304–305.

ミラノとピアチェンツアに権限を委ね，その命令に従うことを誓約[26]。
④　続いてその翌日3月28日，オットーネ・デル・カッレート，グリエルモ・デ・ブスコ，ビアンドラーテ伯ライネリオら封建貴族が，独自に，彼らとアレッサンドリア，ヴェルチェッリ，アスティとの争いに関してはミラノ・ピアチェンツアの命令に従うことを誓約[27]。
⑤　同日，ミラノとピアチェンツアの使節が休戦を命令。アスティもミラノ・ピアチェンツアに従うことを誓約[28]。
⑥　約3ヶ月後，6月13日，最終的に平和協定が成立[29]。

　ミラノとピアチェンツアが仲裁を行うことに，関係者全員が同意を与えているということが相互に確認され，両都市による仲裁が成立しているのである。また，各コムーネによる権限の委託そのものの実現は，その都度に評議会が開かれ，そこで権限委託の承認がなされ，全評議会員の名を記した文書が発給されてはじめて成立しており，コムーネの制度に従って合意・承認が確認されることが仲裁の成立に際して重要視されていた。ここで注目すべき点は，第一に②の段階で，休戦そのものの実現以前に，アスティからの権限の委託の場面にも，アレッサンドリアとヴェルチェッリからの使節が立ち会っていることである。仲裁者の選定を，当事者双方が事前に承認する手続きといえるだろう。次いで第二に，④で，この休戦の直接の当事者以外の貴族達の間にも，協定が取り交わされていることである。
　休戦協定の内容そのものは，基本的にはそれぞれの裁判管区内での相互防衛と，戦時の軍事的相互支援などを定めたものであり，休戦と新たな協力関係の形成が一体となっている。しかし，戦時の相互支援を定めた項の中で，相当数の例外規定が設けられていることが目を引く。まずはじめに仲裁者であるミラノとピアチェンツアが既に個々に結んでいた，コモ，ローディ，ノ

---

26) *Gli atti del Comune di Milano fino all'anno MCCXVI*, op. cit., n. 216, pp. 307-308; n. 217, pp. 308-309.
27) *Gli atti del Comune di Milano fino all'anno MCCXVI*, op. cit., n. 218, pp. 310.
28) *Gli atti del Comune di Milano fino all'anno MCCXVI*, op. cit., n, 219, pp. 311-312. n. 220, pp. 312-314.
29) *Gli atti del Comune di Milano fino all'anno MCCXVI*, op. cit., n. 222, pp. 315-317.

第1章　コムーネと広域秩序

ヴァラ，マラスピーナ侯，ボッビオ，ポントレモリ，およびロンバルディア同盟との友好関係はこの協定によっても損なわれることなく保持される旨が示され，続いてヴェルチェッリ，アレッサンドリア，アスティの諸都市は，特別に文書を提出し，例外規定の対象を指定している。ここで例外であるということの意味は，これらの地域に対しては，軍事的な相互支援協定の存在にも関わらず，モンフェッラート侯の側について攻撃する義務はないということであろう。例外規定の内容は次のようなものである。

　　アスティの人々は，この同盟のために，都市の内外に居住するアスティ市民，アスティの保有地と権域と裁判支配下のすべての人々，またアスティ司教，アルバの都市と人々，Cario と Testona, Advocatus de Montecuco, Obertus de Corconara, Henricus de Villalba とその兄弟，侯 Arditione の息子 Henricus, Savilianus Ramonisius, Robaldus de Brayda, Lanerio の領主とその領民，Masio の領民，Encesie の侯，Henricus Montis Bersari とその息子達，Mala Morte の領主，Grotus de Saunelio, Iacobus Corbellarius, Henricus Masrtorcius, Obertus de Marcio, Paxiliano の人々，アレッサンドリアとアレッサンドリアの人々と，ヴェルチェッリの都市と人々〔…〕に敵対しては，いかなる者をも支援する義務はないということを定めることを求める[30]。

　　アレッサンドリアの人々はアスティとヴェルチェッリとなした誓約または協定にも，Cassino の人々となした誓約または協定にも，また Busco 侯 Anselmus 殿と Dalfumus 殿と，アレッサンドリア市民である Ocemiano 侯と，Inciss 侯と［なした協定にも］，ジェノヴァの人々となした誓約あるいは協定とも，Gavio の侯となした誓約あるいは協定とも，Alice あるいは Barberio の城主達に対しても，Paxiliano に対しても，都市の内外に居住しているアレッサンドリアの市民に対しても，Maxio の人々に対しても，Busco の人々に対しても，Urba の人々にも，Frixinario の人々にも，Basaregacio, Cabriate の人々にも，Lanerio の人々にも，Ripalte の人々にも［反する義務はないということを］定めることを求める[31]。

　　ヴェルチェッリの人々は，［……中略……］またトリノとイヴレア，カザーレ，

30) Gli atti del Comune di Milano fino all'anno MCCXVI, op. cit., n. 222, p. 316.
31) Gli atti del Comune di Milano fino all'anno MCCXVI, op. cit., n. 222, pp. 316–317.

パチリアーノおよびすべてのヴェルチェッリに居住する市民と家臣，またヴェルチェッリの裁判権のもとにある者達を留保することを欲する[32]。

Lanerio, Masio, Paxiliano など，2 都市以上が関係している地域もあり，諸都市は互いに他の都市の利害関心や行動に大きな関心を持っていたものと思われる。いずれにせよ，これらの例外規定は，数多くのローカルな同盟関係がこの地域では結ばれており，複雑な利害状況を生み出していたことをよく示すと言えるだろう。このような状況の下では，一時的にせよそれまでの友好あるいは敵対関係になんらかの変更が生じた場合には，多くの関係者を巻き込む可能性が高いことは疑いない。協定は丁寧な権限委託の手続きを踏み，当事者や関係者の承認と誓約を得て成立していたが，在地的な利害状況の複雑さは，必然的にこのような手続きへの慎重な配慮を求めたものと思われる。このことは，複雑な利害状況が当事者間でのシステマティックな交渉の可能性をも生み出したことを示唆するものと言えよう。

2．協定への参加者

続いて，このような協定の場がどのような人々の参加によって成立していたかを確認しよう。というのは，協定文書の中には，直接の当事者や，各コムーネからの代表者以外が多数登場しており，一つの協定が結ばれる際に，どのような範囲の個人・団体が関心を寄せ，承認を与えていたかがここから明らかにされるからである。

① 1200 年 10 月 27 日には，ミラノとピアチェンツァの仲裁によってモンフェッラート侯とヴェルチェッリの平和が実現している[33]。ここでは，城塞集落 Visterni, Montisgrando, Magniani や，都市イヴレアに関して戦前にヴェルチェッリが持っていた権益が保証された。しかし，マルティーノ・ビッキエリとモンフェッラート侯の間の問題に関しては，個

---

32) *Gli atti del Comune di Milano fino all'anno MCCXVI*, op. cit., n. 222, pp. 317.
33) *Gli atti del Comune di Milano fino all'anno MCCXVI*, op. cit., n. 232, pp. 328-331.

別にミラノとピアチェンツァが継続的に扱うことが保証されている[34]。ヴェルチェッリからはコンソリ3名，使節8名の他に，14名もの出席者がいた。中に Aimus de Bondonno, Iohannes Bicherius など，著名な有力都市貴族の姿も見られる[35]。

② 1204年7月9日にはミラノのポデスタがピアチェンツァの同意を得て，モンフェッラート侯とアスティの休戦を命じている。ここではパヴィアから4名，アレッサンドリアからも3名ずつが立ち会っているが，内1名はアレッサンドリアのポデスタであった。さらに「その他多数の騎士と歩兵」が立ち会い，ブスコ侯，アクィとアルバのポデスタも誓約に参加している[36]。

③ 同1204年7月11日には，ミラノのポデスタがピアチェンツァのコンソレの同意を得て，モンフェッラート侯とヴァレンツァのコムーネのコンソレにパヴィア軍への損害賠償請求を放棄するよう命じている。ミラノからの証人が4名，ピアチェンツァから1名の他に，「その他多数の騎士と歩兵」が立ち会っている[37]。

④ 1204年8月20日，モンフェッラート侯とアスティの城主達，アルバ，アクィの城主達，ブスカ侯，サルッツォ侯とヴァレンツァ，対してアスティの都市コムーネの間の争いに関して，ミラノとピアチェンツァが2年間の休戦を成立させている。この命令にはアレッサンドリアのポデスタ，さらにパヴィア，アレッサンドリアの地名を付した人物と，「多数の騎士達と民衆」が立ち会っている[38]。

⑤ 1217年5月25日，ピアチェンツァとヴェルチェッリの平和では，そ

---

34) Ibid. p. 330
35) Ibid. pp. 330–331. Bondono 家，Bicchieri 家について は，G. Andenna, *Per lo studio della società vercellese del XIII secolo. Un esempio: I Bondoni*, in *Vercelli nel secolo XIII: atti del primo congresso storico vercellese, Vercelli, Auditorium di S. Chiara, 2–3 ottobre 1982*, Congresso storico vercellese, Vercelli 1984, pp. 203–225; C. D. Fonseca, *Ricerche sulla famiglia Bicchieri e la società vercellese dei secoli XII e XIII*, in *Raccolta di studi in memoria di Giovanni Soranzo. Contributi dell'istituto di storia medioevale, vol. 1*, Università Cattolica del Sacro Cuole, Istituto di storia medioevale, Milano 1968, pp. 207–264.
36) *Gli atti del Comune di Milano fino all'anno MCCXVI*, op. cit., n. 264, pp. 365–366.
37) *Gli atti del Comune di Milano fino all'anno MCCXVI*, op. cit., n. 266, pp. 367–368.
38) *Gli atti del Comune di Milano fino all'anno MCCXVI*, op. cit., n. 269, pp. 372–373.

の場にはミラノのポデスタと同コムーネの使節とともに，侯グリエルモ・マラスピーナ，トルトーナのポデスタと使節，アレッサンドリアのポデスタと使節，ピアチェンツァの裁判コンソレと商人コンソレなどが立ち会っていた。その他にも，ピアチェンツァの組合や，カザーレの地名を付した人物が立ち会っている[39]。

⑥　1227年11月9日，当事者となっている都市からは，アスティのポデスタと使節，ジェノヴァの使節，アルバの使節，アレッサンドリアのポデスタと使節，トルトーナのコンソリと使節が参加。その他に，トリノの使節が「コムーネの立場を代表して」出席している[40]。

　この中で，②④⑤⑥は，すべて直接の紛争当事者以外のコムーネから代表が派遣されている。すなわち，これらの事例には，いずれも直接の当事者ではないが，おそらく密接な利害関係を持っていた諸都市や諸個人の参加が見られるのである。このことから，都市間の仲裁活動は，紛争の非当事者を含む，なんらかの関心を持つ諸団体が関与しながら，その合意のもとに行われていたことが予想される。ここで，当事者とそれ以外の関係者の間につくられていた関係はどのようなものだったのだろうか。次節ではこの点を検討したい。

第4節　ピエモンテ都市の相互関係
―― アレッサンドリアとヴェルチェッリの事例から

　アレッサンドリアが神聖ローマ皇帝フリードリヒ1世への対抗上の拠点として，ロンバルディア同盟によって建設された都市であることはよく知られている。ヴェルチェッリはロンバルディア同盟の中核都市であったミラノを

---

39) *Gli atti del Comune di Milano nel secolo XIII.*, op. cit., n. 13, pp. 22–24.
40) *Gli atti del Comune di Milano nel secolo XIII.*, op. cit., n. 189, pp. 278–287.

支援し，アレッサンドリアの建設にも積極的に携わっていた[41]。

しかし，このような当初からの友好関係以上に，アレッサンドリアとヴェルチェッリを結びつけていたのは，一方では商業・交通に関わる利害関心と，他方では農村部の自立的な城塞集落に対する対抗関係である。このような関係を非常によく示す出来事に，1213年に行われたミラノ・ヴェルチェッリ・アレッサンドリアの3都市による城塞集落トルチェッロおよびコニョーロの共同購入がある[42]。この共同購入は，まさに戦争の一環として行われたものであり，こうした絡み合いの中にあった諸都市の様相を窺わせる。

トルチェッロとコニョーロはポー河畔の戦略上の要地であった。3都市中で中心となったのはヴェルチェッリであったが，これはヴェルチェッリ司教支配下で繁栄し，都市コムーネ・ヴェルチェッリの支配を望まず，1170年ごろからヴェルチェッリとの恒常的な敵対関係にあった城塞集落・カザーレに対抗するためであった。このカザーレが1212年にはモンフェッラート侯グリエルモ4世と同盟したため，ポー川の航行が妨げられる危険を感じたミラノとアレッサンドリアがヴェルチェッリと協力し，そこに城塞を建設する目的で1213年，在地の領主達からトルチェッロとコニョーロを共同で購入したのである[43]。

1213年2月13日，数人の立ち会いのもとに，上コニョーロとトルチェッロをミラノ・アレッサンドリア・ヴェルチェッリの共同保有の下に置くことが確認された[44]。後日，5月30日には下コニョーロも同様に売却され，授封による受け戻しがなされている[45]。ここでは3都市それぞれが「塔」の

---

41) F. Cognasso, *La fondazione di Alessandria*, in *Popolo e stato in Italia nell'età di Federico Barbarossa: Alessandria e la lega lombarda, relazioni e comunicazioni al 33. congresso storico subalpino per la celebrazione del 8. centenario della fondazione di Alessandria, Alessandria 6-7-8-9 ottobre 1968*, Congresso storico subalpino, Torino 1970, pp. 25-73.

42) *Gli atti del Comune di Milano fino all'anno MCCXVI*, op. cit., n. 367, pp. 486-490; n. 370, pp. 492-495; n. 377, p. 500; n. 380, pp. 501-503.

43) G. B. Adriani, *Prefazioni agli statuti ed altri monumenti storici del Comune di Vercelli dall'anno 1241- al 1335*, Torino 1877.

44) *Gli atti del Comune di Milano fino all'anno MCCXVI*, op. cit., n. 367, pp. 486-490.

45) *Gli atti del Comune di Milano fino all'anno MCCXVI*, op. cit., n. 370, pp 492-495.

「鍵」を引き渡され，「保有者のみならず，」「城塞の名においても」保有することが確認されており，ヴェルチェッリの旗のもとに，3都市が一つの城塞を共同保有することになっているのである[46]。同年4月にアレッサンドリアとヴェルチェッリの間で取り交わされた協定では，「城塞集落トルチェッロとコニョーロは，常にミラノのコムーネとアレッサンドリアのコムーネとヴェルチェッリのコムーネの間で共有され，不可分である。」とはっきりと規定されている[47]。

この最初の共同購入から次の5月の下コニョーロの購入の間の4月，ミラノを除いて，ヴェルチェッリとアレッサンドリアの間では同じ日に二つの協定が結ばれていた。ここでは，

> 先述の橋でアレッサンドリア・ヴェルチェッリ・ミラノの人々が支払った通行税は，橋と城塞の修復・防衛・維持のために充当されること。そしてその残額はヴェルチェッリ市とアレッサンドリア市の間で分割されること[48]。
>
> 下記の諸都市〔＝ヴェルチェッリとアレッサンドリアのこと。筆者注〕の共通の同意なしには，カザーレの人々との間に何らかの新しい協定を成さないこと[49]
>
> ヴェルチェッリとアレッサンドリアの人々は，ヴェルチェッリからアレッサンドリアおよびジェノヴァへ，またアレッサンドリアからヴェルチェッリへは，この橋の道およびこの橋またはトルチェッロとコニョーロの港を通って以外の通行を許さないこと[50]

とあり，トルチェッロとコニョーロの街道を共同で管理運営しながら，とりわけ通行税に関する利益を相互に保護することを約束している。

さらに1217年10月，アレッサンドリアとヴェルチェッリの間では，戦

---

46) *Gli atti del Comune di Milano fino all'anno MCCXVI*, op. cit., n. 367, pp. 486-490.
47) *Il libro dei «pacta et conventiones» del Comune di Vercelli*, a cura di G. C. Faccio, Novara 1926 (以下 *pacta et conventiones*), n. 4, pp. 5-6, 引用は p. 5.
48) *pacta et conventiones*, n. 1, pp. 1-3, 引用は p. 1.
49) Ivi.
50) Ivi.

第1章　コムーネと広域秩序

時の相互支援と同時に，民事・刑事双方に及ぶ司法と，犯罪者の処罰，追放に関しての協力を約束する協定が結ばれた。そして同日，別に主として軍事的な内容の同盟が結ばれているが，ここでは評議会決議を経たアレッサンドリアの指揮官の同意なく，ヴェルチェッリが開戦・休戦・平和を行うことが禁じられている。

　　アレッサンドリアのレクトールとその時の同市の裁判コンソリは，ヴェルチェッリとその裁判管区と権域の人々に，民事刑事に関わらず，その下で論究された係争に関しては，アレッサンドリアの人々に対してと同様にしてなさねばならない。そして，もしヴェルチェッリのコムーネが，なんらかの都市，ウニヴェルシタス，地域，カストルム，アレッサンドリアの市民でもなく裁判管区にも属さない人物に対して，追放し，あるいはフェーデ宣告を行った（dederit bannum vel diffidabit）時には，アレッサンドリアのコムーネは同様にして，ヴェルチェッリのレクトールあるいはその使節によって，アレッサンドリアのレクトールが要求されてから15日以内に，追放し，あるいはフェーデ宣告を行わなければならない。そしてその人物をアレッサンドリアの都市と裁判管区から追放するか，逮捕するかしなければならない。そしてもし［その者が］ヴェルチェッリの裁判管区の者であれば，もしヴェルチェッリのレクトールまたはその使節から要求されれば，…〔中略〕…要求されて後8日以内に引き渡さなければならない……[51]

　ここには処罰・追放処分とフェーデに関する協力義務までが含まれているのである。両都市は徴税・司法・軍事・警察という様々な領域にわたって緊密な関係を結んでおり，開戦・休戦や各種の協定においても相互の承認と合意が重視されていた。また，その際には評議会の合意が必要であることも確認されている。単なる軍事上の対抗同盟の域を超えた，日常的な密接な協力関係が示唆されていると言えるだろう。

　実際に，このようなコムーネ間の緊密な同盟関係は，ピエモンテでは珍しくない。ピエモンテのコムーネの間では，二つ以上のコムーネが単独のポデスタや政治組織を持つことを意図して作られる同盟がしばしば見出される。

---

51) *pacta et conventiones*, n. 7, pp. 8-13, 引用は pp. 8-9.

1204年にはキエリとトリノ,テストーナの間で,1209年にはアクィとアレッサンドリアの間で,1223年にアスティとアルバ,1228年にトリノとピネローロの間で,単独のポデスタを持つ,あるいは単一のキヴィタスを形成するという試みがなされている[52]。

　少なくとも,トルチェッロとコニョーロの共同管理を通じて利害を共有していたアレッサンドリアとヴェルチェッリに関しては,相互の関係を考慮する必要が常にあったと考えられる。ヴェルチェッリとアレッサンドリアは一つの事例にすぎないが,少なくともここでは,軍事・行政・司法・商業の各方面にわたる緊密な協力関係が両都市の間には築かれており,いずれかの都市がつくる都市間の関係の形成や変更は,双方の利害にとって重要な問題であったことが明らかになった。類似の関係が他の都市・コムーネ間にもピエモンテでは形成されていたことを併せて考えれば,ピエモンテでの都市間の協定は,これらの関係者が同意・承認を与えてはじめて実現し得たと考えられる。ここでは個別の都市間の結びつきと,それによって守られる利害がなによりも重視されていた。ミラノのピエモンテでの活動も,その枠の内部で実現していたと言えるだろう。

第5節　都市間仲裁制の原理とミラノの役割

　ここで,関係諸都市の参加による合意・承認による平和創出という形式がもった有効性の範囲を確認するために,1227年にミラノがアレッサンドリア・アルバ・トルトーナとアスティ・ジェノヴァとの間の戦争を終結させた協定について取り上げたい。ヴァッレラーニはこの協定を,ミラノのピエモンテに対する影響力の拡大をよく示す事例として取り上げ評価している。ここでは争いの対象となったカプリアータとアルクァータの二つの城塞は破壊され放置されるべきことが命じられており,農村部への処置について各都市

---

52) A. M. Nada Patrone, *Il Piemonte medievale*, in A. M. Nada Patrone, G. Airaldi, *Comuni e Signorie nell'Italia settentrionale: il Piemonte e la Liguria (Storia d'Italia 5)*, Torino 1968, pp. 1-362, 特にp. 11.

第1章　コムーネと広域秩序

コムーネに委ねず，直接的な言及がなされていることなど，ミラノからの裁定そのものは確かに強い内容を含んでいる[53]。しかし11月9日に発布されたこの協定への追加の裁定文には，

> ミラノのポデスタである Lanfrancus de Pontecanali 殿とミラノのコムーネの評議会は，アレッサンドリアのポデスタと，ポデスタがいない場合にはコンスル達が，常のように鐘の音によって評議会を召集し，Gavio, Montado, Amelio, Taxarollo, Pastorana, そして Gavio 地域へ至る街道を保持すべくジェノヴァのコムーネを支援することを誓約すべし，とした条項に関して，ミラノの評議会によって2度なされた他の命令と調停の後に，下記の命令と調停をなした[54]。

とあり，ここでもやはり諸都市コムーネからの委託の手続きが慎重に採られている。その上で，具体的な処置に関してもやはり極力当事者同士の納得の得られるような形での処置が採られていることにも留意したい。協定文中では次のように述べられている。

> ジェノヴァ市から，1人は裁判官であり他方はそうではない，2人の人物がアレッサンドリアのコムーネのために選ばれるべし。そして他に，1人は裁判官であり他方はそうではない2人が，ジェノヴァのコムーネのためにアレッサンドリア市から選ばれるべし。この4人は同時に一つの地域に集まり，ジェノヴァの人々がアレッサンドリアの人々に対してなす，また同様にアレッサンドリアの人々がジェノヴァの人々に対してなす，すべての問題と金銭の要求を聞き定めなければならない[55]。

> ジェノヴァ市のコムーネとアレッサンドリア市のコムーネは，良，法にかなった，3人の法律家をピアチェンツァから受け入れ，保持しなければならない。〔これらの3人は〕くだんのピアチェンツァの都市の評議会によって，次にきたる1月までに選出される。これらの法律家の下で，先述の問題は文書の拡張

---

53) *Gli atti del Comune di Milano nel secolo XIII*, op. cit., n. 189, pp. 278-287. M. Vallerani, *La politica degli schieramenti*, op. cit., p 442.
54) *Gli atti del Comune di Milano nel secolo XIII*, op. cit., n. 192, pp. 290-292. 引用はpp. 290-291.
55) *Gli atti del Comune di Milano nel secolo XIII*, op. cit., n. 189, p. 283.

35

なしに論究され議論されねばならず，またこれについては次の4月までに，彼らによって決定されねばならない。そしてこれらの法律家達は，法に従って，先述の問題を上の期限内に定めることを誓約しなければならない。彼らの，あるいは彼らの大多数の裁定と命令が先述の都市とその市民を義務付け，有効性を持ち，全員によって守られるように，そして先述の都市，すなわちジェノヴァとアレッサンドリアが経費をまかなうように[56]。

やはりあくまでもコムーネ制度の延長の上に当事者同士の合意が追求されていたことが確認できるだろう。協定の中核となったアスティとアレッサンドリアの間に戦端が開かれたのは1225年であった。まずはこの戦争の経過を確認してみよう。

■戦争の経過

先に見たように，アレッサンドリアはヴェルチェッリとともにミラノとは緊密な関係を結んでいる都市であり，ミラノはアレッサンドリアを支援し戦闘に加わっていた。他方のアスティは代表的な皇帝派都市であり，党派的な構造の上では，ミラノが大きな影響力を行使できるとは決して言えない都市であった。アスティを支援していたのは，当時アレッサンドリアと敵対していたジェノヴァである[57]。

この間，1226年にはフリードリヒ2世に対してロンバルディア同盟が更新されている。ミラノはやはりその中心的な都市であり，アレッサンドリアもここに参加していた。アレッサンドリア・アスティそれぞれからのミラノへの調停の委任に際しては，ロンバルディア同盟諸都市からの働きかけが大きな役割を果たしている[58]。しかし同盟外の都市であるアスティからの委任の実現に際しては，同盟からの圧力以外に，戦時にミラノがアスティから捕虜を獲得していたことが影響していたと思われる。はじめアスティから50人の人質を獲得したミラノは，これをアレッサンドリアに引き渡した。さらに2度目の戦闘でのアスティの敗北に際しては，アスティは800人も

---

56) *Gli atti del Comune di Milano nel secolo XIII*, op. cit., n. 192, p. 291.
57) G. Franceschini, op. cit., p. 224.
58) Ibid.

の捕虜を奪われることになった。これらの捕虜はほぼ全員，2年間にわたってアレッサンドリアの獄に投ぜられていたという。この2年の後，アスティは結局ミラノによる調停を受け入れた[59]。

しかしこの平和は永続しなかった。裁定内容をアレッサンドリアに有利とみたジェノヴァとアスティは，結局この裁定を受け入れなかったのである。そこで1228年，ロンバルディア同盟側からはアスティに2000マルク銀の罰金を課すことが宣告される一方，アレッサンドリアとジェノヴァの間では再度戦争が始まった[60]。この時ミラノは再びアレッサンドリアの支援を行っている。1227年の休戦協定には，ミラノはこの調停を受け入れた側を支援する，という条項が含まれていたからである[61]。アスティ・ジェノヴァ側にはモンフェッラート侯をはじめ，数人の封建貴族が援軍として加わった。1229年にはミラノとアレッサンドリアが再度，アスティ・モンフェッラート侯軍に大勝する。

ところが戦争はこの時点でも終わらなかった。ミラノとアレッサンドリアはさらに侵攻を進めた[62]。この間，アスティはモンフェッラート侯とサヴォイア伯を通じて，皇帝フリードリヒ2世にミラノに軍を向けるよう要請，フリードリヒは1230年ロンバルディアへ向かった。ミラノはロンバルディア同盟軍の支援のもとにモンフェッラートに侵攻し，侯とアスティに打撃を加え，そのまま軍勢をさらにピエモンテへと向けた。そしていくつかの城塞集落を獲得した後，最終的にはサヴォイア伯に大敗を喫し，この遠征は終了するのである[63]。

■休戦協定の論理

以上の戦争の経過から，1227年の休戦協定は実にあっけなく放棄されて

---

59) Ibid.
60) P. Vayra, *Cavalieri lombardi in Piemonte nelle guerre del 1229-30*, in «Archivio storico lombardo», (1883), pp. 413-422, p. 415.
61) *Gli atti del Comune di Milano nel secolo XIII*, op. cit., n. 189, p. 284; P. Vayra, op. cit., pp. 415-416.
62) P. Vayra, op. cit., p. 416.
63) Ibid., pp. 417-418.

おり，大きな拘束力は持たなかったことが明らかである。しかしそれ以上に，ピエモンテの在地的な紛争と，帝国軍を巻き込んだ広域的・党派的な抗争とがリンクし相互に影響を与え合いながら進行していたことが読み取れる。ミラノが行ったアレッサンドリア・アスティ間の戦争の調停は，このような戦争の途中経過だったのである。したがって，この協定の内容や，休戦のための調停が実現したということ自体の意味も，戦争そのものの中に置き直して考えてみる必要がある。

そこでまずは1227年協定の内部の論理を確認してみよう。この協定が，当事者であるアスティ・アレッサンドリア・ジェノヴァらによって，ミラノへの委託の慎重な手続きを踏んで実現していること，紛争当事者以外にも利害関係者の立ち会いが行われていることは既に述べた。つまりこれらの権限の委譲と承認とが，ミラノの権限を支える根拠である。

最初に挙げられているのは，ジェノヴァとアレッサンドリアの間の免税協定と主要街道の保全に関する協力関係の形成である。ジェノヴァとアレッサンドリアは，12世紀中には同じ内容の同盟を独自に結び友好関係を形成していたが，13世紀に入って新興都市アレッサンドリアの成長によって利害関係の衝突が発生していた。免税協定は旧来の友好関係の回復にあたる内容を含んでいる[64]。

この点も含めて，より一般的には，この協定は戦前の財産・権利状況の回復を目指していると思われるのである。さらにその中で，戦争の休戦とともに，訴訟その他の手段によるあらゆる紛争，権利請求の放棄を求める表現が繰り返し現れる[65]。

一部では，カプリアータ，アルクァータなど，在地的な紛争の焦点となった城塞集落の破壊が命じられている。しかしその一方で，カプリアータ・アルクァータの権利関係を確定するためには，当事者双方からの代表による協議が持たれるべく定められている。ミラノは，ジェノヴァとアレッサンドリアに，カプリアータ・アルクァータに介入することや居住することを5年の期間禁じているが，その保有する裁判権・財産権・支配権自体は保証されて

---

64) *Gli atti del Comune di Milano nel secolo XIII*, op. cit., n. 189, pp. 280-281.
65) Ivi.

いる[66]。

　即ち，一定の権利関係の確認と回復を済ませ，紛争の収束を目指すこと，そのためにはそれ以上の争いの繰り返しを回避することが求められていたのである。以上のことから，基本的にこの協定は，戦前の状態の回復と，加熱した戦闘の中で最大限両者の納得できる措置を目指して行われていると言えよう。

　しかし，この協定では，アルクァータの処遇をめぐる条項に対して，付加条項が加えられている。ここでは，仲裁者であるミラノに一定の役割を付与し，裁定に実行力を持たせるべく試みがなされているのである。

> 同様に，以下のように付加し，命じ，調停する。ミラノの会議が，ミラノから他に2人，善良な適任者を仲裁者に選ぶこと。この人達は，先述の2人の仲裁者とともに，4ヶ月以内にくだんの問題を聴き，定めるべし。そしてくだんの4人は，選ばれて後15日以内に，聴取を一緒に始めなければならない。そして先述の4人の仲裁者は，先述の問題を，先述の4ヶ月以内に，法とよき信義において決定することを誓約しなければならない。また，くだんのミラノの仲裁者は，誓約をなし，同誓約を他の2人の仲裁者にも誓約させること。そしてもし，先述の諸都市のいずれかが仲裁者を与え，選出することを望まない場合，またはくだんの仲裁者が誓約をしたがらないか，問題の決定に進みたがらない場合は，くだんの2人のミラノの者が，聴取し裁定することを望んでいる方の都市の人々とともに，先述の4ヶ月の期間以内に，聴取し裁定することができ，またそうしなければならない。そしてその4人あるいはその多数の裁定と決定は有効であり，すべてに関して，すべての人々によって，守られねばならない[67]。

　ここには，関係者の側から代表が選出されなかった場合には，仲裁者となったミラノが当事者の一方に代わって合議に参加し，決定を行い得ることが明確に規定されている。果たして5年後，関係者の中のトルトーナがここに定められた合議を拒否し，規定にしたがってミラノの参加によって裁定が

---

66) *Gli atti del Comune di Milano nel secolo XIII*, op. cit., n. 189, pp. 281-282.
67) *Gli atti del Comune di Milano nel secolo XIII*, op. cit., n. 189, pp. 285-286.

なされた。トルトーナはジェノヴァとの敵対関係のために一旦はアレッサンドリア側を支援して参戦していたが，同時に皇帝派にも属し，この戦争の外部ではミラノと敵対する側面も持っていたのである[68]。

しかし，この点をもってミラノの優位性が承認されていたとは言い難い。というのは，他ならぬトルトーナから，ミラノの裁定に対して意義申し立てが提出されているからである。トルトーナはここで，ミラノの裁定を受け入れることができない理由を丁寧に述べている。その内容からは逆に，仲裁はいかにして行われるべきか，という当時の観念の一端を垣間見ることができるのである。トルトーナはこの裁定が無効とされるべき五つの理由を述べた。

① 仲裁者は誓約して選ばれるべきではない。
② 〔当初〕選ばれた裁定者には，他の裁定者に問題を移管する権限はない。
③ ミラノから選ばれた裁定者が出した裁定は絶対ではない。なぜならトルトーナのコムーネは，その裁定を聞くべく要求もされなかったし，その場にもいなかったからだ。
④ ミラノにはトルトーナに対する敵対感情があるので，「仲裁から仲裁を取り去ってしまう」。
⑤ ミラノは皇帝の禁令下にあり，皇帝はミラノのすべての法的行為を禁じている。トルトーナは皇帝の臣下であるから，これを受け入れられない[69]。

即ち，当事者であるトルトーナ不在の場で，トルトーナの敵対者によってなされた恣意的裁定だ，というのがその根拠である。別言すれば，このような仲裁裁定は，当事者が参加し，直接聞いている場所で，いずれの側にも偏

---

68) トルトーナとロンバルディア同盟，皇帝の関係については，C. Goggi, *Per la storia della diocesi di Tortona. Raccolta di notizie storiche: dalle origini a Federico Barbarossa*, vol 1, Tortona, 2000 [stampa anastatica 1963], pp. 252-253.
69) *Gli atti del Comune di Milano nel secolo XIII*, op. cit., n. 285, pp. 408-410.

らず，恣意を廃して行われるべきという観念があり，トルトーナはここでのミラノの裁定をもそのようなものとして認識していたのである。もちろん現実には，様々な思惑や力関係の入り込む余地があった。しかしここではミラノの行動は，一方に偏った党派的行動と認識され，拒絶される余地を残していた。原則的には，当事者の合意・承認が必要だという理念は，ここでも生きていたのである。

　既に見たように，この裁定をアスティとジェノヴァは受け入れず，戦闘はさらに継続している。ここでこの戦闘そのものの一連の経過の中に，仲裁裁定の設定・実現・放棄といった過程を置き直してみよう。

■戦争遂行としての休戦

　協定の中にはアスティの捕虜に言及した部分がある。ミラノとアレッサンドリアは，アスティから大量の捕虜を獲得し，2年にわたって獄に留めていた。その獄舎はトルトーナ，アルバ，トリノ，ジェノヴァ，アスティ，アレッサンドリアと各地に分散していたようであり，その解放にも煩雑な手続きを要したものであろう。また当然ながら，捕虜の解放には多額の保釈金が必要であった。ミラノはこの保釈金をかつての半額相当に引き下げ，かつどの都市の獄であろうと支払いさえすれば解放されるべきことを定めている[70]。ロンバルディア同盟にとっては敵方であったアスティがミラノに調停を委託した背景には，この捕虜をめぐる取引があったと思われる。このように，形式的には慎重な権限の委託と合意に基づく調停も，一種の取引が支えていたのである。

　この調停を結局ジェノヴァとアレッサンドリアは受諾していない。しかし調停の内容には，「もしいずれかの都市が命令を守らなかった場合には，ミラノのコムーネは，〔命令を〕守ろうとしている他の都市に，持てる城砦と力を与えねばならない。」という一文が含まれていた[71]。

　これを根拠にミラノはアスティに罰金を課した上，さらに戦闘を継続しているのである。そしてアスティとの戦闘に留まらず，アルクァータでの在地

---

[70] Ibid., n. 189, p. 284.
[71] *Gli atti del Comune di Milano nel secolo XIII*, op. cit., n. 189, p. 284.

的な紛争に結びついていった。ここでは仲裁裁定そのものが，ミラノの援軍を得てのアレッサンドリアの戦闘の継続を正当化する道具となっているのである。

先述した，トルトーナからの意義申し立てにおいて明らかに見られるように，仲裁裁定はいかに行われるべきかという理念は存在し，共有されていた。それ故に，仲裁裁定に従っているという形式を採ることは，一つの正当性の根拠として機能したのではないだろうか。

したがって，ミラノによる仲裁裁定は，そのものが戦争遂行の中の一過程であったと言えよう。ミラノからの規定に見られる，強い干渉力を窺わせる内容をもたらしたのは，この場合，一方の当事者との利害の一致である。他方，トルトーナの反論に見られるように，他方の当事者は，自らの承認の必要性を論拠とし，このような裁定を不当として拒否することができた。そしてさらに拒否に対する制裁として戦争は継続されていったのである。ミラノによる調停の場の設定は，ピエモンテの諸都市が局地的な戦争を遂行するプロセスの一環，即ちその手段の一つだったと言えよう。したがって，ピエモンテの地域社会内部につくられていた多様な関係が，地域的な秩序創出に際して果たした役割もまたより大きく評価されるべきであろう。

ここでは，一見矛盾するかに見える，ミラノ側からの強力な干渉と，当事者間の合意と承認という原理の追求は，相互に排他的なものではない。むしろ，仲裁制という在地の秩序形成に関わる慣行が，過熱する戦争状況において繰り返し実践され，戦術の一環としてより大きな有効性が求められていくようになる動きの内部から，仲裁者の権威と干渉力が高められていったと言えるのではないだろうか。

第6節　都市コムーネ間仲裁制の限界と農村部の問題

ヴェルチェッリ，アレッサンドリア，アスティとモンフェッラート侯の平和が実現した1198年前後は，ピエモンテでは本格的な「自由ボルゴ」や「新

ボルゴ」の建設政策が着手されはじめた時期でもあった[72]。ヴェルチェッリはとりわけこのボルゴ政策に熱心であり[73]、一方の侯側も、既存の城塞集落や農村の領主権からの解放を進めることで自らの影響下に取り込み、拡大を図る都市コムーネに対する政策を採っていた。つまり13世紀には、封建貴族、とりわけモンフェッラート侯と都市コムーネの緊張関係の中で、ピエモンテの地政は絶えず変化していたのである。

　ミラノによるピエモンテへの介入が、ピエモンテの諸勢力によるローカルな利益追求への参画であることは先に見たが、この時期のピエモンテの在地的な関心の中心には、軍事的・経済的拠点となる農村部の城塞の獲得や建設による領域政策、すなわち農村支配の拡大と安定化があった。また、ボルゴ政策展開の一方で、既存の有力な農村集落側は、支配権を主張する都市に対して、有力な貴族と直接結びつくことによって相対的な自立を維持し、貴族側からのシニョリーア支配拡大の基盤としても重要な役割を果たしつつ、政治的・経済的成長のための支援を得るという傾向も見られる[74]。つまり13世紀には、封建貴族、とりわけモンフェッラート侯と諸都市コムーネ間の緊張関係の中で、農村部はこれら相互の関係を規定する上でもより重要な役割を担うようになっていったのである。本節では、最後に農村部の観点から、都市間の仲裁制による平和創出を評価しなおしてみたい。農村部は、個々の都市との関係においてのみならず、より広域的な都市間関係の中でどのような位置に置かれていたのだろうか。

　1217年5月、ピアチェンツァとミラノは、パヴィアとの平和をなし、相

---

72) 都市コムーネが既存の城塞集落住民に、領主支配からの解放を承認したものが「自由ボルゴ」、新たに建造した城塞集落が「新ボルゴ」であるが、いずれも都市コムーネの領域政策の拠点となった城塞である。ボルゴ研究の嚆矢は G. Fasoli, *Ricerche sui Borghi Franchi dell'alta Italia*, in «Rivista di storia del diritto italiano», 15 (1942), pp. 139-214. 近年のボルゴ研究の成果として *I borghi nuovi: secoli XII–XIV*, a curd di R. Comba, A. A. Settia, Cuneo 1993; *Borghi nuovi e borghi franchi nel processo di costruzione dei distretti comunali nell'Italia centro-setentrionale (secoli XII–XIV)*, a cura di R. Comba, F. Panero, G. Pinto, Cherasco-Cuneo 2002; F. Panero, *Villenove medievali nell'Italia nord-occidentale*, Torino 2004.

73) ヴェルチェッリのボルゴ政策については、R. Rao, *Proprietà allodiale civica a formazione del distretto urbano nella fondazione dei borghi nuovi vercellesi (prima metà del XIII secolo)*, in Borghi nuovi e borghi franchi, op. cit., pp. 357–381.

74) A. M. Nada Patrone, *Il Piemonte medievale*, op. cit.

互に攻撃せず，互いの敵と同盟しないことを協定した[75]。その後ヴェルチェッリは，自らがパヴィアとなす平和に関しては，その権限をミラノのポデスタに委託することを約束している[76]。続いて同月にピアチェンツァとヴェルチェッリの間に平和がなされたが，その場にはミラノのポデスタと同コムーネの使節とともに，マラスピーナ侯グリエルモ，トルトーナのポデスタと使節，アレッサンドリアのポデスタと使節，ピアチェンツァの裁判コンスル，商人コンスルなどが立ち会っていた。その他にも，ピアチェンツァの有力貴族や，地名のカザーレを付した人物が立ち会っている[77]。

しかし，ここでは協定の適用範囲の限定に最大限の配慮がなされていた。ミラノとピアチェンツァは既にパヴィアとの平和をなしていたので，そのピアチェンツァとヴェルチェッリの協定は，自動的にパヴィアとヴェルチェッリの平和をもたらすものであった。したがってヴェルチェッリとパヴィアの間の損害賠償も要求される可能性があったのであろう。ピアチェンツァは，損害賠償の対象が今回の戦争中に発生したものに限られることを確認し，したがって，両者の間で争われている集落ロッビオに関しては，ミラノによって出された裁定は損なわれないこと，それ故にこのミラノによる裁定に従って，ヴェルチェッリの人々がロッビオに関して，パヴィアの人々の保有を侵害したとしても，ヴェルチェッリの人々はこのピアチャンツァとヴェルチェッリの間の平和を破壊したとはみなされず，したがってピアチェンツァには仲裁の義務はないこと，等が確認されている[78]。

ここに登場する「ロッビオ」は，ヴェルチェッリとパヴィアの間で領有権をめぐって争われていた一城塞集落である。「ミラノによって出された裁定」とは，1205年，ロッビオの領有をめぐって，ヴェルチェッリとパヴィアの間の訴訟がミラノの法廷に持ち込まれた際に出されたものであろう[79]。

---

75) *Gli atti del Comune di Milano nel secolo XIII*, op. cit., n. 8, pp. 14-17.
76) *Gli atti del Comune di Milano nel secolo XIII*, op. cit., n. 10, p. 19.
77) *Gli atti del Comune di Milano nel secolo XIII*, op. cit., n. 13, pp. 22-24.
78) Ibid.
79) *Gli atti del Comune di Milano fino all'anno MCCXVI*, op. cit., n. 285, pp. 393-397. ロッビオについては，L. Croce, *Le pievi vercellesi sulla sinistra della Sesia: territorio, istituzioni e insediamenti. Robbio*, in «Bollettino storico vercellese», 50 (1998), pp. 5-39.

この問題が持ち込まれたのはこの年が初めてではなく，既にミラノの法廷からは両都市に繰り返し文書提出命令が出され，中間判決も出されている。同年の訴訟はその最終的な裁定にあたるものであり，問題の紛糾が窺える。1202年には，既に一度ミラノの法廷から両当事者に対して証拠文書提出命令が出されており，ヴェルチェッリ側からは文書によってヴェルチェッリ市民である一領主の保有が主張されていたが，パヴィアはこの主張を認めていなかった。同年の12月にはパヴィアからの反論がなされているが，そこでの根拠は次のようなものであった。

　　〔ヴェルチェッリの代表であるジョルダーノ・デ・サベッロは代表にふさわしくない。というのは，〕代表委任の文書の中には，ヴェルチェッリのウニヴェルシタスの二つの党派が，先述のジョルダーノを代表に任命したということが発見されないからだ……[80]

　その後1205年，改めて弁論の機会が設けられた。12月1日，ヴェルチェッリの代表としてはジョルダーノ・デ・サベッロが，他方パヴィア側の代表としてはピエトロ・マルチェッロが，それぞれ当事者席に立ち，双方の主張を展開している。まずはヴェルチェッリの側が，パヴィアのコムーネがロッビオの城塞を現在保有していることについての苦情を訴え，ヴェルチェッリに対して損害補償と城塞の返還を要求した。というのは，第一にヴェルチェッリが戦争において実力で奪取し保有しており，このロッビオを保有する世俗領主グイド・デ・ロッビオはヴェルチェッリに対して正式に全評議会員を前にして城塞の譲渡をなしていたからである。その結果ロッビオは領主グイド・デ・ロッビオとヴェルチェッリのコンソリの共同保有物とされていた。

　ではこの城塞集落ロッビオと，もう一方の当事者パヴィアの間には，いかなる関係があったのだろうか。ヴェルチェッリの代表ジョルダーノは，ひとたびヴェルチェッリが「暴力で」奪ったロッビオをさらにパヴィアが「暴力で」奪取し，不法に占有していると主張する。これに対してヴェルチェッリ

---

[80] *pacta et conventiones*, n. 20, pp. 38-39. 引用は p. 38.

はロッビオの奪回に向けて再び軍事行動に訴えた。

　が，これに対してパヴィア側の反論はいささか赴きを異にするものであった。パヴィアの代表ピエトロはこのように主張する。

　　［……中略……］くだんの城塞の裁判権はパヴィアのコムーネ，あるいはウニヴェルシタスに属する。そして〔パヴィアは〕その裁判権を，長期にわたって何らの問題なく行使し，訴訟を処理し，ロッビオの騎士および歩兵を持ってきた。というのは，ヴェルチェッリとロッビオの間に置かれている，スタッフォロと呼ばれる石のあるところまで，パヴィアのコンタードは広がっているからである。そして前述のグイドとその親族は，パヴィアの騎士であり市民でありカピタネウスであり，〔過去においてもそうで〕あった。そしてその家臣は，パヴィアの騎士や家臣と同じように，長きにわたってパヴィアのために従軍してきたのである[81]。

　ここでは数世代にわたる従軍の事実を根拠にパヴィアへの帰属が主張されている。しかし，この論述において興味深いもう一つの点は，ピエトロが「パヴィアの騎士」や「カピタネウス」のみならず，ヴェルチェッリの人々の行動にも言及している点である。ピエトロはこう述べる。

　　……またくだんの城塞にいたヴェルチェッリの人々もまた，パヴィアの人々がロッビオに近づいた時，ロッビオ地域に放火しその人々を傷つけ，殺害し，捉えようとして彼らを侮辱した。さらにくだんの城塞にいたヴェルチェッリの人々は，公にこのように言い，認めている。彼らは今やグイド・デ・ロッビオに服しているのであって，ヴェルチェッリのコムーネにではない。そしてくだんの城塞はパヴィアのコムーネのものであることをよく知っている，と。同様に，この城塞にいたヴェルチェッリの人々は，自らの意志により自発的に，強いられることなく，パヴィアの人々が中に入れるように，城塞を解放し粉砕して，彼らの手をとり城の上方へ上るのを手助けし，自らの武器を彼らに手渡して，同城塞を，パヴィアのコムーネあるいはウニヴェルシタスに返還した，と

---

81) *Gli atti del Comune di Milano fino all'anno MCCXVI*, op. cit., n. 285, pp. 393-397, 引用は p. 394.

断言した[82]。

　ヴェルチェッリの人々が公に「今やグイド・デ・ロッビオに服しているのであって，ヴェルチェッリのコムーネにではない。そしてくだんの城塞の財産はパヴィアのコムーネのものである」と言及したことが仮に事実であるとするならば，ここに見られるのは，保有を主張する都市，その都市と封建関係を結ぶ領主，およびその領民との間の，明らかな意識のずれであろう。このようなずれの上に立って，人々は主体的に自らの帰属する対象を選択し，宣言しているのである。

　もっともロッビオの事例では，このこと自体は不思議なことではない。というのは，グイド・デ・ロッビオがヴェルチェッリに市民誓約をなしたのは，まさに係争が持ち込まれた1202年のことであり，ここで初めてロッビオの領民のヴェルチェッリへの軍事奉仕義務や対パヴィア戦での城塞の引き渡し義務が定められた。したがってヴェルチェッリやヴェルチェッリの同盟者であるミラノ・ピアチェンツァの裁定はロッビオの領民にとっては不本意なものであったには違いない。

　このような農村部の集落の興味深い一例を示すと思われるのが，G. アンデンナによって研究されたビアンドラーテ伯領である[83]。多くの封建貴族同様，ビアンドラーテ伯もフリードリヒ1世のイタリア遠征時には皇帝派勢力に名を連ねている。そのため，この伯家の拠点となる城塞集落ビアンドラーテは1168年にロンバルディア同盟軍による徹底的な破壊を受けた。以後城塞ビアンドラーテの再建は約50年間にわたって阻止され続け，フリードリヒ2世によってようやく再建の許可が与えられたのは1227年のことであった。この50年の間，ビアンドラーテに居住する騎士は都市コムーネ・ノヴァ

---

82) Ibid. 結果はミラノのコンソレによってヴェルチェッリの理が認められている。
83) G. Andenna, *Formazione, strutture e processi di riconoscimento giuridico delle signorie rurali tra Lombardia e Piemonte orientale (secoli XI–XIII)*, in *Strutture e formazioni della signoria rurale nei secoli XI–XIII*, a cura di G. Dilcher, C. Violante, Bologna 1996, pp. 123-167. ビアンドラーテ伯家はポンビア伯家からの分家であるが，十字軍参加でも名を馳せ，12世紀にはイタリアにおける最有力封建貴族家系の一つと目されており，ピエモンテのノヴァラからヴェルチェッリに至る領域一帯にわたって広範な所領を有していた。ピエモンテの都市コムーネが農村部へ勢力を拡大しつつあったこの時期には，モンフェッラート侯と並ぶ対抗勢力の一つとなっていた。

ラとヴェルチェッリの間で分割され，移住強制を受けていたのである。

　しかし，移住を強制された騎士達の方は，1227年までビアンドラーテへの帰還を待ってはいなかった。1216年6月，それまでノヴァラとヴェルチェッリに分散させられていた54名の騎士が，地域のサン・ピエトロ教会の付近に集合して，誓約を行い，共同体の再建を行ったのである。誓約内容は，成員相互の防衛，ソキエタスの指導と共同体成員間の係争の解決を行うレクトールの選出を行うことなどである[84]。

　この時点ではノヴァラとヴェルチェッリはアルプスの渓谷をめぐる別の争いに忙殺されており，騎士達の行動は容認されていた。しかし1217年，ノヴァラとヴェルチェッリの間に戦争が勃発するに及んで問題は再浮上する。両都市にとっての軍事力の供給源として，ビアンドラーテの騎士の軍事奉仕が問題になったからである。

　このとき，ビアンドラーテ伯はヴェルチェッリとノヴァラの間の騎士の分割に反対し，城塞を未再建のまま放置し続けることを拒否し，1220年にその訴えをミラノのポデスタのもとに持ち込んだ。

> ……彼〔＝ビアンドラーテ伯〕には，ヴェルチェッリとノヴァラを支援する目的で，その伯領の領民を分割しないということが保障される。即ち，ミラノのコムーネによって，彼らの領民の一部はヴェルチェッリを支援せねばならず，また他の部分はノヴァラを支援しなければならないということが命じられることはない。そしてもし分割がなされる場合にも，支援をなせという命令に従う義務はなく，ヴェルチェッリのコムーネと人々がくだんの伯達とその領民達に対して保持している，また伯とその領民がヴェルチェッリのコムーネと人々に対して保持しているすべてのその他の協約や協定，義務や約束，罰則や誓約は，上記の条項を除いて維持される。また伯Gociusは，上記のように，ノヴァラを自ら支援するべく拘束されもしないし，かつて言ったようにGociusは同意しない。また先述のミラノの使節とポデスタは，かような認識と条件から，すべてに関して上記のような合意事項を受け入れる意志があり，受け入れるであろうと言った。先述のヴェルチェッリのポデスタ，グリエルモ・マンデッロは，ヴェルチェッリの側から，その名において，くだんのミラノのポデスタと使節

---

[84] *pacta et conventiones*, n. 58, pp. 117–118.

に対して，上に記されたような，先述のような認識と条件に従って，すべてに関して言質を与え，上にある通りに，伯達がミラノのコムーネの名のもとにともにあることに同意する，と言い，言明した[85]。

　ここでミラノによる問題への介入を積極的に要請したのは，領主であるビアンドラーテ伯自身だったのであるが，それはノヴァラとヴェルチェッリの二つの都市コムーネの対立に巻き込まれ，領地の城塞が分割される危機にあったことがその原因であった。複数の都市との間に関係を持ち，その間に挟まれていたという情況が，ひとたび都市間に戦争が起これば領主とその領民に危機的な情況をもたらしたことが容易に確認できるだろう。その中で，これらの領主が仲裁による都市間の平和維持に期待をかけたことは想像に難くない。

　しかし同時に，ここで問題を引き起こしているのは伯と都市コムーネの間の関係だけではないことに注目したい。皇帝による許可を待つことなく城塞を再建したのは，伯ではなく，騎士達のコムーネであった。ビアンドラーテ伯がノヴァラとヴェルチェッリによるビアンドラーテ領内の騎士の再分割を防ぐべく，ミラノに仲裁を要請したのは，既に騎士達が自ら再建を果たし「ソキエタス」を結成していたからである。領主であるビアンドラーテ伯がヴェルチェッリとノヴァラの間に挟まれていただけではない。問題になっていたのは騎士の分割であり，騎士自身が特権の授与に先立ち，さらに都市間の協定や伯の行動からは相対的に自立性を保ちつつ，共同体を形成し，行動していたのである。

　しかし，仲裁に入ったミラノは結局は勝利したノヴァラの意志を尊重した。2都市はビアンドラーテを破壊されたまま再建せずにおくこと，フォドゥルムや裁判権はノヴァラとヴェルチェッリの間で分割されるべきことが提案された。第三者の仲裁と，それによって実現された都市間の平和は，ビアンドラーテの在地住民の希望に添うものではなかった。その住民の分割と荒廃を容認し放置したその対応は，少なくとも在地社会の平和を実現するもので

---

[85] *Gli atti del Comune di Milano nel secolo XIII*, op. cit., n. 64, pp. 90-92, 引用は p. 91.

あったとは言えないだろう。その後騎士達はこの提案に強硬に反対し，1227年，フリードリヒ2世から特権を得て，旧城塞への移住を果たしている。

　ここではもはや，都市間の関係の調整や，都市と領主の関係の調整が，在地共同体の要請と完全に対応しなくなっているのである。そしてこのことを際立たせたのは，領民の側が，その要求を実現する実力を既に伴っていたという事実であった。

　このような現実をもたらした12・13世紀の農村社会自体の変化の分析は続く第2章に譲るが，少なくともここで確認できることは，都市間の仲裁システムが，農村部の在地社会に対して，平和と秩序を保証する有効な枠組みとしては十全に機能しなかったということである。本章で検討した12世紀後半から13世紀初頭，ロンバルディアからピエモンテにかけても，都市コムーネを基盤とした一種の仲裁システムが発達した。しかしこの地域は，実態としては決して都市のみの世界ではなかった。共同体間の関係においては，群小の農村共同体は都市と同等の行為能力は持たなかったにも関わらず，実質的には決して都市コムーネの支配に完全に服することはなかった。ここに都市間の仲裁システムの限界があったと言えよう。むしろ，都市コムーネによる領域支配が進展し，都市間の関係を基調とした秩序が形成されると同時に，この矛盾は拡大していったとすら考えられるのではないだろうか。

章括

　コムーネ時代のロンバルディア・ピエモンテ地域においては，12世紀末から13世紀にかけて，密接な利害関係を持つ当事者間での合意を前提とした仲裁によって，一定の地域に平和秩序を維持するという慣行が見られた。ここではロンバルディアの大都市ミラノが大きな役割を果たしていた。しかしピエモンテ地域には，ミラノからの影響力の浸透に先立って，個々の都市間での共働によって政治的・経済的秩序をつくる，緊密な都市間の関係が存在した。ここでは都市間の不断のコンタクトとネットワークの形成によっ

て，戦争を前提にした一定の秩序が，都市間に生まれ，維持されていたのである。したがって，ミラノの介入によってこの地域で平和を実現しようとする際にも，紛争の非当事者を含む利害関係者がそれに同意し，承認を与える必要があったのである。このような広域的な政治秩序は，単なる都市国家間の対立と抗争，強者による弱者の併呑によってもたらされたものとは言えない。そこでは都市間の協働関係と同盟関係による平和秩序の維持が重要な意義を持っていたのである。

ここで合意や承認を与え得る行為主体として活動していたのは，都市コムーネや大封建貴族であった。しかし実際には，ロンバルディアやピエモンテには，都市コムーネに対する自立性の高い農村部の集落も多数存在していた。そしてこれらの集落と都市の間の紛争，またこれらの集落をめぐる都市間の紛争は頻発していた。コムーネ時代は，都市コムーネの領域支配の進展とともに，農村部こそが紛争の焦点として重要な意義を持っていた時代でもあったのである。しかし，ミラノの仲裁による平和形成はあくまでも都市コムーネを基盤とし，その都市同士の間での利害を守る協働の積み上げによって形成された同盟関係の内部で実現していた。したがって農村部を含めた広範な領域に平和を実現することは難しかったのである。この点にコムーネ時代の秩序の一つの限界があったと言えるのではないだろうか。

このような，一定の秩序創出能力と限界性を持った都市間関係は，シニョリーアを経た領域形成過程を展望すれば，どのように評価され得るだろうか。はじめに述べたように，シニョリーアの支配は法的にも，また領域構造上も多元的なものであった。また，個々の都市とシニョーレの間に個別に結ばれた関係を基盤とするものであった。このような制度が，一定の領域に安定をもたらすためには，既存の，諸都市・諸勢力を横に結びつけた地域社会のシステムの内部で受容され，その秩序形成能力に依存する必要があったはずである。その意味で，コムーネ時代に形成されていた都市間のネットワークは，自生的な領域秩序の形成基盤として，続く時代に連続する有効性を持つものとして評価されるべきである。したがってまた，地域的ネットワークの内部で，関係者相互間の合意が重視されていたことにより，領域権力がその権限や支配の原理にどのような影響を受けたかも，今後考察されるべき課

題となろう。

　一方，この都市間のネットワークの秩序形成能力は，農村部に対しては限界性を持っていた。しかしシニョリーアは，重要な集落に関しては都市を介さず，農村部と直接的な関係を持っていった。したがって，コムーネ時代以後の社会と国家を考える際には，農村部においてはどのように平和形成が追求され，実現されるに至ったかということも重要な問題点となるだろう。その際には，支配都市や支配者の側からの主導権にのみ注目するのではなく，農村社会内部から発生した平和創出の試みはどのようなものであったのか，またそれがどのようにして支配都市や支配者の政策と接合していったのかを考察することが必要である。

　このような，農村部における共同体間の関係の発達と秩序の形成を，本章で扱った広域的秩序との関連を念頭に置いて考察することが次章の課題である。

第2章 《準都市》共同体の形成と発展
―― カザーレ・モンフェッラートと在地紛争

写真：カザーレ・モンフェッラート

カザーレ・モンフェッラートはアレッサンドリア県の北西，モンフェッラートに位置し，アスティ，アレッサンドリア，ヴェルチェッリの3都市からほぼ等距離にある小都市である。西アルプスの美しい渓流・セジア川がポー川に合流する地点にほど近い。中世にはモンフェッラート侯国の首都として成長した。イタリア戦争後のカトー・カンブレジ条約でゴンザガ家領となり，同家のもとでヨーロッパ有数の要塞として防備建築が整えられた。中世以来の豊かなユダヤ文化の中心地でもある。現在はミラノ・トリノ・ジェノヴァを結ぶ「北イタリア工業三角地帯」の中心にあって，産業中心地として栄えた。

背景写真：シモーネ・ピリスの公証人記録簿　ベルガモ国立文書館（Archivio di Stato di Bergamo）所蔵。掲載許可 PROVVEDIMENTO N.144

はじめに

　前章の考察からは，支配都市や君主という統治者の政策的観点からではなく，社会，特に農村社会内部からの秩序創出の検討が課題として導き出された。現在の西洋中世史研究においては，各国の領域国家形成過程における貴族や共同体間の共通の利害の追求や，広域的な平和創出のための協働行為という，君主による上からの統治行為とは異なる，水平的な関係に基づく契機の意義が益々強く認識されていると言ってよい[1]。日本においてもこのような方向性を持つ研究の発展に大きな影響を与えた P. ブリックレは，近世領邦形成の契機として共同体を基盤とした国制に光をあて，「共同体主義」概念を提出した。その主要な対象地域はイタリアのアルプス渓谷を南限とし，ティロルおよびスイスを中心とする中南欧地域であり，ドイツ語圏の中でも特に共同体主義の発達した地域においては，貴族支配の欠如や，直轄領であるが故の君主との直接の関係などがその基盤をなしていた。いずれにせよ，国制上の共同体主義発達の前提はヴィリカチオンの解体と，国家的機能を持つ隣人団体としての共同体（ゲマインデ）の形成，およびそれらの領邦君主との直接的関係の形成であり，それによるラント法と荘園法の法域の相互浸透であった。ここにおいてブリックレは，中世領域国家をラント法共同体と考える O. ブルンナーのテーゼに基づきながら，荘園法のラント法への統合が，論理的必然として共同体を媒介とした平民の代表性の出現をもたらすと結論するのである[2]。

　換言すれば，古典荘園の解体や共同体＝隣人団体の形成という在地社会における社会史的変動が，ラント法や領域国家，つまりより広域的な政治的枠組みと接合し，展開した中世末期領域国家の一つの形として，共同体的国制を理解することができる。したがって，各地の在地社会と広域社会の領域構

---

1) P. Blickle, *Kommunalismus, Parlamentarismus, Republikanismus*, in «Historische Zeitschrift», 242 (1986), pp. 529-556; S. Reynolds, *Kingdoms and Communities in Western Europe 900-1300*, Oxford 1984; P. ブリックレ著，服部良久訳『ドイツの臣民 —— 平民・共同体・国家 1300-1800 年』ミネルヴァ書房，1990 年。服部良久『ドイツ中世の領邦と貴族』創文社，1998 年。

2) P. ブリックレ，前掲書。

造や権力構造とその変質過程，および両者の接合過程の比較研究は，中近世領域国家の史的意義を明確にする上で重要な意義を持っていると言える。そしてこのように考えれば，共同体的国制を制度として実現するか否かを問わず，ヨーロッパ各地において，在地社会の変動と広域秩序の関連を検討し，そこからどのような共通性と差異が生み出されたかを検討することが必要であると言え，そのためには視角を制度史的枠組みに限定しないことがまた重要になってくる。

前章においては，12・13世紀コムーネ時代の北部イタリア，ロンバルディアおよびピエモンテにおいて，都市を中心とした様々な自治共同体の間で，いかにして広域的な秩序創出が試みられたかを検討した。その結果，この地域の諸都市は都市間紛争を仲裁制によって解決する秩序形成システムを発達させ，共有していたことが示された。このように，独立した都市国家間の恒常的な協調関係が成立し，そこである政治文化と行動様式が共有されたことが，中世盛期中北部イタリアの都市コムーネ世界の特徴の一つであったと言えるのではないだろうか。このことが地域国家の重要な前提条件であったと言える。

都市コムーネ世界における領域的権力構造の最大の鍵は都市・農村関係である。中世イタリア都市・農村関係の最も古典的な理解に従えば，農村部は都市国家の支配領域＝「コンタード」である。だが現実の都市・農村関係は，各都市の「コンタード征服」事業の進度や完成度の多様性，および事実として多数存在した自治的農村共同体や，都市の支配を免れた農村領主支配の実態に応じて様々である[3]。また，これらの農村共同体の中には，ルネサンス期地域国家の中で高度な自治を承認され，その体制内で重要な役割を果たしたものが多数あったことも指摘されている[4]。先述のような在地社会と広域

---

[3] G. Chittolini, *La formazione dello stato regionale e le istituzioni del contado: secoli 14-15*, Torino 1979; Id., *Città, comunità e feudi negli stati dell'Italia centro-settentrionale (XIV-XVI secolo)*, Milano 1996; Id., *Alcune considerazioni sulla storia politico-istituzionale del tardo Medioevo: alle origini degli "stati regionali"*, in *Annali dell'Istituto storico italo-germanico in Trento*, II, Bologna 1976, pp. 401-419.; Id., *The Italian City-State and Its Territory*, in *City States in classical antiquity and medieval italy: Athens and Rome, Florens and Venice*, A. Molho, K. Raaflaub, J. Enlen, A. Arbor (eds), Stuttgart 1991, pp. 589-602.

[4] G. Chittolini, *Città, comunità e feudi*, op. cit. また，中近世のトスカーナについては次の研究も参照されたい。齊藤寛海「トスカーナ大公国の領域構造 —— コジモ一世時代」『信州大学教

第 2 章　《準都市》共同体の形成と発展

社会との接合の過程を問題にするためには，コムーネ期からの移行過程における農村部の動態の理解が不可欠である。

　このような複雑な都市・農村関係を考える上で重要だと思われるのが，G. キットリーニによって提唱された，《準都市 quasi città》という概念である[5]。《準都市》は，集落規模，人口，住民構成，経済的・政治的中心地機能の点から見れば，アルプス以北の「都市」に匹敵するような，イタリアの農村集落を指す。このような集落が「都市 città」と呼ばれ得ないのは，イタリアにおいては司教座のみが「都市」としての地位を承認され得るため，それ以外はすべて「農村」に分類されるからである。したがって，法的分類に制約されない地域的現実においては，農村部の共同体が都市同様の行為能力を持つことは十分に可能なのである。日本でも早期にイタリア農村部集落の多様性を指摘した清水廣一郎氏は，このような集落を「農村都市」と呼んで都市支配に完全に服した小規模な集落から区別し，そのような領域に強力な社会集団が形成された時に大きな実力を持ち得る可能性を指摘していた[6]。

　では具体的に，その形成過程と内実はいかなるものだったのか。《準都市》はおよそ史料上 borgo（ラテン語では burgus）と呼ばれ，集住度が高く，経済的役割や人口規模において特別な重要性を持つ集落を指すが[7]，その定住史

育学部紀要』90, 1997 年, 71-82 頁；三森のぞみ「フィレンツェにおける近世的政治秩序の形成」『歴史学研究』822 号, 2006 年, 1-13 頁。德橋曜「15 世紀フィレンツェの領域行政と従属コムーネ」, 山辺規子（研究代表者）『中世・近世イタリアにおける地方文化の発展とその環境』研究課題番号 15320099, 平成 15 年度（2003 年度）～平成 18 年度（2006 年度）科学研究費補助金基盤（B1）研究成果報告書, 平成 19 年, 123-141 頁。

5) G. Chittolini, *«Quasi città». Borghi e terre in area lombarda nel tardo Medioevo*, in Id., *Città, comunità.*, op. cit., pp. 61-83.「準都市」は拙訳であるが，quasi città の語義そのものは「ほとんど，まるで都市」となる。

6) 清水廣一郎『イタリア中世都市国家研究』, 岩波書店, 1975 年, 127-186 頁。また，以下の論文も参照。中山明子「コンタード（都市の周辺領域）内部の多様性について（A. Barlucchino の著作に基づく）── 13～14 世紀におけるシエナ領内アシャーノ（Asciano）の例」『京都芸術短期大学［瓜生］』第 22 号, 1999 年, 149-157 頁。拙稿「中世イタリアにおける領域構造論，及び都市─農村関係論の課題」『史林』82 巻 3 号, 1999 年, 131-151 頁。

7) L. Chiappa Mauri, *Terra e uomini nella Lombardia medievale: alle origini di uno sviluppo*, Roma 1997, pp. 7-9; Ead., *Gerarchie insediative e distrettuazione rurale nella Lombardia nel secolo XIV*, in *L'età dei Visconti. Il dominio di Milano fra XIII e XV secolo*, a cura di L. Chiappa Mauri, L. De Angelis Cappabianca, P. Mainoni, Milano 1993, pp. 269-301. M. Fossati, A. Ceresatto, *La Lombardia alla ricerca d'uno Stato*, in G. Andenna, R. Bordone, F. Somaini, M. Vallerani, *Comuni e signorie nell'Italia settentrionale: la*

的および共同体史的発展過程は，紀元 1000 年後の農村人口の増大と農民のモビリティーの高まりによる，農村集落の集中・拡大や新村の形成と背景を等しくしている。

　定住史および新村研究に関しては，過去半世紀のイタリア中世史研究は，大きな蓄積を持っている。P. トゥベールのインカステラメント incastellamento 研究をはじめ[8]，各地の事例に沿った集落の城塞化，定住再編成，新村建設等の研究業績の発表が 1970 年代から 2000 年代にかけて相次ぎ，その長期的な過程や地理的構造，住民構成，要因等が明らかにされた。とりわけ G. ファゾーリの研究を出発点として[9]，A. A. セッティア，R. コンバ，F. パネーロらによる北部イタリアでの研究の進展は著しい。これらの研究は，城塞化や新村建設を含む定住の再編過程が，北部イタリアにおいてはトゥベールがラツィオ州において指摘した 10 世紀から 11 世紀のインカステラメントを超えて，長期的に継続したことを示した。同時にその要因も，外民族の侵入などの要因ばかりでなく，効率的農村部支配と領域政策のための殖民，敵対封建領主からの支配民の引き抜き，戦時の住民への安全保障といった，コムーネ時代の領域政策や都市間戦争，党派抗争の拡大に影響を受けたものであったことを明らかにした[10]。

Lombardia (Storia d'Italia 6), Torino 1998, pp. 483-572, esp. 524-525.

8) P. Toubert, *Le structures du Latium médiéval. Le Latium méridional et la Sabine du IX e à la fin du XIIe siècle*, Rome 1973. Id., *Dalla terra ai castelli. Paesaggio, agricoltura e poteri nell'Italia medievale*, Torino 1995. 日本でも城戸照子氏による書評がある。城戸照子「10-12 世紀イタリア中南部の農村構造 ── P・トゥベールの業績をめぐって」『九州経済学会年報』，1989 年，62-67 頁。

9) G. Fasoli, *Ricerche sui borghi franchi dell'alta Italia*, in «Rivista di storia del diritto italiano», (1942), pp. 139-214.

10) A. A. Settia, *Castelli e villaggi nell'Italia padana. Popolamento, potere e sicurezza tra IX e XIII secolo*, Napoli 1984; Id., *Chiese, strade e fortezze nell'Italia medievale (Italia sacra 46)*, Roma 1991; Id., «*Villam circa castrum restringere*»: *migrazioni e accentramento di abitati sulla collina torinese nel basso medioevo*, in «Quaderni storici», 24 (1973), pp. 905-944; Id., *Le pedine e la scacchiera: iniziative di popolamento nel secolo XII*, in «Rivista storica italiana», (1991), pp. 633-656; Id., *Zone «strategiche» e borghi nuovi. Aspetti della guerra nell'età comunale*, in «Studi storici», (1990), pp. 983-997; R. Comba, *Testimonianze sull'uso dell'incolto, sul dissodamento e sul popolamento nel Piemonte meridionale (XIII-XIV secolo)*, in «Bollettino storico-bibliografico subalpino», (以下 BSBS) (1970), pp. 415-453; Id., «*Ville*» *e borghi nuovi nell'Italia del Nord (XII-XIV secolo)*, in «Studi storici», 38 (1991), pp. 5-23; F. Panero, *Villenove medievali nell'Italia nord-occidentale*, Torino 2004; *Borghi nuovi e borghi franchi. Nel processo di costruzione dei distretti comunali nell'Italia centro-settentrionale (secoli XII-XIV)*, a cura di R. Comba, F.

第2章 《準都市》共同体の形成と発展

したがって，11世紀以降，コムーネ時代を経て進行する農村部集落の形成・発展過程，およびそこから誕生する各種農村共同体とそれらの相互関係は，領域構造と政治史の密接な関係と，都市コムーネをはじめとする局地的共同体から広域的政治秩序が生み出される過程とを反映していると言えるのではないだろうか。

ここでとりわけ興味深いと思われるのは，都市間戦争および党派的抗争の拡大との関係である。前章でも検討したように，都市間抗争および党派抗争による広範な紛争状況の展開は，中世中北部イタリアの大きな特徴の一つをなしており[11]，またその位置付けはコムーネ期からルネサンス期へ至るイタリア史の理解を根本的に左右してきた[12]。したがって，農村部における定住史的再編過程にその役割を確認できるということは，抗争の研究が，都市・農村の全体における領域的再編成がルネサンス地域国家を生み出す過程を在地社会の水準で理解し，同水準での比較に供する可能性を提供しているということを意味している。

本章が目的とするところは，このような認識の上に立ち，戦争・紛争の拡大との関連において，《準都市》と呼び得る都市的な自治的農村集落の成長と発展を，その共同体としての側面，およびその行為能力から検討し，その基盤を考察することである。

そもそもコムーネ時代イタリアの農村は，なんらかの形で大小の戦争や紛争に参加する軍事的主体として当時の状況に関与していた。新村建設はしばしば軍事的目的を伴い，殖民する農民は防衛と従軍の義務を負い，常に潜在的な武力を持っていた[13]。また通常の都市間戦争においても，コムーネ時代には貴族の騎馬隊の他に，敵領域の破壊専門に編成された農民部隊が設け

Panero, G. Pinto, Cherasco-Cuneo 2002; G. Andenna, *Storia della Lombardia medioevale*, Torino 1998; 城戸照子「インカステラメント・集村化・都市」，江川温，服部良久編『西欧中世史［中］成長と飽和』ミネルヴァ書房，129-150頁も参照。

11) 佐藤眞典『中世イタリア都市国家成立史研究』ミネルヴァ書房，2001年，21頁。

12) 都市コムーネの衰退からルネサンス国家の出現に至る古典的研究史の総括については，G. Chittolini, *La crisi delle libertà comunali e le origini dello stato territoriale*, in «Rivista storica italiana», 82 (1970), pp. 99-120（現在は同著者前掲書 *Formazione*, pp. 3-35，再版 pp. 27-50 に再録）。本書附章も参照。

13) F. Panero, op. cit., pp. 63-77。

られていた[14]。騎士とともに従軍する楯持ちも通常農民であるが，彼らは楯持ち封を受け取る「事実上の騎士」であり，在地の小貴族とともに下層騎士として農村部に定住し，農村共同体の一部をなした[15]。このように農民は支配都市や封建領主の下で，戦争のメカニズムの中に既に組み込まれていたが，その同じ武力が農民間の紛争の中で近隣の農村共同体同士の間で用いられることもあり，その際の防衛上の必要も城塞化の要因の一つをなしたとA. A. セッティアは述べている[16]。このような状況の下で新村・拡大村が生まれ，多様な出自の新人口が流入したという事実は，農村部における対立抗争の複雑化と拡大，およびその解決という課題に新共同体が直面したことを想像させる。

新村の形成または既存の集落の拡大過程においては，しばしば複数の集落の集合や，周辺小村の中心的集落への吸収合併が見られる。しかし先行の新村研究からは，集合以前の旧集落の集団としてのまとまりが失われるわけではなく，新集落の内部に長期的に互いに異質な要素が混在し続ける例が多数あったことが知られている[17]。このような新村や拡大村が，12 世紀から 14 世紀にかけての党派や都市間の戦争と抗争の最盛期に継続的に誕生し続けていたという事実は，共同体的秩序の形成と維持，および諸共同体間の関係についての問題を投げかける[18]。

---

14) A. A. Settia, *Rapine, assedi, battaglie. La guerra nel medioevo*, Roma-Bari 2002, p. 54; F. Menant, *Gli scudieri («sctiferi»), vassalli rurali dell'Italia del Nord nel XII secolo*, in Id., *Lombardia feudale. Studi sull' aristocrazia padana nei secoli X–XIII*, Milano 1994, pp. 281–283.

15) F. Menant, op. cit; Id., *Campagne Lombardes au Moyen Âge. L'économie et la société rurales dans la région de Bergame, de Crémone et de Brescia du X e au XIIIe siècle*, Paris 1993, pp. 690–697; H. Keller, Adel, Ruttertum und Ritterstand nach italienischen Zeugnissen des 11–12. Jahrhunderts, in L. Fenske, W. Rösener und T. Yotz (hg.), Institutionen, Kultur und Gesellschaft in Mittelalter. Festschrift für Josef Fleckenstein zu seinen 65. Geburtstag, Sigmaringen 1984, pp. 581–609.

16) A. A. Settia, *«Villam circa castrum restringere»*, op. cit., pp. 937–938.

17) M. Montanari, *Borghi di nuova fondazione e politiche comunali nel Piemonte dell'ultima età sveva*, in BSBS (1997), pp. 471–510; E. Conte, *La ribellione al sistema signorile nel Duecento italiano. Aspetti giuridici*, in M. T. Fögen (hg), Ordnung und Aufruhr im Mittelalter. Historische und juristische Studien zur Rebellion, Frankfurt am Main 1995, pp. 313–337.

18) 13 世紀後半においては，自由ボルゴの建設もデッラ・トッレ家がヘゲモニーを握ったグェルフィ同盟の党派の政策に従うようになっている事例も明らかにされている。P. Grillo, *Borghi franchi e lotte di fazione: tre fondazioni vercellesi negli anni 1269–1270*, in «Studi storici», 42 (2001), pp. 397–411.

第 2 章　《準都市》共同体の形成と発展

　そこで本章では，複数の集落の集合による新共同体の形成を経験した自治的農村共同体の紛争を具体的に検討し，その行為能力を生み出す共同体的発展との関連を考察したい。本章が扱う検討対象は，ピエモンテの都市的農村集落，カザーレとその周辺である。この集落には 11 世紀から 14 世紀までを覆う聖堂参事会の文書群に加え，同時期の他の都市との関係上作成された文書や，皇帝発給文書が残されている[19]。さらに，カザーレは後に 1474 年に都市に昇格され，モンフェッラート侯国の首都としての地位を獲得するため，B. サンジョルジョによって 16 世紀に作成された年代記においても多くの記述が割かれている[20]。カザーレにおいては，これらの史料によって，農村の日常生活に関わる極めて小規模な紛争や係争から，モンフェッラート侯やミラノのヴィスコンティ家による領域国家形成をめぐる戦いまで，多様なレベルの争いの連関を見ることが可能である。

　カザーレは都市への昇格およびモンフェッラート侯国の首都化によって，15 世紀後半以降に都市としての急速な発展を経験したため，地域史研究においては，モンフェッラート侯国の発展および侯の上からの介入との関連において，特に地誌的関心からなされた研究が若干見られる[21]。一方，中世初期以来の発展を検討し，共同体制度の発展という側面も含めて考察したものには A. A. セッティアの研究がある[22]。セッティアはその中において，カ

---

19) *Il libro dei «pacta et conventiones» del comune di Vercelli*, a cura di G. C. Faccio, Novara 1926 (以下 *pacta et conventiones*); *I Biscioni*, tomo1, vol 2, a cura di G. C. Faccio, M. Ranno, Torino 1939 (以下 *I Biscioni*, tom1); *I Biscioni*, tomo 2, vol 2, a cura di R. Ordano, Torino 1976 (以下 *I Biscioni*, tom 2, vol 2); *Carte varie relative a Casale ed al Monferrato*, a cura di E. Durando, Torino 1908 (以下 *Carte varie*); *Le carte dello archivio capitolare di Casale Monferrato fino al 1313, I–II*, a cura di F. Gabotto, U. Fisso, Torino 1907 (以下 CACC).

20) B. Sangiorgio, *Cronica del Monferrato*, Bologna 1975.

21) V. Comoli Mandracci, *Studi di storia dell'urbanistica in Piemonte: Casale*, in «Studi Piemontesi», (1973), vol. II, fasc. 2, pp. 68-87; A. Angelino, A. Castelli, *Indagini sulla storia urbana di Casale. Dal borgo di S. Evasio alla città di Casale (1350–1500)*, in «Studi Piemontesi», (1975), pp. 279-291.

22) A. A. Settia, *Monferrato: strutture di un territorio medievale*, Torino 1983, pp. 103-158. また，トリノ大学の卒業論文に次のものもある。P. Ottone, *Casale Monferrato nell'età comunale*, Torino 1974 (dattiloscritto presso l'istituto di storia, sezione Medievale, della facoltà di Lettere dell'Università di Torino). モンフェッラートについては，A. Bozzola, *Appunti sulla vita economica, sulle classi sociali e sull'ordinamento amministrativo del Monferrato nei sec. XIV e XV*, in BSBS, (1923), pp. 211-261; B. Del Bo, *Uomini e strutture di uno stato feudale. Il marchesato di Monferrato (1418–1483)*, Milano 2009 も参照。

ザーレの自治能力の発展をも考察しているが、都市構造の上でも発展の跡を示す13世紀中葉を一つの転換点と見ている[23]。このような地誌的および共同体制度的発展は、地域の紛争社会史とどのような関連をもって展開したのだろうか。

　農村部定住の再編成はヨーロッパ各地の中世盛期におよそ共通の現象であり、それと各地域に独自の政治史的・社会史的問題との相互連関の理解を基にすれば、国家的広域的政治秩序形成過程の比較考察を行うことが可能であろう。また近年は服部良久氏が中近世紛争研究を通じて、地域共同体における紛争と政治的行為能力の関連を日本の類似事例に基づいて比較史的に論じており[24]、紛争と平和の展開と広域的秩序の関連をヨーロッパに限定せず比較史的に考察する可能性が示唆されている。中世初期における領域君主の不在ゆえに、下からの構造変化、地域的現実から広域的秩序への展望が鮮やかに示され得る北部イタリアにおける事例は、その有効な素材でもあり得るだろう。

　以下第1節では、地域史や郷土史研究の助けを得ながら、まずは集落および共同体としてのカザーレの形成と発展の概略をまとめ、その問題点を浮かび上がらせることにしたい。

---

23) A. A. Settia, Monferrato, op. cit., pp. 112–128. 13世紀前半におけるカザーレの人口は約2000人と推定されている。L. Pittarello, *Casale Monferrato*, in *Città da scoprire, guida ai centri minori. Italia settentrionale*, Milano 1983, p. 110.

24) 服部良久『アルプスの農民紛争 —— 中・近世の地域公共性と国家』京都大学学術出版会、2009年。同「中・近世ティロル農村社会における紛争・紛争解決と共同体」『京都大學文學部研究紀要』第41号、2002年、1-149頁；同「中・近世の村落間紛争と地域社会 —— ヨーロッパ・アルプス地方と日本」『京都大學文學部研究紀要』第46号、2007年、157-266頁。本書の研究も、中近世の在地社会と紛争、領域国家に関連する問題については、日本史研究の成果から多くを学んでいる。日本中世紛争史に関する成果は膨大な蓄積を持っているため、ここで列挙することは不可能であるが、同じテーマに関する近年の日本史・西洋史の議論の試みとして、藤木久志監修、服部良久、蔵持重裕編集『紛争史の現在 —— 日本とヨーロッパ』高志書院、2010年を参照。

第 2 章 《準都市》共同体の形成と発展

第 1 節　中世集落カザーレの形成と発展の概要

　カザーレは現在カザーレ・モンフェッラートと呼ばれ，南ピエモンテのポー側南岸に位置する。中世にはその守護聖人，聖エヴァジオの名を冠してカザーレ・サン・エヴァジオと呼ばれ，ヴェルチェッリ司教の領主支配に服していた。999 年のオットー 3 世の特許状にはその旨を認める記述が見える[25]。

　しかし 1186 年，フリードリヒ 1 世から与えられた特許状では，コンソリおよびポデスタがその住民達とともに裁判を行う権利や，市場開設権，各種フォドゥルムからの免税権が認められている[26]。したがって，既にこの時点でコンソリ制度が確立しており，事実上の自治は行われていたものと考えられる。1203 年，司教とカザーレのコムーネとの間に様々な争いが起こった結果として，司教の支配権を確認する協定がなされているが，そこでは殺人・窃盗・放火・平和破壊等の大罪を除けばほとんどの裁判権の行使がカザーレのコンソリ側に認められている[27]。

　早期の自治確立の背景には，ヴェルチェッリら都市コムーネと対抗する皇帝や貴族の支持と保護があった。同 1186 年の特許状には，証人としてモンフェッラート侯コッラードとボニファーチョおよびビアンドラーテ伯グイドの名が見える[28]。このように貴族や皇帝と密接な関係を持つ城塞集落が，イタリア諸都市間のより広域的な争いに巻き込まれるのは時間の問題であった。ヴェルチェッリはピエモンテやロンバルディアの周辺都市，とりわけミラノとの同盟・協力関係を着々と構築するが，これらの諸都市の行動は，中小の農村集落の動きにも影響する。1210 年のミラノとヴェルチェッリの同盟には，パチリアーノ，トルチェッロ，コニョーロ，ロッビオといったカ

---

[25] *Monumenta Germaniae Historica* (以下 MGH). *Diplomata regum et imperatorum Germaniae, t. II, Ottonis III. diplomata*, Berlin 1957, doc. 323, p. 750.
[26] *Carte varie*, n. 3, pp. 215-216.
[27] *Carte varie*, n. 6, pp. 220-224.
[28] *Carte varie*, n. 3, p. 216.

ザーレ周辺の諸集落も参加している[29]。

　インノケンティウス 3 世によるオットー 4 世の破門が行われ，その支持がフリードリヒ 2 世の上に移ったのはその頃のことであり，戦火はたちまち北イタリアに拡大したが，カザーレはモンフェッラート侯とともにフリードリヒ 2 世の陣営に参加する。結果 1215 年，オットー側についたミラノと同盟したサヴォイア伯の軍がカザーレを占領。ところがカザーレ側からの降伏の申し出にも関わらず，ミラノは捕虜となったカザーレの住民を移送して投獄した後，集落を徹底的に略奪した上に破壊してしまった[30]。破壊後のカザーレとその住民の状況は凄惨を極め，ホノリウス 3 世がカザーレ近隣の諸司教に送付した書簡には，「物乞いを余儀なくされている」カザーレ教会への支援を要請する件がある[31]。

　にも関わらず，カザーレ再建の努力は速やかに進められた。イタリアのフリードリヒ 2 世支持派の勢力回復に伴い，モンフェッラート侯やカザーレにも皇帝の支援が惜しみなく与えられ，旧来の特権が再確認された。一方，地域での独自の動きも進んだ。破壊による痛手からの早期回復を期して，カザーレは隣接する集落，パチリアーノと合併して拡大する道を選び，それを両集落の協議によって実現する。事実上の合併は 1220 年前後に実現したと想定されているが，最終的にフリードリヒ 2 世によって承認を受けたのは 1248 年のことであった[32]。

　集落合併後のカザーレには急速な拡大の跡が見られる。組織としてのコムーネの発展の証左となる共同体条例の出現もこの時期で，現存最古の条例の断片は 1279 年の日付を持っている[33]。またその前年の 1278 年には，カザーレは向こう 5 年間モンフェッラート侯グリエルモ 7 世をカピターノ〔＝軍指揮官〕として迎えることを決定し，代表をグリエルモの下に送り，カピターノの権限を定めた条例を提出している。このカピターノ条例は，カザーレの

---

29) *Gli atti del Comune di Milano fino all'anno MCCXVI*, op. cit., n. 370, 375, 376, 377, 380, 381; *pacta et conventiones*, n. 4, p. 5.
30) B. Sangiorgio, op. cit., p. 53.
31) CACC, I, n. 97, p. 154.
32) B. Sangiorgio, op. cit., pp. 64-65.
33) *Carte varie*, n. 18, pp. 239-240.

全体集会（consiglio generale）とポポロの全体集会（consiglio generale del popolo）という二つの集会の権威の下に，カザーレの「騎士とポポロのコンソリ」と24人の賢人（sapientes）によって作成され，命じられた。ここに「騎士とポポロのコンソリ」とあるように，この時期にはカザーレの内部に明確に区別される二つの階層が生まれ，その全体が一つの組織に統合されていたのである[34]。

　このカピターノ条例の内容からは，自治共同体としてモンフェッラート侯に対しても極めて強い立場を押し出すカザーレの姿が浮かび上がってくる。条例は言う。

　　このカピターノ職の意味するのは，侯殿は騎士と家臣を率いて，自らの，またはその盟友の都合のためにカザーレに来たい時にはいつでも来ることができる……〔中略〕……ということであり，現職の，または将来のカザーレのポデスタの上にも，コムーネと人々の上にも，その他いかなる裁判権も持つ事はできず……〔中略〕……同地の全支配権や刑事・民事双方における全裁判権（merum et mixtum imperium）は完全にカザーレのコムーネの条例の定める形式に従って，カザーレのポデスタとその体制によって保持されるということであり，同じく，現職のまたは将来のポデスタの名誉及び裁判権は一切縮小されないということである[35]。

　グリエルモの相続者ジョヴァンニの死後，1305年アレラミチ系モンフェッラート侯家は断絶するが，ジョヴァンニの姉妹ヨランダとビザンツ皇帝アンドロニコス・パライオロゴスの子テオドロが後継者として迎え入れられ，パレオロゴ朝を開始する[36]。同時期カザーレでは内部での党派抗争が激化し，その調停者としてのモンフェッラート侯との関係は次第に緊密化する。1319年，侯国内の諸問題の解決のために開かれた集会でカザーレの内乱にも平和が命じられた。ここではカザーレの2党派が，モンフェッラート

---

34) B. Sangiorgio, op. cit, p. 71.
35) Ibid., pp. 71-73, p. 71.
36) Ibid., pp. 84-87. モンフェッラートに移った後の「パライオロゴス」は，イタリア語式に「パレオロゴ」と表記する。

侯を調停者，裁判官および主君として認め，望む旨が宣言された[37]。そして 1351 年には，モンフェッラート侯ジョヴァンニ・パレオロゴを「シニョーレ」として迎えることがカザーレの全体集会で決定された。カザーレ側の代表者は侯に対して「侯ジョヴァンニ殿とその相続者は，永遠に，カザーレの城塞とその地域と領域内の人々への上下裁判権および各種の裁判権を持つシニョーレで」あることを宣言する[38]。

だが，その 2 日後に侯側からカザーレに「恩恵」として下された文書の内容を見ると，カザーレが事実上大幅な権限を保持していたことが分かる。そこではモンフェッラート侯国領内の者からカザーレの共同体自身が自らのポデスタ候補を選出することができること，およびそのポデスタが上下裁判権を行使することが認められている。侯には反逆罪，放火罪，姦通罪，男色の罪，暴行罪，偽造罪などへの裁判権が留保されるが，その他はすべてカザーレの共同体に属し，条例が尊重されるものとされている。徴税権もすべて現状のままカザーレに承認されている[39]。つまりカザーレはシニョーレであるモンフェッラート侯に対してあくまでも高度な自治を保持していたのである。同様の立場は一時的にその支配下に入ったヴィスコンティ家に対しても変化していない。1370 年，モンフェッラートに侵攻したガレアッツォ・ヴィスコンティにカザーレは自ら降伏するが，その際カザーレ側から降伏条件を提出し，現状の特権を承認させている[40]。ヴィスコンティ家による支配は極めて一時的なもので，約 30 年後，1404 年にはミラノとモンフェッラート侯との同盟の結果，侯側に返還される[41]。その後もカザーレは順調な発展を続け，1474 年には司教座としての地位を獲得し「都市」に昇格，ついでモンフェッラート侯国の首都に定められるのである[42]。

---

37) Ibid., pp. 102-110.
38) Ibid., pp. 168-169.
39) Ibid., pp. 169-171.
40) Ibid., pp. 204-207.
41) Ibid., pp. 290-291.
42) A. A. Settia, «*Fare Casale ciptà*»: *prestigio principesco e ambizioni familiari nella nascita di una diocesi tardomedievale*, in *Vescovi e diocesi in Italia dal XIV alla metà del XVI secolo (Italia sacra 44)*, Roma 1990, vol. II, pp. 675-715; Id., *Da pieve a cattedrale: la «promozione» di Casale a città*, in Id., *Chiese, strade e fortezze nell'Italia medievale (Italia sacra 46)*, Roma 1991, pp. 349-389.

これらの事実は，君主との関係形成に先立つ時期において，カザーレが既に高度な自治能力を発達させていたことを十分に物語っていると言えるだろう。だが一方では，その自治の発展期はまさに都市間党派抗争の時期にあたり，隣村との合併がその渦中に実現しているという事実は，この自治の発展が領主である司教からの自治獲得の単なる延長の産物ではなく，質的転換を伴うことを想像させる。その具体的な展開を検討することが続く考察の課題となるが，次章ではまず，共同体条例に基づいて共同体組織としてのカザーレの実態を明らかにし，ついでその形成過程の検討を進めたい。

第2節　中世カザーレの共同体組織とその秩序形成・維持機能

集成として現存するカザーレの共同体条例は14世紀末年に遡り，ヴィスコンティ家支配下で編纂されたものである。断片的文書として現存する最古のものは1279年の日付を持つが，大部分の条項の作成年代はおよそ1306年から1385年にわたり，それらがさらに先行する法規を継承したものであるのかを確定するのは困難である[43]。だが前章で述べたように，1278年には「騎士とポポロの全体集会」がカピターノとの対外的交渉に法的効力を与える機関として存在しているが，この集会は断片的にいくつかの13世紀末の外交文書に見える[44]。したがって，共同体組織の中核の確立をこの時期まで遡らせることは可能である。

条例の全体は5分冊に付加条項を加えたものからなる。第1・第2分冊はそれぞれ，コムーネの組織と公的問題，犯罪と刑罰を扱い，第3・第4分冊は私人間の関係や農業運営上の取り決めからなり，その他は第5分冊が扱う[45]。興味深いのは，早期に都市のコンタードに組み込まれその支配を受け入れた通常の農村コムーネ条例には見られない刑罰規定が独自の分冊をな

---

43) P. Cancian, *Gli statuti medievali di Casale: codici e tradizione erudita*, in *Gli statuti di Casale Monferrato del XIV secolo*, a cura di P. Cancian, G. Sergi, A. A. Settia, Alessandria 1978, pp. 93-103.
44) *Carte varie*, n. 15, n. 16, n. 23.
45) P. Cancian, op. cit., p. 101.

し，裁判当局としてのコムーネが明確に打ち出していることである[46]。

　この条例によれば，共同体に対して統治権を執行し，裁判と防衛の任にあたる最大の権限を持つのはポデスタ（potestas〔ラ〕，podestà〔伊〕）である〔ほぼ同じ職権を指すのにレクトール（rector），ヴィカリウス（vicarius）の用語も用いられる〕。ポデスタは通常外部から招かれる役人であり，従者として裁判官や騎士，助役を従え，カザーレの条例を遵守して統治にあたらなければならない。この外部の役人を統制し，コムーネの法を守る任務を負う共同体内部の役職がコンソレまたはプロコンソレであり，「騎士とポポロの全体集会」から選ばれる。その他のコムーネの役職としては，出納役と監視人があり，時には個別の重要問題に関して少人数の賢人 sapientes に全権が与えられることもある[47]。

　条例の条項から一見して明らかなことは，外部者であるポデスタとその従者団を統制し，条例を保護し事実上の権限を共同体が保持するために数多くの配慮がなされていることである。ポデスタは第1条において「カザーレの条例に従って，条例の定めのない場合にはローマ法に従って，ローマ法の定めのない場合には長い間に渡るカザーレの慣習に従って」住民とその財産を治め防衛することを誓約する[48]。続いて第7条において「カザーレのコムーネのレクトールは何者であれ，またその従者は何者であれ，いかなる方法，いかなる理由においても，カザーレのコムーネの条例の作成または改変の場に参加することも臨席していることもできない」ことが定められ[49]，条例を定める権限を共同体が独占することが示される。任期終了後にはポデスタとその従者団は職務執行状況の検査を受け，彼らに対する住民からの訴えは

---

[46] 農村共同体条例の一般的特徴については，G. M. Varanini, *La tradizione statutaria della Valle Brembana nel Tre-Quattrocento e lo statuto della Valle Brembana superiore del 1468*, in *Gli statuti della Valle Brembana superiore del 1468*, a cura di M. Cortese, Bergamo 1994, pp. 13-62; G. Chittolini, *A proposito di statuti e copiaticci, jus proprium e autonomia. Qualche nota sulle statuizioni delle comunità non urbane nel tardo medioevo lombardo*, in «Archivio storico ticinese», (1995), pp. 171-192.

[47] G. Sergi, *Gli statuti casalesi come espressione di autonomia istituzionale in un comune non libero*, in *Gli statuti di Casale Monferrato*, a cura di P. Cancian, G. Sergi, A. A. Settia, op. cit., pp. 1-30.

[48] *Gli statuti di Casale Monferrato*, cap. 1, p. 130.

[49] Ibid., cap. 7, p. 136.

コンソリによって裁かれる[50]。また、刑罰の確定に際しては、条例に定めのない場合にはポデスタは必ずカザーレのコムーネの代理人の見解に従い、その臨席を得て宣告しなければならず、この手続きに反した場合にはいかなる刑罰も無効である[51]。刑罰の規定は公的な集会において承認を得なければならず、この承認を欠く刑に関してポデスタは罰金の徴収ができない[52]。このようにポデスタの行動を拘束する集会に関して、ポデスタはコムーネのコンソリ達の3分の1の同意なしには召集することができない。一方コンソリらが求めれば、ポデスタは集会の招集を義務付けられ、そこでの決定は遵守しなければならない[53]。このように、条例の制定権は完全に共同体の手中にあって保護されているのであり、その組織的基盤は集会とコンソリ職にあるのである。

　カザーレの共同体構成員が事実上の公的秩序維持機能を自ら担っていることは、第2分冊の犯罪と刑罰の規定に関しても明らかである。傷害や人身・財産の攻撃に対しては基本的に詳細な罰金刑が定められているが、公共の場での喧嘩や抜刀に対しては住民がその追跡の義務を負う。第143条には、「もしポデスタ殿が、カザーレの人々が武器をとって彼の家や広場に赴くように警告を発したならば、あるいはコムーネの役人を通じて措置を課したならば、全カザーレ住民は武器を持って、ポデスタ殿の家、あるいはコムーネの広場へ赴き……〔中略〕……レクトールの命令に従い、遵守しなければならない。」とあり、全住民が武装して公共の秩序維持にあたる義務が課されている[54]。よそ者がカザーレ住民を攻撃した場合には、その場にいたカザーレ住民は追跡する義務を負う[55]。叫び声を聞いた場合の武器を持っての叫喚追跡義務もある[56]。

　このように、カザーレにおいては共同体が立法と警察の対内的平和秩序維

---

50) Ibid., cap. 8, 9, pp. 138-140.
51) Ibid., cap. 11, p. 142.
52) Ibid., cap. 13, pp. 144-146.
53) Ibid., cap. 24, p. 156.
54) Ibid., cap. 143, p. 274.
55) Ibid., cap. 149, p. 278.
56) Ibid., cap. 234, p. 360.

持機能を担っていることが条例には明らかに示されている。一方、対外的なそれについては共同体条例から知ることはできないが、若干の外交文書から垣間見ることができる。

　1272年6月24日、近隣のやはり都市的集落であるヴァレンツァがカザーレに平和を求めた[57]。この平和の申し入れは、ヴァレンツァのポデスタがヴァレンツァの会議とコムーネの意志に従って行ったものであり、ヴァレンツァにもカザーレ同様のコムーネ組織が成立していたことを窺わせる。その後ヴァレンツァはカザーレから二つの文書を受け取り、それが本物であることの認証を求めて再びカザーレに文書を送ったが、そこには二つのうち一方が「カザーレのコムーネの印章」を押されていたとある[58]。カザーレもヴァレンツァも対外関係において公的文書を権威付けする形式を十分に発達させ、その権威を担う主体として行動していたことが分かる。

　同様の公文書形式の発達は1292年、カザーレがマッテオ・ヴィスコンティにカピターノ職を提供すべく使節を送った時の文書にも見える。文書作成者は、「カザーレのポポロのカピターノであるグイダコ・グテリオ殿が、私、カザーレのポポロの公証人であるジャコモ・デ・グラチャーノに、下記の助言と改変が真正であることを証明し、公正証書の形式で作成するよう命じた。」と述べている[59]。したがって、カザーレの共同体は、対内的にも対外的にも十全な秩序形成・維持機能を果たしていたと結論することができるだろう。

　しかし、このような実力を持つにも関わらず、《準都市》共同体カザーレは、少なくともここで考察される時期に関しては中北部イタリアの大都市共同体とは本質的に異なると言わねばならない。カザーレも13世紀後半には周辺の農村に対して裁判権を拡大しているが、大都市の特徴がそのコンタードに対する支配である一方、カザーレは都市と法制上差別された支配対象としてのコンタードを形成していないように見える。条例においても、カザーレの共同体成員となる条件はフォドゥルムの支払い以外に特定されていな

---

57) *Carte varie*, n. 15, pp. 236-237.

58) Ibid., n. 16, p. 237.

59) Ibid., n. 23, pp. 244-245, 引用は p. 244.

い[60]。

　1294年，カザーレ東方の集落フラッシネートのカヴァッリャ伯達が，フラッシネートの上下裁判権および伯権その他の諸権限をすべてカザーレに譲り渡すという協約をなし，フラッシネートの全領民はカザーレのコムーネの上下裁判権に服し，フォドゥルムはじめすべての税を他のカザーレ住民と同じようにカザーレのコムーネに支払うこととなった。この時の文書には，「また領民達を……〔中略〕……彼らが永遠にポポロのソキエタス成員であり，カザーレのポポロであるようにして……〔中略〕……ポポロの条例と法の形式に従って……〔中略〕……あらゆる権利が維持されるようにして迎え入れた。」とある[61]。ここではカザーレとフラッシネートの領民の間に差は認められない。

　カザーレは対内的・対外的に国家的機能を行使し，大きな自立性と実力を持つが，コンタード支配を広く展開する大都市とは異なる共同体であると言えるだろう。したがって，このような共同体における紛争の展開には，中北部イタリアの大都市のそれとは異なる，より在地的な意義と特徴が確認され得るのではないだろうか。以下ではこの点を具体的な紛争の検討を通じて考察していきたい。

第3節　村落間紛争と共同体形成
　　―― カザーレとパチリアーノの紛争

　第1節で見たように，カザーレの強化と拡大の一因となった重要な出来事に，カザーレとその隣接集落パチリアーノの合併事業がある。だがこのパチリアーノはカザーレと敵対するヴェルチェッリやミラノの同盟に参加していた上に，ミラノの聖アンブロージョ修道院と封建関係も結んでいる[62]。事実パチリアーノが受けた破壊は，カザーレの場合とは逆に，フリードリヒ2

---

60) *Gli statuti di Casale Monferrato*, op. cit., cap. 115, p. 240.
61) *Carte varie*, n. 24, pp. 245-247, 引用は p. 247.
62) E. Colli, *Paciliano e S. Germano: il comune, la collegiata, la chiesa*, Casale Monferrato 1914, pp. 10-12.

世によって反逆への罰として行われたものであったと言われ，同皇帝によってこの合併に承認が与えられたのは1248年になってようやくのことである。

合併前，パチリアーノは，カザーレとヴェルチェッリとの戦闘に際しては常にヴェルチェッリに加勢していた。したがってカザーレとパチリアーノの間には実際の軍事力を行使した戦闘が闘われていたのであり，それは大都市間の戦争との結びつきによって被害と加害の関係を常に更新・拡大する傾向を伴っていた。そのような2集落の合併の背景にはどのような条件があったのだろうか。以下では，合併に先立つ時期の両集落の関係を，12世紀末葉から13世紀の初頭にかけて教会を中心に闘われた長い紛争を通して検討してみよう。

1. 紛争の展開

問題の紛争はヴェルチェッリの司教法廷で争われた，カザーレのサン・エヴァジオ教会とパチリアーノのサン・ジェルマーノ教会の間の従属関係をめぐるものである。争いの過程は次のようなものであった。

1188年，ヴェルチェッリ司教アルベルトの法廷に訴訟が持ち込まれた。カザーレ教会側の聖堂参事会は，パチリアーノ教会が完全にカザーレ教会に従属していることを主張した。対してパチリアーノ教会側は，ティトゥルス〔titulus＝小教会〕として正式にカザーレ教会に従属したことはかつて一度もないと主張。その証拠としてカザーレ教会との協定文書を持ち出した。この協定はかつて教皇ルキウス3世による承認も得ていたものだ，というのである。司教はパチリアーノ教会の言い分を認め，パチリアーノの人々は幼児洗礼に際してはカザーレ教会に赴かねばならないが，その洗礼用の費用の負担を免除する裁定を言い渡した[63]。

カザーレ教会側はこれを不満とし，教皇に上訴したが，二審でもヴェルチェッリ司教の裁定が有効とされ，上訴は棄却された[64]。ここで問題は一度解決したかに見えたが，1205年，パチリアーノ教会がカザーレと協定し

---

63) CACC, I, n. 45, pp. 60–63.
64) Ibid. n. 47, pp. 64–65.

た義務を果たしていないということを知った教皇インノケンティウス3世が，ヴェルチェッリ司教による問題の解決に従うことを命じた[65]。これに対してパチリアーノ側は，カザーレは既にすべての権利を放棄し，協定した，と主張した。カザーレ側はパチリアーノの主張を否定。パチリアーノは，その協定を完全に承認する内容のケレスティヌス3世の勅書を示して反論した。今度のパチリアーノの主張に対しては，司教ロタリオが疑問を呈しローマに訴えた[66]。協定文書の調査を実施したインノケンティウス3世は，1207年1月，この文書を偽造と断定[67]。ロタリオはインノケンティウスの判断を受けて，偽文書が提出される以前のヴェルチェッリ司教の裁定（1188）を再確認した[68]。

しかしパチリアーノ側はこれにも従わなかったため，1207年4月，ロタリオは聖土曜日の洗礼にはカザーレに赴く，という決定に従わなければ破門に処すと宣告した[69]。インノケンティウス3世もロタリオの決定を承認[70]。その後1210年5月，カザーレ側が，パチリアーノはほとんど破門に処せられていながら聖務を行使しているのは不正である，として告訴した。今度はパヴィア司教が，1188年の裁定を再度確認して両者を訴訟から解放した[71]。

だがパチリアーノはなお幼児洗礼のためにカザーレに赴くことを拒否し続け，1210年6月破門に処された[72]。ここに至って1211年，カザーレの聖堂参事会とコムーネのコンソリ達は，パチリアーノ教会に関する彼らの権限を決して譲り渡さないことを誓約する[73]。これに対する報復として，パチリアーノの人々は後にカザーレの飼料を差し押さえた[74]。そしてなお反論を繰り返した。内容は，パチリアーノからカザーレに幼児を運んでいくこと

---

65) Ibid. n. 67, pp. 99–100.
66) Ibid. n. 72, pp. 107–109.
67) Ibid. n. 71, p. 106.
68) Ibid. n. 72, pp. 106–109.
69) Ibid. n. 73, p. 110.
70) Ibid. n. 74, p. 110.
71) Ibid. n. 78, pp. 113–116.
72) Ibid. n. 79, pp. 116–117.
73) Ibid. n. 85, pp. 135–137.
74) Ibid. n. 89, p. 147.

はできない。道のりがあまりに長く，また道も悪く危険であるからだ，というものであった。さらに，カザーレの参事会員達もヴェルチェッリ司教から破門を受けている，として逆提訴した。1212年，インノケンティウス3世は，トリーノ司教とヴェルチェッリ司教，ルチェディオ修道院長に公正な協定が両者の間に実現するよう取り計らいを委任[75]。これ以後の紛争の展開は史料に見えない。

　この紛争は一見して明らかな教区の権限争いである。パチリアーノ教会側は，自らがカザーレ教会のtitulusであることを否定していた。titulusは秘蹟権も10分の1税徴収権も持たないからである[76]。ここには両教会のこれらの権限をめぐる争いがあったことは間違いなく，そのような状況を引き起こす背景として，教会所領の構造変化とそれに伴う小教区独立の動きがあったことは確実であろう[77]。R. リパンティの研究によれば，聖エヴァジオ教会にも，経営合理化のために所領の一円化を目指す傾向が見られたが，12世紀から13世紀初頭にかけての困難な時期においては，この努力が効を奏したとは言いがたいようである[78]。この紛争は，旧来の教区教会と，その困難に乗じて独立を目指す小教会との間の紛争の一事例であると言えよう。したがってここには，小教区教会を中心とする隣人団体＝共同体形成の動きが伴っていたことも容易に想像される。

75) Ibid. n. 88, pp. 139-146.
76) 谷泰「十二・三世紀北イタリア都市における教区現実」，会田雄次，中村健二郎編『異端運動の研究』京都大学人文科学研究所，1974年，59-102頁。
77) 谷泰，前掲論文；小教区独立の運きについては，G. Chittolini, *Benefici rurali nell'Italia padana alla fine del Medioevo*, in Convegno di storia della Chiesa in Italia, *Pievi e parocchie in Italia nel basso medioevo (sec. XIII-XV): atti del 6. Convegno di storia della Chiesa in Italia: Firenze, 21-25 sett. 1981*, Roma 1984, pp. 415-468; A. A. Settia, *Crisi e adeguamento dell'organizzazione ecclesiastica nel Piemonte bassomedievale*, in *Pievi e parocchie*, op. cit., pp. 610-624.
78) R. Ripanti, *Dominio fondiario e poteri bannali del capitolo di Casale Monferrato nell'età comunale*, in BSBS (1970), pp. 109-156. この時期，ピエモンテの大土地所有は保有権の取り戻しや購入，交換を通じてまとまった所領の回復に努め，14世紀には所有者に有利な短期農業契約が広がる。F. Panero, *Terre in concessione e mobilità contadina. Le campagne fra Po, Sesia e Dora Baltea (secoli XII e XIII)*, Bologna 1984; A. M. Nada Patrone, *Il Piemonte medievale*, op. cit., pp. 118-126. 農業契約一般については，G. Pasquali, *La condizione degli uomini*, in A. Cortonesi, G. Pasquali, G. Piccinni, *Uomini e campagne nell'Italia medievale*, Roma-Bari 2002, pp. 73-122; G. Piccinni, *La campagna e le città (secoli XII-XV)*, in *Uomini e Campagne*, op. cit., pp. 123-189.

第 2 章 《準都市》共同体の形成と発展

　よって紛争の当事者は教会であるが，注目すべきことは，パチリアーノ側の係争主体に当初から「コムーネ」が含まれており，世俗の組織であるコムーネがこの問題に積極的に関与していたことである。1207 年，インノケンティウス 3 世がヴェルチェッリ司教ロタリオの裁定を確認した文書においては，「汝ら〔聖エヴァジオ教会の参事会〕とパチリアーノの教会およびコムーネとの間で問題が争われているところの幼児洗礼とその他の条項に関して」と，パチリアーノのコムーネが係争主体として明記されている[79]。1210 年パヴィア司教が裁定を下した時の文書には，カザーレ教会側から提出された文書が引用されているが，そこにも，「私，カザーレの聖エヴァジオ教会の宗徒であり代表であるピエトロは……〔中略〕……洗礼のためにその幼児達をカザーレの聖エヴァジオ教会に送ることを拒否しているパチリアーノの人々またはコムーネについて訴えます……[80]」と，ここにもパチリアーノのコムーネの明記があり，当事者間でも明確にコムーネが主体として意識されていたことが分かる。一方のカザーレ側でも，1211 年には「コムーネ」と聖堂参事会が一致して誓約が行われるに至っている。誓約文には次のように述べられている。

　　……カザーレ・サン・エヴァジオの大コンソリ達……〔中略〕……その他多くの評議会員と多くのその他の人々……〔中略〕……は，聖なる神の福音書にかけて誓約した。すなわち彼らは，いついかなる時にも，パチリアーノの聖ジェルマーノ教会の聖職者達とは，その教会や，彼らや，パチリアーノの人々の名において，洗礼問題に関しても，またその他上述の聖ジェルマーノ教会，又は聖職者，又は先述のパチリアーノの人々が従うべきところの諸規定に関しても，上述のカザーレの聖エヴァジオ教会，あるいはその参事会員達に……〔中略〕……その教会の名において，平和や協定や赦免をなさしめない。……加えて彼らは，聖エヴァジオ教会の参事会員達が……〔中略〕……その誓約を守り保持すべく，ありとあらゆる助力と助言をなすということ，またこれらのコンソリ達とすべての俗人達に関しても同様にすること，そして参事会員であれ俗人で

---

79) CACC, I, n. 74, p. 110.
80) CACC, I, n. 77, p. 112.

あれ，この誓約には永遠に決して反しないことを[81]。

また，教会裁判が進展している最中に，背後では度重なる暴力事件が勃発していたことを窺わせる記述もある。インノケンティウス3世によって偽文書と断定されたケレスティヌス3世の勅書中には，次のような記述がある。

聖ジェルマーノ教会の名のもとにある汝〔＝パチリアーノ：筆者注〕と，カザーレ教会との間に，汝に同〔カザーレ〕教会が要求した服従に関して紛争が争われたが故に，多くの血が流れ，少なからぬ殺人が果たされ，わずかとは言えぬ費用がかけられたのである[82]。

偽文書である以上，記述のすべてが真実であるとは言えない。しかしこの記述はカザーレ教会が権利を放棄したことを事実として主張する根拠として十分に説得的なものとして書かれたはずである。このような紛争が周知の事実であったからこそ，同様の記述が可能だったのではないだろうか。

1211年から1212年の間にはパチリアーノの人々による飼料差し押さえの報復もある。さらに1214年，カザーレ側によるパチリアーノの司祭の監禁・投獄事件も発生している[83]。この事件を知ったヴェルチェッリの聖堂参事会はカザーレに対して破門の脅しをもって警告を発していたが，カザーレ側は聞き入れず，結局聖職者とポデスタ・評議会員の全員が破門に処されている。いずれもこの係争が法廷外の暴力行使や強硬手段への訴えと接続しながら継続していたことを示すと言えよう。教会裁判の法廷で争われ明らかになるものは，紛争全体のごく一部にすぎず，法廷外では暴力紛争とも連結していたのである。

このようにエスカレートする紛争を担っていたのは，聖界所領の経営難を背景として，小教区を中心に新たにまとまった新共同体であった。換言すれば，ローカル社会に紛争が展開する前提となったものは，所領構造の変化と

---

81) CACC, I, n. 85, pp. 135-137. 引用は pp.136-137.
82) CACC, I, n. 52, pp. 72-73. 引用は p. 73.
83) *I Biscioni*, tom. 1, vol. 2, n. 360, pp. 264-265.

それに伴う共同体再編に他ならなかったのである。

2. 地域と紛争の主体

　上ではカザーレもパチリアーノもコムーネとして結集し，小教区教会を中心に暴力を伴う紛争にも臨んでいたことが明らかになった。ところが一方で，いずれの集落も内部にも深刻な分裂があったことが，いくつかの史料には示されている。カザーレについては上述のように何度か内部に党派抗争が生じたことが記録されており[84]，一方パチリアーノに関しては，1219年，内戦が発生し収束したことが記されている。

　この内戦について語る史料は1219年7月に作成された一つの休戦協定のみである[85]。開戦にいたった直接的な動機も明らかではないが，ともかくパチリアーノの人々の間に二つの党派が形成されて戦闘が繰り広げられ，ヴェルチェッリの有力市民ロジェリオ・デ・ボンドノとアルディッチョ・アッヴォカーティの仲介によって両派の間に休戦が実現したことがここから分かる。両派はそれぞれパチリアーノ「内部」intrinsecaの党派，パチリアーノ「外部」estrinsecaの党派と呼ばれており，それぞれが近隣の封建貴族を「ポデスタ」として代表者に立てていた。「外部」派のポデスタはオッチミアーノ侯マンフレード，「内部」派のポデスタはオットボーノ・デ・ベネディクトであった。両者ともヴェルチェッリ市民である。

　文中には次のような条文がある。

　　……マンフレード殿とパチリアーノ外部にいる人々とその党派の者全員，又はその一部は，オットボーノ殿もパチリアーノ内部にいる人々もその党派も攻撃しない。……〔中略〕……パチリアーノの外部にいる人々は，自身のためにも，またパチリアーノの城塞内部にいるその配下の者のためにも，ポデスタあるいはレクトールの命令なしには，同城塞やその隣接地には，滞在しても居住しても入ってもならず，もしあるとしてもそこの保有地に戻ってもならない

---

84) 本章第一節参照。
85) *I Biscioni*, tom. 2, vol. 2, n. 66, pp. 117–122.

......[86]。

　内戦の結果として「外部」側の人々はパチリアーノから追放されているのである。事実，当時の諸都市コムーネでは，しばしば党派抗争の結果一方の党派が市外追放を受けていたが，この被追放者の集団はcomune estrinsecorum（外のコムーネ）と呼ばれる独自の組織を形成していた[87]。パチリアーノの2党派もその一事例であろう。

　それぞれの党派を特徴付けるものは何だろうか。休戦協定は「外部」派の追放を承認することになったが，その仲裁をした2名はいずれも有力ヴェルチェッリ市民である。また，「外部」側の人々と「内部」側の人々はそれぞれに，ヴェルチェッリの貴族であるポデスタ以外にも自派の人物2人ずつの名前を挙げ，休戦を遵守すべきことをポデスタとともに誓約させている。この4人の代表が実質上のリーダーだったと考えられる。「外部」側の代表はルフィーノ・ルーポとニコラオ・デ・チェッラ[88]，「内部」側はアスクレリオ・デ・ドンナ・ベルタとグイド・カーネである[89]。

　アスクレリオ・デ・ドンナ・ベルタの名前は，内戦の5年前の1214年，パチリアーノがヴェルチェッリと同盟を結んだ時の協定文中に見える[90]。「内部」派の彼は同時期のパチリアーノのコムーネの指導者であり，当時フリードリヒ2世に対抗していたヴェルチェッリとの同盟を推進する役割を果たしていた。

　これに対してルフィーノ・ルーポの側は，カザーレのコンソレとして登場している。彼は1211年，教会の紛争で教会とコムーネが結束してパチリアーノと対抗することを誓約した時の「大コンソリ」の一人であった[91]。

---

86) Ibid., p. 118.
87) G. Fasoli, *Oligarchia e ceti popolari nelle città padane fra il XIII e il XIV secolo*, in *Aristocrazia cittadina e ceti popolari nel tardo Medioevo in Italia e in Germania (Atti della settimana di studio 7-14 settembre 1981, Annali dell'Istituto storico italo-germanico, Quaderno 13)*, a cura di R. Elze, G. Fasoli, Bologna 1984, pp. 11-39, 特に, p. 12.
88) *I Biscioni*, tom. 2. vol. 2. n. 66, p. 119.
89) Ibid., p. 120.
90) *I Biscioni*, tom. 2, vol. 2, n. 65, pp. 115-117, 特に p. 115.
91) CACC, I, n. 85, pp. 135-137, 特に p. 136.

同年12月には，カザーレの堀に近接した土地をカザーレ教会に売却もしている[92]。「外部」派のルフィーノはカザーレに土地を保有し，カザーレ教会と関係を保ち，要職にも就いたカザーレの人間だったのである。

　このルフィーノ・ルーポの存在は集落の合併以前にカザーレとパチリアーノの間に既にあった指導層レベルでの人的交流と，2集落にまたがる党派的集団の存在を推測させる。ここでパチリアーノの党派の構成員を後のカザーレの党派抗争のそれと比較してみると興味深い事実が浮かび上がってくる。パチリアーノの「内部」派は，グイド・カーネのカーネ姓に加え，デ・ポンテ姓を持つ人々が多数見受けられる。これらの姓はそのまま14世紀初頭のカザーレの「外部」派，後に「上部」派，またはカーネ・トゥルテ派と呼ばれる党派の構成員と重なっている[93]。したがって2集落の党派抗争は連結して展開していたのである。先の係争では教会の法廷闘争が地域と密接な繋がりを持ち，法廷外でも展開していた様子を見た。だがこれらの地域を人的要素から見れば，決して二つのコムーネに二分されず，両集落にまたがって活動する一定数の人間の繋がりが存在していた。そしてその内部に党派的抗争が展開していたのである。

　このことからは，以下のような背景を推測することができるだろう。パチリアーノとその周辺には，多数のカザーレ出身者が居住または権利保有しており，その結果パチリアーノに対するカザーレの影響力が強まった。それに抵抗する人々がカザーレと敵対するヴェルチェッリやミラノと結びつき，紛争を深刻化させた。1219年の内戦の背景はおそらくこのようなものであったと考えられる。その結果，カザーレと強く結びついた人々が追放された。2集落の合併はこれらの追放者とカザーレの一党派を中心に実現し，結果その対立党派はカザーレの「外部」派に結集したとの推測ができる。

　従って，2集落の合併そのものが農村部における党派抗争の独自の展開の一過程であったと言えよう。合併はこのようなローカルな党派抗争を一つの

---

92) CACC, I, n. 87, pp. 138-139.
93) V. De Conti, *Notizie storiche della città di Casale e del Monferrato*, vol. 2, Casale 1839, p. 187; V. Mandelli, *Il comune di Vercelli nel medio evo, tomo1*, Vercelli 1857, pp. 177-182; B. Sangiorgio, op. cit., pp. 101-110.

共同体内部の問題にするという結果をもたらしたのである。そして拡大後のカザーレは，内部の党派への分裂とその間の対立を前提として出発することになったのであり，その調整機関としての共同体機構および君主との関係が発達したと考えることができるのではないだろうか。いずれにせよ，農村部で独自に有力な党派の結集が進み，その活動拠点となる共同体が拡大したという事実が，地域の地政に与えた影響は大きかったはずである。カザーレとほぼ同時期のイタリアでは，広範な地域に同様の農村共同体が出現する。カザーレの事例が普遍性を持ち得るとすれば，これらの共同体形成を農村部における党派抗争の展開過程の産物としての側面からも理解することが可能になるであろう。

では，このような農村部の党派抗争には，都市のそれとは異なる独自の意義を認め得るのであろうか。この点については以下第4節で，抗争の主体であった共同体指導層の分析を進めることによって考察したい。

第4節　中世農村部集落における紛争の担い手

前節で述べたような集落間の紛争と交流を支えていたのは，どのような人間集団だったのだろうか。その人的基盤を明らかにすることが本章の課題である。

まずは既出のルフィーノ・ルーポの後を再度追うことから始めて見よう。1211年にカザーレの大コンソレとして登場するに先立って，ルフィーノ・ルーポの名が見える文書がある。1205年，ロランド・ルーポという人物が聖エヴァジオ教会の聖堂参事会と土地の交換をめぐって争った。ロランドはパチリアーノに所有していた土地を同参事会に譲り，引き換えにカンポロンゴという別の集落の土地を受け取ることになっていたが，その後参事会から約束通りのものが引き渡されなかったためパチリアーノの土地への権利を主張していた。そこで改めてロランドと聖堂参事会の間に問題の土地の交換が

確認され，パチリアーノの土地が参事会の下に帰したところで，ロランドの3人の甥も以後この交換に反対せず，パチリアーノの土地の保有権を放棄する旨を誓約した。この甥の一人がルフィーノである[94]。ルフィーノのオジはパチリアーノに土地を保有し，その土地をカザーレの聖エヴァジオ教会と取引していたのである。

　このオジ，ロランドの足跡はさらに遡る。12世紀末，ヴェルチェッリーナと呼ばれる地域の10分の1税の徴収権をめぐるカザーレ教会と，カザーレ東部のフラッシネートの教会との係争記録に証人としてその名が見える[95]。ヴェルチェッリーナは半ばフラッシネート教会に，半ばカザーレ教会に従属し，10分の1税については一部をカザーレ教会が，一部をフラッシネート教会が徴収する習いとなっていた。そこに改めて係争が持ち上がり，関係者の証言が求められたのである。それに対してロランドを含め証人達はほぼ口を揃えて，問題の土地はかつてロランド・ルーポの父オットーとオベルト・カーネ，そしてブリチオ・ペッルコらの「カザーレの騎士達」が共同で購入し，保有していたのだ，と述べた[96]。このオットーの名は，1188年，パチリアーノの人々が聖アンブロージョ修道院長に誠実誓約をした時の文書にも，誓約者の一人ピエトロの父として，quondam ottonis lupi de casate と見える[97]。オットー自身がパチリアーノでも活動していたのかどうかは不明だが，その息子ピエトロとロランドは双方がパチリアーノと密接な関係を持っている。

　ルーポ家の人々とパチリアーノの聖ジェルマーノ教会の関係を示す文書は多数ある。1226年，カザーレのコンソレとして上で見たルフィーノ・ルーポの立会いの下に，オットー・ルーポがサン・ジェルマーノ教会の聖堂参事会長に選出された人物として現れている[98]。このオットーはおそらくロランドの甥としてやはり前述の土地交換文書に名前の見えるルフィーノの兄弟

---

94) CACC, I, n. 68, pp. 100-102. カザーレの指導層については，P. Ottone, op. cit. も参照。
95) CACC, I, n. 58, pp. 81-90. ロランド・ルーポの証言は p. 90.
96) Ibid, p. 84, p. 85, p. 87, p. 88, p. 90.
97) Archivio di Stato di Milano (以下ASM), Pergamene per fondi (以下Pergamene), cart. 313. n. 246.
98) CACC, I, n. 129, p. 240.

であろう。他にも，ルフィーノの息子の一人マンフレードが1303年同様に聖ジェルマーノ教会聖堂参事会員として登場している[99]。マンフレードは一方で，1267年にカザーレの聖エヴァジオ教会の聖堂参事会員としても見える[100]。ルフィーノ・ルーポとその息子達はカザーレのコムーネや教会，およびパチリアーノの教会の双方で同時期に活動を続けているのである。他にも，1259年の文書に聖ジェルマーノ教会に隣接する土地の保有者として見えるカルデラ・ルーポがいるが[101]，この人物は1228年，教皇グレゴリウス9世からロジニャーノの領主に宛てられたカザーレ教会との係争についての召喚状公開の立会人として，de pacilianoという表記を伴って，パチリアーノ近郊所在のテンプル騎士団城館に姿を見せている[102]。テンプル騎士団員，またはパチリアーノもしくはカザーレの教会の関係者であったと考える事ができよう。

こうして見ると，合併以前からカザーレとパチリアーノ双方の集落のコムーネや教会で活躍していたルーポ家の人々が，そのまま合併後のカザーレでも要職に就き，指導的な地位にあり続けたことが分かる。

この点は先ほどの文書でオットー・ルーポと共同でヴェルチェッリーナの土地を購入したカーネ家の人間も同様である。前章で見たパチリアーノ内戦の停戦協定において「内部」派を代表していた人物にグイド・カーネがいたが，彼の名はやはり同時期のパチリアーノの関連文書にしばしば見える。1202年，Johannem et carrante atque Guidonem qui dicuntur Canes de loco pacilianoすなわち，グイドと一緒に「パチリアーノのカーネ」と呼ばれているジョヴァンニとカッランテが見える[103]。ジョヴァンニは1188年，パチリアーノの人々の聖アンブロージョ修道院長への誠実誓約者の一人である[104]。一方，ヴェルチェッリーナを購入したオベルト・カーネ自身の名はカザーレの関連文書中にも頻繁に見られる。1211年，パチリアーノ教会と

---

99) CACC, II, n. 373, p. 201-202.
100) CACC, II, n. 312, p. 113.
101) ASM, Pergamene, cart. 319. n. 11.
102) CACC, I, n. 135, pp. 243-244.
103) ASM, Pergamene, cart. 314, n. 11.
104) ASM, Pergamene, cart. 313. n. 246.

第 2 章 《準都市》共同体の形成と発展

の抗争の際にルフィーノ・ルーポが大コンソレとして誓約した時，同時に誓約した評議員の一人にオベルト・カーネがいる[105]。ここにもルーポ家とカーネ家の社会的地位の近似性が窺える。その他のオベルトの活動は，多くが聖エヴァジオ教会の経済活動と関連している。最も早い記録は 1193 年で，カザーレ教会の保有農が皇帝代理の面前でその保有財産を教会に引き渡した際の証人として見える[106]。続いて 1202 年，ヴァレンツァの軍指揮官およびオッチミアーノ侯とカザーレ教会の聖堂参事会長の間で近村ミラベッロ内の土地をめぐって争われていた一件に調停がなされ，その違反者には 50 リレの罰金の支払いが義務付けられた。その際罰金に関して聖堂参事会長側の保証人となったのがオベルトであり，彼がそれ相当の経済力と信用を持っていたことが分かる[107]。オットー・ルーポとともに行ったヴェルチェッリーナの購入も結果的には聖エヴァジオ教会の 10 分の 1 税徴収権の拡大に資していることを考え合わせれば，彼らの活動と聖エヴァジオ教会の密接な関係がより明らかになる。

　ではもう一人の「カザーレの騎士」ブリチオ・ペッルコはどうか。他所でその名が見えるのは 1198 年のヴェルチェッリとカザーレの協定文書において，カザーレのコンソレとしてである[108]。この時ロランド・ルーポも同時にコンソレとして登場しており[109]，彼らの地位はやはり同等であった。以後ブリチオ自身の名は史料上に見えず，他のペッルコ姓の保持者がブリチオの直接の子や孫であることを示す記載もないが，やはり 1211 年の誓約者の中にカザーレの評議員としてライモンド・ペッルコとグリエルモ・ペッルコの名が挙がっている[110]。ライモンドは 1202 年，その兄弟カリステル・ペッルコとともに，モンフェッラート侯ボニファッチョから聖エヴァジオ教会になされた譲渡の証人として見えている[111]。また，ライモンド・ペッルコは

---

105) CACC, I, n. 85, p. 136.
106) CACC, I, n. 53, pp. 73-74.
107) CACC, I, n. 60, pp. 92-93.
108) *I Biscioni*, tom. 1. n. 374, pp. 283-288, 特に p. 284.
109) Ibid., p. 287.
110) CACC, I, n. 85, p. 136.
111) CACC, I, n. 63, pp. 95-96.

83

カザーレの諸教会とトルチェッロの領主との間で争われていたカザーレ西部のロラスコの人々について証言していることも記録されている[112]。

したがって，これら「カザーレの騎士」達はいずれもカザーレのコンソリや評議員といった要職に就く一方，聖エヴァジオ教会等カザーレの教会と結びつき，その運営と経営に参加しつつ，パチリアーノをはじめ近村に土地を所有し，影響力を行使していたのである。

このような地域共同体において土地所有と共同体および教会の要職によって，複数の集落にまたがって活動していた人々の，「騎士」という呼称の意味するところは何だろうか。12世紀末および13世紀初頭段階での「騎士」という存在は曖昧さに満ちているが[113]，史料に現れる姿からは，彼らはおよそ在地小貴族であると言える。

ルフィーノ・ルーポは，カザーレの大コンソレとして誓約した時の文書およびパチリアーノの土地交換確認文書の双方において，一般に地域で何らかの裁判権を行使する領主に付される称号である「殿」dominus という呼称を付されている[114]。彼のオジ，ロランドにも同じ称号が見られる[115]。一方カー

---

112) CACC, I, n. 114, pp. 174-186.
113) 「騎士」という身分は，中北部イタリアにおいては13世紀中葉ごろに一部都市コムーネの法制度や，封建法廷の内部で確立されるが，その過程には多くの曖昧な存在，とりわけ小騎士＝楯持ちの存在が確認されている。F. Menant, *Gli scudieri («scutiferi»), vassalli rurali dell'Italia del Nord nel XII secolo*, in Id., *Lombardia feudale. Studi sull'aristocrazia padana nei secoli X-XIII*, Milano 1992, pp. 277-293; A. Barbero, *Vassalli, nobili e cavalieri fra città e campagna. Un processo nella diocesi di Ivrea all'inizio del Duecento*, in «Studi medievali», 33 (1992), pp. 619-644. イタリアにおける騎士研究の研究史に関しては，G. Salvemini, *La dignità cavalleresca nel comune di Firenze e altri scritti*, a cura di E. Sestan, Milano 1972; E. Cristiani, *Sul valore politico del cavalierato nella Firenze dei secoli XIII e XIV*, in «Studi Medievali», (1962), pp. 365-371; S. Gasparri, *I milites cittadini; studi sulla cavalleria in Italia*, Roma 1992; G. Tabacco, *Su nobiltà e cavalleria nel medioevo. Un ritorno a Marc Bloch?*, in «Rivista storica italiana», 91 (1979), pp. 5-25; Id., *Nobiltà e potere ad Arezzo in età comunale*, in «Studi Medievali», (1974), pp. 1-24; Id., *Nobili e cavalieri a Bologna e a Firenze fra XII e XIII secolo*, in «Studi Medievali», 17 (1976), pp. 41-79. J. C. Maire Vigueur, *Cavalieri e cittadini. Guerra, conflitti e società nell'Italia comunale*, trad. da A. Pasquali, Bologna 2004 [trad. it. di *Cavalier et citoyens. Guerre, conflicts et société dans l'Italie communale, XIIe-XIIIe siècles*, Paris 2003] 拙稿「中世イタリアにおける領域構造論，及び都市―農村関係論の課題」『史林』82巻3号，1999年，131-151頁。
114) CACC, I, n. 85. p. 136; n. 68, p. 102; この地域・時代の dominus 号については，P. Pezzano, *Istituzioni e ceti sociali in una comunità rurale: Racconigi nel XII e nel XIII secolo*, in BSBS, 74 (1976), pp. 619-691.
115) CACC, I, n. 68, p. 102.

ネ家やペッルコ家の者には，少なくとも 12 世紀末から 13 世紀初頭にかけての時期には dominus の号は見られない。1259 年には「パチリアーノのウベルト・カーネ殿」domini uberti canis de paciliano が現れ[116]，その後 1294 年に「デルフィーノ・カーネ殿」dominus delfinus canis[117]，翌年に「故ジャコモ・アッヴォカーティ・カーネ殿の相続者」heredes condam domini Jacobi advocati Canis が見える[118]。この時期の dominus を裁判領主と考えることには留保が必要であるが[119]，この点で注目されるのは，カーネ家の封建関係である。1116 年，ジェラルド・カーネとグイド・カーネおよび彼らの共同領主が，チェッレ，フランネッコ等の集落に関して，ハインリヒ 5 世から裁判権（honor et districtus）を承認されている文書があり，12 世紀初頭の段階では，カーネ家が近隣集落に裁判領主としての地位を持っていることが分かる。しかし一方で，同じ文書からは，同時にこの裁判権が危機に曝されていたことも窺える。ハインリヒ 5 世は，「余の王国のいかなる地位の人物も，先述の共同領主とアリマンニを，脅かしたり悩ませたりすることがないように，彼らの農場を奪い取ったり，人身に手をかけるに及んだり，攻撃したりすることがないように，フォドゥルムを徴収したり貢租を要求したり mansionaticum potestative を受け取ろうとしたりしないように」命じ，「共同領主とその相続者達を暴力によって自らの法廷に引き連れていったり，招いたりしようとすることを」禁じなければならなかったのである[120]。

　カザーレとパチリアーノの紛争の指導層は，「騎士」という呼称を共有し，地域社会において同等の社会的地位を持つ，在地の小貴族によって構成されていたと言える。1278 年のカピターノ提出条例に見られたように，この時期には「騎士」と「ポポロ」の 2 層が明確に区別されて意識されていた。合併後のカザーレは，その指導層である「騎士」創出の舞台となり，その下に 13 世紀後半の発展があったと言えるのではないだろうか。

---

116) ASM, P., cart. 319. n. 11.
117) *Carte varie.*, n. 25, p. 249.
118) CACC, Ⅱ, n. 361, pp. 182-183, p. 183.
119) P. Pezzano, op. cit.
120) *Carte varie*, n. 1, pp. 211-212.

章括

　《準都市》の形成と拡大は，13世紀における共同体の成長というヨーロッパ史を下から特徴付ける現象の一つであると言える。本章での，その形成と発展の過程における共同体間の紛争とその担い手の分析からは，そのような動きが在地社会を横断する人的結合との密接な関連の内に進展したことが明らかにされた。小教区共同体を超える活動範囲と利害関係を持つ小貴族である農村騎士が，地域社会の指導層として台頭し，旧来の所領構造の変化とそれによる共同体再編の中で展開した在地的な党派抗争の中で，集落の合併・拡大を指導し共同体を再編成していった。そして，イタリアの都市・農村関係の中でこのような過程を経た結果，高度な秩序創出機能を持った自治的農村部共同体が生まれたのである。このような共同体に国制上の地位を与え，その秩序の内部に組み込んでゆくのがルネサンス期地域国家である。

　以下では章活にかえて，このことをより一般的な水準での考察の中に位置付け，比較史的考察のための展望を得ることを試みてみたい。第一に，共同体と指導層の問題を挙げることができる。騎士層，つまり武力を持った軍事的・貴族的社会層が，一般の住民から差異化された集団として農村部の共同体の内部に統合され，指導層となる事例が，北イタリア，特にピエモンテでは指摘されている[121]。これに対し，身分上は他の住民との間に差異のない経済的・社会的有力者層が，地域エリートとして農村部共同体を指導した事例を明らかにしたのが，C. ウィッカムによるトスカーナの農村コムーネ研究である[122]。このように農村共同体の内部構造には様々な地域差があり得る。カザーレは小軍事貴族が共同体指導層となった事例と言えるが，本章での検討は，共同体形成の契機そのものが，そのような在地の軍事貴族に指導

---

121) P. Pezzano, *Istituzinoi e ceti sociali in una comunità rurale: Racconigi nel XII e nel XIII secolo*, op. cit; A. Barbero, *Vassalli, nobili e cavalieri fra città e campagna. Un processo nella diocesi di Ivrea all'inizio del Duecento*, op. cit; L. Provero, *Dalla realtà locale alla complessità di un modello: Chris Wickham e le comunità lucchesi*, in «Quaderni storici», 100, a. XXXIV, n. 1, (aprile 1999), pp. 269–283.

122) C. Wickham, *Community and Clientele in Twelfth-Century Tuscany: The Origins of the Rural Commune in the Plain of Lucca*, Oxford, New York 1998.

された紛争の展開の中にあったということを示している。したがってカザーレの事例は，共同体と紛争との関係を，共同体構成員の職能と身分編成という観点から再検討し，比較に付すことを促していると言える。この問題に関して，一方ではイタリアおよびヨーロッパの，様々な内部構成を持つ共同体における紛争を，他方では他地域の共同体における類似の事例，特に現在明らかにされている事例の中では，日本史における共同体間紛争と侍身分論という観点からの比較が可能であろう[123]。

続いて，上のようなカザーレの共同体形成・発展過程においては，農村部共同体形成における教区共同体の重要性と，古代末期の都市と教会制度の関係に起因する都市の農村支配，それに由来する《準都市》の存在と都市間および都市・農村間の抗争の大きな影響を指摘することができるだろう。換言すれば，カザーレの発展過程は都市・農村・教会関係の帰結なのである。したがってここには比較都市史との接合の可能性が指摘され得るだろう。従来，都市による農村支配領域＝コンタードの存在はイタリアの固有性と考えられることが通例であった。しかし近年は，領域支配を行う都市の事例はイタリア以外でも研究されている[124]。その支配形態と支配確立のプロセスの差異とともに，それと機を一にする農村内在地社会の発展過程を，在地指導層の特徴や在地紛争のメカニズムを含め総合的に検討し，多様な都市・農村関係を持つ諸地域の事例との比較を行うことが望まれると言えよう。

その際，支配という観点から見た都市・農村関係と農村所領の構造変化の分析を，農村部の地域住民にとっての準拠枠の変化という視覚からの分析と交錯させることで，地域間の差異を十分に認識した上でなお有効な比較基準

---

123) 侍身分論に関しては，久留島典子「中世後期の「村請制」について —— 山城国上下久世庄を素材として」『歴史評論』488号，1990年12月，21-40，81頁。稲葉継陽「村の侍身分と兵農分離」『戦国時代の荘園制と村落』校倉書房，1998年，237-256頁。小林一岳「中世荘園における侍」同『日本中世の一揆と戦争』校倉書房，2001年，27-44頁。同「殿原と村落」前掲書，45-65頁。
124) 森田安一『スイス中世都市史研究』山川出版社，1991年。山田雅彦「中世北フランスにおける都市付属領域の形成 —— アラスの事例を中心に」『熊本大学文学部論叢』第78号，2003年3月，11-42頁；図師宣忠「中世盛期トゥールーズにおけるカルチュレールの編纂と都市の法文化」『史林』第90巻第2号，2007年3月，30-62頁。田中俊之「一五世紀北西スイスの都市・領主・農民 —— バーゼルの領域形成をめぐる権力関係」踊共二・岩井隆夫編『スイス史研究の新地平』昭和堂，2011年，142-162頁。

の設定が可能になるのではないだろうか。カザーレにおいても見られたような小教区共同体の発展は，人口の増大等の要因に加え，聖界所領の解体も一因としているが，第5章でも後述するように，解体へ向かう所領や教区の枠組みは，後退過程の中でも一定の意味を担うことが可能である。そのような，変動期の地域社会の枠組みの重層構造の内部における共同体と所領の関係という視点を導入すれば，中世日本の荘園の解体と再編過程における共同体との比較も可能になるのではないだろうか。

第3章 代官と代官区
―― 14世紀ヴィスコンティ国家下のベルガモ

写真：ベルガモ・アルタ中心部，ドゥオーモ広場

ベルガモはアルプス前山の南麓に位置し，古代よりポー平野と東中欧諸地域を結ぶ要衝であった。古代ローマ時代にはムニキピウムが置かれ，4世紀より司教座となる。ランゴバルドとフランクの支配を経て，11世紀には司教伯の支配下から自治都市コムーネへと移行し，12・13世紀にはロンバルディア同盟にも参加する重要都市となった。14世紀，グェルフィとギベッリーニの抗争の中でヴィスコンティ家支配下に入るが，1428年，ミラノ・ヴェネツィア戦争の結果ヴェネツィア共和国へ移行，その西部最前線となり，ナポレオンのイタリア支配に至るまで，ミラノとの緩衝地帯として自由と繁栄を享受した。現在のベルガモは「ベルガモ・アルタ（高いベルガモ）」と呼ばれる小高い丘の上の歴史的中心地と「ベルガモ・バッサ（低いベルガモ）」と呼ばれる低地の新市街に分かれているが，「アルタ」のドゥオーモ広場に集まる豊かな芸術的遺産と歴史的建造物がこの都市の中世の繁栄を余すところ無く物語る。

背景写真：シモーネ・ピリスの公証人記録簿　ベルガモ国立文書館（Archivio di Stato di Bergamo）所蔵。掲載許可 PROVVEDIMENTO N.144

はじめに

「ヴィスコンティ国家 lo stato visconteo」という表現は，13世紀から15世紀にヴィスコンティ家が権力を掌握することによって現在のロンバルディアを中心とする北イタリア一帯に形成され，君主政的領域国家へと次第に発展した国家的なものの全体を指す。法的には，1395年にジャンガレアッツォ・ヴィスコンティが神聖ローマ皇帝の叙任を受けてミラノ公位に就任するまでは，ヴィスコンティ家の支配者は，各都市コムーネとの契約関係によって統治権を委任された「シニョーレ」に他ならない。しかし漸次的なコムーネ自治制度への介入と国家機構の整備，事実上の世襲の確立等を通じて，14世紀後半にはその支配は不動のものとなっていた。だがその一方で，共和政と自治の長い伝統を持つ「コムーネ世界」北イタリアに君主支配を確立することには巨大な困難が伴っていた。故に14世紀のヴィスコンティ国家は，都市コムーネと，新たに誕生しつつある新時代の国家的なものとの間で，断え間なく繰り返された緊張と対立，妥協と協調の実験的過程そのものから生まれた。

このようなヴィスコンティ国家をはじめ，ルネサンス期イタリアの諸国家は，古典的学説の下では，都市コムーネの「危機」から発展したものと捉えられていた。即ち，都市コムーネでは共和制度が都市民一般の政治参加への道を開く一方，農村領域支配の進展と農村貴族の市内移住によって「封建的」貴族層を首領に頂く党派的対立が都市内でも拡大した。そこで混乱を収束させるとともに，上層市民層の階層的利害をも保障するために強力な独裁的権力が誕生したとする理解がそれである。そしてシニョリーア制の開始は，黄金時代・コムーネ時代からの後退を画する事件として位置付けられ，近世イタリアの全体的沈滞をもたらしたものとされていたのである[1]。

---

1) D. ウェーリー著，森田鉄郎訳『イタリアの都市国家』平凡社，1971年。P. J. Jones, *Economia e società nell'Italia medievale: la leggenda della borghesia*, in *Storia d'Italia, Annali 1, Dal feudalismo al capitalismo*, Torino 1978; Id., *The Italian City-State: From Commune to Signoria*, Oxford 1997. このような展望は，初期の日本のイタリア都市国家史研究における国制史認識においても基本的には共有されていたと言えよう。清水廣一郎『イタリア中世都市国家研究』岩波書店，

しかし 1970 年代以降のイタリアにおける研究史においては，シニョリーア制と続くルネサンス期の領域国家を衰退史観から解放し，イタリア独自の発展過程として再検討する試みが広範に行われた[2]。G. キットリーニはこの現象を，急速な市民層の成長に基づく社会的・経済的変化を受けた都市コムーネが，より安定した国家と政府の創出へ向かって再編される動きに対応したものとして位置付けた。そしてより全体的な政治と領域編成に関わる問題として把握しなおそうとした。即ちルネサンス期領域国家は，農村に対する都市の特権を維持しつつも，新たな均衡の要素としての君主を都市―農村関係に加えた国制として登場する。都市のコンタード支配と広範な自治は君主立法の下に統御される。一方では都市の上位権力を免れて自治を獲得しようと望む農村領域の防備集落や共同体，有力領主らを君主に直属させ，都市

1975 年，22 頁；同『イタリア中世の都市社会』岩波書店，1990 年，245 頁。1970 年代までの研究動向については，G. Chittolini, *La crisi delle libertà comunali e le origini dello stato territoriale*, in «Rivista storica italiana», 82 (1970), pp. 99–120. (Id., *La Formazione dello stato regionale e le istituzioni del contado: secoli 14-15*, Torino 1979, pp. 3–35 及び同書再版（Milano 2005）pp. 27–50 に再録）；Id., *Alcune considerazioni sulla storia politico-istituzionale del tardo Medioevo: alle origini degli "stati regionali"*, in *Annali dell'istituto storico italo-germanico in Trento*, II (1976), pp. 401–419; Id., *Introduzione*, in *La crisi degli ordinamenti comunali e le origini dello stato del Rinascimento*, a cura di G. Chittolini, Bologna 1979, pp. 7–50; E. Sestan, *Le origini delle Signorie cittadine: un problema storico esaurito?* in *La crisi*, op. cit., pp. 53–76. 同時期の国家の問題について日本で近年発表された研究としては，齊藤寛海「一五世紀のフィレンツェにおける権力構造 ―― 研究視点についての予備的考察」『ヨーロッパにおける統合的諸権力の構造と展開』創文社，1994 年，419–475 頁。同「トスカーナ大公国の領域構造 ―― コジモ一世時代」『信州大学教育学部紀要 No. 90』1997 年，71–82 頁（同『中世後期イタリアの商業と都市』知泉書房，2002 年，415–431 頁に再録）。中平希「十五・十六世紀ヴェネツィア共和国におけるテッラ・フェルマ支配 ―― イタリア領域国家の中央と地方」（広島大学，博士論文），2005 年。三森のぞみ「フィレンツェにおける近世的政治秩序の形成」『歴史学研究』822 号，2006 年，1–13 頁。徳橋曜「15 世紀フィレンツェの領域行政と従属コムーネ」科研報告書『中世・近世イタリアにおける地方文化の発展とその環境』（代表・山辺規子），2007 年，123–141 頁。高田京比子「中世イタリアにおける支配の変遷 2004 年におけるひとつの到達点の紹介」神戸大学文学部『紀要』第 35 号，2008 年 3 月，51–88 頁。全体的な研究史については本書附章参照。

2) 1970 年代以降における研究史上の転回については，M. Knapton, *Dalla signoria allo stato regionale e all'equilibrio della pace di Lodi*, in *Storia della società italiana*, diretta da Giovanni Cherubini, 8: *I secoli del primato italiano: il Quattrocento*, a cura di G. Cipriani et al. Milano 1988, pp. 87–122; E. Fasano Guarini, *Centro e periferia, accentramento e particolarismi: dicotomia o sostanza degli Stati in età moderna?* in *Origini dello Stato. Processi di formazione statale in Italia fra medioevo ed età moderna (Annali dell'Istituto storico italo-germanico, Quaderno 39)*, a cura di G. Chittolini, A. Molho, P. Schiera, Bologna 1994, pp. 147–176.

第3章　代官と代官区

から切り離すことで，都市の強大化を防ごうとする。即ちルネサンス国家は，君主または支配都市，諸都市，自立的農村内諸勢力の間の均衡の確立によって成立するのである[3]。

　しかし，このような制度史的・構造的議論は，主として15世紀を念頭においたものである。そのため君主権力と諸地域勢力の間には，既に比較的自明の関係が形成されていたと考えられるが，そこへ至る移行過程のダイナミズムそのものの検討はなお多くの課題を残している。このような問題に関しては，先行する14世紀の初期ヴィスコンティ国家形成期を個別実証的に検討する他はない。その際に重要であると筆者が考えるのは，キットリーニのモデルを構成する「君主」と「地域団体」の双方が，形成過程の只中にあったという事実である。前章においては，このような国制の構成要素となる《準都市》共同体の形成を論じた。そこで確認されたような，集落と共同体の拡大や再構成は長期的な過程であり，それらが変化しつつ同時に他の勢力や権力と関係を結び秩序を形成してゆく過程は14世紀まで継続する[4]。ヴィスコンティ国家はそのような時期に誕生するのである。したがってそこには，都市—農村の二項対立を超えた，地域勢力の形成そのものに関わる複合的な要因が関与しており，それらが国制のあり方を規定している可能性が極めて高いのではないだろうか。

　その際に注目に値すると思われるのが，ロンバルディアに成立した地域国家の際立った多元的構造である。近年は，日本でも中世後期地域国家研究の成果が紹介されるとともに独自の研究も行われている。フィレンツェ国家を検討した德橋曜氏は，その構造を丹念に分析し，フィレンツェ国家が「領域の共同体との合意の上に成り立つ「コンタード国家」であるという側面も，否定できない」とは言え，「純然たる一円的支配ではあり得ないにせよ，フィレンツェは領域の諸共同体に対し，其の上位にある統一的権力として振舞お

---

[3] G. Chittolini, *La crisi delle libertà comunali*, op. cit.; Id., *La crisi degli ordinamenti comunali*, op. cit. 服部良久「中世後期の『都市ベルト』地域における都市と国家 —— 比較地域史のこころみ」，紀平英作編『ヨーロッパ統合の理念と軌跡』京都大学学術出版会，2004年，56-111頁。高田京比子上掲論文73-78頁も参照。

[4] 本書第2章参照。

うとしていた」と述べている[5]。領域内共同体の自立性と，上位権力として次第に明確な輪郭をとるフィレンツェの双方に開かれた議論であると言える。しかしフィレンツェ国家の構造をロンバルディアとの比較から特徴付ければ，逆に中央＝フィレンツェの領域に対する強力な統制力が浮き彫りになる。フィレンツェ国家では，フィレンツェのみに「都市 città」としての地位が限定され，領域の従属都市は「ディストレット distretto」として差異化される。そしてピサやアレッツォ，ピストイアなどの従属都市はフィレンツェによってコンタードを奪われ，それらの旧コンタードはフィレンツェのコンタードに組み込まれている。このように，領域国家内の都市からそのコンタードが一括して剥奪されるという事態はロンバルディアでは生じなかった。ここでは，各都市の領域支配権が基本的に尊重される中で，後述する「分離」や新たな領域行政単位の設定を通じて，領域の再編成が進められた。都市フィレンツェが強力な中心性をもって領域の一元的・全体的再編成を行った一方，ロンバルディアでは各都市を第一の中心とした既存の多元的構造が維持されたのである。それ故にこそ，諸勢力の均衡を図りながら，いかにして多様な在地の現実を掌握してゆくかがロンバルディアの地域国家の最大の鍵となる。

　本章は，このような観点から地域事例を検討することにより，14世紀ヴィスコンティ国家における地域と国家の関係の形成を立体的に捉えることを目的としている。以下第1節では，ヴィスコンティ国家に関する近年の研究を整理し，問題の所在と具体的検討対象を明確にする作業を行いたい。

第1節　ヴィスコンティ国家と地域をめぐる研究の現状と課題

　前述のようなキットリーニの国制モデルの鍵は，「都市」の位置付けであ

---

5) 徳橋曜「15世紀フィレンツェの領域行政と従属コムーネ」科研報告書『中世・近世イタリアにおける地方文化の発展とその環境』(代表・山辺規子)，2007年，123-141頁。引用部分は136頁。

り，その裏面である「コンタード」諸勢力の評価の問題である。キットリーニは都市の不動の中心性を重視しており，有力領主や共同体が国制の枢要として登場するのは，都市との間に一種の均衡を確立するための要素である限りにおいてである[6]。1441年には，自立的領主の裁判権を限定し，そこからの都市裁判官への上訴を認める法令が発布され，司法上も都市の優位が確定する。即ちヴィスコンティ国家は，君主と都市とその他の諸勢力を結び付け，それらの間にヒエラルキーを確立し規律化し，位置付けを与えていくのである。

　しかし，近年ヴィスコンティ国家支配下の地域事例について，M. デッラ・ミゼリコルディア，M. ジェンティーレ，A. ガンベリーニらによって行われた研究は，そのような枠組みに収まり切らない様々な現実を明らかにしている[7]。ガンベリーニはレッジョを分析し，ヴィスコンティ国家の形成が，都市共同体による未完のコンタード征服の追及や，農村部と都市の双方における基盤の再確立を目指す封建領主の戦略などの複数のダイナミズムの帰結であることを示した。中央政府，都市，村落，親族など多様な主体が，権力と権利の正当化をめぐる紛争と相互交渉に関与した。レッジョにおいては，そこで君主と地方の関係形成における特権的主体となり，ヴィスコンティ国家下の重要な官職を占めたのは，都市よりもむしろ農村部の大領主だったのである[8]。ジェンティーレはロッシ家などパルマの農村部領主小国家を検討した。そして，ヴィスコンティ家による集権化政策が精力的に進められたと考えられている15世紀20年代のフィリッポ・マリア・ヴィスコンティ支配

---

6) G. Chittolini, *Premessa*, in Id., *Città, comunità e feudi negli stati dell'Italia centro-settentrionale (secoli XIV-XVI)*, Milano 1996, pp. IX-XXVIII; Id., *Gli stati cittadini italiani*, in Rainer C. Schwinges, Christian Hesse, Peter Moraw (hg.), Europa im späten Mittelalter: Politik-Gesellschaft-Kultur, München 2006, pp. 153-165.

7) M. Della Misericordia, *La disciplina contrattata. Vescovi e vassalli tra Como e le Alpi nel tardo Medioevo*, Milano 2000; Id., *Divenire comunità. Comuni rurali, poteri locali, identità sociali e territoriali in Valtellina e nella montagna lombarda nel tardo medioevo*, Milano 2006; M. Gentile, *Terra e poteri. Parma e il Parmense nel ducato visconteo all'inizio del Quattrocento*, Milano 2001; A. Gamberini, *La città assediata. Poteri e identità politiche a Reggio in età viscontea*, Roma 2003; Id., *Lo stato visconteo. Linguaggi politici e dinamiche costituzionali*, Milano 2005. これらの研究の書評として G. Ciccaglioni, *Ricerche recenti sulla Lombardia viscontea*, in «Società e storia», 107 (2005), pp. 141-159. がある。

8) A. Gamberini, *La città assediata*, op. cit.

下の時期においても、在地勢力がなお主導権を握り、中央の政策を規定し得たこと、さらにこのような小国家の内部で、領主―領民関係が再定義・強化され、中央権力に対する領民の保護者としての領主が独自の行政・裁判機構を確立してゆくことを明らかにした[9]。また、デッラ・ミゼリコルディアは、コモ司教領テッリーナ渓谷・キアヴェンナ渓谷における新旧の司教家臣の領地経営と親族関係の分析をした。ここでは、大所領の解体に伴って新家系や在地共同体が保有と経営に参入した。これらの条件に応じて、テッリーナ渓谷地域の自立性が明確になっていったのである[10]。いずれの研究においても注目されるのは、自律的動態を示す農村部の自治的勢力への視点である。これらは、君主と在地団体の二元的関係における都市の不動の中心性を再検討することを提起していると言える。

だがこのことの射程をキットリーニ・モデルとの関連において即座に判断するのは困難である。キットリーニの「君主と都市を中心とする在地団体の関係に基づく二元的国制」という理解は、ある種曖昧な解釈の余地を残している。しかし、都市の優位が幾つかの地域において反転される、という事実が、程度の問題を超えて、全体的な理解そのものを根本的に変更し得るのかどうかが定かではないからである。

しかし、これらの研究は、初期ヴィスコンティ国家における政治的主体の多様性を明らかにした。このような問題を、都市―農村関係の二項対立に回収することなく、ルネサンス期地域国家の解釈の出発点である、ヨーロッパ的二元的国制という水準に引き戻して、他国の事例と比較考察した上で、実証的事実を位置付けるという作業が不可欠であると筆者は考えている。

実際にはガンベリーニやジェンティーレ自身が個別の検討において明らかにしているように、コンタードの大領主達は、程度の差こそあれ「スクワドラ」と呼ばれる党派的組織を通じて都市内の政治や抗争を掌握していた[11]。

---

9) M. Gentile, *Terra e poteri*, op. cit; Id., *Giustizia, protezione, amicizia: note sul dominio dei Rossi nel Parmense all'inizio del Quattrocento*, in *Poteri signorili e feudali nelle campagne dell'Italia settentrionale fra Tre e Quattrocento: fondamenti di legittimità e forme di esercizio*, a cura di F. Cengarle, G. Chittolini, G. M. Varanini, Firenze 2005, pp. 89-104.

10) M. Della Misericordia, *La disciplina contrattata*, op. cit.

11) M. Gentile, *Terra e poteri*, op. cit; Id., *Giustizia, protezione, amicizia*, op. cit.; A. Gamberini, *Da*

第3章　代官と代官区

したがって，ここで問題にすべきは，支配下に入る各都市とその支配領域がどのような社会集団によって地域的秩序を決定されており，それらと国家機構がどのような関係を形成しているかということではないだろうか。

そこで本章では，ヴィスコンティ国家の新要素と支配領域の在地社会における人的集団の現実がより明確な形で遭遇する場面を分析し，そのような問題に対して一つの貢献をなすことを課題としたいと思う。ヴィスコンティ国家のシニョーリア制が，領域編成の問題への対応の所産であるという考えから出発すれば，その新権力としての重要な特徴の一つは，領域政策に現れると言えよう。事実コムーネ時代に比しての最大の革新要素は，各都市コムーネのコンタードへの介入であり，その介入の代表的形態が「分離 separazione」である[12]。

「分離」は文字通り，コンタード内の有力共同体や領主支配地を都市の支配権から分離し，シニョーレに直属させる制度である。分離された土地は都市コムーネの課税や裁判支配を免れ，税政上の優遇措置と大幅な自治を獲得する。こうしてヴィスコンティ国家下には，都市コムーネ，その支配下に留まるコンタード，シニョーレに直属する農村部分離地，という3種類の地域団体が成立した[13]。都市コムーネ支配下のコンタードに関しては，従来通りの都市による支配が尊重されたが，分離地には代官区（vicariato）やポデスタ管区（podestariato）と呼ばれる裁判管区が定められ，シニョーレの役人として代官（vicario）またはポデスタ（podestà「執政官」）が中央から派遣された。即ち代官区やポデスタ管区は，ヴィスコンティ国家による新設の枠組みであり，都市コムーネ時代のコンタード支配からの差異を最も明確に表す要素の一つなのである。

したがって，ヴィスコンティ国家を特徴付ける中央権力と在地社会の関係は，代官区やポデスタ管区の規範と実際と，そこにおける人間集団の行動の

---

universale a locale. La metamorfosi del linguaggio politico delle Parti attraverso il caso reggiano (secoli XIV-XVI), in Id., *Lo stato visconteo*, op. cit., pp. 265-288.

12) G. Chittolini, *I capitoli di dedizione delle comunità lombarde a Francesco Sforza*, in Id., *Città, comunità e feudi negli stati dell'Italia centro-settentrionale (secoli XIV-XVI)*, Milano 1996, pp. 39-60; Id., *Le 'terre separate' nel ducato di Milano in età sforzesca*, in Id., *Città, comunità*, op. cit., pp. 61-84.

13) G. Chittolini, *Premessa*, in *Città, comunità*, op. cit., pp. IX-XXVIII.

双方を検討することによって明らかになるのではないだろうか。だが現実には，ヴィスコンティ国家形成期14世紀の代官区およびポデスタ管区の研究には史料残存状況の劣悪さによる困難があり，その実態についての仔細な検討は十分になされていない。そこで本章では，ヴィスコンティ国家下の農村部および山岳部について，比較的恵まれた史料状況にあるベルガモを検討対象とし，代官区と在地社会の実態把握を試みたいと思う。

　ベルガモは郷土史学の豊かな蓄積を持っているが，伝統的にヴィスコンティ支配期，特に14世紀後半のベルナボ・ヴィスコンティ時代は圧政の時期として厳しく評価されてきた。中でも悪名高いのは，1360年代から70年代初頭にかけてベルガモをはじめとするアルプス前山地域の渓谷部に広がった反ヴィスコンティ反乱へのベルナボ・ヴィスコンティによる抑圧である。この反乱は，ギベッリーニ党の首領であったヴィスコンティ家に対して，グェルフィ党勢力が山岳地渓谷部に拠点を維持し，広域的な反乱を組織したものであった（この両党派とその間の紛争の意味については第4章で詳述する）。ベルナボは渓谷住民らに対して未納負担の帳消しなどを約束したが効果なく，ついにはすべてのギベッリーニに一切罰を受けることなくグェルフィを殺害する許可を与えるに至った[14]。

　だが根強い否定的なイメージにも関わらず，近年は個々のエピソードやヴィスコンティ支配期全体に対する実証研究の努力も行われている。A. サーラは上の反ヴィスコンティ反乱に関して，支援者の人脈や書簡の検討を通じて，渓谷部の反乱がアヴィニョン教皇庁による支援と策動を受けていた実態を明らかにした[15]。このことをより広い文脈の中で考えれば，反乱そのものをも一概にヴィスコンティ家による圧政の帰結と考えることはできず，むしろ反乱に対する抑圧的対応を，一般的な紛争状況への必要に迫られた対処策と見なす必要が生じてくるのではないだろうか。

　この紛争状況という問題を考慮しつつ，コムーネ期からヴィスコンティ支配期に至る13・14世紀の財政を検討し，新たな見解を示したのがP. マイノー

---

14) B. Belotti, *Storia di Bergamo e dei bergamaschi, vol. 2*, Bergamo 1992. p. 247.
15) A. Sala, *La cospirazione antiviscontea in Bergamo del 1373*, in «Archivio storico bergamasco», 3 (1983), pp. 9–35.

ニである。マイノーニは，ヴィスコンティによる過酷な課税の多くは，コンタードや山岳部の経済に対して，優位を維持しようとしていた都市コムーネ・ベルガモの政策を継承したものであることを明らかにした。そして反ヴィスコンティ反乱も，市民層の地主的収入の危機に平行する渓谷部手工業の発展，それに伴う都市・コンタード対立の激化という，より構造的な要因による紛争に負っていることを示し，一概にヴィスコンティによる誅求に原因を帰すことを批判した。また，徴税システムにおいては請負制が実施され，ヴィスコンティ家のシニョーレ達自身が，ベルガモの既存のグェルフィとギベッリーニの首領達に依存せざるを得なかった。そのため上のような構造的要因と結合したベルガモ内部の党派抗争の維持・助長に帰結せざるを得なかったというのである[16]。

このようなマイノーニの視角は，財政という古典的な研究対象と紛争社会史の接合に対して開かれており，示唆するところが極めて大きい。だがここでマイノーニ自身の研究対象から一歩外に出るが，このような「接合」を実現するには，やはり都市・農村関係という古典的な問題を，紛争社会史の対象となる社会集団に適用して実証し，ヴィスコンティ国家の機構や機能と総合的に考察するという課題が残されている。マイノーニが党派として検討対象としたのは，スアルディ家，リヴォラ家，ボンギ家など，都市を政治的基盤としてそれぞれギベッリーニ，グェルフィを率いる大親族である。しかしこれらと実際の紛争の舞台となる渓谷部との関係，およびそのような党派と関連する都市・農村関係との上に重なる国家との関係は未だ明らかにされていない。

むろん，このような課題の全体は本章の紙幅を遥かに超える。ここでは，主たる検討対象を渓谷部・農村部に限定し，ベルガモにおけるヴィスコンティ国家代官の活動と代官区の実態を，在地の社会集団，特にグェルフィとギベッリーニの党派抗争との関係において検討することを課題としたいと思う。これらの集団の都市・農村にまたがる実態については，章を改めて論じたい。

---

16) P. Mainoni, *Le radici della discordia. Ricerche sulla fiscalità a Bergamo tra XIII e XV secolo*, Milano 1997, p. 262.

そこで以下第2節では，ヴィスコンティ国家支配下で作成された農村部および山岳部の条例集を史料とし，ヴィスコンティ国家機構の一部としての代官区の規範的意義を明らかにする。それを受けて，第3章では，規範に対する現実を，代官や地域住民の書簡を分析することによって順次検討していくこととしたい。

第2節　ベルガモ農村・渓谷条例集に見るヴィスコンティ国家代官と代官区

　中世，自治都市共和国からシニョリーア制を介して領域国家へと移行する時期の中北部イタリアは，「グェルフィ」と「ギベッリーニ」(それぞれ「教皇党」「皇帝党」の訳語が宛てられることもあるが，この問題については，次章で詳しく述べる)による激しい党派抗争の舞台であった。この二つの名称を持つ党派は，各都市コムーネの内部にも存在し，しばしば「グェルフィ」と「ギベッリーニ」を名乗った党派的対立がシニョリーア誕生の背景にあったことはよく知られている。本節で扱うベルガモにおいても，事情は同様であった。
　ヴィスコンティ家は，最有力貴族家系の一つとして都市ミラノに台頭し，13世紀には市内党派抗争の貴族的党派の筆頭となった。グェルフィ党の首領デッラ・トッレ家との抗争に勝利し，1287年，マッテオ・ヴィスコンティがミラノのカピターノ・デル・ポポロに就任し，その後1294年にはロンバルディア皇帝代理に任命された。マッテオの死後，カピターノ・デル・ポポロ職を継承した息子ガレアッツォも皇帝代理となり，その死後はアッツォー・ヴィスコンティが同職に就任し，事実上の世襲が実現する。こうして1339年には，アッツォーの2人のオジ，ルキーノとジョヴァンニにシニョーレの地位が承認され，1354年にジョヴァンニが他界すると，その3人の甥マッテオ，ベルナボ，ガレアッツォ2世が勢力範囲を三分して継承し，マッテオの死後にはベルナボとガレアッツォがそれを二分する。このガレアッツォを継ぎ，叔父ベルナボを倒して，やがて公位に登るのがジャンガレ

第3章　代官と代官区

アッツォ・ヴィスコンティである。彼らの勢力の拡大は，他都市との党派的関係によっても支えられていた。ヴィスコンティは13世紀には既に個人の資格で複数の他都市の政治に介入し始めており，他都市の有力者も自らの市内党派抗争におけるヴィスコンティの支持をあてにしていた[17]。

そのような中で，ベルガモもヴィスコンティ家のシニョリーア支配へ向かった。当時のベルガモでは，民衆を支持基盤とする党派と貴族を中心とする党派が市内抗争を続け，前者をリヴォラ家が，後者をスアルディ家が率いており，スアルディ家がマッテオ・ヴィスコンティに支援を依頼した。ベルガモにグェルフィ・ギベッリーニの呼称が導入されたのはこの時である。その後1311年，ハインリヒ7世がギベッリーニのロドヴィーコ・ヴィスコンティをベルガモのポデスタに任命し，マッテオ・ヴィスコンティがロンバルディアに確立した覇権を背景に，1317年には，ベルガモのグェルフィもマッテオ・ヴィスコンティに服従を誓う。その後ベーメン王ヨーハンの支配を経て，ベルガモのシニョリーアはアッツォー・ヴィスコンティの手へと移行し，ルキーノ，ジョヴァンニからベルナボへと継承されていく。この間に，渓谷地帯の都市からの分離と代官区の設置が徐々に行われていくのである[18]。

ベルガモの渓谷部にヴィスコンティ家の代官区の存在が初めて確認される

---

17) ヴィスコンティ国家の形成と発展，制度史一般についての基本的研究は現在もなお，トレッカーニ・アルフィエーリ社刊 Storia di Milano シリーズ所収の F. コニャッソの研究である。F. Cognasso, *L'Unificazione della Lombardia sotto Milano*, in *Storia di Milano V. La signoria deiVisconti (1310-1392)*, Milano 1955, pp. 1-567; Id., *Il Ducato visconteo da Gian Galeazzo a Filippo Maria*, in *Storia di Milano VI, il Ducato visconteo e la Repubblica ambrosiana (1392-1450)*, Milano 1955, pp. 1-383; Id., *Istituzioni comunali e signorili di Milano sotto i Visconti*, in *Storia di Milano VI*, op. cit., pp. 449-544; Id., *I Visconti*, Milano 1966; また，C. Santoro, *L'organizzazione del Ducato*, in *Storia di Milano VII: L'età sforzesca dal 1450 al 1500*, Milano 1956, pp. 520-538. また，G. Barni, *La formazione interna dello Stato visconteo*, in «Archivio Storico Lombardo», 6 (1941), pp. 3-66; F. Cognasso, *Note e documenti sulla formazione dello stato visconteo*, in «Bollettino della società pavese di storia patria», XXIII (1923), pp. 23-169. より近年のものとしては，F. Somaini, *Processi costitutivi, dinamiche politiche e strutture istituzionali dello Stato visconteo-sforzesco*, in G. Andenna, R. Bordone, F. Somaini, M. Vallerani, *Comuni e Signorie nell'Italia settentrionale: la Lombardia (Storia d'Italia 6)*, Torino 1998, pp. 681-786.

18) 中世ベルガモのヴィスコンティ家による支配と全体的歴史記述については，B. Belotti, *Storia di Bergamo e dei bergamaschi*, op. cit.; G. Battioni, *La città di Bergamo tra signoria viscontea e signoria malatestiana*, in *Storia economica e sociale di Bergamo. I primi millenni: Il comune e la signoria*, a cura di G. Chittolini, Bergamo 1999, pp. 183-212. C. Capasso, *Guelfi e ghibellini a Bergamo*, in «Bollettino della Civica Biblioteca di Bergamo», XV (1921), 3, pp. 1-44.

ベルガモと周辺農村部・渓谷部

のは，1338年である[19]。分離された渓谷は「免税渓谷（valli esenti）」と呼ばれ，都市にとっての負担も大きいため，当初は5渓谷に限られていた[20]。

---

19) P. Mainoni, *Le radici della discordia*, op. cit., p. 120; G. M. Varanini, *La tradizione statutaria della valle brembana nel Tre-Quattrocento e lo statuto della valle brembana superiore del 1468*, in *Gli statuti della Valle Brembana superiore del 1468*, a cura di M. Cortesi, Bergamo 1994, pp. 13-62.
20) C. Capasso, op. cit., p. 22.

第3章　代官と代官区

　これらの代官区の枠組みは当初極めて不安定な様相を示している。1359年には，ブレンバーナ渓谷，イマーニャ渓谷およびサン・マルティーノ渓谷の3渓谷は単独の代官の管轄となっている。その後1363年と65年には，これら3渓谷にセリアーナ渓谷も加えたものが一人の代官に任され，1368年にはブレンバーナ渓谷とセリアーナ渓谷が単一の共同体を形成し，1人の代官に任されている[21]。だがこれに続く時期には，諸代官区は細分化の方向へ向かう。1368年にはタレッジョ渓谷も代官区を持っていた[22]。翌1369年には，ベルガモ市のコンタードから許可なく鉄を輸出することを禁じるために，シニョーレ補佐官キゾラがコンタード内各地に宛てた書簡に，平野部のそれも含めて総数11の代官区・ポデスタ管区名が挙げられている。即ち，上セリアーナ渓谷，下セリアーナ渓谷，ブレンバーナ渓谷，サン・マルティーノ渓谷およびイマーニャ渓谷，アルメンノおよびマペッロ，トレスコーレ渓谷，サルニーコ，コローニョ，ロマーノ，マルティネンゴ，ウルガーノである[23]。

　ここで条例集の内容分析に入る前に，その性格について若干の整理をしておきたい。イタリアで「条例集（statuti）」と呼ばれる史料は，他国の「都市法」や「村法」に相当する規範史料である。「都市条例集」はコンタードを支配する都市のそれであり，それ以外の集落の条例集は一般に「農村条例集」に分類される。一方「渓谷条例集」は渓谷共同体，即ち渓谷内に分布する個々の集落の連合をその適用対象とする[24]。

---

21) B. Belotti, *Storia di Bergamo e dei bergamaschi*, vol. 2, op. cit., p. 240.
22) I *"Registri litterarum"di Bergamo (1363-1410), il carteggio dei signori di Bergamo (Fonti e materiali di storia lombarda (secoli XIII-XVI) -1)*, a cura di P. Mainoni, A. Sala, Milano 2003, p. 68.
23) Ibid., pp. 105-106. シニョーレ補佐官の役職と当該史料については本章第3節参照。
24) 中世イタリアの法体系については，阪上眞千子「一三世紀前半南イタリアにおける普通法，特有法と勅法」『阪大法学』第54巻6号（通関第234号），2005年，1383-1410頁；森征一「中世イタリアの都市コムーネと条例制定権（ius statuendi）理論（一）（二）（三）（四）」『法学研究』49-8，49-9，49-10，49-11，1976年，30-70，24-58，52-89，19-52頁；佐々木有司「中世イタリアにおける普通法（ius commune）の研究 —— バルトールス・デ・サクソフェルラートを中心として（一）（二）（三）（四）」『法学協会雑誌』84-1，84-4，84-8，85-8，1967年，1968年，1-70，437-487，1018-1044，1145-1172頁。14世紀ロンバルディアの農村条例集一般については，P. Toubert, *Les statuts communaux et l'histoire des campagnes lombardes au XIVe siède*, in «Mélanges d'archéologie et d'histoire (École française de Rome)», 72 (1960), pp. 397-508. 渓谷共同体については，

ベルガモの渓谷・農村条例集に関しては，残存状況と保存状況を総合的に調査・整理したM. コルテージの研究の恩沢によって，所在の確認は容易である。その中で14世紀以前の成立のものは少なく，多くは15世紀後半以降成立の版として残存している。しかしヴィスコンティ国家下での作成に遡ることが確認される版や，そのような版からの改変のない直接の転記が確認されるものもいくつか存在し，一定の考察は可能な状況と言えるだろう[25]。即ち，モッツァニカ（1303年成立。以下，括弧内は14世紀中の作成年代）[26]，アヴェラーラ（1313）[27]，マルティネンゴ（1344）[28]，トレヴィーリョ（1392）[29]，「ゴッジャ向う」（地名ゴッジャを境界としたこの呼称に関しては，第4章158頁で詳述する）ブレンバーナ渓谷（1364）[30]，タレッジョおよびアヴェラーラ渓谷（1368）[31]，スカルヴェ渓谷（1372）[32]である。ヴィスコンティ国

M. デッラ・ミゼリコルディアの上掲書に加えて，C. G. Mor, *«Universitas vallis»: un problema da studiare relativo alla storia del comune rurale*, in *Miscellanea in onore di Roberto Cessi, I*, Roma 1958, pp. 103-109; G. Santini, *I comuni di valle del medioevo. La costituzione federale del "Frignano" (dalle origini all' autonomia politica)*, Milano 1960; P. Guglielmotti, *Unità e divisione del territorio della Valsesia fino al secolo XIV*, in «Bollettino storico-bibliografico subalpino», 96. I(1998), pp. 125-156.

25) M. Cortesi, *Statuti rurali e statuti di valle. La provincia di Bergamo nei secoli XIII-XVIII (Fonti per lo studio del territorio bergamasco 3)*, Bergamo 1983, 175p. 同書編纂と同じ機会にベルガモの条例集に関する問題を扱った研究集会も開かれている。報告集は *Statuti rurali e statuti di valle. La provincia di Bergamo nei secoli XIII-XVIII. Atti del convegno, Bergamo 5 marzo 1983*, a cura di M. Cortesi, Bergamo 1984. ヴィスコンティ期の条例集については，C. Storti Storchi, *Statuti viscontei di Bergamo*, in *Statuti rurali*, op. cit., pp. 51-92; Ead., *Diritto e istituzioni a Bergamo dal Comune alla Signoria*, Milano 1984. 14世紀以前の条例集については，G. P. Scharf, *Gli statuti duecenteschi di Vertova e Leffe*, in *Statuti rurali lombardi del secolo XIII*, a cura di L. Chiappa Mauri, Milano 2004, pp. 91-104; G. Rosa, *Statuti antichi di Vertova e d'altri comuni rurali*, in «Archivio storico italiano», (1860), pp. 85-93.

26) Statutum communis de Mozanica, Archivio di Stato di Milano（ミラノ国立文書館），Fondo Statuti Comuni, II (M-Z).（以下 Mozzanica）

27) Statuti et ordinamenti antiqui per lo comun de Averara, Biblioteca Universitaria dell'Università degli studi di Pavia（パヴィア大学図書館），Aldini 13.（以下 Averara）

28) Statuta comunis burgi de Martinengo, Biblioteca Civica di Bergamo"A. Mai"（ベルガモ市立A・マイ図書館），Sala ID, 7, 39.（以下 Martinengo）

29) Statuta castri Trivillii, Archivio Storico del Comune di Treviglio（トレヴィーリョ市立歴史文書館），ms. β3.（以下 Treviglio）

30) Statuta et ordinamenta vallis brembane, Biblioteca Universitaria dell'Università degli studi di Pavia, Aldini 517.（以下 Brembana）

31) Statuta et ordinamenta communis terrarum Talegii et Averarie, Biblioteca Civica di Bergamo"A. Mai", Sala ID, 5, 6（1448年版写本）（以下 Taleggio e Averara）

32) Statuta Vallis de Schalve, Archivio Arcipresbiterale, Miscellanea.（以下 Scalve）

第3章　代官と代官区

家期の成立になるものは，トレヴィーリョのそれを除けば14世紀の版からの刊行はされておらず，未刊行である。

これらは「渓谷条例集」と平野部の「農村条例集」の二つの類型に分けられる。前者がアヴェラーラ渓谷，「ゴッジャ向う」ブレンバーナ渓谷，タレッジョ渓谷，スカルヴェ渓谷であり，後者がモッツァニカ，マルティネンゴ，トレヴィーリョである。平野部の3コムーネは，いずれも境界地域の防備集落として重要な役割を担い，早期に大幅な自治を獲得しているという共通点がある[33]。一方渓谷部の3地域は，いずれも都市ベルガモからは遠隔に位置する。うちアヴェラーラとタレッジョは，世俗当局はベルガモ市でありながら，教会の管轄区としてはミラノ大司教領であり，コモ湖に接続するサッシナ渓谷の付属地と見なされていた[34]。

渓谷部については，渓谷内の個々の集落がそれぞれに自らの集落のみを適用対象とした「共同体条例集」を持ち，それと「渓谷条例集」が同時に存在した可能性も想定されている。現にブレンバーナ渓谷の一集落サン・ペッレグリーノには独自の「共同体条例集」が存在したことが確認されているが，現存はしていない。これは放牧規制や祭日の規定など山村の日常生活に関する規定を主な内容とし，渓谷共同体全体に触れるところは少ない[35]。ここから，「渓谷条例集」は渓谷を構成する諸共同体間の関係とそれを規制する組織とその運営，渓谷全体が関わる問題を対象とし，「共同体条例集」は日常の生産活動に関わりのある内容を持っていることが分かる。

ヴィスコンティ国家内への代官区としての渓谷の編入は，このような渓谷のあり方とどのような関係にあるのだろうか。1440年代にヴェネツィア支配下で改訂された上ブレンバーナ渓谷条例集の刊行に際して，G. M. ヴァラニーニは比較考察上1364年版にも触れ，その性格を本質的に「代官区の条例集」である，とした。即ち，既存の在地的成立過程を持つ条例集を根底と

---

33) G. Chittolini, *Legislazione statutaria e autonomie nella pianura bergamasca*, in Id., *Città, comunità*, op. cit., pp. 105-125.

34) G. P. Bognetti, *Le miniere della Valtorta e i diritti degli arcivescovi di Milano (sec. XII-XIV)*, in «Archivio storico lombardo», (1926), pp. 281-308.

35) M. Tagliabue, *Statuti di S. Pellegrino*, in «Bergomum», 38 (1944), pp. 27-36; G. P. Galizzi, *Ancora sugli «statuti di S. Pellegrino»*, in «Bergomum», 51 (1957), pp. 41-54.

105

するのではなく，ベルガモ市，あるいはミラノ＝中央でどのような代官区にも適用可能なものとして原案が作成されたものであり，中央からの統制の道具として位置付けられるというのである[36]。換言すれば，ヴィスコンティ国家下で作成された渓谷条例集は，渓谷の自生的共同体に関わるものではなく，「代官区」という行政単位を対象とし，ヴィスコンティ国家の存在意義とその権力行使の形態を定めたもの，と言うことができるだろう。

　同様の性格は「農村条例集」にも見出すことができる。ここでは適用範囲は常に単独共同体であるが，成立年代順に辿ってみれば，生産・経済活動の規定を主な内容とした14世紀初頭のもの（モッツァニカ，マルティネンゴ）と，14世紀末ジャンガレアッツォの支配下で作成された，国家役人の職務やそれと共同体との関係を含めた複合的な大部のもの（トレヴィーリョ）との間には大きな差異があり，後者では国家に関わる問題の占める割合が格段に高まっている[37]。

　本章の関心にひきつけて考えれば，このような規範がヴィスコンティ国家と在地社会が遭遇するどのような政治社会史的過程の中で作成・受容され，代官のあり方に反映したかが問題になる。その際に規範史料である条例集を有効に利用するためには，ほぼ同時期に作成されたいくつかの条例集の比較考察が必要になる。事実，いくつかの条例集の条項のインデックスに目を通して見れば，ヴァラニーニが述べたようなブレンバーナ渓谷条例集に見られる代官区の性格が，他の代官区においても共通しているとは必ずしも言えないと筆者には思われるのである。以下では，上に挙げた14世紀作成の諸条例集における，代官やポデスタと代官区やポデスタ管区に関する規定を中心に分析し，比較考察を試みたい。

　14世紀前半の条例集では，代官が言及される箇所は少ない。1340年代の平野部のコムーネ，マルティネンゴの条例集前文によれば，この条例集は先行するより古い条例集をもとに，ルキーノおよびジョヴァンニ・ヴィスコン

---

36) G. M. Varanini, *La tradizione statutaria*, op. cit., pp. 13-62.
37) だがトレヴィーリョの郷土史家サンタジュリアは，同トレヴィーリョ条例集には下からの自治精神の反映を見ている。*Statuta comunis castri trivilli*, a cura di T. Santagiuria, E. Genaro, Calvenzano 1984.

ティの支配下で作成された[38]。条項を見ても，扱われている内容のほとんどは農村生活上の関心に規定されており，ヴィスコンティ支配到達以前のものをそのまま踏襲したものと考えて問題はない。その中で代官は，ワインの不正計量に関する規定[39]，監視人が領域外に出ることの禁止規定[40]，放牧中の羊によって与えられた損害に関する規定[41]において，訴え先として指示されているのみである。いずれにおいても，「代官」と「コンソリ」は «coram domino vicario seu consulibus dicti burgi»[42]，«domini vicarij vel consulum dicti burgi»[43]，«domino vicario sive consulibus dicti burgi»[44] と併記され，あたかも代官と共同体によって選出されたコンソリは代替可能であるかのような印象を与えている。実質的には代官には独自の地位と役割は与えられていなかったと考えられる。即ち代官の存在は，ヴィスコンティ支配の受容を形式的に表明するにすぎなかったのだと言えよう。モッツァニカの条例集では，代官やポデスタのような役人への言及そのものが一切見られない。

しかし1360年代以降に作成された条例集になると，代官の義務・職務に関する規定の条項が急増し，その輪郭が鮮明になる。とりわけ1360年代の2条例集，タレッジョ・アヴェラーラ渓谷のそれと「ゴッジャ向う」ブレンバーナ渓谷のそれは，条文の大部分が代官，またはそれに関連する活動の規定にあてられている。

だが一方で，ブレンバーナ渓谷条例集とタレッジョ・アヴェラーラ渓谷条例集は，その構造や内容に様々な差異がある。タレッジョ・アヴェラーラ条例集は，ブレンバーナ渓谷のそれとは異なって構造は単純であり，民事・刑事その他への分冊形式すら採用していない[45]。重要なのは，この条例集では諸所で在地的要素に言及していることである。成立年は1368年であり，

---

38) Martinengo, op. cit., f. 1.
39) Martinengo, f. I. r.
40) Martinengo, f. II. v.
41) Martinengo, f. VI. v.
42) Martinengo, f. I. r.
43) Martinengo, f. II. v.
44) Martinengo, f. VI. v.
45) 上ブレンバーナ渓谷条例集とスカルヴェ渓谷条例集は民事・刑事の2分冊形式を取る。

ブレンバーナ渓谷のそれの4年後であることを考えれば，ヴィスコンティ側に「代官区の条例集」の準備がなかったとすることは不可能であり，したがって，タレッジョ・アヴェラーラ渓谷条例集を共同体的条例集から「代官区の条例集」への過渡期的存在と見なすこともできない。だが一方で，条項の内容は他の代官区以上に代官とその職務に関する規定に集中している。即ち，タレッジョ・アヴェラーラ渓谷条例集の位置を，中央による統制／在地の自治，または都市法文化／渓谷の在地的慣習という対立関係のいずれかに位置付けることは困難なのである。

その成立の背景に関して唯一確実な情報は前文の記述に求められる。タレッジョ・アヴェラーラ渓谷の前文には以下のようにある。

> 神の名において，アーメン。1368年，第12インディクチオ，12月17日。これらは，神とその栄誉ある母・処女マリアと聖なる告白者聖アンブロージョと，使徒ペトロ・パウロ・バルトロメオ・ヤコポの名誉のために，またミラノと先述の土地の共通のシニョーレである，偉大なる卓越したシニョーレ，ベルナボ・ヴィスコンティ殿の名誉のために，また共同体とその人々と先述の土地のすべての個人のよき平和なる状態のために，先述の偉大なるシニョーレによって同地の代官となった懸命にして思慮深きレオナルド・デ・ボルツァーノ・デ・レッジョ殿と，同共同体のセルヴィトールによって，タレッジョのラヴィーナの，ヴィターリ・トーザ・アッリゴーニ殿の家の卓，つまり法律家によって裁判をする場所に，特別に下記のことがらのために召集された同共同体の全一般評議会の命令と意志と同意によって選ばれた下記の人々によって，作成され，命じられた，タレッジョとアヴェラーラのコムーネと土地の諸条例である。それらの人々の名前はこれらである。Dominus Vitalis toza Arigonus, Leo Arigonus, Costantius Savionum, Mastaline de Salzana, Pelizia de Pegarra, Baronus Belavidus, Zaninus Amigonum,〔これらは〕全員がタレッジョの者である。Pasinus dictus Lizolla et Guarinus dictus Mazachanus, 2人ともアヴェラーラの者である。
>
> これら全員が一致して自発的に，いかなる意見の相違もなく，先述の土地の共同体と人々とすべての個々人の善き平和なる状態を希求して……[46]

---

46) Taleggio e Averara, op. cit., f. 3.

ここには条例集が支配者と被支配者双方のために作成されたこと，その作成には代官と共同体代表の双方が参加していること，その共同体代表はタレッジョとアヴェラーラの両渓谷から選出され，それらの人々が「一致して，自発的に，いかなる意見の相違もなく」作成したということが明記されている。このように編纂に参加した在地の代表者の名前が列挙された条例集は，少なくともここで検討したものの中では他に例がない。

　これらの編纂者達は何者なのだろうか。編纂のための集会の場所として選ばれたのは，ラヴィーナ地区のヴィターリ・アッリゴーニ (dominus Vitali Arrigoni) の家であり，法律家によって裁判が行われる卓 (ad banchum ubi ius reditur pro iuspertis) であった。

　dominus の号が他の編纂者には付されていないことを考え併せても，ヴィターリがこの編纂者集団の中で特別な地位にあったことが推測される。事実，アッリゴーニ家はギベッリーニ派に属する有力な領主として決して無名ではない[47]。9名の編纂者の中にはもう一人，同族のレオ・アッリゴーニもいる。

　残り7名は，家名を付されたコスタンツォ・サルヴィオーニ，バローノ・ベッラヴィータ，ザニーノ・アミゴーニの3名と，タレッジョ渓谷内の地域名を付されたマスタリーノ・デ・サルツァーナ，ペリツィア・デ・ペゲーラ，加えてアヴェラーラの2名からなる。サルヴィオーニ家とベッラヴィータ家は，サッシナ渓谷の領主であったデッラ・トッレ家を支持した「グェルフィ」と見なされている2家であり[48]，そのアッリゴーニ家との対立の様子は同時代の年代記『ベルガモのグェルフィ・ギベッリーニ年代記』にも見える[49]。一方アミゴーニ家は，後に1382年，他のタレッジョ渓谷の人々とともに，イマーニャ渓谷のロータ地区を襲撃するに先立って，自らを「ギベッ

---

47) 本書第4章参照。

48) V. Bartolomeo, *La valle brembana con Taleggio e Seriana e la valle Imagna con la Brembilla vecchia: notizie storiche, geologiche, artistiche, genealogiche e biografiche*, Bergamo 1895, 214p., pp. 93-95.

49) *Chronicon bergomense guelpho - ghibellinum ab anno MCCCLXXVIII usque ad annum MCCCCVII, R. I. S.* (= *Rerum Italicarum Scriptores*) 2, t. 16 p. II, a cura di C. Capasso, Bologna 1926-1940, 2v., fasc. 1-2, CLIX, 16p.; fasc. 3-4, pp. 17-208, p. 41.

リーニ」とする公証人文書を作成している[50]。1382年に14年先立つ条例集作成時に「ギベッリーニ」という呼称をアミゴーニ家が実際に用いていたかどうかは定かではない。だが呼称の如何に関わらず，渓谷内2陣営の対立関係そのものは決して新しくなかったはずである。したがって地位の抜きん出たヴィターリ・アッリゴーニを除けば，家名付きの編纂者は「グェルフィ」が2名，「ギベッリーニ」が2名という構成である。

　では地区名付きの編纂者はどうか。サルツァーナは一種の境界地域であることがすぐに目を引く。タレッジョ渓谷は往古より，現在のコムーネ〔＝市町村に相当する行政単位〕のヴェデセータおよびタレッジョに相当する二つの地域に大別されており[51]，アッリゴーニ家はヴェデセータに，サルヴィオーニ家はタレッジョに集中していた[52]。サルツァーナはその境界領域に相当する。

　したがって全体として見れば，アヴェラーラの地域代表が2名，タレッジョ渓谷内の地域代表が2名，有力な家のうち「グェルフィ」が2名，「ギベッリーニ」が2名に，裁判開廷地を自宅とする領主が1名という構成になり，地域と地域，党派と党派の間の均衡がここに実現しているのを見ることができるのである。この均衡は偶然の産物であろうか。

　前文は条例集作成の目的と背景に関して次のように述べる。編纂者達はシニョーレであるベルナボ・ヴィスコンティの代官，および渓谷の共同体の全一般評議会の命令と同意によって選出され，さらにこの評議会は，「先述の土地の共同体，人々および個々人の良き平和な状態，可能な限り最良にして効力のあるありとあらゆる方法および裁判による勤勉な調査と決定」を希求し，加えて「偽りや悪行を可能な限り遠ざけ，悪行が処罰されずに済むようなことがないようにし，争いに終結をもたらし，いかなる係争からであれ正当な債権者は受け取るべきものを受け取ることができるように」することを

---

50) *Chronicon bergomense*, op. cit., p. 20.
51) Archivio di Stato di Milano, fondo confine, cartella 288. タレッジョ渓谷の15世紀から16世紀の紛争をめぐって作成された地図がG. ペゼンティによって報告されている。G. Pesenti, *conflitti locali, poteri centrali e cartografia, Quattro mappe della Val Taleggio dei secoli XVe XVI*, in «Archivio storico bergamasco», 13(1987), pp. 269-280.
52) V. Bartolomeo, *La valle brembana*, op. cit.

欲していた。これが作成の理由であったという[53]。

　ほぼ同時期に作成された「ゴッジャ向う」ブレンバーナ渓谷条例集とスカルヴェ渓谷条例集の両者と比較してみると、この点の差異が明らかになる。先述のように、「ゴッジャ向う」ブレンバーナ渓谷条例集は一般的な「代官区の条例集」としての性格を持っていた。一方スカルヴェ渓谷条例集に関しては、全体的に見ればこのような特徴は当てはまらず、森林や鉱脈の利用に関する在地的規定、自治機構としての共同体の役職に関する規定等の条項を相当数含んでいる[54]。にも関わらず、全般的な性格を規定する前文や、新しいヴィスコンティ国家の役職である代官に関する規定を見ると、「ゴッジャ向う」ブレンバーナ渓谷条例集のそれと全く同一なのである[55]。したがって、それとは明白に異なるタレッジョ・アヴェラーラ渓谷条例集においては、「偽りや悪行を可能な限り遠ざけ、悪行が処罰されずに済むようなことがないようにし、争いに終結をもたらし、いかなる係争からであれ正当な債権者は受け取るべきものを受け取ることができるように」することがこの地の在地的現実から生まれた目的の表現である可能性が否定できない。

　タレッジョ・アヴェラーラ渓谷と「ゴッジャ向う」ブレンバーナ渓谷、スカルヴェ渓谷の差は、代官の誓約を定めた条項にも表れている。「ゴッジャ向う」ブレンバーナ渓谷とスカルヴェ渓谷では、代官は単に怒りや愛着の感情を遠ざけて条例集の定めるところを遵守し、渓谷には一切損害を与えず、自らの俸給以外は一切要求しないことを誓うのみである[56]。一方タレッジョ・アヴェラーラ渓谷では、土地の人々と「コムーネの財産」を守り、条例集を遵守し、「コムーネの財産」を何者にも譲渡させないこと、またいかなる有罪判決もその課金に関しても決して赦免しないことを誓わなければならない[57]。したがってその基調は、共同体共有財産の保護と、正義の回復にあると言える。同様に地域の自治の尊重を示しているとはいえ、スカルヴェ渓谷の代官はあくまで「代官区の条例集」としての一般的性格を持って

---

53) Taleggio e Averara, op. cit., f. 3.
54) Scalve, rubrica 3-13, 76-83, 100-110.
55) Scalve, 前文及び rubrica 1.
56) Scalve, rubrica 1; Brembana, rubrica 6.
57) Taleggio e Averara, rubrica 4.

いる。ところがタレッジョ・アヴェラーラ渓谷では，国家機構の体現者である代官の意義付けそのものにも，この土地固有の事情が現れているように思われる。

　代官の職務と義務規定の具体的内容に関しては，タレッジョ・アヴェラーラ渓谷，上ブレンバーナ渓谷，スカルヴェ渓谷の3渓谷においてほぼ共通である。代官はシニョーレに任命される役人ではあるが，俸給は任地の共同体構成員によって支払われる[58]。代官区を構成する各共同体が俸給の分担金を支払うのである。したがって経済的には在地社会への依存度が高い。また任期の終わりには，共同体が任命する監査委員の監査に服さなければならない[59]。主要な任務は裁判の遂行であるが，裁判以外で代官に関連する規定を見ると，仲裁強制[60]，武器没収[61]などの職務があり，代官の基本的な役割は裁判による正義の実現，紛争解決および犯罪統制，平和と安全の保障であったと思われる。

　しかしその業務の遂行のためには，在地共同体の協力が不可欠であった。犯罪者の引き渡しは在地共同体のコンソリや構成員（vicini）の義務であり[62]，また告発，法廷への召喚などの初期業務は土地の人間の義務であった。召還にはセルヴィトール（servitor）と呼ばれる役職にある者がその任務にあたる[63]。また仲裁については，代官はその実現が困難な時の最終的な強制を行う権能があるだけで，仲裁そのものには「共通の友人」があたる[64]。やはり基本的には，在地の主導で行われる紛争解決を追認する，またはその最終的保障者となるという役割に限定されているようである。

　このような正義の回復と平和と安全の保障という役割そのものは極めて一般的な性格を持つものである。だが，その受容と定着は個々の在地的文脈に

---

[58] Taleggio e Averara, rubrica 1; Brembana, rubrica 7; Scalve, rubrica 2.
[59] Taleggio e Averara, rubrica 5; Brembana, rubrica 9, 10.
[60] Taleggio e Averara, rubrica 10; Brembana, rubrica 82; Scalve, rubrica 60.
[61] Taleggio e Averara, rubrica 34, 57.
[62] Taleggio e Averara, rubrica 15; Brembana, rubrica 171, 同Criminali 58, 59, 60, 61, 62, 105, 116.
[63] Taleggio e Averara, ribrica 18, 19; Brembana, ribrica 46, 194, 195, 196, 197, 207, 208; Scalve, rubrica. 34, 35, 45, 69, 70, 71, 72, 73.
[64] Taleggio e Averara, rubrica 10; Brembana, rubrica 82.

添って行われたはずであり，そのような過程にあって，事実上の自治の保持に留まらず，条例集の条項における記載という規範的水準においても，在地からの働きかけの結果を反映させえたのがタレッジョ・アヴェラーラの事例なのではないだろうか。むろん，それがタレッジョ・アヴェラーラのみにおいて可能であり他渓谷では実現しなかった背景には，時局的条件も想定され得る[65]。しかしこれらの個別的条件をすべて考慮に入れた上で，1364年から1372年までのわずか8年の間に作成された三つの渓谷条例集が，それぞれに異なる構造を持つという事実，そしてその内部では，ヴィスコンティ国家を在地で体現する代官の意義付けすら異なるという事実は注目に値する。これは，この時期の代官区制度，即ちヴィスコンティ国家の地方行政制度が，未だ極めて流動的な性格を持っており，その輪郭の形成と地域への定着の過程に，在地社会の要素が参入する余地を多分に残していた，ということではないだろうか。即ち，代官および代官区を中央による統制の回路としてのみ位置付けることは難しく，むしろそれらは，国家が形を成そうとする場に，中央と在地，都市と農村，山岳部の各勢力が参入し，相互に交渉しながら共存へ導いていく過程の表現であったと言えるのではないだろうか。

次節では条例集を離れ，このような代官の現実的存在を在地社会の中に位置付ける作業を進めたい。

第3節　代官と在地社会の現実

規範史料には現れない代官や人々の具体的な活動を示すのは，彼らがベル

---

65) 1360年代のベルナボ・ヴィスコンティはグェルフィ反乱への対応に奔走したが，ブレンバーナ渓谷全般とスカルヴェ渓谷もその例外ではなかった。A. Sala, *La cospirazione antiviscontea*, op. cit., pp. 9-35. このようなブレンバーナ渓谷とスカルヴェ渓谷が，反乱鎮圧後に中央の意図をより強く反映する「代官区の条例集」の諸条項を採用せざるを得なかった一方，強力なギベッリーニの領主を持つとともに聖俗双方の当局と複雑な関係を結んでいたタレッジョ・アヴェラーラ渓谷が比較的自由な条例集の作成を行い得たであろうことは想像可能であろう。またこの渓谷では，ベルナボへの従属は，在地のグェルフィ・ギベッリーニ双方にとっての共通の利益であるミラノ大司教の領主権からの解放を意味していた。ミラノ大司教との関係については，G. P. Bognetti, *Le miniere della valtorta*, op. cit.

ガモ在庁のシニョーレの役人と取り交した書簡の写しの記録簿である。ベルガモ市立A. マイ図書館は，14世紀後半から15世紀初頭に至る時期のこれらの記録簿原版5冊，即ち「ソッツォーネ・スアルディの備忘録」「キゾラ記録簿」「1400年ベルガモ・コムーネ書簡記録簿」「1407年ベルガモ・コムーネ書簡記録簿」「1410年パンドルフォ・マラテスタ殿書簡記録簿」を保存しており，これら5冊がまとめて2003年にP. マイノーニとA. サーラの編纂によって『ベルガモ書簡記録簿』として刊行された[66]。中でも本章の関心にとって最も重要なのは「キゾラ記録簿」である。ジョルジョ・キゾラは1368年から1370年にかけてベルガモで「レフェレンダリオ」と呼ばれるシニョーレ補佐官の役に就いていた人物である。その基本的な職務は税財政の監督であり，ポデスタ，カピターノとともに，ヴィスコンティ国家下における各都市領域行政にあたる3要職の一つをなしていた[67]。代官への指令を伝え，また彼らからの報告を受けたのはこのシニョーレ補佐官であり，全5冊中代官を直接の名宛人とした書簡を含むのは「キゾラ記録簿」のみである。一方2冊のコムーネ書簡記録簿はほとんどの書簡の差出人をミラノ公側とし，パンドルフォ・マラテスタのそれは当該時期のベルガモに短命なシニョリーア支配を確立したマラテスタ側を差出人とする。名宛人は多様であり，特権の承認や嘆願への返書などから成る。本章でこれらの史料を使用する目的は在地社会の実情の検討にあるため，5冊の記録簿のうち関連する名宛人と差出人を持つ書簡の内容を吟味するという方法を用いることとしたい。

　これらの書簡に一通り目を通して得られる最初の印象は，地域社会に対する代官の立場の非常な弱さである。キゾラ側からは各地の代官に対して税の滞納に関する督促が頻繁に要求されているが，それに対する代官の返信を見ると，彼らの要求が在地共同体の前にしばしば無能であったことも分かる。1368年，サン・マルティーノ渓谷代官は次のような返信をキゾラに送って

---

[66] *I "Registri litterarum" di Bergamo (1363–1410), il carteggio dei signori di Bergamo (Fonti e materiali di storia lombarda (secoli XIII–XVI)–1)*, a cura di P. Mainoni, A. Sala, Milano 2003 (以下 Registri).

[67] レフェレンダリオについては，F. Cognasso, *Istituzioni comunali e signorili di Milano*, op. cit., p. 473; C. Capasso, *Il referendario a Bergamo e l'amministrazione viscontea*, in AA. VV., *Raccolta di scritti storici in onore del prof. Giacomo Romano nel XXV anno di insegnamento*, Pavia 1907, pp. 73-99.

第3章 代官と代官区

いる。

> ご書簡拝受いたしました。サン・マルティーノ渓谷およびパラッツァゴの人々と評議会，およびその公式の集会で拝見いたし，その内容が示されました。……〔中略〕……すると先ほど申しました人々は，一致して，自分達に課された分担金を払う積もりもなければ，その負債を負わされる積もりもない，と申しました。同様に，毎月 tolomei generalis が彼らによって支払われる時には，シニョーレの特別な書簡なしには払うつもりはない，とも申しました。また，当地に代官が設置されて以来，全額を支払って来たのだから，代官が当地に在住して職務を遂行しない限りは払う義務はないのだ，とも申しました。……〔中略〕……〔彼らは，この〕特別なご書簡を拝見しても，殿のご命令にすべてにおいて従う意志は全くありません。早期の秩序回復ができるようでしたら，貴殿に支払われるべき額が支払われるでありましょう。イマーニャ渓谷の人々については，私の管轄下にはございませんので，統制を致しかねます[68]。

　代官アンブロージョ・マリーアは共同体の集会の場でキゾラの書簡を示して納税の督促をしたが，共同体側は頑として聞き入れなかった，というのである。
　代官は，このような脆弱な実力で在地社会との複雑な関係に立ち向かうことを強いられていたのであるが，このことは，では国家と在地社会の双方が，そのような弱体な存在である代官にどのような意義を与えようとしていたのか，という問題を投げかける。キゾラ書簡に見えるシニョーレ補佐官から代官への指示には，条例集の規定をはみ出す内容の職務が実際には見える。キゾラの任期はグェルフィ反乱の渦中にあたるため，それが例外的事態であった可能性は否定できない。だがグェルフィ・ギベッリーニ抗争そのものは，規模の差こそあれ全ヴィスコンティ支配期間にわたって絶え間なく継続している。ベルナボ・ヴィスコンティによる渓谷部への穀物輸送停止処置を経て，各渓谷が降伏し，1369年3月には一旦ベルガモ渓谷部での平和が実現する[69]。しかしこのようなシニョーレ側の努力にも関わらず，やがて各地

---

68) Registri., op. cit., p. 95.
69) B. Belotti, op. cit., pp. 248-250.

域での紛争が再発し，継続するのである。したがって，このような紛争状態は14世紀ヴィスコンティ国家の基調であり，すべてを例外と見なす必要はないのではないだろうか。

キゾラ書簡中には，比較的頻繁に反乱者の財産処分に際しての競りに関する指示が見られる。以下は，1369年3月12日，キゾラがトレスコーレの代官に宛てた書簡である。

> 親愛なる友へ。……〔中略〕……貴殿に委ねられた裁判領域にある，我らが偉大なるシニョーレへの反乱者の不動産はすべて，各々を別個に，同時に別々のものとして，我らが偉大なるシニョーレのよき状態がさらによくなるようにして，賃貸するための競りに付すように，直ちに命令するよう貴殿に書き送る。そして，それらの財産やその一部を〔競りに付す〕決定をする前と，それを数日にわたって，また数回競りに付した後で，それについて貴殿がなすことの一々を私に書き送ってほしい。……〔中略〕……というのは，我らが偉大なるシニョーレは，彼への反乱者の財産が，その値について定めたところの国庫への年額負担金が滞納なく納付されるように，もっとも高額を提供する者に貸し出されること，または年負担を先述の国庫に上のように納めるであろうところの，先述の不動産が所在する土地または領域の共同体に与えられることを望んでいるからである。
>
> G〔＝ジョルジョ〕　　　　　　　　　　　ベルガモ　3月12日[70]

これを見ると，シニョーレの側が反乱後の国庫収入を維持することに多大な関心を払っていたことが理解できる。そのため，反乱者の没収財産は，高額提供者がいなければ現地住民，とりわけ共同体に与えられることが望まれていた。このような形で，「シニョーレのよき状態がさらによくなるように」財政収入確保を行うことが代官には期待されていたと言えよう。

では地域住民達は，このような代官に対してどのような態度で臨んだのか。トレスコーレの競りはその後若干の困難に遭遇する。10日後，キゾラはベルガモのポデスタと連名で次のような書簡を再度送付している。

---

70) Ibid., p. 98.

> ……〔中略〕……先だっては貴殿に，貴殿の裁判領域内にあるシニョーレへの反乱者の財産を賃貸し，それについて貴殿がなすことを逐一こちらに書いてよこすよう書き送った。しかしその後何一つこちらの耳に入っていない。しかしブルサポルコの土地と領域にある反乱者の財産の賃貸に関して，おそらくは貴殿に委ねられた裁判領域に属さないと顧みて，それを賃貸するために貴殿がなんら新しいことをしていないと聞いている。……〔中略〕……先述の財産の貸し出しおよびブルサポルコの土地と領域にある財産を貸し出すことについては，貴殿に委ねられた裁判領域には属さないのであるが，貴殿と同様にそのごくわずかな距離のゆえに，ベルガモの領域の代官の中でうまく任せられる者が誰もいなかったため，貴殿が入念にかつ勤勉に督促されたし。……[71]

ここには管轄領域をめぐる制度上の問題もあるが，しかしそれがなれば競りが順調に運んだかどうかは，次に引用する書簡を見ると疑わしい。同じ1369年4月28日，キゾラはロマーノのポデスタに宛てて次のように書いている。

> ……〔中略〕……他所で貴殿に繰り返し書いたように，シニョーレの御意思は，〔レクペラート・リヴォラの〕財産がその所在する土地と領域の共同体と人々に貸し与えられることであるが，そのようにしてロマーノとコルテノーヴァの土地と領域の内部にある，故レクペラート・リヴォラ殿の財産が貸し出されていないということは，まったく驚くべきことである。そこで再三貴殿に書き送る。直ちに，先述の〔ロマーノとコルテノーヴァの〕人々を，先述の財産を適宜な，しかしその賃貸料に値する価格で引き受けるように強制しなければならない。……[72]

これを見れば，ロマーノで競りが進行している様子は微塵もなく，ついには強制処置に出なければならなかったことが分かる。同様の反乱者財産の処分の未進行は，同年5月13日，アルメンノの代官に宛てられた書簡にも記録されている[73]。比較的頻繁に生じえた事態だったのである。ロマーノの

---

71) Ibid., p. 100.
72) Ibid., p. 111.
73) Ibid., p. 111.

不動産は，グェルフィの代表的指導者・リヴォラ家のものであった[74]。したがって，現地の人々がグェルフィによる報復を恐れたり，その党派的影響力を受けたりした結果，競りのサボタージュが行われていたと考えることもできるだろう。つまり，代官の任務の成否を左右するのは彼らなのである。

コムーネの書簡記録簿の中には，代官が党派抗争の渦中で人身と財産への物理的な攻撃も覚悟しなければならなかったことを示す事例もある。1400年，元下セリアーナ渓谷代官ピエトロ・フランチスキは，自らが任地のグェルフィから受けた攻撃と被害について次のように書簡をしたため，補償を要求している。

> ……同ピエトロが，貴方方のために，先だってのベルガモの戦争の時に上述の渓谷の貴方方の代官として居住しておりました，アルビーノの地が，その党派性のために，同地の敵によっていかに過酷な侵略を受けたかについては十分な報告があったことと思います。この敵達は同地の人々を大量に殺した上に，同ピエトロの家来2名をも殺害し，アルビーノの家々と，同ピエトロがそこに撤退していたところのヴィアーナの塔を略奪・放火いたしました。さらに同ピエトロの全財産を奪い，さらに，貴方方の名誉を損なわないために代官職として用いるために認められ与えられていたところの財産および物品をも同様に〔略奪しました〕。当時貴方方の代官であり，貴方方への奉仕のためにベルガモにおりましたジョヴァンニ・デ・ラッポラーノ殿からも，上述のピエトロに対してなされた略奪品が，すべて購入されピエトロに返却されるべく命令がなされるようにとの求めがなされました。それにも関わらず，同ジョヴァンニ殿は，貴方方の追放者達の占領軍のために，上述のことがらの実行をやめてしまいました。……[75]

「同地の敵」とは，他地域の人々とも同盟した下セリアーナ渓谷のグェル

---

74) レクペラート・リヴォラは1367年，フィレンツェで遺言書を作成している。その後1374年，レクペラートの息子ジョヴァンニは，財産をベルガモの慈善施設に寄付し，「全財産をグェルフィの貧民に」分配することを義務づけている。A. Mazzi, *La podesteria di Ricuperato Rivola. All'epoca della venuta di Enrico VII a Milano*, in «Bollettino della Civica Biblioteca di Bergamo», (1908), pp. 174-182.

75) Ibid., pp. 235-236. 引用は p. 236.

第3章　代官と代官区

フィのことである。1400年に下セリアーナ渓谷の諸共同体に対してミラノ公側から下された書簡を見ると，このグェルフィによって攻撃されたギベッリーニ達からの嘆願を受けて税の軽減措置が取られており，そこに以下のような嘆願書の写しが同封されている。

> 栄えある君主にして卓越した公であるシニョーレ，我々のシニョーレへ……〔中略〕……当時，下記の貴殿の渓谷には1500人以上，ギベッリーニの忠実な人々が住んでおり，課された負担を支払い，支えておりました。さらに，先述の山岳地の貴殿の敵対者達に対する障害となり，貴殿のstatusと名誉の防衛者ともなっておりました。しかし2年ほど前から，先述の…………嘆願を行う，ベルガモのみならずブレーシャ，クレマ，ローディ，クレモナの貴殿のstatusへの敵対者であるグェルフィによってなされた戦争や殺害や略奪や放火や人口流出のために，先述の…………ここで嘆願を申し上げる者達は700人を超えず，その財産の3分の2を失ってしまっており，そのため常のように負担を受け入れ支払うことができないのであります。……〔中略〕……
> 　貴殿の忠実なる僕である，ベルガモ管区下セリアーナ渓谷のギベッリーニの党派のガンディーノ，上ネンブロ，ガッツァニーガ，カッツァニコ，レッフェ，バルツィッツァ，アルビーノの共同体と人々のセルヴィトール達[76]

　グェルフィ達は，ベルガモのみならずブレーシャ，クレマ，ローディ，クレモナの反ヴィスコンティ勢力と同盟し，大規模な戦力をなしていた。このような同盟に基づく戦力を頼みに，管区内の住民は十分な実力行使の可能性を持っていたのである。このような在地的勢力関係の只中にある代官の前には，しばしば多大な困難が横たわっていた。上述のピエトロは，その後ベルガモ市の法廷で問題を解決しようと試みる。しかしそれに先立って，シニョーレに書簡をしたためなければならなかった。ベルガモ市の条例に基づいて裁判が行われた場合には，ピエトロのようにギベッリーニを弁護士とする訴人に対しては必ずグェルフィの裁判官を用いる規定となっており，そのため自らに不利な判決が下されることを恐れたからである[77]。

---

76) Ibid., p. 206.
77) Ibid., pp. 270-271.

にも関わらず，このような弱体な代官が存在し続け，受け入れられ続けていたのはなぜなのだろうか。ここで先に挙げた1368年のサン・マルティーノ渓谷代官の書簡を想起したい。注目に値するのは渓谷住民の議論の構成である。彼らは「代官が設置されて以来全額を払ってきた」のであるから，「代官が当地に在住して職務を遂行しない限りは払う義務はない」のだと言う。書簡はサン・マルティーノ渓谷内のポンティーダで作成されているから，代官が完全に渓谷を放棄したというわけではないだろう。しかし督促が行われた時点では長期的な不在が日常化していたものと思われる。代官は職務を遂行していない。ならばなぜ支払わなければならないのか。これが渓谷住民の論理である。

　農村部において，領主領民間の契約的関係観念に基づき領民側が権利主張を行う事例は，イタリアのヴィスコンティ国家支配下においても，近年多数研究されている。即ち，領主は戦時における暴力からの保護はもちろんのこと，上位権力による加重な課税や不正から領民を守り，正しく迅速な裁判を行うなどの「保護と庇護」の義務を果たすことによって支配を維持し得るのだという観念が，都市・君主・封建領主などの絶え間ない競合の中で支配権力が被支配者に対する正当化を余儀なくされたイタリア地域国家下社会においては各地で発達した[78]。同様の認識が，一般の領主領民関係を超えて，国家—住民関係に援用された可能性をここで推測することは，推論の行き過ぎであろうか。いずれにせよ，サン・マルティーノ渓谷住民の議論は，彼らが国家役人と住民の関係を双務的なものと認識していたことを明白に物語っているように思われる。

　ただし，このことは必ずしもアンブロージョ・マリーアの職務怠慢が彼の過失のみによっていたことを示すものではないだろう。ここでの彼の任地不

---

78) M. Della Misericordia, *Divenire comunità*, op. cit; M. Gentile, *Terra e poteri*, op. cit; A. Gamberini, *La città assediata*, op. cit. A. ガンベリーニ著，佐藤公美訳・解説「中世後期ロンバルディア農村地域における領主領民紛争 —— レッジョの事例から ——」『史苑』72巻1号, 161-167頁。領主の「保護と庇護」についてはO. ブルンナー著，石井紫郎，石川武，小倉欣一，成瀬治，平城照介，村上淳一，山田欣吾訳『ヨーロッパ —— その歴史と精神』岩波書店, 1974年, 11頁。また，中世後期の農民の主体性に関して，田中俊之「ドイツ中世後期の農民に関する一考察 —— 新しい農民像の構築にむけて ——」『金沢大学大学教育解放センター紀要』第27号, 2007年, 39-51頁。

第3章 代官と代官区

在の理由は一切不明である。しかしサン・マルティーノ渓谷がグェルフィ住民の割合の高い地域であり，ベルナボのグェルフィ抑圧に端を発する党派抗争の激化が見られたことを想起すれば，ベルナボの役人である代官がグェルフィによる攻撃の対象であり得たことは容易に想像される。これにセリアーナ渓谷のアルビーノの代官の館の焼き討ち事件を併せて考えれば，代官への攻撃と諸税や俸給の不払い闘争が一体化して，同一の運動の2極面を表している可能性も推測させるように思われる。国家の体現者である代官は，君主の政策如何によって「保護と庇護」の担い手から敵へと容易に転化し得るのである。

ここまで検討してきたことを総合して考えれば，代官やポデスタが自らの管区を対象として任務に向かう場には，国家と地域の関係を形成する上で相当に広範な交渉の余地が与えられていたことが理解される。そのような状況に，党派や対立し合う小地域共同体などが参入する中で，「保護と庇護」をはじめとする様々な正当化と自己主張の論理が練り上げられていったのではないだろうか。

次に引用する書簡は，1369年4月17日ブレンバーナ渓谷代官に宛てられたものである。

> ブレンバーナ渓谷の共同体と人々は，taleeに関してはベルガモに一切金銭を送らない覚悟があり，またお互いの間でそう命じあっており，それはなぜならアラリオロ・ボルドノが彼らにある特定の場所で穀物を与えようとしたが，その場所は，その穀物のうち1セスタリオを求めに行くのに，行って帰って宿泊するのに2倍の費用がかかることを考えれば，到底近寄ることができないため，〔自分達の〕生存のための穀物がないからだ，ということを知り及んだ。同様に，〔ベルガモ〕市民と同様に負担を負い税を納めているのであるから，自分達もベルガモ市民と同様に穀物を得られるのでなければならない，と言っている。ただちに先述のことについて貴殿が良かれと思うように取り計らい，そのことについてこちらは何をなすべきかを書いてよこすように[79]。

---

79) Registri., op. cit., p. 104.

ブレンバーナ渓谷住民は，やはりここでも国家に対する義務の履行を正当化の根拠として，自らの権利主張を展開している。また，先に挙げたアルビーノ焼き討ちの事例では，ギベッリーニ住民は自らを「ギベッリーニの忠実な人々」「貴殿の敵対者達に対する障害」「貴殿の status と名誉の防衛者」と呼び，反対にグェルフィを「貴殿の国家への敵対者」と規定していた。即ち，彼らはこの抗争を単なる在地的抗争ではなく，国家への攻撃とその防衛と位置付け，正当化を行っているのである。ここに在地のグェルフィとギベッリーニがヴィスコンティとの関係に見出した意義の一端が垣間見えるであろう。即ち，国家との関係の論理の中で自らを正当化して優遇措置を獲得し，また抗争を有利に展開するという一面である。
　次に挙げる，イマーニャ渓谷代官ステファノ・デ・プテオからキゾラへ宛てられた報告の書簡は，グェルフィ地域住民の国家への強力な抵抗の証左としてベルガモ郷土史学においては比較的頻繁に言及されてきたものである[80]。ここで，上に述べてきたような国家と在地社会との関係を考慮して再読してみたい。

　　　親愛なる殿へ。トーパ・デ・ロカテッロが本日私に，イマーニャ渓谷の者達は非協力的で，いつでも不服従に及ぶ用意があるので，私達の偉大なる殿がトーパとメルロ・デ・ロータに命令して，ミラノの偉大なる殿の下へ行かせることが善策であるように自分には思われる，と申しました。そしてもしメルロが行きたがらない場合には，同メルロとイマーニャ渓谷の者達はありとあらゆる悪行に取り掛かるのだと思うべきであろうとトーパは申します。もしメルロが先述の命令を受けてミラノへ参った場合には，その時には先述の偉大なる殿の口から，メルロに，いかなる目的のためにイマーニャ渓谷の者達はカルミナーティと結びついたのか，そして何故，毎月払うべきものを払わないのか，とお尋ねいただきたい，と。もし同人が支払わず，その他のものも支払おうとしない場合には，このようにすることで，先述のメルロとイマーニャ渓谷の者達の意図をお知りになることでしょう。さらに，と，先述のトーパは申します。もしメルロがミラノへ赴くようであれば，先述の卓越せる殿に彼と彼の事柄に関してご安心戴けるように，〔メルロが〕戻らないことが最良でございます。また，

---

80) B. Belotti., op. cit., p. 249.

第3章 代官と代官区

先述のメルロの約束には一つとて信を置かれてはなりません。……〔中略〕……また，メルロもイマーニャ渓谷の者達も毎月支払わなかったために生じ，トーパが自ら払うつもりだと言っておきながらそれができなかったところの負債の支払いに充当されるべく当方から送金することができようなどとはどうぞご期待下さいませんよう。最後に貴殿にご報告申し上げます。メルロの親族 (agnatis) の者3名が現在，ベルガモからコモ，レッコ，ブリヴィオへ通じる道に接近しております。そしてそこで2人のドイツ人商人から18フローリンを貨幣で，その他価値5フローリンに上るところのすべての物を奪っております。これを，まさしく私が居住しておりますポンティーダから1マイルのところで行ったのであります。メルロには，私のところへ出頭するよう命じました。〔ところが〕使節には，行ける時に行く，だが目下は無理だと応えました。そこで彼の意図と，彼の親族 (agnati) が街路を駆け回って略奪を働き，善き平和な状態を乱す理由を我々が知ることができるようにと彼に命じました。

3月22日　ポンティーダ　イマーニャ渓谷代官ステファノ・デ・プテオ[81]

　第一に，強盗略奪を働くメルロ・デ・ロータに対して，代官ステファノが全くなす術もないことがここでも確認される。メルロの略奪行は親族の者とともに行われているが，ロータはオルモとともに名を馳せたゲルフィの有力首領であり，イマーニャ渓谷北部に強固な基盤を持っていた。

　加えて，ここではステファノに対するトーパ・デ・ロカテッロの働きかけも注目される。メルロとイマーニャの人々は，負担の分担額を支払っておらず，その穴埋めをトーパが行おうとしていた。しかし果たせず，トーパは，自らと対立関係にあるメルロとその配下の「イマーニャ渓谷の者達」を「いつでも不服従に及ぶ用意がある」と訴え，権力の手に引き渡そうとしている。

　ここでは，代官はロータとロカテッロの在地的抗争の渦中での一つの手段として在地社会の秩序の内部に位置付けられていることが分かる。結束した在地社会に対して，代官はいかにも無力であったが，分裂したそれに対しては，在地の権力抗争や対立，紛争を遂行する上での一つの正当化手段，有利な回路の一つとして，新たな意義を獲得し，その存在を根付かせつつあった

---

81) Registri., op. cit., p. 67.

のだと言えるのではないだろうか。

　また，上の書簡でステファノは「負債の支払いに充当されるべく当方から送金することができようなどとはどうぞご期待下さいませんよう。」と念を押しているが，このことは逆に代官による負債の代納があり得たことを示している。事実，1397年には，下セリアーナ渓谷の代官マンゾーノ・デ・マンデッロが，渓谷共同体構成員とともに，「自らと渓谷共同体の名において」課税を受ける主体となっている事例まで見られる[82]。

　人身と財産に加えられる暴力に対する暴力による保護に加え，代納や保証による財政的保護は契約的支配─被支配関係において重要な意義を持っていた。在地的紛争状況に対する代官の立場の弱さと，それを支える社会構造は，代官がその定着を図るために地域住民への保護関係に訴える必要を増大せしめたものと考えられる。言い換えれば，本節冒頭に述べたサン・マルティーノ渓谷住民の論理に見られるような国家と地域住民の「保護と庇護」の双務関係の論理と，在地の紛争遂行における住民側の戦略の接合する部分に，代官の位置が確認されるのではないだろうか。

章括

　ここで本章のまとめとして，国家と地域の人間集団との関係について，本章がヴィスコンティ国家機構を農村領域・山岳部において代表する代官職と代官区地域社会の規範と現実を検討することで明らかにし得たところを整理し，考察を加えたい。

　ヴィスコンティ国家は，国家を体現する代官やポデスタを農村部や山岳部に設置した。そしてその役割を形式的な支配承認の象徴から，裁判と平和の全般的監督者へと徐々に具体化させていった。しかしその実現を実質的に左右したのは，在地の人間集団とその相互関係である。構成員達は，在地社会内部の党派的抗争を勝ち抜き，その基盤を強化するための手段として，ヴィスコンティ国家機構を受け入れ，そこに国家から与えられるものとは異なる

---

82) Ibid., p. 247.

在地的な意義をも付け加えていった。党派抗争の展開と、その抗争を支えた同盟関係、それに基づく住民側の高い武力の利用可能性は、定着過程にあった代官の地位を大きく規定した。規範的水準においては代官に平和と正義の保護者としての役割を与え、さらにそのような役割の解釈において、共同体財産の保護や負債関係の健全化という、在地の需要に基づく意義をも加えていった。一方、現実の在地社会との関係においては、代官の実質的な弱体性に基づいて、代官と地域住民との関係に保護と庇護の原理に基づく双務契約的性格が与えられた。そしてそのような原理が、国家が在地紛争に正当化の根拠を与えるということや、在地の党派的紛争遂行における道具としての代官の役割と結びつくことによって、代官の地域内への定着が進展していった。

　ここでは、国家と在地社会が、それぞれに目的を異にする発展過程の中で、両者の間に不可分の関係を形成していったことが示されていると言えるだろう。即ち地域社会史と国制史の同時進行化にこそ、中世後期の地域／領域国家の特徴があると言うべきである。そしてヴィスコンティ国家の形成・発展過程は、その最良の事例の一つであると言うことができるのではないだろうか。

　そのような過程において、イタリア中世史を特徴付けるグェルフィ・ギベッリーニ抗争の在地的展開が中核的役割を果たしたことの意義は大きいと言えよう。本章における検討対象は、ヴィスコンティ国家機構の一部である代官とその任地における在地的人間集団との関係であり、グェルフィとギベッリーニはその構成要素として扱ってきた。しかしこれらの党派は、周知のように代官区という狭い在地的領域の枠組みを超えた広がりを持っている。そのような党派的同盟関係の広がりが、在地紛争の展開と、それに基づく地域─国家関係の形成にも影響を与えたことは、本章においても垣間見られた通りである。

　換言すれば、コムーネ世界の混乱の担い手と見なされてきた党派こそが国家と地域の関係を形成する不可欠の要素となったという事実、そして国家と在地社会集団の双方が党派と接合し、そのメカニズムと論理を自己のものとすることを通じて、相互の関係形成の舵を取っていったという事実は、次の

ような方向での議論を要請すると言えよう。第一に, グェルフィ・ギベッリーニの党派そのものの構造とその機能を, 狭い在地領域を超えた広がりにおいて国家との関係を視野に入れつつ検討すること。そして第二に, グェルフィ・ギベッリーニというイタリア固有の現象を, 同様の歴史的役割を持った他地域の現象と比較検討することである。第一の問題については, 章を改めて論じたいと思う。

第4章 党派とミクロ党派
―― 14・15世紀ベルガモにおける在地的グェルフィと
　　ギベッリーニ

写真:ゾーニョ(ブレンバーナ渓谷)
　数多の支流とともにベルガモ県西部を南北に走るブレンバーナ渓谷は，サン・マルコ峠を通じてテッリーナ渓谷，そしてスイスのグラウビュンデンへとイタリアをつなぐ道である。14世紀にはヴィスコンティ支配下で代官区となり，自治を享受する一方，最も激しいグェルフィ・ギベッリーニ抗争の舞台の一つとなった。16世紀，ハプスブルク家支配下のミラノ公国とオーストリアを結ぶ中央アルプスの重要性が高まり，スイスのグラウビュンデン商人が活躍するようになると，ベルガモ市とテッリーナ渓谷を結ぶ街道となった。ブレンバーナ渓谷は，コンメディア・デッラールテの登場人物「アルレッキーノ」の故郷としても有名である。

背景写真：シモーネ・ビリスの公証人記録簿　ベルガモ国立文書館(Archivio di Stato di Bergamo)所蔵。掲載許可 PROVVEDIMENTO N.144

はじめに

　前章でも簡単に触れたが，中世，自治都市共和国からシニョリーア制を介して領域国家へと移行する時期の中北部イタリアは，「グェルフィ」と「ギベッリーニ」による激しい党派抗争の舞台であった。これらの名称には，日本語でそれぞれ「教皇党」「皇帝党」の訳語が宛てられることもある。しかし「グェルフィ」と「ギベッリーニ」は，その全存在期間を通じてそれぞれ教皇と皇帝を一貫して支持した党派では決してない。名称そのものはドイツの「ウェルフ」家の家名と，ホーエンシュタウフェン家の居城「ヴァイブリンク」とに由来し，それぞれオットー4世とフリードリヒ2世の支持者を指して，まずフィレンツェで用いられるようになった。そしてフリードリヒ2世の死後，1260年のモンタペルティの戦いの後にシャルル・ダンジューと教皇庁の支持者に「グェルフィ」の呼称が用いられ，その対立者が「ギベッリーニ」と呼ばれるようになってゆくことで用語が定着し，フィレンツェの外部へも普及した[1]。14世紀前半，アヴィニョン教皇庁が戦闘的な対イタリア政策を採用した時期になって，「グェルフィ」の名称は「教皇庁支持者」というイデオロギー的色彩を高め，その敵であったヴィスコンティ家をはじめとする勢力を指す「ギベッリーニ」は，教皇庁による弾劾の含みを多分に強めるように見える。しかし一方で，このような教皇庁の戦闘的政策によって，「グェルフィ主義」を公式イデオロギーとするフィレンツェと教皇庁の支配領域をめぐる対立が激化し，「グェルフィ」フィレンツェは教皇支持陣営から離反する[2]。このように，二つの名称の実質的な内容は極めて流動的であり，全ヨーロッパ的動向と，イタリア半島の政局，そして局地的な現実

---

[1] D. ウェーリー著，森田鉄郎訳『イタリアの都市国家』平凡社，1971年，243-259頁。G. Tabacco, *Egemonie sociali e strutture del potere nel medioevo italiano*, Torino 1974, pp. 316-330; R. M. Dessì, *I nomi dei guelfi e ghibellini da Carlo I d'Angiò a Petrarca*, in *Guelfi e ghibellini nell' Italia del Rinascimento*, a cura di M. Gentile, Roma 2005, pp. 3-78.

[2] G. Tabacco, *Egemonie sociali*, op. cit., pp. 327-330; S. Dale, *Contra damnationis filios: the Visconti in fourteenth-century papal diplomacy*, in «Journal of Medieval History», 33 (2007), pp. 1-32.

の交錯を如実に反映しつつ,変動したのである[3]。

この二つの名称を持つ党派は,各都市コムーネの内部にも存在した。そしてこのような各コムーネ内の動きが,神聖ローマ皇帝や教皇庁の動きとも時局的に重なり,各党派が「グェルフィ」または「ギベッリーニ」を名乗ってそれぞれの広範な陣営に参加することによって,イタリア半島を全体的に覆う間都市的・超地域的な広域的抗争へと接合していくことになるのである。第一章でも触れたように,E. セスタンは党派の都市を超えた広がりを,シニョリーアから領域国家への展開の基盤として重視した[4]。したがって「グェルフィ」「ギベッリーニ」の存在とその間の抗争は,都市コムーネ世界から領域国家へ至る時期の政治構造および領域構造の変化を鋭敏に反映しつつ,局地的政治と広域的政治を結ぶ役割を果たしていると言えよう。

このような市内の党派抗争は,13世紀から14世紀にかけて,都市経済の発展とともにポポロ(平民層)が台頭し,政治勢力が多様化するとともに政治史の表舞台に現れる。G. タバッコは,党派の形成とその意義の増大を,都市の政治社会における平民層と貴族それぞれの変動が接合して形をなした結果であると考えた。すなわち,新興の平民層がコムーネという政体の内部で台頭したその時期に,貴族も男系リニッジの形成による親族構造の変化を経験していた。両者がともにコムーネ制度の内部で政治的活動の場を模索しつつ結びつくことによって,党派が政治勢力として成長したのである[5]。上昇するポポロは貴族の生活様式を模倣しつつ家を形成し,一方で安定的な政治活動の場を求める貴族は,しばしばポポロの支持を求め,保護関係を結んだ。このような,いわば「縦」の関係である党派の形成と,「横」の関係である地区共同体のようなポポロの組織の形成は,全く同時期に,都市の政治的・経済的発展による都市政治社会の多様化という同じ動因によって促進されたのだと言える。

しかしタバッコは,このような人間の繋がりからできている党派は,強固

---

[3] 齊藤寛海「二つのイタリア」前掲書,186-187頁も参照。
[4] E. Sestan, *Le origini delle signorie cittadine*, op. cit., pp. 71-73.
[5] G. Tabacco, *Ghibellinismo e lotte di partito nella vita comunale italiana*, in *Federico II e le città italiane*, a cura di P. Toubert, A. Paravicini Bagliani, Palermo 1994, pp. 335-343.

な領域的基盤を持つ政治的枠組みとは対立するものであると考える。それ故，14世紀に地域／領域国家が形成され，領域構造が変化するとともに政治史の後景に退いてゆく。「グェルフィ」「ギベッリーニ」の2陣営が形成された13世紀から14世紀初頭に至る時期は，各都市コムーネの自治志向の高揚期でもあり，それぞれの党派の行動は市内でのヘゲモニー獲得や近隣の敵対都市に対する防衛を目指して転変し，極めて流動的であった。しかし14世紀後半には，このような不安定な諸勢力間の均衡維持状態を脱し，広範な領域を纏め上げる，より強固な枠組みが望まれるようになる。これが地域国家の形成である。党派の後退はこの段階に対応するとタバッコは述べる[6]。換言すれば，党派は国家の構造変化に伴う過渡期の闘争においては政治的に有効であるが，国家構造の内部に安定した位置付けを与えられ得るものではないということになる。このような見解は，ヴィスコンティ国家の発展史における飛躍を党派抗争の超克と結びつけて理解したF. コニャッソの見解とも合致するように見える[7]。都市の党派抗争の多くは，いずれかの党派の決定的な勝利とその敵対党派の追放，場合によってはそれに続く一定期間後の被追放党派の帰還と協定の成立によって一応の収束を迎える。ミラノでは1311年，グェルフィ党の党首グイド・デッラ・トッレが追放され，皇帝代理の地位を得たマッテオ・ヴィスコンティの下でギベッリーニ党の勝利が決定的となるとともに，安定的な国家建設が進展してゆく。

しかし，膝下都市であるミラノはさておき，ヴィスコンティ家は自らの勢力下に入った他の都市においては，グェルフィの完全な滅亡よりは，グェルフィとギベッリーニ両派の和解と勢力均衡の回復を基本方針として臨んだこともコニャッソは指摘している[8]。この点はヴィスコンティ家を評価する同時代の年代記作者達も口を揃えて述べており，例えばアッツォー・ヴィスコンティはグェルフィもギベッリーニも差別なく遇することで平和と安定を実現しようとしたという[9]。したがって，党派の主体的な抗争は沈静化するが，

---

[6] G. Tabacco, *Egemonie sociali*, op. cit., pp. 372-373.
[7] F. Cognasso, *L'unificazione della Lombardia sotto Milano*, op. cit; Id., *Istituzioni comunali e signorili di Milano*, op. cit..
[8] F. Cognasso, *Istituzioni comunali e signorili di Milano*, pp. 469-470.
[9] Galvanei de la Flamma, *Opusculum de rebus gestis ab Azone, Luchino et Johanne Vicecomitibus ab*

「グェルフィ」「ギベッリーニ」を名乗る党派そのものは決して存在しなくなるわけではない。だが，その存在意義は大きく転換する。党派は自立的な抗争主体から，地域国家下で規律化された，都市政府の各種役職や都市評議会等の議席分配の単位と化し，むしろ行財政司法上の制度的基盤として体制内化される方向へと向っていくのである[10]。したがってコニャッソは，党派そのものの継続的存在は否定しないが，党派間の抗争を，国家の存立原理とは対立する無秩序として捉えている。それ故に抗争の停止と党派間の平和の実現に国家形成進展の指標を見出しているのである。これは基本的に，党派を親族や封建領主と同様の武力を持った自立的な政治的主体として位置付け，その上で中世から「近代」へ向かう歴史的発展において国家がそれらの主体に対して果たした規律化の役割を重視する見解であると言い換え得るのではないだろうか。

　このように，党派の問題を国家論との関連から整理してみれば，中世イタリア史における党派論は，およそ各国のフェーデ論，すなわち人々による自力救済の暴力とその解決（フェーデ）の過程に注目する議論に近接する位置にあると考えられる。周知のように，貴族領主を担い手とするフェーデの実践そのものの中に法と秩序の実現を見出し，前近代の国制の特徴として主張したのはO. ブルンナーであった[11]。それへの批判と，G. アルガージ，H. ズモラ，J. モーセルらによる近年のフェーデ研究の進展については，既に服部良久氏による詳細な研究動向の紹介があるため，ここでは繰り返さない[12]。だが確認しておくべきことは，フェーデが本格的な領邦形成期にお

---

anno MCCCXXVIII usque ad annum MCCCXLII (R. I. S. t. XII, p. IV), a cura di C. Castiglioni, Bologna 1938, p. 43; Petri Azarii, *Liber gestorum in Lombardia (R. I. S. 2, t. XVI, p. IV)*, a cura di F. Cognasso Bologna 1926-39, p. 31; F. Cognasso, *Istituzioni Comunali e Signorili di Milano*, op. cit., p. 469.

10) F. Cognasso, *Istituzioni Comunali e Signorili di Milano*, op. cit., p. 471.

11) O. Brunner, *Land and Lordship: Structures of Governance in Medieval Austria*, translated by H. Kaminsky, J. Van Horn Melton, Philadelphia, 1992 [translated from O. Brunner, *Land und Herrschaft. Grundfragen der territorialen Verfassungsgeschichte Österrieches im Mittelalter*, 5. Aufl. Wien 1965]. 邦語での詳細な紹介と検討は，成瀬治『絶対主義国家と身分制社会』山川出版社，1988年。復讐および血讐については，寺澤一「血讐論」（一）（二），『法学協会雑誌』70巻1号，70巻2号，1952年11月，1953年1月，12-46頁，118-166頁。髙橋友子「中世後期フィレンツェにおけるヴェンデッタ」『西洋史学』第153号，1989年，58-72頁。

12) 服部良久「中世ヨーロッパにおける紛争と秩序——紛争解決と国家・社会」『史林』第

いて新たな社会的・政治的秩序を創出する上で担った積極的な役割が近年新たに主張されていることである。近年日本でも、若曽根健治氏がフェーデは紛争そのものであると共に、それ自体が紛争の解決を目差す「平和形成としての紛争」であるという重要な指摘をしている[13]。

そのような過程は、様々な政治的主体が君主という一方の極と関係を結びつつ、紛争と平和を実践的に繰り返す中で、秩序が変容する過程として理解することも可能であろう。したがって、そのような政治主体の一つである党派もまた、無秩序な闘争の担い手としてのみ捉えることはできない。党派の構造とそれらの間の紛争と平和のメカニズムを、一つの変容する秩序の動態的要素として位置付け、君主や国家組織との関連と相互の影響関係を理解しなければならないはずである。

ここで、党派とフェーデ、および紛争一般との関連の理解が必要である。フェーデは決して各主体によって個別的に遂行されるものではなく、その実践が常に友好関係と同盟関係、および敵対関係の定義と再定義を伴うものであることは、ブルンナーが既に主張していた[14]。上記のズモラやモーセルの研究は、このような同盟的人的結合関係が、本格的な領邦形成のダイナミズムを支えたことを示している[15]。即ちここでは、フェーデの遂行を支え

---

88 巻第 1 号，2005 年，56-89 頁。

13) 若曽根健治「平和形成としての紛争 —— フェーデ通告状の考察から —— 」『熊本法学』第 113 号，2008 年 2 月，464-368 頁。また、小倉欣一「盗賊騎士の名誉と帝国都市の自由 —— 中世ドイツの戦争と平和をめぐって」『ヨーロッパの市民と自由—その歴史的諸相の解明』早稲田大学アジア太平洋研究センター，1999 年，85-117 頁も参照。また、イタリアでのフェーデ、紛争と統治の関係について、A. Zorzi, «ius erat in armis». Faide e conflitti tra pratiche sociali e pratiche di governo, in Origini dello Stato. Processi di formazione statale in Italia fra medioevo ed età moderna (Annali dell'Istituto storico italo-germanico, Quaderno 39), a cura di G. Chittolini, A. Molho, P. Schiera, Bologna 1994, pp. 609-629; 中谷惣「中世後期イタリアにおける訴訟戦略と情報管理 —— ルッカの事例から —— 」『史学雑誌』第 117 編第 11 号，2008 年，1-36 頁；同「中世イタリアのコムーネと司法 —— 紛争解決と公的秩序」『史林』第 89 巻第 3 号，2006 年，106-125 頁。

14) O. Brunner, op. cit., pp. 16-18.

15) H. Zmora, Adelige Ehre und ritterliche Fehde: Franken im Spätmittelalter, in: Klaus Schreiner, Gerd Schwerhoff (hg.), Verletzte Ehre: Ehrkonflikte in Gesellschaften des Mittelalters und der Frühen Neuzeit, Köln, Weimar, Wien 1995, pp. 92-109; Id., *State and nobility in early modern Germany: The knightly feud in Franconia, 1440-1567*, Cambridge 1997; J. Mosel, Überlegungen zum sozialen Sinn der Fehdepraxis am Beispiel des spätmittelalterlichen Franken, in Dieter Rödel, Joachim Schneider (hg.), Strukturen der Gesellschaft im Mittelalter. Interdisziplinäre Mediävistik in Würyburg, Wiesbaden 1996,

る人的結合の問題が，フェーデ研究の中心的要素の一つとして前面に押し出されているのである。このことをもとに議論を一歩進めれば，人的結合の原理は決して領邦形成が本格化する段階の君主の領邦政策に対立するものではなく，むしろ両者は共存的インタラクションの中にあり，その中で同盟的結合として再生産されてゆくのだと言うことができるだろう。本章冒頭に述べたような「グェルフィ」と「ギベッリーニ」の流動的・同盟的な性格は，このような同盟関係の不断の生産と再生産，それによる秩序の変容と維持を如実に示す一つの事例であると考えることができるのではないだろうか。

では，党派は具体的にどのような姿をしているのか。党派の問題が紛争状態と不可分の関係にあることは事実であり，歴史学研究における党派研究も紛争人類学の影響を受けつつ発展してきた[16]。地域社会の紛争状態に光を当てつつ，国家との関係を地域から展望するという形で「党派」に接近したのは，本書末尾の附章でも触れる O. ラッジョの『フェーデと親族』である[17]。ラッジョはジェノヴァ共和国の後背地であるフォンタナブォーナ地域の 16 世紀の現実を，ミクロストーリアとして再構成した。そして共同体内部の親族間の対立と同盟関係からなる「党派」が，複数の共同体にわたって広がり，地域経済に影響を与えた現実を鮮やかに描きだしている。ラッジョによれば，16 世紀のジェノヴァ共和国は，地域社会に根付いた分裂を前提に，刑事裁判が地方と中央をつなぐ「間接統治」国家であった。そして，「党派」がジェノヴァ政治において公職の独占という政治的問題と深く結びついた現象であったことを示唆している[18]。しかしラッジョの実証研究はあくまで，ジェノヴァという「国家」そのもののプレゼンスが希薄な 16 世紀フォンタナブォーナの地域的現実に限定されたものであるため，山間地域の親族の連合からなる「党派」と国家の関係は，刑事裁判や調査員の派遣を通じての紛争との相互依存関係，という機能主義的かつ静態的な側面を超えた姿を示さない。

---

pp. 140-167.
16) 党派と国家形成史の研究史については，M. Gentile, *Guelfi, Ghibellini, Rinascimento. Nota introduttiva*, in *Guelfi e ghibellini*, op. cit., pp. vii-xxv.
17) O. Raggio, *Faide e parentele, Lo stato genovese visto dalla Fontanabuona*, Torino 1990.
18) O. Raggio, ibid, pp. XII-XIII.

第4章　党派とミクロ党派

　対して，党派の存在を分裂抗争と同義的に位置付けることを批判し，むしろ中世の制度的な国家秩序の構成要素として捉えることで，中近世イタリアの党派研究を刷新したのは M. ジェンティーレである。前章でも触れたパルマの研究において，ジェンティーレは都市パルマの政治制度が大領主に指導された四つの「スクワドラ」を基盤に公職を分配し，党派を公に組み込む形で機能していたことを明らかにした[19]。このことは，都市と党派が，単なる機能的相互依存を超えて，明確な政治制度の枠組みを介して相互に支え合っていたことを示している。ジェンティーレの研究は，国家と党派を相互に対立する原理と見なす見解とも，紛争社会史の中で国家の役割を相対的に軽視する見解とも一線を画し，党派の問題を都市史と都市農村関係史，および国家史の中心に引き出したと言えるだろう。

　このような観点から，2002年に行われた研究集会の報告集『ルネサンスのイタリアにおけるグェルフィとギベッリーニ』では，党派の多様な地域的・歴史的現実の比較が行われたが，際立っているのは党派が秩序を構成する役割である[20]。ジェンティーレは，一つの全体の分裂を意味する「派 (fazione)」と，組織として全体の構成要素となる「党 (*pars*)」は同一物ではなく，むしろ党派の「党」としての秩序を構成する役割に注目する[21]。一般に党派の存在が他地域に比較して目立つロンバルディアやエミーリアにおいては，15・16世紀のミラノやピアチェンツァでは「党」は決して公共利益に反する行動をとらず，ミラノでは公権力の弱体化する時期以外には姿を

---

19) M. Gentile, *Terra e poteri*, op. cit.; Id., *Giustizia, protezione, amicizia*, op. cit.
20) *Guelfi e ghibellini nell' Italia del Rinascimento*, a cura di M. Gentile, Roma 2005.
21) M. Gentile, «*Postquam malignitates temporum hec nobis dedere nomina…*». *Fazioni, idiomi politici e pratiche di governo nella tarda età viscontea*, in *Guelfi e ghibellini*, op. cit. pp. 249-274; Id., *Casato e fazione nella Lombardia del Quattrocento. Il caso di Parma*, in *Famiglie e poteri in Italia tra Medioevo ed età moderna (collection de l'école française de Rome 422)*, a cura di A. Bellavitis e I. Chabot, Roma 2009, pp. 151-187; Id., *Fazioni al governo. Politica e società a Parma nel Quattrocento*, Roma 2009. 派 (faction) と党 (party) の区別については，J. Boissevain, *Factions, Parties, and Politics in a Maltese Village*, in *American Anthropologist, New Series*, Vol. 66, No. 6, Part 1 (Dec. 1964), pp. 1275-1287 も参照。

見せない[22]。パルマでは公職の分配単位として完全に制度化され[23]，テッリーナ渓谷などアルプス渓谷部では中央と地方を接合し，媒介する役割を果たす[24]。こうした「党」のアイデンティティーは，レッジョでは決して都市共同体のそれとは対立せず，共存する[25]。

　都市コムーネから地域国家への移行期には，都市共同体と領域の再編成がなされてゆくが，その過程で党派は超克されて後退してゆくのではなく，むしろ制度的基盤を補強し，地域政治の均衡の鍵となり，中央と地方を接合するチャンネルとなることによって，変化を遂げ，形成過程の新秩序に適応し，参入してゆく。このような側面に注目するならば，「党」は自立的な多様な構成要素を持つ地域国家を一つの全体としてつなぐ糸でもあると言えるだろう。

　しかし，およそこのような役割が確認されるとはいえ，各地域の在地社会における党派の存在形態は決して一様ではない。「グェルフィ」「ギベッリーニ」と各地域で呼ばれている党派は，各都市や地域の有力な家を指導者として結集していることが多い。ミラノの「グェルフィ」と「ギベッリーニ」はそれぞれデッラ・トッレ家とヴィスコンティ家を，ベルガモのそれはスアルディ家とリヴォラ家・ボンギ家をそれぞれ首領とする集団であり，彼らの利害関心が市内とその支配領域に限定されている場合には，それを超える範囲に広がる超地域的党派「グェルフィ」と「ギベッリーニ」への関与がなくとも十分に成立し，存続し得るものである。ジェンティーレは，このような個別的・地域的な利害と政治に結びついた党派を地域的党派 (fazione locale)，それらの緩やかな結合によって生じる党派を超地域的党派 (fazione sovralocale) として明確に区別し，グェルフィとギベッリーニについて語る必

---

22) F. Somaini, *Il binomio imperfetto: alcune osservazioni su guelfi e ghibellini a Milano in età visconteo-sforzesca*, in *Guelfi e ghibellini*, op. cit., pp. 131-215. L. Arcangeli, *Appunti su guelfi e ghibellini in Lombardia nelle guerre d'Italia (1494-1530)*, in *Guelfi e ghibellini*, op. cit., pp. 391-472.

23) M. Gentile, «*Postquam malignitates temporum hec nobis dedere nomina…*», op. cit.

24) M. Della Misericordia, *La «coda» dei gentiluomini. Fazioni, mediazione politica, clientelismo nello stato territoriale: il caso della montagna lombarda durante il dominio sforzesco (XV secolo)*, in *Guelfi e ghibellini*, op. cit., pp. 275-389.

25) A. Gamberini, *Da universale a locale. La metamorfosi del linguaggio politico delle Parti attraverso il caso reggiano (secoli XIV-XVI)*, in *Guelfi e ghibellini*, op. cit., pp. 217-248.

第 4 章　党派とミクロ党派

要を主張している[26]。この地域的党派は，しばしば地域の大貴族を指導者とし，そのため各都市・各地域によって異なる社会構造との接合の様相を考慮しなければならない。ヴェネト地方では，土地貴族が後退し，都市の指導層のアイデンティティーが都市そのものと一致するようになるとともに党派は死滅する[27]。一方，強力な在地領主が多数存続するブレーシャやベルガモでは党派の活動は特別に激しく，長期的である[28]。

　ここに，中世後期の国家形成史において，党派を問題にすることの意義の一端があるように筆者には思われる。このことを，上に述べたような党派の特徴を併せて考慮しながら換言すれば，在地的な社会史的変遷を，地域的党派の存在形態が反映し，その地域的党派が，国家の中央と結合しつつ，さらに国際関係へと接合してゆく，というそのメカニズムの中核が党派であるということになる。そしてこのような党派が，イタリア外の諸地域における領邦形成を支えた同盟的人的結合関係と比較可能であるとすれば，その分析は，ミクロの歴史とマクロの歴史をつなぎ，時代の全体的展望を得るとともに，比較史的考察の素材を提供することにも一定の寄与をなし得るのではないだろうか[29]。

　本章はこのような視点から，地域的党派の実態を明らかにしつつ，その国家と地域との関係を動態的に捉えることを目的としている。党派に関わる在地の現実を最も雄弁に語るのは，紛争に関わる史料であるが，ここでは本章の目的に添って，紛争状態は無秩序と同義ではないということを改めて想起しなければならない。むしろ紛争と秩序形成の双方のメカニズムを，国家と在地社会の双方の影響を受けつつ展開する動態として捉えることによって，

---

26) M. Gentile, «*Postquam malignitates temporum hec nobis dedere nomina…*», op. cit., pp. 250-257.
27) G. M. Varanini, *Nelle città della Marca Trevigliana: dalle fazioni al patriziato (secoli XIII-XV)*, in *Guelfi e ghibellini*, op. cit., pp. 563-602.
28) M. Gentile, «*Postquam malignitates temporum hec nobis dedere nomina…*», op. cit., pp. 265-266.
29) 中世イタリアの党派とアルプスの同盟を日本中世の一揆と比較した予備的考察として，拙稿「一揆の比較史のための予備的考察」『日本学研究所年報』第 9 号，2012 年 3 月，48-58 頁。なお，イタリア半島の中でも北東端のフリウリについては，E. Muir, « *Mad Blood Stirring* ». *Vendetta and Factions in Friuli during the Renaissance*, Baltimore, -London 1993; F. ビアンコ著，高田良太訳「「復讐するは我にあり」— 15・16 世紀フリウリのフェーデにおける貴族クランと農村共同体」，服部良久編訳『紛争のなかのヨーロッパ中世』京都大学学術出版会, 2006 年, 181-214 頁。

党派と無秩序の同一視や機能論的静態性の限界を超えることが可能になるはずである。

このような目的に沿って地域的事例を検討しようとする際に，格好の素材を提供するのは，第3章でも扱った『ベルガモのグェルフィ・ギベッリーニ年代記』である（以下『年代記』と略記）[30]。『年代記』の記述は，渓谷の反ヴィスコンティ反乱が終了した後の1378年に始まり，1407年に終わるが，その名の通りグェルフィ・ギベッリーニ抗争を記述対象としている。大規模な対国家的反乱は一応の収束を見たとは言え，その残響は小規模な紛争の形で継続的にベルガモ農村部と山岳部を覆っていた。これらの紛争はベルナボとジャンガレアッツォの争いと，続く後者の勝利，征服戦争，ジャンガレアッツォの死とその後の混乱，ファチーノ・カーネの到来，パンドルフォ・マラテスタのシニョリーア支配へ向かう動きといった国家的事件の背後で通奏低音のように響き続け，互いに振幅を広げ合いながら世紀末を通過する。

この1378年部分の冒頭，サン・ロレンツォ城攻撃の記述には，同時代の公証人であるカステッロ・カステッリが一人称で登場する[31]。そのため長くカステッリ作と伝承されてきたが，C. カパッソの考証によればカステッリの記述による部分と，その他の素材とが複合されて成立したものである。現存する最古の版の成立は1483年から1503年の間に推定されているが，この版がそれに先立つ版を転写したものであることは明らかであり，その成立はおよそ15世紀後半とされている[32]。

この年代記は，中世の年代記史料には恵まれないベルガモにとっては貴重な情報源であり，個別の情報を引き出すためには常に参照されてきた。しかし上記のような成立事情のため，記述は一貫した論理に欠け，また年による記述量の多寡の差も激しい。さらに，明らかにグェルフィ的傾向性を持つ部分とギベッリーニ的傾向の部分が入れ替わりに現れるため，一貫した党派的傾向性を認めることもできない。したがって明確な戦略を持たない総合的利

---

30) *Chronicon bergomense guelpho - ghibellinum ab anno MCCCLXXVIII usque ad annum MCCCCVII, R. I. S²*, t. 16 p. II, v. 2, a cura di C. Capasso Bologna 1926-1940.

31) Ibid., p. 3.

32) C. Capasso, *Introduzione*, in *Chronicon bergomense*, op. cit., pp. III-CLIX. 『年代記』については，A. Mazzi, *Sul diario di Castellus de Castello*, Bergamo 1925 による考証がある。

用は難しい。

　だが一方でこの年代記は，非常に小規模な出来事にまで至る在地的紛争を，党派のいずれかや勝敗の如何に関わらず，そこに関与した大量の人名とともに記述した部分を多数含むという特徴も持っている[33]。従来の研究においては，そのような小規模な喧嘩や傷害の記述の山は，限られた重要性しか持たないものとされ，それ故グェルフィとギベッリーニの抗争によるベルガモの混乱，という一般的な印象を確認する素材以上の役割は果たしてこなかった[34]。しかし，まさにそのような性格故に，党派の構造とその実態を在地的現実から検討しようとする本章の考察にとっては，重要な情報が多数含まれている。

　そこでここではこの『年代記』を中心的史料とし，党派の都市とその領域における存在形態と行動，およびそれを規定する背景に可能な限り肉薄してみたい[35]。そこで以下第1節では，ベルガモにおける党派の構造と機能をまずは明らかにしたいと思う。

---

33) C. Capasso, *Introduzione*, op. cit., pp. LXXVI-LXXVII.
34) Ibid. p. LXXVI. G. シリーニは近年の著書で『年代記』における紛争記述の分析がベルガモ史研究に欠如していることを指摘している。G. Silini, *I giurisdicenti nel territorio bergamasco nel periodo della dominazione veneta*, Bergamo 2005.
35) ベルガモのグェルフィとギベッリーニに言及した研究として以下を挙げる。C. Capasso, *Guelfi e ghibellini a Bergamo*, in «Bollettino della Civica biblioteca di Bergamo», 2 (1921), pp. 1-44; A. Sala, *La cospirazione antiviscontea in Bergamo del 1373*, in «Archivio storico bergamasco», 3 (1983), pp. 9-35. 15-16 世紀に関しては，P. Cavalieri, *"Qui sunt guelfi et partiales nostri". Comunità, patriziato e fazioni a Bergamo fra il XV e XVI secolo*, Milano 2008. 財政との関連で党派の重要性に言及したものとして，P. Mainoni, *Le radici della discordia. Ricerche sulla fiscalità a Bergamo tra XIII e XV secolo*, Milano 1997. ヴェネツィア支配下のブレンビッラ渓谷のギベッリーニについて，B. Bellotti, *La cacciata dei brembillesi (1443)*, in «Bergomum», 9 (1935), pp. 211-232. チェナーテとカスコ地域について，A. Zonca, *Cenate e Casco. Due comunità bergamasche nel Medioevo*, Bergamo 2005. 拙稿 *Fazioni e microfazioni: guelfi e ghibellini nella montagna bergamasca del Trecento*, in «Bergomum», 104-105 (2009-2010), pp. 149-169.

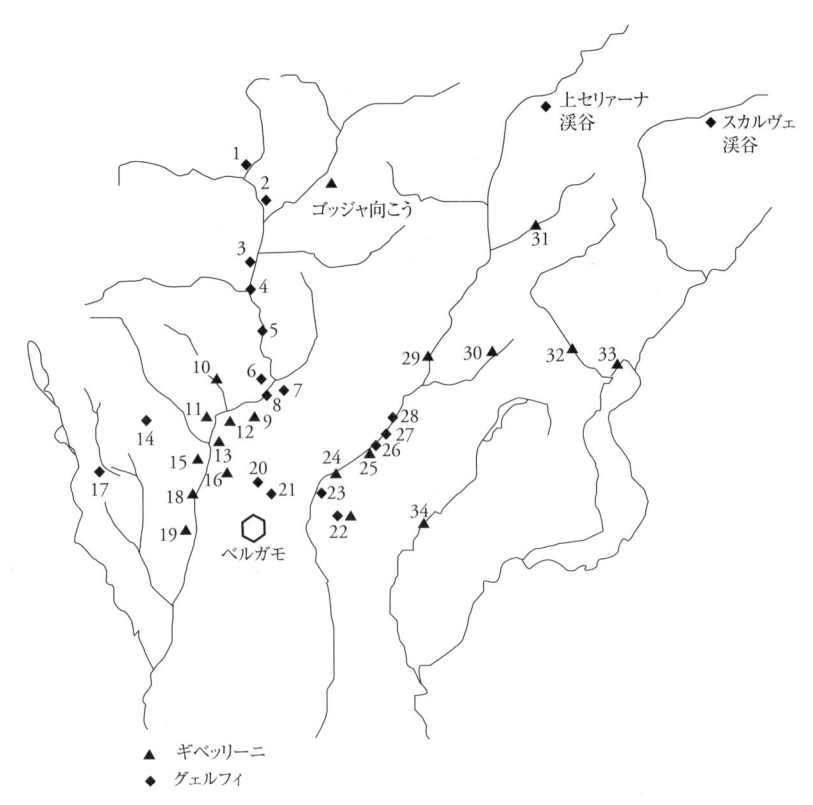

14世紀末ベルガモ領域におけるグェルフィとギベッリーニの分布

(『ベルガモ年代記』の記述より著者が作成。H. Sato, *Fazioni e microfazioni: Guelfi e ghibellini nella montagna bergamasca del Trecento*, in « Bergomum », 104-105,（2009-2019）, pp. 149-169, 169 頁掲載図に加筆修正)

1. オルモ
2. ピアッツァ・ブレンバーナ
3. コルネット
4. サン・ジョヴァンニ・ビアンコ
5. サン・ペッレグリーノ
6. ソンゾーニョ
7. エンデンナ
8. ゾーニョ
9. スタベッロ
10. ブレンビッラ
11. ウビアーレ
12. セドリーナ
13. クラネッツォ
14. イマーニャ渓谷
15. 下アルメンノ
16. ヴィッラ・ダルメ
17. サン・マルティーノ渓谷
18. ブレンバーテ
19. ロカーテ
20. ソリゾーレ
21. ポンテラニカ
22. ロッシャーテ
23. アルツァーノ
24. ネンブロ
25.　┐
26.　┘アルビーノ
27. デゼンツァーノ
28. コメンドゥーノ
29. ヴェルトヴァ
30. ガンディーノ
31. クルゾーネ
32. ソヴェレ
33. ロヴェレ
34. トレスコーレ

第4章　党派とミクロ党派

第1節　党派の構造

　スイスのアルプス山脈との間にアッダ川上流のテッリーナ渓谷を挟み込む形で，オロビエ・アルプスと呼ばれる険しい山地を抱えるベルガモの領域は，その北半分を山岳地帯が占める。一方ベルガモ市の南には，毛細血管状に張り巡らされた灌漑用水によって大規模な耕作が行われる平野部が広がる。この都市の領域を特徴付けるものの一つは，紛れもなく山岳地帯と平野部との激しいコントラストであろう。

　この対照的な領域を，オロビエに発する豊かな河川系が山地と平地を貫いて流れ，結びつけている。ベルガモはその西端をコモ湖を経て流れるアッダ川，東端をイゼオ湖を抱えるオッリョ川によって，それぞれミラノとブレーシャから画されている。そして両川の間をほぼ並行に，二つの主要河川が北から南へと走っている。即ち東から，セリオ川，ブレンボ川である。これらの主要河川とその支流にそって，大小の渓谷が葉脈状にオロビエの山間を縫って走っている。ブレンバーナ渓谷からは現在のモーラ渓谷，スタビーナ渓谷，タレッジョ渓谷，ブレンビッラ渓谷，イマーニャ渓谷，サン・マルティーノ渓谷，セリーナ渓谷などが分岐している。一方セリオ川の南東には，その流域面積約半分ほどのケリオ川が並行して流れ，その渓谷はカヴァッリーナ渓谷と呼ばれている。

　『年代記』を通読してみると，記録された在地紛争はおよそ2類型に分類され得るとの印象を受ける。即ち，スアルディ家，リヴォラ家，ボンギ家，コッレオーニ家ら，伝統的に党派を指導して来た大都市貴族が統率し，ベルガモ領域内の各地から動員が行われ長距離の移動を伴うものと，そのような都市貴族的指導者を伴わない，ごく小規模な在地的なものとの二つである。

　『年代記』は1378年5月11日の，サン・ロレンツォ城の支援の記述から始まる。この城塞は，メルリーノ・デ・オルモ，アラマニーノ・デ・フィーネらの指導者に率いられた上セリアーナ渓谷，ブレンバーナ渓谷およびカモニカ渓谷のグェルフィとその他のベルガモのグェルフィによって包囲されていた。その支援のために，カステッリもバルディーノ・スアルディ，オノフ

141

リオ・スアルディと彼らの率いるハンガリー人傭兵46人とともに赴いた。同日中にヴェルトヴァに1500人が集まった。翌日にはガンディーノへ行ったが，そこにもギベッリーニ800人が集まった。その翌日にこれらの人々を率いてサン・ロレンツォ城の支援に赴き，そこでグェルフィとの衝突が起こって7名の死者が出ているが，その中にはビアンツァーノの住人1名，クルゾーネの出身者1名，ガンディーノの者2名が含まれていたという。そこからソヴェレに行き，さらに進んでチェレーテの山を越え，そこに集まっていたグェルフィ800人との間で争いが起こった。その後ギベッリーニ達はソヴェレに戻り，そこからさらにトレスコーレへ行った。そこから再度ロヴェレとソヴェレへ行き，そこに大人数が集まった。その中にはブレンビッラ，イゾラ，Piperia，ギアーラ・ダッダの者も居た[36]。

　グェルフィ側もギベッリーニ側も全ベルガモ領域の各地から大量の参加があったことがここには記されている。グェルフィの指導者メルリーノ・デ・オルモはブレンボ川沿岸のエンデンナに城塞を構える領主，もう一人のアラマニーノ・デ・フィーネはセリアーナ渓谷の出身である[37]。また，ここに名の挙げられているギベッリーニの諸地域は，『年代記』中に度重ねて登場し，それぞれの地域での紛争を展開している。その中で，カステッリを含むギベッリーニの一行が，戦闘員を動員するために短期間に長距離の騎行を繰り返している様子が印象的に記述されている。

　これは都市の首領に率いられた行軍といえるが，その中にも各地域から小集団が参集している様子が窺え，メルリーノやアラマニーノのような，これら小集団の指導者の存在も比較的明確である。全イタリア半島に広がる超地域的党派に対して，各都市領域で活動する党派を地域的党派と呼び得るとするならば，地域的党派そのものが，都市とその領域内のいわば在地的小党派とでもいうべきミクロな集団の参集によって構成されているのである。ここではこのような集団を，ジェンティーレの言う「地域的党派」と区別するために「ミクロ党派」と呼ぶことにしよう[38]。『年代記』においては，これら

---

36) *Chronicon bergomense*, op. cit., pp. 3-7.
37) Ibid., p. 5.
38) 拙稿 *Fazioni e microfazioni*, op. cit.

の小党派と都市の指導者達との関係は，「朋友 (amici)」「郎党 (sequaces)」「同調者 (adherenti)」などの言葉で表されている。

　一方，小規模な在地的紛争は小党派を担い手とし，大都市貴族の姿は見えないことが多いが，これらの小党派も頻繁に「グェルフィ」または「ギベッリーニ」と呼ばれており，それらとベルガモのギベッリーニを率いるスアルディ家，またはグェルフィを率いるリヴォラ家やボンギ家との結合関係を示す事例は少なくない。1393 年 4 月 10 日，ピアッツァ，オルモ，"ゴッジャ向う"（後述）など，上ブレンバーナ渓谷の諸地域の人々が 150 人ほど，集落コルネッロの北に位置するセッカ渓谷にやって来て，ここで「スアルディの朋友および郎党となった[39]」。そしてその直後，隣接する地域であるコルネッロ，サン・ジョヴァンニ・ビアンコなどの人々との間に喧嘩が起こり，相手方の男が 19 人，女が 3 人殺されたとある。『年代記』は「これらは皆グェルフィであり，"ゴッジャ向う"の者達の敵であった」と述べる[40]。ここでは，ピアッツァ，オルモ，"ゴッジャ向う"などの人々が，かねてから「ギベッリーニ」と名乗っていたのか，または「スアルディの朋友および郎党」になると同時に「ギベッリーニ」になったのかは，全く明らかではない。しかし在地で彼らに対立していた人々が「グェルフィ」を名乗っていたことは確かであり，名称の如何によらずこの地域の「グェルフィ」に対立する集団をなしていたことは間違いないようである。

　だが一方で，「ギベッリーニ」になることと，「スアルディの朋友」や「郎党」になることを『年代記』が必ずしも並置しない事例もある。1382 年 10 月 10 日，「イマーニャ渓谷のロカテッロの人々とその郎党達，アッリゴーニ家の人々，アミゴーニ家の人々，ロモーニ家の人々，タレッジョ渓谷の人々とその郎党達[41]」が，「公正証書によってギベッリーニとなった[42]」。そしてその後，彼らはブレンビッラの人々とともに，地区ロータに赴き，全ロータとその周辺の村を焼き払い略奪した，という。ここではスアルディ家への

---

39) Ibid., p. 38.
40) Ibid.
41) Ibid., p. 20.
42) Ibid.

言及はなされていない[43]。

「ギベッリーニ」であることと「スアルディの朋友・郎党・同調者」であること,「グェルフィ」であることと「リヴォラ家とボンギ家の朋友・郎党・同調者」であることの間には，シニョーレ側の用語においても若干の揺れがある。

1393年8月13日,シニョーレであるジャンガレアッツォ・ヴィスコンティの代理として，アントニオ・トルニエッリが「グェルフィとギベッリーニに平和をなさしめるために」ベルガモにやってきた[44]。同月26日には騎士ジョアンノット・ヴィスコンティ（この人は後に総軍指揮官の肩書きで現れる）も平和を執り行うためにベルガモにやってきて,「コッレオーニの者とスアルディの者は何人も，また彼らの郎党達も何人も，リヴォラの者もボンギの者もその朋友達も決して攻撃してはならず，（違反者には）最大の罰が課される」ことが宣告された[45]。その後9月6日には，総軍指揮官ジョアンノット・ヴィスコンティ，シニョーレ総代理カローロ・ジェーニ，シニョーレ顧問アントニオ・トルニエッリの三者によって,「リヴォラとボンギの親族の者もグェルフィ党のその郎党達も，何人も，コッレオーニとスアルディの親族の者もギベッリーニのその郎党達の何人をも，攻撃したり，させたりしてはならない」という，約2週間の休戦が公布された[46]。その後1393年9月27日，同じ総軍指揮官，シニョーレ総代理，シニョーレ顧問の三者によって命じられた一ヶ月間の休戦は,「貴族コッレオーニとスアルディとその郎党達と，貴族リヴォラとボンギとその郎党達の間に」なされたものであったが[47]，さらにその後同年12月12日には,「スアルディと，タレッジョとアヴェラーラの貴族達とその郎党達を一方の側として，リヴォラとボンギの貴族達とそ

---

43) Ibid., p. 20. ロカテッロとロータはイマーニャ渓谷上部の地区名であり，イマーニャ渓流を挟んで東西に向かい合う隣接集落同士である。ロータは1360年代の反ヴィスコンティ反乱においてもグェルフィの拠点であった。一方アッリゴーニ家やアミゴーニ家は，イマーニャ渓谷の北部に隣接して東流するタレッジョ渓谷の指導層に属し，その名はタレッジョ渓谷条令にもその編纂者として見える。本書第3章参照。
44) Ibid., p. 45.
45) Ibid., p. 47.
46) Ibid., p. 49.
47) Ibid., p. 52.

の郎党達を他方として」平和がなされた[48]。

　スアルディ党＝ギベッリーニ，リヴォラ・ボンギ党＝グェルフィという等式が常に成り立っており，そこに結集する集団も確定していたとすれば，上のような休戦命令の対象の特定の仕方の変化は不可解であろう。実際にはスアルディ家やリヴォラ家・ボンギ家と「グェルフィ」「ギベッリーニ」のミクロ党派の関係は緩やかなものであったと考えられる。第一に，ベルガモではコッレオーニ一党がグェルフィとギベッリーニの間で時によって旗印を変えていた。上記の平和ではスアルディ家とともにギベッリーニ側に名を挙げられているが，コッレオーニ家はベルナボ支配期にはグェルフィの中心勢力として抑圧対象となっている[49]。また12月12日の平和では，「タレッジョとアヴェラーラの貴族達」がスアルディ家と並んで明記されており，彼らはスアルディの郎党としては一括されていない。

　このことに加えて，次のような事実はこの問題と党派の構造そのものとの関連を推則させる。1394年の1月から2月にかけて，シニョーレ代理，シニョーレ顧問およびベルガモのポデスタの三者が，シニョーレの書簡の執行として次のような命令を発している。

> ベルガモの領域民と市民は，各々彼ら〔＝シニョーレ代理・シニョーレ顧問・ポデスタ〕の前に出頭し，誰の朋友や郎党であろうと欲するのか，〔即ち〕スアルディの貴族達のか，リヴォラとボンギの貴族達のかを言明しなければならない。そして先述のシニョーレの，先の1393年12月10日パヴィアでの日付のある命令の条項の形式と，書簡の内容とに従って，平和に批准しなければならない[50]。

　この命令を受けて人々は出頭し，各々がスアルディ党なのか，リヴォラ・ボンギ党なのかを言明し，その内容は公正証書に記された。この時，農村部からはコムーネの代表が，コムーネの名において言明を行ったが，都市とボ

---

48) Ibid., p. 56.
49) A. Sala, *La cospirazione antiviscontea in Bergamo del 1373*, in «Archivio storico bergamasco», 3 (1983), pp. 9–35.
50) *Chronicon bergomense*, op. cit., p. 57.

ルゴからは個々人が出頭し，同じ言明を行っている。そしてその後 2 月 10 日，シニョーレ代理とポデスタの面前で，グェルフィ党とギベッリーニ党の間，特に山岳民の間で，平和が執り行われた[51]。

即ちヴィスコンティは，全体的にグェルフィ・ギベッリーニ紛争と把握される様々な争いへの参加者達の，スアルディ党またはリヴォラ・ボンギ党への帰属関係を明確に把握し，それをもとに「グェルフィ党とギベッリーニ党の間の」平和を実効に移そうとしていたのである。その中でも，この1394年の平和が，特に都市からは遠隔の「山岳民の間で[52]」なされたという点は注意に値する。『年代記』中には「山岳民のグェルフィ」「グェルフィの者は山岳部の者も平野の者も」と，特記した表現が他にも見られる[53]。これは山岳部と平野部や都市の間には，同じ「グェルフィ」や「ギベッリーニ」でも自明の一体性はなかったということを示しており，都市の首領がこれらのミクロ党派を統一的に把握し得た可能性には疑念を抱かせる。おそらくヴィスコンティ政府としては，帰属宣言と公正証書への記載によって，スアルディの朋友・郎党なのか，リヴォラ・ボンギのそれなのかの不明確な在地的な小勢力を，大都市党派に統一的に把握させ，それによってミクロな紛争の拡大を抑止しようとしたものではないだろうか[54]。

ミクロ党派が自立性を持っていることは，紛争そのものの展開状況からも垣間見ることができる。先に挙げた上ブレンバーナ渓谷の「スアルディの朋友および郎党」となった者達とグェルフィの喧嘩の翌日，コルネッロとサン・ジョヴァンニ・ビアンコの者達とその郎党達でグェルフィに属する者達が 50 人，サン・ピエトロ・オルツィオという集落に赴いた。ここには「20人ほどが住んでいて，善良な，悪意のない人々であった。しかしギベッリー

---

51) Ibid.
52) Ibid. 山岳民の間では特別に，ポンテ・セッカ（ゴッジャ向こうとブレンバーナ渓谷の境界）で，上記の 3 役人の立ち会いの下に平和が行われた。
53) Ibid., p. 62.
54) ジャンガレアッツォ・ヴィスコンティが，党派が政治的均衡を維持する力を認め，抑圧するよりもむしろ台頭を促したことを M. ジェンティーレも指摘している。M. Gentile, *Discorsi sulle fazioni, discorsi delle fazioni. «Parole e demonstratione partiale» nella Lombardia del secondo Quattrocento*, in *Linguaggi politici nell'Italia del Rinascimento*, a cura di A. Gamberini e G. Petralia, Roma 2007, pp. 381-408.

ニとして知られていた[55]」。ここでコルネッロとサン・ジョヴァンニ・ビアンコの者達は牛や羊や豚などの家畜とベッドその他の家財道具を奪い，自分達の家へと持ち去った[56]。実際にはこの悪意のない人々を殺そうともしたのだが，彼らは家族ともども逃げ延びたためそこまでは至らなかった。ここでは，サン・ピエトロ・オルツィオの人々は，直接の当事者ではないにも関わらず，「ギベッリーニ」であることによって，自動的に"ゴッジャ向う"らの同盟者と見なされ，報復的略奪の対象となったのであろう。

　その後も紛争は拡大を続けたものであろう。4月末には，シニョーレの軍指揮官であるフランチェスコ・クリヴェッリが，大軍勢を引き連れて"ゴッジャ向う"へ赴き，上述の「コルネッロとその郎党達」との間に平和を実現させなければならなかった。しかしその日の内に，コルネッロとロンカリアとその郎党達であるグェルフィ達は，サン・ペッレグリーノ地域を焼き払ってしまった[57]。これも「ギベッリーニ」であることによる報復的行為であったと考えられる。

　このサン・ペッレグリーノへの放火と，同日中に起こった遠隔地での出来事との間に連関があるのかどうか，断言するのは難しい。ともかく『年代記』は，同日中にスカルヴェ渓谷でクルゾーネ出身のギベッリーニの商人が2人，グェルフィによって殺され，上セリアーナ渓谷では，やはりグェルフィの在地党派によってクルゾーネのギベッリーニ達が被害を受けたことを伝える[58]。そしてそのわずか2日後にブレンバーナ渓谷方面で結集したグェルフィ達は，コルネッロ，サン・ジョヴァンニ・ビアンコ，サン・ペッレグリーノ，ソンゾーニョ，ゾーニョ，エンデンナと，ブレンバーナ渓谷中下部ほぼ全域に膨れ上がっていた。彼らはブレンバーナ渓谷のスアルディ党であるマッフェイス家などの家を破壊し，その焼き払った家々は200に上った[59]。またその8日後の5月10日には，グェルフィ約200人がブレンバーナ渓谷上部のボルドーニャへ向かい，ギベッリーニであったムレートという

---

55) *Chronicon bergomense*, op. cit., p. 38.
56) Ibid.
57) Ibid.
58) Ibid.
59) Ibid.

人物を殺害，その子供達他を連行し，同地の牛や羊の家畜と動産に大略奪を働いた。それからセリアーナ渓谷のアルデジオへ向かったという[60]。

このような在地的グェルフィとギベッリーニの争いは5月から6月にかけてブレンバーナ渓谷とセリアーナ渓谷の双方で散発的に継続した。そして6月26日に，ブレンバーナ渓谷下部のギベッリーニの拠点スタベッロを焼き払うためにグェルフィが大結集を行った時にはその数約1000人，その構成はベルガモとベルガモ外の双方を含むものになっていたという[61]。

先に挙げたサン・ロレンツォ城の攻防戦と，ブレンバーナ渓谷のコルネッロやサン・ジョヴァンニ・ビアンコ，"ゴッジャ向う"間の紛争とのあいだには，一つの大きな違いがある。前者においては，グェルフィもギベッリーニも著名な指導者を頂いて全軍を組織しており，その下の諸勢力はベルガモ領内全域から参集している。一方後者は，「スアルディの郎党」は存在していても，指揮官による意図的動員はなく，むしろその都度生じる協力関係が自然に拡大しているとの印象が強く，その拡大過程においても地理的な連続性が見られる。事実，スアルディ家の騎士の直接の参加への言及は一言もない。

上では都市とその領域の局地的党派は，ミクロ党派を集めて成立していると述べたが，ミクロ党派の都市の指導者に対する自立性は比較的大きい。したがって両者の接合関係は，上からの組織的動員と下からの自然発生的動員の2種の混交からなっていると言える。このことは，このような党派の行動とその抗争の進展は，一方では極在地的なミクロな人間関係の網の目や慣習の領域と，他方では都市貴族を通じた国家的・間国家的政治の領域との双方に規定されているということを示しているとも言えよう。

第2節　党派と在地的同盟網の展開

前節で述べたようなミクロな人間関係の網の目や，慣習の領域に属するミ

---

60) Ibid., p. 39.
61) Ibid., p. 40.

第4章　党派とミクロ党派

クロ党派の自然発生的な協力は，どのようなメカニズムを持っているのか。また，それはどのように広域的な組織に結びつき，相互に影響を与えてゆくのか。以下に挙げるいくつかの例は，このような在地的協力関係の事例である。

《例1》1393年8月8日，グェルフィの者達がグルメーラのアジーノ・デ・アガーツィの城を武装攻撃し，ギベッリーニの家を2軒焼き払った。うち1軒には，マルキゾーロ・デッラ・グルメッラがいた。すると「それを聞きつけた (sentientes predicta)」ベルガモと Vale de Lemene のギベッリーニ達が約800人，同城の「支援に駆けつけた (venerunt ad succurendum)[62)]」。その後，同じギベッリーニ達は，かつてギベッリーニの家々が焼かれていた土地，ソニカ (Sonicha) へそのまま赴き，グェルフィの家々を焼き払った[63)]。

《例2》1398年4月28日，スアルディ党の Ulzinate〔＝クルツィナーテか〕と Clivate の人々約600人とその朗党達が，コッレオーニの人々と，インスラのその朗党達に対抗するため，支援に駆けつけた[64)]。その後4月30日同じ Ulzinate の人々は，スアルディの朋友達と一緒に，パラゾの家を焼き，そこにいた人々を殺したが，彼らはさらに同日中に，ガルビアーテの人々とともにギベッリーニの大軍に加わり，家々を焼き払うためにプロルザーノへと赴いた。しかしプロルザーノのグェルフィは防備の固いスカルピネッリの塔によっており，押し入ることができなかった。そこで5月1日，騎兵・歩兵双方からなるギベッリーニの大軍約2000がプロルザーノにやって来たが，それでも防備を破ることができなかった。この内，Ulzinate とガルビアーテの者は約600名であったという。そうこうする内にグェルフィ側にも約600人の支援が到着し，ギベッリーニは多くの負傷者を出した。中には Ulzinate の者1名，ブレンビッラのピツィゴーノ・デ・レーラが含まれていた[65)]。

同日中に，シニョーレの書簡の命令を執行するために，軍指揮官であるアントニーノ・トルニエッリ，シニョーレ代理であるアントーノ・リジニャーノ，

---

62) *Chronicon bergomense*, p. 43. Vale de Lemene はヴィッラ・ダルメカ。イマーニャ渓流とブレンボ川が合流する地点の東南，ブレンボ東岸に広がる集落である。
63) *Chronicon bergomense*, p. 43.
64) Ibid., p. 75.
65) Ibid.

ポデスタの三者による通達がなされた。書簡は，何人たりとも，攻撃用であれ防御用であれ，ベルガモの市内やボルゴ内や近郊や領域内で武器を持ち歩いてはならない，違反者は死刑，またいかなる誘いへも〔それを受けて〕行ってはならない，というものであった[66]。

　上の二つの例では，いずれにおいても系統立った都市貴族の首領による指揮が確認されず，少なくともその初期段階においては人々が自発的に結集し，支援を行っている様子が窺われる。しかし最終的には少なからぬ数の兵員が動いている。まずはその流れを確認してみよう。

　《例1》のグルメーラ（Grumela）を現在のグルメッロ Grumello と考えれば，同じ地名はベルガモ領内に多数ある。だが，そこにヴィッラ・ダルメの者が「聞きつけて」「駆けつけた」というのであるから，ヴィッラ・ダルメからそれほど遠く隔たっているはずがない。また，先立つ8月1日には，グルメッラという土地がグェルフィによって襲われている記述があるが[67]，そのグェルフィは同日中にギベッリーニのピリス城を襲っている[68]。ヴィッラ・ダルメとピリス城から遠くない地点にあるグルメッロといえば，ブレンボ川沿いのゾーニョとエンデンナに接した現在のグルメッロ・デ・ザンキであろうか。事実，このグルメッロに居住するザンキ家は，アスティーノの聖墳墓修道院がポスカンテとの境界領域に所有する放牧地の利用権をめぐって，ポスカンテ，パニッツォーロ，ゾーニョなどに居住する数家族と13世紀中葉以来の長い紛争関係にあった[69]。この襲撃を，ベルガモとヴィッラ・ダルメのギベッリーニ達が「聞きつけた」。そして併せて800人で支援に駆けつけたというのである。

　この翌日8月9日の記事を見ると，ヴィッラ・ダルメの人々を含めたギベッリーニのかなりの大軍勢の準備が進んでいたことが分かる[70]。先立つ8月1日に起こったグェルフィによる攻撃への報復戦かもしれないが，それ自

---

66) Ibid., pp. 75–76.
67) Ibid., p. 42.
68) Ibid., p. 41.
69) B. Belotti, *Storia di Zogno e di alcune terre vicine*, Bergamo 1942, pp. 25–26.
70) *Chronicon bergomense*, op. cit., p. 43.

第 4 章　党派とミクロ党派

体がギベッリーニの攻撃への報復であった可能性も高く，原因をどこまでも遡っていくことは難しい。そこで便宜的に 8 月 1 日のエピソードから始めれば，同日朝方，約 1500 人のグェルフィが集まって，ピリス城へ赴き，公証人トデスキーノ・デ・ピリスの息子，ジョヴァンニを殺した。グェルフィ達はその後ジョヴァンニとその親族のものであった牛 32 頭を奪い，ディオンゴとフォレストにあったギベッリーニの家を焼き払っていった。その後ギベッリーニはテゲーティス渓谷にあったグェルフィの家を焼いたが，グェルフィもさらに報復として同地のギベッリーニの家を焼いた。そこで放火を止めようとしたギベッリーニとグェルフィの間に喧嘩が起こり，ギベッリーニ 8 人が死亡。同日真夜中，グェルフィはグルメッロの家に火を点け，1 人が殺された。その直後ギベッリーニはアルメンノでジャコモ・デッラ・クロータの相続人全員の家を焼き払った。一方グェルフィはさらに大人数で集まり，スタベッロへ行って，ギベッリーニのマッフェイス家の人々の家を焼き，ブドウの木を切って回った。他方セドリーナでは，家畜をめぐって争いが起こり，結果グェルフィが 2 人殺された。こららの攻撃をしたグェルフィの中には，ボンギ家のアサンドリーノがいたという[71]。

　その後にもいくつかの衝突が続いた後で起こったのが 8 月 8 日のグルメッロ攻撃であったが，そこに最終的には 800 人もの動員があったことは先に見た。その翌日の記述を読むと，ベルガモ，ブレンバーナ渓谷，ヴィッラ・ダルメ，下アルメンノ，セドリーナ，スタベッロ，ブレンビッラ，インスラの各地域の人々に，マッフェイス家，ペゼンティ家の者達も加えたギベッリーニの人々が集まり，ポスカンテへ向かって同地のグェルフィの家々を多数焼き払った。その後さらにソリゾーレの丘へ行き，家畜をめぐって争って 4 人のグェルフィを殺したとある[72]。年代記の記述者は直接的に言及しないが，地理的隣接性から考えて，8 月 1 日への報復であった可能性は高いだろう。グルメッロの攻撃を聞きつけて直ちに支援に赴いたギベッリーニ達は，既にその準備にあったのではないだろうか。

　大規模な争いではあるが，しかしここまでの段階では，ギベッリーニ側は

---

71) Ibid., pp. 41–42.
72) Ibid.; p. 43.

在地的指導者や地域的集団の結集から成っており，都市の首領の指導の影は見えない。スアルディ家の指導が見られるのは，4人のグェルフィが殺された，その後である。グェルフィ殺害の後になって，ゼノーノ・スアルディが，カモニカ渓谷，ロヴェレ，ソヴェレ，クルゾーネのギベッリーニ達を引き連れて，ソリゾーレとピッツィデンティの山へ赴いた。そこでデ・ソリゾーレ家の者達の干草小屋に火を放ち，家畜の大略奪を働いた，という[73]。

　第一に注目されるのは，このスアルディ家の行動の遅さであろう。これが当初は独自に行動していたギベッリーニ達の要請によるものか，または状況を利用しようとしたゼノーノの自発的決断によるものかは不明であるが，ギベッリーニ達の中にはベルガモ市内からの参加があったにも関わらず，当初はスアルディ家は目立った行動を取っていないのである。次いで目を引くのは，ゼノーノが引き連れていたギベッリーニ達が，ブレーシャのカモニカ渓谷やイゼオ湖畔のロヴェレやソヴェレ，上セリアーナ渓谷のクルゾーネの出身であり，ブレンバーナ渓谷付近の地域的利害には何の関係もないことである。その中でも，クルゾーネの者達に関しては彼らが「クルゾーネから追放されていた[74]」と記されていることが興味を引く。その後これらの人々が大略奪を働いているところからすると，ゼノーノは地域の被追放者らを保護し，従軍させ，報償として略奪を許していたものかもしれない。

　一方《例2》では，対立しているのは「スアルディ党の人々とその郎党達」と「コッレオーニの人々とインスラのその朗党達」であるが，ここでも具体的に参加した都市貴族への言及はない。この「支援」の後，Ulzinateのスアルディ党の者達は，他の「スアルディの朋友達[75]」と一緒に，目的地を変えて攻撃を続けた。その後ガルビアーテの人々とともにギベッリーニの大軍に加わり，さらに新たな目的地へ向かっていった。それがプロルザーノのスカルピネッリの塔である[76]。この記述に従えば，一つの行軍が当初の目的の達成とともに終了するとは限らなかったようである。「朋友達」や，利害

---

73) Ibid., p. 43.
74) Ibid.
75) Ibid., p. 75.
76) Ibid.

をともにする者達に出会うたびに，兵力を合わせ，あちらこちらへと向かったのである。後には，さらに 2000 の援軍も到来している。そして 5 月 1 日に通達されたというシニョーレの命令を見ると，このような戦闘規模の拡大が「誘い」の結果であったことが推測される。

　上記 2 例は，ミクロ党派間の支援と協力のメカニズムが，どのように発動し，紛争の拡大や収束がもたらされたのかの一端を示していると言える。人々はしばしば，紛争や攻撃の勃発を「聞きつけ」ては支援に「駆けつけ」，また「誘い」を受けたり出したりしながら，その輪を拡大していったのである。行軍を導いたのは在地的指導者や土地の集団であり，大貴族の系統だった指揮は必ずしも必要ではない。むしろ指導的貴族が後から参加している場合すらある。

　このような軍事行動が，時や状況に応じて流動し，統制困難になることは理解に難くない。事実，行軍はしばしば略奪行に雪崩れ込んだ。1378 年のサン・ロレンツォ城攻撃に伴う一連の行軍の最中の 5 月 11 日，オノフリオ・スアルディ，ハンガリー人傭兵の conestabili，カステッリらは，ゴルノの橋で，羊 515 頭と雌牛と雄牛 19 頭を連れていたアヴェラーラの者達 21 名を捕らえた。そこで 5 月 28 日，ジャコモ・スアルディから 550 金フローリンの報償の約束を得ている[77]。アヴェラーラは後に率先してヴェネツィアに投降したブレンバーナ渓谷深奥部の集落で，グェルフィ集落である[78]。彼らが捕えられた場所ゴルノは，上セリアーナ渓谷のクルゾーネ付近から分岐するリーゾ渓流にそった小渓谷に位置する，広く山がちな放牧の適地である[79]。

　この略奪において，カステッリらは「アヴェラーラの者達 21 名を捕えた者達の名において，その代表として[80]」報償を受けることになっている。したがって略奪は全軍中の一部隊が行い，その略奪品は全軍の指導者に引き渡されたのであり，略奪団の組織や動員，そこで得られた戦利品の管理と分

---

77) Ibid., p. 8.
78) B. Bellotti, op. cit., pp. 358-361. ヴェネツィア支配下では特に大きな自治を享受した。I. Pederzani, *Venezia e lo « Stato di terraferma ». Il governo delle comunità nel territorio bergamasco (secc. XV-XVIII)*, Milano 1992, p. 54.
79) *Chronicon bergomense*, p. 8.
80) Ibid.

配においても党派が重要な役割を果たしていたことが推測される。最も，略奪と分配はグェルフィ・ギベッリーニであるとないとに関わらず，あらゆる軍団の基本的な機能であるということも可能である[81]。そこで『年代記』に見られる略奪行の記述を精読し，そこで党派が何らかの意味を担っていたのかどうかを検討してみよう。事実，『年代記』中には，大規模な戦闘よりもむしろ中小規模の略奪そのものを目的とすると見られる記述がはなはだ多い。

《例1》1393年7月16日，バロンティーノ・デ・ロツィオの息子ピエトロと，ボーノ・デ・ブゼレニスの息子ジョヴァンニが，約500人の武装した人々を伴って，カモニカ渓谷のブエノ山へ赴き，ガンディーノの人々のものであった大量の羊，牛，馬，チーズを奪った。そしてそれらを上セリアーナ渓谷のロツィオとブレンバーナ渓谷へ運んで行った[82]。

《例2》1398年7月3日，ベルガモのコムーネのプロルザーノの塔を守っていた人々を，ラマゾートの人々が警護し，彼らの略奪隊員（sacomani）が牛の略奪に向かっていた時，ロドリコ橋（pontem de Ludricis）の近くの家々にいた大人数のグェルフィ達が，略奪隊員達を妨害し，家畜を運ばせようとしなかった。（このことを）ラマゾートから聞いて，その大人数の約600人の軍団を伴って，カルヴァローレ山まで先述のグェルフィを追って走った。そしてこの山で，ラマゾートの軍団の者大勢とその馬が負傷した。しかし約25頭の馬を奪った。ラマゾートの伍長であったドイツ人，ピエトロ・デ・カロクトと，略奪隊員2人が殺された。これを見て，軍団の人々は，自分の畑で刈り取りをしていたり，粉ひき場にいたりした多くのグェルフィを殺した。そして干草，小麦粉，馬，ロバなどを彼らから奪い，ベルガモに運んでいった[83]。

《例3-A》1398年2月21日，シニョーレの代理であるジョヴァンニ・デ・カスティリオーネは，グェルフィ党に属する市民多数を抑留した。というのは，ジザルバの領域で強奪した織物や，アントニオーロ・デ・プリアティニやペテ

---

81) 戦争と略奪の問題については，山内進『略奪の法観念史　中・近世ヨーロッパの人・戦争・法』東京大学出版会，1993年を参照。また，藤木久志『新版　雑兵たちの戦場―中世の傭兵と奴隷狩り』朝日新聞社，2005年。
82) *Chronicon bergomense*, p. 40.
83) Ibid., p. 86.

第 4 章　党派とミクロ党派

ルガッリ家の人々やジョヴァンニ・デ・フレデリチその他のギベッリーニ 103 名から，ロッシャーテとスカンツォで奪ったすべての物を，彼ら（グェルフィの人々）に弁済させようとしたからである[84]。

《例 3-B》1398 年 3 月 1 日，ジョヴァンニ・デ・カスティリオーネの命令で牛 122 頭が競売にかけられ，300 フローリンに利得分 20 フローリンを加えた価格でピアチェンツァの某人が落札した。そこでこれらの家畜をピアチェンツァへ運ばせたが，途中クルツィナーテとジザルバで，グェルフィの者達に奪い取られてしまった。その価値 1000 帝国リブラ以上であったという。この時にバルトロメオ・デ・グルグラコとその仲間が殺された。これらの牛の内，67 頭はジョヴァンニ・デ・パッソの，10 頭はグァリーニ・デ・フォッパの，一部はフランチェスコ・デッラ・クロータの，一部はクルツィナーテとジザルバに土地を所有しているベルガモのグェルフィ市民のものであった。この利得を除いた 300 フローリンは，家畜小屋に受け入れる代金として，パヴィアのアンジェロ・トスカーノにシニョーレから与えられた。

後日 3 月 6 日，ジョヴァンニ・デ・カスティリオーネの傭兵によってジザルバの者数人が捕えられ，ベルガモへ連行された。そして上の略奪とバルトロメオ・デ・グルグラコの殺害に関して，拷問にかけられた[85]。

これらは，略奪そのものを当初から目的としているケースだが，上に述べたピリス城攻撃の際の略奪やゴルノでの略奪など，略奪以外の何らかの敵対的行動に対する報復，または軍事行動の付随行為として行われている場合もある[86]。実際には両者は一連の敵対的行動の連鎖の一環と考えるべきであり，したがって，その直接の動機の如何に関わらず，略奪が党派間で頻繁に行われているという事実を重視すべきであろう。

主な略奪品は家畜とその産物であるが，《例 3-A》では織物の略奪もあり，同様の例は『年代記』中他所にも見られる。家畜がとりわけ山岳部の放牧を生業とする人々にとって貴重な財産であり，渓谷深部の住民がその獲得に大

---

84) Ibid., p. 70.
85) Ibid., p. 70.
86) 報復と差押えについては，若曽根健治「報復としての差押えと中世社会 —— 比較法社会史の方法による試論」，中村直美・岩岡中正編『時代転換期の法と政策』成文堂，2002 年，117-150 頁を参照。

きな関心を持つことは言うまでもないが，平野部や都市の住民にとっても資本としてのその価値は大きく，特に中世後期においては急激な増大傾向にあった[87]。またベルガモ渓谷部は毛織物産業の中心地の一つであり，その製品の売買は盛んであった[88]。これらの略奪品はいずれも，資本および商品としての価値が高いのである。

ところで，略奪とその繰り返しのメカニズムにおいては，非在地的要素の参入とその影響も無視できないようである。《例2》には略奪隊員が登場するが，彼らは，プロルザーノの塔を警備していたギベッリーニ達のために雇われた傭兵隊の一部であり，事実，伍長はドイツ人である。しかし，ここでの彼らの略奪対象は無差別的ではなく，グェルフィに限定されていた。このような傭兵による略奪に対するグェルフィ側の防衛も強固であった。防衛にあたったグェルフィ達は大人数であったという。グェルフィ側も防衛のために既に結集していた可能性を窺わせる。これに対してラマゾートの隊員達は600名も動員してグェルフィを山まで「追って」行ったというのであるから，牛をめぐる攻防戦ではグェルフィ側はよく守り，それに対して傭兵側は報復を目指していたに違いない。実際，そこで奪ったのは馬である。さらに農作業中のグェルフィに略奪を働き，それをベルガモに運んでいる。

《例3-A》《例3-B》では，シニョーレの代理，つまりヴィスコンティ国家の役人であるカスティリオーネが登場する。彼の介入の目的は，略奪を取り締まり，無制限に拡大する党争を制限することにあると見えるが，その途中経過においては期せずしてかそこに荷担させられている。彼が《例3-B》で競売に付した家畜は，ジョヴァンニ・デ・パッソ以下，グェルフィ市民の所有していたものであった。何らかの罰として没収されていたものではないだろうか。クルツィナーテとジザルバのグェルフィは，それを奪い返そうとし

---

87) E. Roveda, *Allevamento e transumanza nella pianura Lombarda: i bergamaschi nel Pavese tra '400 e '500*. in «Nuova Rivista Storica», (1987), pp. 49-70. 放牧と牧草栽培については，Id., *I benefici delle acque. Problemi di storia dell'irrigazione in Lombardia tra XV e XVII secolo*, in «Società e storia», 24 (1984), pp. 269-287; L. Chiappa Mauri, *Riflessioni sulle campagne lombarde del Quattro-Cinquecento*, in «Nuova rivista storica», (1985), pp. 123-130; Ead., *Terra e uomini nella Lombardia medievale*, Roma 1997.

88) P. Mainoni, *L'economia di Bergamo tra XIII e XV secolo*, in *Storia economica e sociale di Bergamo. I primi millenni. Il comune e la signoria*, a cura di G. Chittolini, Bergamo 1999, pp. 257-338.

て，殺人にまで至ったのであり，報復は国家による行動に対しても行われ得るのである。ところで，この競売の収入300フローリンは，「利得を除いて」家畜小屋の持ち主であった「パヴィアのアンジェロ・トスカーノ」に「シニョーレ」から与えられたとある[89]。それが事実であれば，これは没収され競売にかけられた家畜の委託放牧契約を国家が仲介し，そこから利得を得ていたということになる。

　中世後期のロンバルディア地方においては，低地地方で大規模な集約的牧草栽培が広まる一方で，冬季にはこれら低地部の牧草を，夏期には高地の牧草を利用した大規模な移動放牧が，各都市支配領域の境界を越えて広範に行われるようになっていた。そして多くの場合，家畜の所有者が実際の放牧業者とは異なる，委託放牧契約が行われた。高品質のチーズ生産は利潤が高く，家畜所有者にとっては有利な投資対象であり，大きな資本を持たない放牧業者にとっては，生存を支える貴重な稼ぎ口であると同時に，あわよくば致富と社会的上昇を可能にする数少ない回路の一つだったのである。こうして，質のよい牧草と多数の家畜を所有する低地の企業家と，移動放牧の技術を持つ山地の放牧者，またはその仲介者を結びつける人的結合の網の目がこの時期には広範に広がり，社会経済関係の大動脈の一部を形成しつつあったのである[90]。上の事例は，その結節点に国家も参入し，そのための手段として党争への介入と没収が機能していたということを示しているということになるだろう。国家の介入のない場所では，各党派そのものが同様の役割を果たしていた可能性も十分に考えられ得る。いずれの場合にせよ，党派とその略奪行為が，資本の獲得やその防衛の役割を果たしていたことが確認されるのである。

　しかし一方で，党派，特に在地的な小党派の行動には，略奪軍というだけでは規定しきれない諸々の側面がある。明文不文の規範の存非に関わらず，党派の在地での活動は破壊ばかりとは限らず，党派が人々の日常的生産活動の保護を行っていることを示す記述もある。1403年9月14日，下アルメンノのギベッリーニの人々が，アルメンノの領域内のグェルフィ側にあった彼

---

89) *Chronicon bergomense*, p. 70.
90) E. Roveda, *Allevamento e transumanza*, op. cit.; L. Chiappa Mauri, op. cit.

らのブドウ畑で収穫をしようとしていたため，12人のギベッリーニの人々が，同じ領域内の聖トメ教会へと赴いた。これは収穫をするギベッリーニの人々を防御するためであった[91]。アルメンノに関しては，1369年に正式に上アルメンノと下アルメンノの2地域に分裂したという記録があるが[92]，その原因が党派対立であったことは間違いがないようである。結果，上アルメンノはグェルフィ住民，下アルメンノはギベッリーニ住民を中心とする地域となった。しかしそれと同時に耕地の所有や耕作権までもがそれぞれの領域内に限定されたと考えるには当然ながら無理があり，現にここには，自らの畑の収穫に際して防御を必要とするギベッリーニ達がいる。こうしてギベッリーニ達が収穫にやって来たところに，上アルメンノ，イマーニャ渓谷，サン・マルティーノ渓谷のグェルフィ側の人々が，聖トメ教会に現れ，大きな火を放った。その煙のため，教会にいた人々は中に留まっていることができず，ついに全員が殺されてしまった，という[93]。結果はギベッリーニ12人の悲劇に終わっているが，ここからは，党派対立のために平常の農耕作業もしばしば危機に見舞われ得たこと，そのため，同じ党派の人間が保護を提供し，農作業の安全確保を図っていたことが読み取れる。

　このような，戦闘や略奪における自然発生的支援・協力関係を地図上で確認してみると，多くの場合，その広がりは地域的に限定されるようである。セリアーナ渓谷，カヴァッリーナ渓谷を中心とするベルガモ東部と，ブレンバーナ渓谷およびそれに並行する諸渓谷を含むベルガモ西部，さらにベルガモ市近郊の3地域に大別できるように思われる。それらをその内部の小ネットワークに分け，グェルフィとギベッリーニの配置を確認すると，およそ以下のようになる。

　ベルガモ東部では，ブレーシャ領内のカモニカ渓谷のギベッリーニに隣接して[94]，上セリアーナ渓谷，スカルヴェ渓谷など最上部地方は一般にグェ

---

91) *Chronicon bergomense*, op. cit., p. 130.
92) I *"Registri litterarum"di Bergamo (1363-1410), il carteggio dei signori di Bergamo (Fonti e materiali di storia lombarda, secoli XIII-XVI-1)*, a cura di P. Mainoni, A. Sala, Milano 2003, pp. 113-114.
93) *Chronicon bergomense*, op. cit., p. 130.
94) *Chronicon bergomense*, op. cit., p. 65.

第4章　党派とミクロ党派

ルフィが集中する。アルデジオはグェルフィの攻撃を受けているため[95]、この地域のセリオ川沿いのグェルフィ優勢の南限はグローモであるように見えるが、ここについてはあまり多くの記録がない。その南方のクルゾーネからヴェルトヴァ、ガンディーノへ広がる地域は強力なギベッリーニの中心地であり、そこからエンディネ湖畔のビアンツァーノ、同湖北端へ流入するボルレッツァ渓流下流のソヴェレ、イゼオ湖北端のロヴェレなど、セリアーナ渓谷中部からカヴァッリーナ渓谷北部を経てイゼオ湖北岸へと続く一帯にはギベッリーニの拠点が広がっている。しかしボルレッツァ渓流の上中流部には、サン・ロレンツォ城を包囲したアラマニーノ・デ・フィーネの名と同じ地名があることからも分かるように、グェルフィの拠点が広がっている。さらに上のヴェルトヴァに南接するコメンドゥーノ、デゼンツァーノ、上アルビーノはグェルフィ地域であり、この地域はしばしばギベッリーニの下アルビーノと対立している。その南には、これも強力なギベッリーニ集落であるネンブロがある。カヴァッリーナ渓谷南部のトレスコーレはギベッリーニ、イゼオ湖南岸オッリョ川沿いはグェルフィの集中する地域である。

　ベルガモ西部は、『年代記』においてはとりわけ紛争の記述が多く、名を馳せた在地的指導者も目立つ。ブレンバーナ渓谷最北部の、レンナからボルドーニャ、フォンドラへ向かう地域は、地名ゴッジャを境界として"ゴッジャ向う"と呼ばれるが、ここは強力なギベッリーニ地域である。この地域のギベッリーニには、しばしばオルモやピアッツァ・ブレンバーナなど、グェルフィが優勢の地域からのギベッリーニの協力も見られる。一方ゴッジャ南部のブレンボ川沿いには、コルネッロ、サン・ジョヴァンニ・ビアンコ、サン・ペッレグリーノ、ソンゾーニョ、ゾーニョ、エンデンナとグェルフィ地域が広がる。このブレンバーナ渓谷のグェルフィ地域は、ゾーニョからベルガモ市北部のグェルフィ地域であるソリゾーレやポンテラニカに地形的に連続している。ただし、ゾーニョにはムッシノーニ家やマッフェイス家など、ギベッリーニでありスアルディの朋友である強力な勢力も存在し、ここが境界をなしていたように見える。スアルディ家の朋友となったグェルフィ、

---

95) Ibid., p. 39.

159

ヴェッツァニカのニコリーノを，ゾーニョのラモロが殺したという記述が『年代記』にはあるが，このラモロは「ソリゾーレの住人」であった[96]。ラモロは境界地域から明らかなグェルフィ地域へ移住していたものと思われる。

　ブレンボ川はこのゾーニョでほぼ直角をなして西折するが，その先にはスタベッロ，セドリーナと強力なギベッリーニ地域が続き，セドリーナではやはり著名なギベッリーニの中心地であるブレンビッラ渓谷がブレンボ川に接合する。このブレンビッラ渓谷と平行に伸びるイマーニャ渓谷の南部を併せ，ブレンボ川がクラネッツォで再度直角に南折する地域一帯はギベッリーニ地域である。ブレンボ沿いには，ウビアーレ，クラネッツォ，ヴィラ・ダルメ，下アルメンノ，上ブレンバーテ，ロカーテと続く。このブロックの北部からはタレッジョ渓谷，さらにレッコのサッシナ渓谷へとギベッリーニ地帯が続く。

　一方，イマーニャ渓谷北部のロータを中心とする地域から，その西部でベルガモとレッコを分けるレゼゴーネ山からアルベンツァ山へと連続する山塊を経て，上アルメンノ，サン・マルティーノ渓谷にはグェルフィ地帯が広がる。この地域のグェルフィの軍団を率いた在地指導者として，『年代記』にはロータ家の名が頻出する。

　そしてベルガモ近郊では，先のゾーニョに南接するソリゾーレやポンテラニカから，ロッシャーテ，アルツァーノ，ポスカンテ，アネジアなど，ベルガモ市北部から北東部にかけての丘陵地帯にグェルフィ地域が広がる[97]。

　むろん，これらの地域ブロックにまたがった自発的協力関係が成立しないわけではないが，その場合にもやはり紛争の対象となる地域を挟んだ地理的連続性が媒介となっていると思われる。それを超えた全都市領域的関係は，都市的党派とその首領を介して実現すると見るべきであろう。

　ここまで述べてきたような事例と，その地理的背景は，ミクロ党派が「グェルフィ」や「ギベッリーニ」であることの帰結，またはその意義の一端を，

---

[96] *Chronicon bergomense*, op. cit., p. 122.
[97] ロッシャーテや隣接するスカンツォには，グェルフィ・ギベッリーニ双方が確認される。*Chronicon bergomense*, op. cit., p. 67.

明瞭に物語っていると言えるのではないだろうか。「グェルフィ」と「ギベッリーニ」は，在地紛争における支援と同盟の網の目であり，その網の目が緻密に張り巡らされていればいるほど，密接な利害関係の輪は容易に拡大する。これらの党派は構成員を軍事的に動員することによって，各地で行われる大小の戦闘への支援と協力を提供していたのである。

彼らはまた，略奪や農作業の保護などを通じて経済活動上の協力も行っていた。略奪という形体は，当然ながら紛争状態と結合し拡大しやすいが，それが経済活動の一環を成しているということは，一方では安全な経営，即ち平和の形成と維持という問題とも無関係ではない。そのような党派と，地域的ブロックとの緊密な関係は，党派の役割を地域の平和という文脈の中で理解することをも可能にするのではないだろうか。

第3節　上からの平和と下からの平和
── ヴィスコンティ国家による党派掌握の試みと党派の自立的秩序形成

前節で検討したような在地的軍事支援網が，長期にわたる紛争状態の中で存在したという事実は，軍事的協力関係の半恒常化とそれによる地域的コミュニケーションの形成を意味し得るだろう。だがその一方で，本来は小規模なものである紛争への関係者と関係領域の拡大と，それによる被害の増大をももたらしたはずである。戦乱による被害と経済的疲弊が並ならぬものであったことは，農村部および山岳部の諸共同体から君主宛てに提出された嘆願書を一読すれば明白である[98]。

党派が，紛争が生じた際の物理的衝突においては構成員が相互に軍事的に支援し合い，また略奪行において協力し合うという，暴力的役割をその中核の一つとすることは疑いない。しかしこのことは裏を返せば，攻撃を受けた時の防衛，つまり安全の保障をもその中心的な役割とするということであ

---

[98] 本書第3章参照。また，戦乱とベルガモの住民の問題一般については，G. Albini, *La popolazione di Bergamo e del territorio nei secoli XIV e XV*, in *Storia economica e sociale di Bergamo. I primi millenni. Il Comune e la signoria*, a cura di G. Chittolini, Bergamo 1999, pp. 213-256.

表1 『年代記』記載のベルガモ領域における平和・休戦

年月日	主宰者	当事者	内容	出典	備考
1392.9.1		スアルディ/リヴォラ	休戦	p.35.	
1392.9.20		スアルディ/リヴォラとボンギ	平和	p.36.	
1393.6		プレンバーナ渓谷のグェルフィとギベッリーニ		p.40	総指揮官フランキーノ・クリヴェッロが立ち合い
1393.8.13.	Antonius Torniellus de Novayra (ヴィルトゥ伯=ジャンガレアッツォ・ヴィスコンティの代理)		グェルフィとギベッリーニの平和を執り行うためベルガモに到来	p.45.	
1393.8.26.	Zoanotus Vicecomes	コッレオーニとスアルディの者/リヴォラとボンギの者	コッレオーニとスアルディの者やその郎党は何者も、リヴォラとボンギの者やその朋友を攻撃してはならない。	p.47	
1393.9.6.	Zoanotus Vicecomes (総軍指揮官) Carolus Geni (総代理) Antoninus de Torniellis (シニョーレ顧問)	リヴォラとボンギの郎党のグェルフィ/コッレオーニとスアルディの親族とその郎党のギベッリーニ	同月20日までの休戦と互いへの攻撃禁止。	p.49.	シニョーレの書簡による命令の執行
1393.9.27.	Zoanetus Vicecomes, Carolus Geno,Antonius de Torniellis (シニョーレの指揮官と顧問)	コッレオーニとスアルディの貴族/リヴォラとボンギの貴族とその郎党	翌十月半ばまでの休戦	p.52	
1393.10.23.	Ariginus de Rivola (ミラノのポデスタ)	コッレオーニとスアルディの貴族とその郎党/リヴォラとボンギの貴族とその郎党	お互いへの攻撃禁止。罰はシニョーレの書簡にあるとおり。	p.54	
1393.12.12.		スアルディ、タレンツィ、アヴェラーラの貴族とその郎党/リヴォラとボンギの貴族とその郎党		p.56	パヴィアで12月10日に作成されたシニューレの書簡による命令の執行
1395.12.7.		スアルディの貴族の同調者たちとギベッリーニ、即ちタレンツィのアッリゴーニのたちとブレンビッラのギベッリーニ/リヴォラとボンギの貴族の同調者達、即ちサン・マルティーノ渓谷とイマーニャ渓谷とロータとロカテッロの者達とその郎党のグェルフィ		p.61.	Nicolaus de Tertiis, Antonius de Torniellis (総指揮官), Paganus de Aliprandis (シニョーレ顧問), Dinus de la Rocha (ポデスタ) が臨席場所はPrezateのAlbaritaと呼ばれる場所

162

第 4 章　党派とミクロ党派

日付				頁
1395.12.8.		ギベツリーニとその同調者達．即ちスカルヴェ，ロアレ，ソアレ，プレドリオ，サン・ロレンツォ，プレンバーナ渓谷，ゴッジャ向こう，平野とベルガモの銅域の者達で，山岳部のものも，平野のものも同様にニコムーネのヴェルフィの若者	場所は Valle Tegetes の ponte Sicho	p.62.
1396.3.6.		Salvinus de Sancto Gallo とその息子 Uniаnus が，Salvinus の息子，Gratiolus と Petrus の名において /Mazola de la Vale	騎士ジョヴァンニの家で行われる Mazola が Salvinus の息子 Antola を殺したことについての平和 Bonvalentus de Bonate の公正証書に記載される	p.62.
1398.12.末日		De Fredericiis の殿達．Bocazinus de Cemmo とその郎党／Antonius de Greve, Baronzinus de Lozio とその郎党	カモニカ渓谷の ponte de Brene で行われる故・グリエルモ・スアルディの息子チェンリコは De Fredericiis の間，グルメリーノ，ヴォオラの息子ジョヴァンニは他方の間にいた	p.66.
1398.4.2.	Antoninus de Lisigniano, (総代理兼軍指揮官)		ベルガモの人々の間に平和を執り行うため到来	p.72.
1398.4.15.	Antonius de Torniellis (軍指揮官) Antonius de Lisignano (総軍指揮官) Giberlus de Sancto Vitale (ポデスタ)	スアルディの同調者／リヴォラとボンドキのの同調者	次の日曜日までの期間，スアルディの同調者はリヴォラとボンドキのの同調者を財産・人身いずれにおいても攻撃しない	p.73.
1398.5.1.	Antonius de Torniellis (軍指揮官) Antonius de Lisignano (総代理) とポデスタ		何者も，攻撃用であれ防御用であれ，ベルガモの都市・ボルゴ・郊外・領域において武器を持ち歩いてはならない。違反者は死刑。また，いかなる誘いにものってはならない。	pp.75–76
			シニョーレの書簡の執行	
1398.7.2.	Antoninus de Torniellis, Iohannes de Rampolano (シニョーレ代理) Giberus de Sancto Vitali (ポデスタ)	スアルディの貴族の同調者／リヴォラとボンドキの貴族の同調者	今後二ヶ月間互いに攻撃しない	p.86
			パヴィアに収監されていたスアルディの同調者とリヴォラ・ボンドキの同調者がニヶ月の休戦をした。これをシニョーレのが作成した休戦の条項を，収監されているベルガモ市民に承認・批准させるべく，召喚がなされた。	

163

日付			内容		ページ
1398.12.4			セリアーナ渓谷、ブレンバーナ渓谷、サン・マルティーノ渓谷、イマーニャ渓谷のヴェルフィとギベッリーニ	ベルガモの司教官で行われる。Paganus de Aliprandis, Iohannes de Castione とベルガモのポデスタの臨席。	p.90.
1399.8.13.	Fara山の平和集会による	平和	Salvinus de Castello de Sanctogalo が、息子達の名において Iohannes, Montanus と Rex de Lavale	場所は Pontida と Villa Ripe Abdue。Salvinus の息子達は Mazola de Lavale de Sancto Piligrino を殺していた。De Lavale の者達は被害者の親族。	p.96.
1399.8 月末日～9.1.	Fara山の平和集会による	平和	ベルガモの都市と領域双方の人々	上下アルメンノとその周辺の領域で行われる	p.96.
1399.9.1.	Fara山の平和集会による	平和	ゴッジャ向こう、コルネッロ、サン・ジョヴァンニ・ビアンコとその他のブレンバーナ渓谷のコムーネの若者の間で	ゾーニョで行われる	p.96.
1399.9.3.	Fara山の平和集会による	平和	Bertesolus と de Boselis 兄弟とその息子たちと郎党/Iohannes Roberti de Boselis とその息子たちと Patuzellus と Loffa de Boselis と郎党	同じ機会に、ベルガモの多くの人々の間で平和が行われる	p.97.
1399.9.3.	Fara山の平和集会による	平和	ウルツィナーテとガルビアーテの人々de Benalis の若者	上下アルツァーノとネンブロで行われる	p.97.
1399.9.3.	Fara山の平和集会による	平和	Tuzanus と Andriolus de Roral カルミナーティの人々とその郎党		p.97.
1399.9.3.	Fara山の平和集会による	平和	故 Merinus de Lulmo の息子 Unianus とその郎党/Maffeis と Mussinoni の人々とその他多くのスマルディティの貴族の朋友と同調者たち		p.97.
1399.9.4.	Fara山の平和集会による	平和	Comenduno と Descenzano の若者達とその朋友と上下アルビーノの人々とその郎党/ドナルビーノの人々とその郎党		p.97.
1399.9.4.	Fara山の平和集会による	平和	グェルフィもギベッリーニも同様に	ザッツァーニカ、ヴェルドヴァ、その他周辺の地域で行われる	p.97.
1399.9.5.	Fara山の平和集会による	平和	(結集した人々) 自身の間で	プラーラ山で行われる フランチェスコ会修道士 Alowixius de Scalve による奇跡が目撃される	p.98.

第4章　党派とミクロ党派

日付				ページ
1399.9.12.	Iohannes de Urio judex その他一端解散後再結集したFara山の平和集会により成る平和	1) 故 Fredericus de Lanzis の息子 Pecinus/ リヴォラの者達 2) 故 Fredericus de Lanzis の息子 Pecinus/de la Ture de Gurgulaco の者達 3) 同 Pecinus/ 故 Marchiondus de Lanzis の息子 Iohannes 4) その他多くのベルガモの者達の間で		p.98.	トレスコーレで行われる。
1403.7.6.	Franciscus de Ragaziis de Cremona (ベルガモ司教)	スマルディの貴族達 / コッレオーニ、リヴォラ、ボンギの貴族達	自らも朋友や郎党も互いに攻撃しない。公の命令に従順に従うことを約束。	p.121.	司教の居宅で行われる。臨席者は故子 Iohannes、Mazolus de Suardis の息子 Iohannes、Guillelmus de Suardis、Guidinus de Suardis、Albertus de Suardis の息子 Georgius、その他多くのスアルディの者達とその郎党。グェルフィ側の臨席者は故 Ariginus de Rivola の息子 Asandrinus、Alexander de Bongis、彼らの郎党のグェルフィ。その後 Guidonus の家で酒宴を催し、互いに人質を提供することを約束。
1405.7.4	Iohannes de Vistarinis de Laude (ポデスタ)	グェルフィとギベッリーニ。スマルディの貴族とその朋友と、リヴォラとボンギの貴族達が同意 (Rovola,Bonghi がColleoni、と Iohannes de Vignate de Laude、と Martinengo の人々にも代わって約束)	7月6日3時から10日までの休戦いかなるギベッリーニをもいかなるグェルフィをも攻撃してはならない。逆もまた同様。	p.166.	ジョヴァンニ・ヴィスコンティの命令の執行。7月6日にはコッレオーニによって休戦が破られる (p. 167)
1405.7.27.	Galeonus Vivecomitis、Antonius de Millio (ジョヴァンニ・ヴィスコンティの代理)	スマルディの貴族達とその同調者のギベッリーニ/ リヴォラとボンギの貴族とその同調者のグェルフィ	翌1月までの休戦。コッレオーニの名は一切挙げない。	p.167.	
1406.9.5.	Guidinus, Petrus judex de Suardis と ブレンビッラ、ヴィッラ・ダルメ、セドリーナ、ナレンバーナ渓谷のギベッリーニたち /Tuzanus de Rotha、サン・マルティーノ渓谷、イマーニャ渓谷の多くのものたちが、上アルメンノの全グェルフィを代表して		翌5月までの休戦。コッレオーニとその同調者はこの休戦に合まれない。グェルフィはコッレオーニに助言を与えないと約束。	p.192.	アルメンノの領域で行われる

165

日付			内容
1406.9.21	Zininus と故 Guillelmus の息子 Petrus de Suardis、その他多くのベルガモの人々、Asadrinus de Rivola、Asadrinus de Bongis とソリゾーレ、ポンテラニカの人々とその他のゲルフィたち	10月8日までの休戦。いかなるギベッリーニも、いかなるゲェルフィをも攻撃してはならない。コッレオーニ一族は含まれない。	p.192.	翌9月22日、21日の休戦を行ったゲェルフィ達はガッツァニカのとゲェルフィ・ヴァーへ赴き、ギベッリーニ二人を殺しと羊山羊52頭を略奪。休戦は破られる。
1406.10.18.	ベルガモの都市および司教区のゲェルフィとギベッリーニ一般	8日間の休戦。コッレオーニの名は挙げず。	p.193.	
1407.2.11.	Dominucus Inviciatus de Alexandria（ベルガモのポデスタ）と Zininus de Suardis との同調者のギベッリーニが、公の名において（？）ヴォラとボンキその貴族達と、ベルガモの同教区と領域のゲェルフィの同調者	翌聖マルティヌスの祭日までの休戦。コッレオーニの名は挙げず。	p.195.	休戦は3月5日まで継続したが、ゲェルフィによって破られる
1407.4.14.	故 Scipyone de Suardis の息子 Mazolus／Viscardinus とその兄弟 Iohannes	人身も財産も攻撃しないことを約束	pp.198-199.	Iohannes de Iseyo の息子 Iacominus、故 Guillelmus de Suardis の息子 Ameus と Iohannes、Albertus de Suardis の息子 Georgius、Guiodonus の息子 Marsilius、Bertrolacius de Suardis、Iacobus de Frierus、Iohannes de Forestis、Iohannes de Paraticho、その他多くの de Forestis と de Ochis の貴族の臨席。Menale 城は Andriolo de Terio に引き渡される
1407.7.16.	故 Zannis de Suardis の息子 Guiodonus と Loterius が、自らと Sypione de Suardis の息子 Mazolus と Teudaldus de Suardis の相続者達を代表して／故 Guillelmus de Suardis の息子 Petrus と Iohannes が、兄弟 Damianus と、故 Fulchinus de Suardis の息子 Cominzolus と Bertolaxius と、Lanfrancus de Suardis の相続者達を代表して	翌クリスマスまでの休戦。Mazolus と Loterius とその親族は Cominzolus と Damianus を人身においても財産においても攻撃しない。逆も同様。Cominzolus と Damianus はベルガモ市その他指定の土地に来てはならない。Mazolus はボルゴ・サン・ステファノとボルゴ・サン・タンドレアに来てはならない。	p.205.	平和の実現に奔走したカラヴァッジョの Antonius Sichi 殿の臨席。

166

第4章　党派とミクロ党派

る。構成員の農作業を防衛する事例や，略奪行為の持つ経済的効果がこの時期には特別に高かったことについては既に述べた。即ち党派の存在とその機能は，日常生活と生産活動の安全と密接な関係にあり，そうである限り自らの内的平和と秩序の形成と維持もまたその不可分の要素をなしたと考えなければならない。

『年代記』は，ベルガモ領域内の紛争の過程で執り行われた多数の平和や休戦を報告しているが，表1はこれを集めたものである（国家や君主，支配者間のものは除く）。『年代記』は発布されたすべての平和や休戦を記述するものではないため，年を追った変遷の考察には不向きであるが，言及のあるものについてその性格を考察することは可能である[99]。この内，1390年代のジャンガレアッツォの支配期には，ヴィスコンティ家によっていわば「上から」命じられた平和や休戦が少なくない。そもそもヴィスコンティ家は各地で平和の擁護者をもって任じていたが，ジャンガレアッツォの支配期にはミラノ公位就任によって「君主の平和」を主張する根拠を正式に獲得しており，また教皇庁とフィレンツェのグェルフィ同盟の枢軸が八聖人戦争とともに崩壊した後，ローマに帰還した教皇庁が大シスマに突入した背景を利用して，イタリア半島における「平和の守護者」としてのイメージを積極的に打ち出していた[100]。盛んな平和令はこのようなジャンガレアッツォの政策の一環をなすものと言えるだろう。

一方，1400年代に入ったジャンガレアッツォの死後のものは，平和を命じた主体が何者なのかが不明な記述が多い。記述の欠落が直ちに不在を意味するものではないが，公国領混乱期におけるヴィスコンティ家側の安定の欠如による平和政策の後退を意味する可能性は否定できない。その代わりに司宰者としてベルガモ司教や都市ベルガモのポデスタが登場する例や，有力貴族の多数の臨席と同意が明記される例などが増える。平和を命じ得る単一の

---

99) しかし記述のあるもののうち，シニョーレの書簡に関しては，引用は正確であり，記述者が書簡の現物またはその写しを直接参照した可能性が高い。C. Capasso, *Introduzione*, in *Chronicon bergomense*, op. cit., pp. LXIII-LXIV.

100) S. Dale, *Contra damnationis filios*, op. cit., pp. 26-32. 正義と平和の守護者をもって任じるヴィスコンティ家の政策については，A. Gamberini, *La città assediata*, op. cit., pp. 245-269; J. Black, *Absolutism in Renaissance Milan*, Oxford 2009.

権威の不在と，そのために周囲の関係者がいわば「下から」与える承認の効力に依存する割合が高まっているとの印象を与える。ジャンガレアッツォの死がもたらした空白の影響は否定できないだろう。

　だがジャンガレアッツォの死以前にも，ヴィスコンティ家当局の権威不在の平和，またはその立場の曖昧な平和は存在する。1394年12月7日の「スアルディの貴族の同調者達およびギベッリーニ達，即ちタレッジョのアッリゴーニの者達とブレンビッラのギベッリーニ達」と「リヴォラとボンギの貴族の同調者達，即ちサン・マルティーノ渓谷，イマーニャ渓谷，ロータ，ロカテッロの者達および彼らの郎党達であるグェルフィ達」の間の平和，および翌日の「ギベッリーニ党とその同調者達，即ちロアレ，ソアレ，プレドリオ，サン・ロレンツォ，ブレンバーナ渓谷，ゴッジャ向う，プラーノ，そして山岳部であれ平野部であれベルガモの領域内の者達」と，「同じ共同体のグェルフィ党の者達」の間の平和は，命令主体は明記されておらず，ただ総軍指揮官のニコラオ・デ・テルツィとアントニオ・デ・トルニエッリ，シニョーレ顧問のパガーノ・デ・アリプランディ，ポデスタのディーノ・デッラ・ロッカらの「臨席」が付記されているだけである。これは彼らがシニョーレの命令を執行したのか，それとも平和を結ぶ当事者の求めに応じて臨席したのかが明らかではない。また1398年12月4日の「セリアーナ渓谷，ブレンバーナ渓谷，サン・マルティーノ渓谷，イマーニャ渓谷のグェルフィ党とギベッリーニ党」の平和は，ベルガモの司教宮で行われ，パガーノ・デ・アリプランディ，ジョヴァンニ・デ・カスティリオーネ，ベルガモのポデスタの「臨席」があった。これも命令主体は不明である。

　一方，シニョーレまたはシニョーレの役人の命令であることが明記された平和を見ると，その当事者は「スアルディの者とリヴォラの者」「コッレオーニとスアルディの貴族の者とリヴォラとボンギの貴族の者」など，グェルフィとギベッリーニの党派を指導する都市の貴族を名指したものばかりであり，上記3例のような地域の明記は一切ない。したがって，少なくとも『年代記』での記載の確認されるものに関しては，ジャンガレアッツォの平和令はスアルディとリヴォラ・ボンギにそれぞれギベッリーニ党，グェルフィ党を代表させ，彼らによって統括される2党派間に平和が成立することを前提

に命じられたものであると言えよう。

　だが第 1 節で述べたように，党派の構造は比較的緩やかなものであり，ミクロ党派の都市の首領に対する自立的行動の余地は大きかった。このような中で，ジャンガレアッツォの命じる平和が十分な効力を持たず，地域の個別事例に即した平和形成が求められた可能性が多分に想像される。そのような平和をヴィスコンティ当局が積極的に主宰しようとした形跡は，少なくとも『年代記』には窺われない。

　そのような中で 1399 年 8 月，表 1 の中に「ファラ山の平和」と記載した一連の興味深い出来事が起こった[101]。8 月 27 日，都市の者もボルゴの者も，都市近郊やベルガモ支配領域の者も，渓谷民も平野部の農村コムーネの者も皆一様に，男女双方約 6000 人がベルガモの砦の外にあるファラ山に集まって来た。この人々は全員が布で全身を覆い，「平和を，平和と慈悲を (PACEM, PACEM ET MISERICORDIAM)」と叫んでいたという。そしてファラ山の山上で多数のミサが執り行われた。

　参加者の中には多くの聖職者や修道士，神学教授，法学者などが名を連ねている。ミラノ司教，神学教授にしてドメニコ会士のジャコモ・デ・ウリオ，同じくドメニコ会士のオプランド・デ・チェーネ，フランチェスコ会士のピエトロ・デ・サン・ピッリグリーノとアロヴィジオ・デ・スカルヴェ，多数の隠修士修道会の者達，ベルガモの聖アレッサンドロ教会と聖ヴィンチェンツォ教会の参事会員と聖職者全員に加えて，その他のベルガモの聖職者全員がいたという。そしてミサの後，隠修士修道会のジョヴァンニ・デ・ロマーノによる説教がなされた時には，集まった人々の数は 1 万人に膨れ上がっていた。その中には法律家のジョヴァンニ・デ・ウリオ，パンタレオ・デ・ロッシャーテ，アントニオ・デ・バリッリ，プロクラトーレの役職にあったシモーネ・デ・カザッリとジョヴァンニ・デ・アヤルディに加え，大貴族の妻達や娘達の姿もあった。マゾーロ・デ・スアルディの息子ジョヴァンニの妻であるクレメンティア・デ・コンコナンゴ，故マルコ・デ・ランツィの妻で故アメオ・デ・スアルディの娘であるフランチェスキーナ，故ベトラー

---

[101] *Chronicon bergomense*, op. cit., pp. 95-98.

モ・デ・スアルディの娘で故ジョヴァンニ・デッラ・サーレの妻であるボーナ，ミケーレ・デ・ランツィの妻であるフランチスキーナ・デ・ベッカリーア，ルーカ・デ・ブレンバーテの妻ヘリザテットらである。

　この人々は，男も女も聖職者達も皆一緒に2組に整列して行列をつくり，ファラ山から道路をまっすぐに通ってムルグラの橋までやってきて，それからサン・ロレンツォのボルゴへ移動した[102]。

　これを見たシニョーレの総代官であるジョヴァンニ・カスティリオーネは，彼らにボルゴを離れて他所へ受け入れを求めるようにと通告した。集団の人々が大人しくそれに従いボルゴを離れたのを見ると，カスティリオーネは再度一般に触れを出した。その内容は，以前通行の許可と安全通行券を求めていたものには，各々にその用意ができたから，被追放者も全員上の行列にやってくる安全を保障される，というものであった。すると無数の人々が旗竿を持って行列に参加しにやってきた。そして再度ファラ山で，ベルガモ市民の間で多数の平和が執り行われ，祝福された[103]。

　翌日28日から9月5日まで9日間にわたって，この集団はベルガモ領内をあちらこちらへと移動しつつ，平和を執り行い，それを祝福し，ミサや説教を行った。その具体的な内容は表の「ファラ山の平和」にある通りである。途中，8月29日にポンティーダとヴィッラ・リーパ・ダッダで「多数の奇跡が[104]」，9月5日にはファラ山上で「奇跡が無数に」この集団の中で起こったという[105]。9月4日は，集まった人々はその数およそ2万人以上になっていた。大人数の，しかもあちこちから集まった雑多な集団の長距離の移動であるにも関わらず，人々は常に「きちんと整列」していた[106]。

　このファラ山の集団によって執り行われた平和祝福の行為は，当事者達が居住する現地で行われるか，または移動途中の集団の内部やファラ山上で行われた。現地で行われたのであれば実効力は比較的高いであろうし，集団の内部やファラ山で行われたのであれば，争い合っていた当事者の双方がこの

---

102) Ibid. p. 95.
103) Ibid. p. 96.
104) Ibid.
105) Ibid. p. 98.
106) Ibid. p. 97.

第 4 章　党派とミクロ党派

集団に自ら参加し，行動をともにしたということを意味するのであるから，当事者間の平和形成の意志は高く，やはり実効力を持つ可能性は高いといえよう。

　これらの平和の当事者のほとんどは，在地的なグェルフィとギベッリーニの小集団や，2 大党派のいずれともはっきりしない在地的な親族集団，または同じ親族の内部の小集団同士であり，言い換えればスアルディ家やリヴォラ家，ボンギ家の統制を離れやすい，またはグェルフィとギベッリーニの争いという枠組みでは把握しきれない小集団である。9 月 4 日には，2 万人以上になった集団が下セリアーナ渓谷に滞在して平和を行い，一方でその中の 1000 人程度が別部隊を作ってガッツァニカとヴェルトヴァへ赴き，地域で「グェルフィもギベッリーニも同様に，彼らの間で」平和をなさしめた，とある[107]。これはグェルフィとギベッリーニの間の平和ではなく，グェルフィ・ギベッリーニの別に一切関わりなく，ありとあらゆる平和を行ったと解するべきであろう。

　そして 9 月 5 日には，人々は再度ファラ山に戻り，「先述の山上で，実に多くの平和が，彼ら自身の間で，すべての殺人，放火，盗み，その他多くの不正や不実について，祝福された」。続いてアロヴィジオ・デ・スカルヴェによって説教が行われると，無数の奇跡が起こり，集団の人々がそれを目撃した。アロヴィジオは人々を祝福し，各々が家へ帰れるようにと許しを与え，この集団の記念のために毎日 PATER NOSTER と AVE MARIA を唱えるように言った。ここでこのファラ山の集団は一度解散する[108]。

　集団の人々が自らの間で平和をなしたとの記述からも明らかである通り，この集団の中には争い合う集団がともに参加し，各地で平和を実現するために協力していたのである。その中核的な保障が神の権威にあることには疑念の余地がない。このファラ山の集団は，神の祝福を受けることにより，日常の党派的・親族的・共同体的結合を断ち切って成立した平和集団なのである。

　だがそれだけではない。集団には多数の「旗竿を持った (cum eorum

---

107) Ibid. p. 97.
108) Ibid. p. 98.

confanonibus）」人々が参加しており，この旗竿の数は 8 月 27 日の時点で 40 以上に上ったとある[109]。旗竿 (gonfalone) を持つ集団とは，都市・農村・渓谷各地のコムーネや，街区共同体，アルテなどであろう。したがってこの集団への参加は，決して個々人の私的なイニシアチヴのみによるものではなく，これらの国家との関係においても行財政司法上の単位である集団が，構成員を代表して，公の立場において表明した政治的選択である可能性もあるのではないだろうか。このことがファラ山の集団に，宗教的権威に加えて，いわば「下から」の公的権威を与えた可能性は高い。事実，集団は移動に際して常に旗竿を持ち歩いているのである。

　したがってこのファラ山の平和集団は，神の権威と各種共同体が結集した下からの権威との二つによって実効力のある平和を実現し，そのことによって期せずしてジャンガレアッツォのヴィスコンティ国家が方途とした党派による統制を超えてゆこうとしていたのである。

　集団の人々はヴィスコンティ国家の命令には従順に従っており，反抗を意図したような形跡は一切ない。人々の行動はむしろ，ペストの猛威におののき罪からの解放を求める気運が高まったことにもよる，殺人や放火，盗みへの反省と平和の希求につき動かされているという印象が強い。だがヴィスコンティ側は，このような集団の潜在的な国家転覆力に警戒心を抱いたようである。集団は一度 9 月 5 日に解散されたが，1 週間後の 9 月 12 日，1000 人ほどの人々が再度白い衣服を身に着けてファラ山上に結集した。その中には「平和を祝福させることで多くの善を行った」法律家ジョヴァンニ・デ・ウリオがおり，彼とともに集まった多数の人々がそこからトレスコーレへ赴いて，現地で多くの平和を祝福した。その中には，故フェデリコ・デ・ランツィの息子ペチーノとリヴォラ家の者達の間の平和や，同じペチーノと故マルキオンド・デ・ランツィの息子ジョヴァンニの間の平和もあった[110]。ランツィ家は，スアルディ家とともにベルガモのギベッリーニ党を支える大貴族であり，その構成員とリヴォラ家の者達の平和が行われたというのであるから，ファラ山の平和集団の権威の及ぶ対象は，もはやここでは在地小集団

---

109) Ibid. p. 96.
110) Ibid., p. 98.

の水準には留まっておらず，ヴィスコンティ家の君主の平和の対象の領域まで侵食しているのである。事実，4日後の9月16日，シニョーレの書簡の内容がベルガモ市とボルゴで通達され，今後は何者も，白衣で行列を行うために赴いてはならない，という命令が出された。ペストの危険を考慮して集会を禁止する，というのがその理由であるとの説明がなされているが[111]，であるとすれば何も「白衣」を特別に禁止する理由はない。白衣はファラ山の平和集団のシンボルなのである。

　このファラ山の平和集団がその後も活動を継続した様子は『年代記』にはなく，ヴィスコンティ家の政策との対立の様子もない。この平和集団はあくまで国家への反抗の意志はなく，また人々の平和への欲求の高まりとともに散発的に現出する非日常的な集団であり，継続的な組織や拠点を持つものでもなく，目的を遂げれば解散して消えてゆくものに過ぎなかった。したがって国家の禁令を敢えて犯してまで継続する理由がないことは容易に理解される。また，ジャンガレアッツォの死後の混乱状態の中で，一時抗争が不可避的に再燃し，非暴力の平和集団の活動は後退せざるを得なかった可能性もあるだろう。

　だがいずれにせよ，このファラ山の平和集団の出現は，スアルディ家とリヴォラ家・ボンギ家にギベッリーニ党とグェルフィ党を掌握させることを前提としたヴィスコンティの平和が，ベルガモの現地での需要に十分に応えず，それに代わる実効力のある平和が求められていたことをよく示していると言えよう。ファラ山の平和集団の行動からは，一方では党派そのものの緩やかな構造とミクロ党派の自立性が，他方では党派を構成する親族そのものの分解と内部の対立が，党派とその間の関係の矛盾を深化させていたこと，そしてミクロ党派間の関係や同じ党派内部での関係が否定できない問題として浮上していたことが読み取られるのである。

　ファラ山の平和集団そのものは消えていったが，このような問題への対応は，何らかの形によって継続されなければならなかったはずであろう。その担い手として登場する主体は何者だろうか。第一に確認されるものは，やは

---

111) Ibid., p. 98.

り党派である。『年代記』は，党派がその内部の構成員同士の平和を執り行ったり，仲裁機能を果たしたりしている事例をいくつか報告する。1407年4月1日，フェデリコ・ランツィの息子ピエトロが，マゾーロ・スアルディの一行によって，ベルガモのポデスタ宮の門前で殺された。これはマゾーロが，ピエトロの保有するメナーレ城を奪い取るための一連の行動の始まりであった。マゾーロは同日中にメナーレ城へ赴き，ピエトロのためにそこを守っていたアドロンジーノ・テルツィに，ちょっと城の中にあるワインをくれないか，と呼びかけた。応じて自分を受け入れたアドロンジーノをマゾーロは早速追い出し，城を自分のものにしてしまった[112]。

この事件の8日後の4月9日には，ヴィスカルディーノ・ランツィとイザベータ・スアルディの結婚が執り行われている[113]。ヴィスカルディーノはピエトロの息子である。この結婚が両家の和解を意図したものであったことは疑いない。その5日後の4月14日，マゾーロを一方の，ヴィスカルディーノとその兄弟ジョヴァンニを他方の当事者として，トレスコーレで両者の間に平和が執り行われた。そしてそこには，スアルディ家やデ・イゼオ家はじめ，多数のギベッリーニの有力者が立ち会い，お互いに相手の人身をも所有物をも攻撃せず，ピエトロの死に関わった者の名を呼び上げることも決してしないという保障を行ったのである。問題のメナーレ城はアンドリオーロ・テルツィに引き渡され，防備が託された[114]。

これは明らかなフェーデ放棄の事例である。この介入がなければ，父を殺され城を奪われたランツィ兄弟がフェーデに及んだであろうことには疑問の余地がなく，そうすればランツィ家とスアルディ家の同盟網をすべて動員した激烈な内戦に発展し，ベルガモのギベッリーニが壊滅状態に追い込まれたであろうことは間違いない。スアルディ家とその同盟者達は，それを未然に防ぐ力量をここで発揮したのである。

党派による平和形成には，もっと規模の小さな地域的な争いの事例も見える。1405年6月7日，ノーロ・デ・カヴァネイスはその親族の者達と一緒

---

112) Ibid., p. 198.
113) Ibid., p. 198.
114) Ibid., pp. 198-199.

第4章　党派とミクロ党派

にヴィッラ・ダルメの居酒屋へ行ったが，そこでスタベッロのタデオ・デ・ピゾーニの息子ボノーモとガート・デ・ピゾーニの息子ガテッロの一行と居合わせ，言い争いにもつれこんだ。というのは，カヴァネイスの者達はかつて，グェルフィのヴェスコンティーニ・デ・ゾーニョを捕まえて投獄してくれるようにピゾーニの者達に頼んだことがあり，謝礼として織物を数反渡す積りでいたのだが，その量がピゾーニ達の気に入らなかったのである。さてこの言い争いが嵩じて，ボノーモとガテッロはノーロの右手親指と足を傷つけてしまった。怒ったノーロは短刀をつかみ取り，ピゾーニ達を脅してかかったが，誤ってフィーニ・デ・カヴァネイスの息子を殴ってしまった。

　7月10日，この問題の始末はジニーノとグイディーノ・スアルディ，アンドリオーロ・デ・ロアリスと，「カルミナーティ，ペゼンティ，チェレゾーリその他多くのギベッリーニの良き諸親族」の下に持ち込まれ，解決が依頼された[115]。

　カヴァネイスもピゾーニもギベッリーニであるが，スアルディを除けば，ここに名が挙げられているのは，いずれもアルメンノとその北方のブレンビッラ，イマーニャ渓谷周辺を拠点とする在地の有力者達である。ここには，地域のギベッリーニの問題を地域のギベッリーニがその内部で解決する，という習慣の存在と，それが機能している様子を見出すことができるだろう。

　ランツィ・スアルディ問題とカヴァネイス・ピゾーニ問題は，規模の差こそあれいずれも党派内部の紛争解決と平和形成の事例であり，そのメカニズムをよく示している。前者においては和解を象徴する婚姻に続いてフェーデ放棄の宣言がされ，それを有力党派構成員達が立ち会って保障した。フェーデに発展し得る状況がそこにあったことからも理解されるように，まさにここでは，貴族同士の仲裁による平和と紛争解決の様式がそのままに踏襲されている。大都市貴族を中核とする全都市領域的広がりを持つ党派の水準では，党派は，フェーデの遂行と解決において機能する貴族の同盟関係と同様の存在様態を示すのである。一方後者は，居酒屋での口論に発するという点にも象徴的に示されているように，農村的・民衆的紛争の世界に属すると言える

---

115) *Chronicon bergomense*, op. cit., p. 164.

だろう。そしてその解決を，その地理的配分は渓谷共同体と多分に重なるミクロ党派が司宰するのである。

　支援同盟網のあり方においても確認されたように，この二つの領域 ── 都市貴族的党派とミクロ党派 ── の接合は，極めて緩やかなものであった。そして，ジャンガレアッツォの平和政策においては，前者による後者の統制強化，即ち両者のより密接な結合への道が示されていた。そのために必要とされたであろうものは，都市的党派によるミクロ党派の掌握の推進と，それを可能にする機構，即ち「組織」の都市党派内における確立に他ならなかったことであろう。そしてここには，困難な実験の中から制度としての姿を現そうとするヴィスコンティ国家と，党派の調和的共存への道が示唆されていたことであろう。だがそのためには，この過程のもう一方の当事者であるミクロ党派が組み込まれた文脈の現実と，彼らが求めた平和の問題と向き合わねばならなかったはずである。共同体と小党派の関係に関する個別的実証研究は次章に譲らねばならないが，農民・渓谷民の一般的な解放と社会的上昇，それに伴う共同体と地域社会の形成という動態を，その背景として想定する必要があろう。ここでは，そのような在地的変動が，その渦中にある小党派と都市的党派との関係を変動させるに十分な力であり得たことを指摘しておきたい。

　以下第4節では，そのような過程の中で党派が持ち得た意義の変動を示し得る事例を取り上げ，分析することを通じて，本章のまとめとしたい。

第4節　"si poterant accipere de iure". 在地的紛争抑止と平和維持の地域的試み

　1407年7月17日，マルキオンド・デ・ズーキとアキーレ・デ・ムーゾが，ジャコモ・デ・モジータを捕え，捕虜としてマペッロ城まで連行していった。この時のマペッロの城代はジョルジーノ・デ・ソラリオであった[116]。

---

116) Ibid., p. 205.

こうしてジャコモがマペッロに連行されたことは，やがてグイド・スアルディとジョヴァンニ・スアルディの耳に入った。グイドとジョヴァンニは，マペッロ城代ジョルジーノに対して，ジャコモを自分達に送って寄越すよう要求し，トノーロ・デ・ムーゾがマペッロに派遣された。ところがこのトノーロに向かって，ジョルジーノ，マルキオンド，アキーレの三者は，「保釈金として500金フローリンと3panceros を払わない限り，解放するつもりはない」と言って要求を撥ねつけた[117]。

　これを知って，ジャコモの父であるジョヴァンニ・デ・モジータの親族と，ペゼンティ，カルミナーティ，ブレンビッラのほぼ全ギベッリーニが，一致団結してスアルディの下へ駆けつけた。ただし，ウビアーロ地域のデ・ズーキの者は含まれていなかった。こうして集まった人々は，「こんなにひどい不正に甘んじるつもりは一切ない……もしジャコモを寄越さないようなら，遠からぬうちにデ・ズーキとデ・ムーゾの者を捕えて，ウビオーネの城に投獄し，ジャコモを返さない限りは捕虜としてとどめおく[118]」つもりであった。ここに及んで，事が悪化しないようにと，保釈金なしでジャコモは返された[119]。

　確かにここにもスアルディの関与がある。しかしジョルジーノ，マルキオンド，アキーレが恐れたのはスアルディではなく，「一致団結した」ペゼンティ，カルミナーティらのブレンビッラのギベッリーニ達であった。彼らは結果的には戦闘も回避できた上，保釈金の支払いからも免れたわけである。

　ここで確認されるのは，より在地的性格の強い要素の浮上である。ここで紛争を解決するためにより重要な役割を果たしたのは，在地的な小党派の結束であり，大党派への依存ではなかった。次に示す例は，このような動きの中で地理的には近接した小党派間の結合すら相対化され得たことを示している。

　1407年7月，ジャコモ・スアルディ，デ・ペゼンティの者達を伴ったビゼゴット・デ・ペゼンティ，およびジャコモ・デ・クレーロが，ギベッリー

---

117) Ibid. p. 206.
118) Ibid., p. 206.
119) Ibid.

ニの者達を伴って，ソリゾーレとポンテラニカの領域内の牧場にやって来て，ソリゾーレとポンテラニカのゲルフィの者達の所有するところであった羊400頭と雌牛・雄牛60頭およびラバ一頭を，セドリーナとその他のギベッリーニの地域に引き連れていこうとした。

　ところが，そこにヴィラ・ダルメの者達がやって来て，上のギベッリーニの者達に，彼らが家畜を奪っていくことを自分達は望んでおらず，むしろその家畜を防衛するつもりだ，と述べた。なぜなら，ヴィラ・ダルメの者達は，既にソリゾーレとポンテラニカの者達と休戦を実現していたからである。

　そしてそこに，ピリス城の者達とファキネート・デ・ソリゾーレがやって来て，上のギベッリーニ達が奪おうとしていた家畜を奪い返していった。その時に，彼らは「もしも法によって奪い返すことができるようなら，その時はギベッリーニ達のもとに戻るであろう (si poterant accipere de iure, quod eam retornarent ipsis gibelinis)」と約束していった。しかし結局は衝突が起こり，牛9頭と牧人をしていた2人の少年が死んだが，内1人は上のファキネートの息子であったという[120]。

　ヴィラ・ダルメが下アルメンノやブレンビッラとともに，ブレンボ下流のギベッリーニ地域の一部をなしていたことは既に述べた通りである。ここでは，彼らは他地域のギベッリーニの利益よりも，近隣のゲルフィとの間に形成した平和を優先しているのである。ここには，局地的な平和協定を尊重し，また実力行使よりも裁判を志向する方向性が明白に打ち出されている。もしもファキネートが息子の死を前にしても血讐より裁判を望んだとすれば，その志向性の強固さはより確かなものと言えるのではないだろうか。

　僅かな事例ではあるが，その中には明らかに，地縁的結合の台頭による党派の変化が垣間見えるのである。本章で述べたように党派そのものが媒介となって促進に寄与した経済活動の進展が，人的結合を強め移住を促進したであろうことや，より確実な地域的平和へと人々の関心を向けさせたことなど，その原因は多岐にわたるだろう。

---

120) Ibid., p. 207.

むろん，このことは直ちに党派の消滅や後退を意味するものではない。むしろ地縁的結合とより強固に結びついたミクロ党派はその存在意義を高め，境界紛争や土地財産の所有権・保有権をめぐる争いと在地的なグェルフィ・ギベッリーニの争いが一時的により過熱していった可能性は高い。しかしそのような状況のもとで，内部の平和形成と維持を主宰する集団としての性格を，グェルフィ党とギベッリーニ党がより高め，そのようにして変化する現状に適応しつつ存在を継続していったと思われるのである。

章括

　イタリア半島の「グェルフィ」と「ギベッリーニ」を構成する各都市領域の党派は，少なくともベルガモの事例においては，山岳部と平野部の双方に広がる，支配領域内各地の在地的な小党派の緩やかな結合によって成立していた。これら小党派の都市の首領に対する自立性は高く，紛争にも都市からは自立して独自に展開する自然発生的なメカニズムが見られた。したがってそこには，都市党派を介した国家との接合がある一方で，極めて在地的な人間関係や日常の生産や経済活動との不可分の関係があり，これらによってまた，在地的な同盟の網の目も成立していた。

　このような在地の日常生活との密接な関係があるからこそ，党派においては，紛争への参加と平和と秩序の形成と維持の双方の局面が，いずれも重要な意味を持っていたのである。したがってミクロ党派の水準から党派という問題を捉えるならば，中世後期の党派を紛争と秩序のいずれか一方との関係からのみ捉えることは意味をなさない。紛争と平和の双方のあり方が，社会経済的な条件と，国家との関係との双方の影響を受けて，党派も変貌を遂げてゆくのである。

　ヴィスコンティ家の君主達は，積極的に平和政策を進めることで，統治の安定化と自らの支配の正当化を図ろうとしていたが，ジャンガレアッツォ支配期のベルガモでは，グェルフィとギベッリーニをそれぞれに指導する都市

の大貴族達を介して，党派を統制する政策が採られた[121]。このことは，一方では領域の小党派と都市を中心としたグェルフィ・ギベッリーニの結合を進めたが，ミクロ党派の都市に対する自立性は失われていなかった。むしろ，都市の首領による統制を免れやすい在地的な紛争は，都市を中心とするグェルフィとギベッリーニによっては把握しきれず，それ故にこのような枠組みを超えた平和の実現を追及する下からの動きをも促進したのである。

都市領域内を統制する大党派も，在地的な小党派も，このような動きに沿って自らの役割を変容させていった。党派内部での平和維持機能や仲裁の役割を高めると同時に，より実効力のある地域的平和と秩序を実現するための，在地における小党派の結束の意義が高まった。時には，このような地域的平和のためには，紛争における党派内の協力関係すら相対化されることもあった。

もはや平和政策は，在地的事情を考慮して領域をより効果的に編成し，直接的に把握することなしには成立しなかった。党派は，それを促進し維持するという形においてのみ，改めて有効な意義を与えられ得たのではないだろうか。党派という集団は，中世イタリアの社会的モビリティーの急激な高まりによる人々と土地との関係の流動化を出発点とし，その激しい，しばしば暴力的な形体をとった再分配を促進する役割を果たした。その後に，今や徐々にはっきりと境界を確定された土地と人間の結合の強化を前に，流動性を特徴とした当初の役割を徐々に放棄し，地域との関係を深める方向へと変成を遂げていったのではないだろうか。

このような変化が，在地的な紛争と平和，およびその周辺に展開する日常の内的な発展の帰結であることを本章は示しえたと思うが，そのより明確な具体像については次章の事例研究に譲らねばならない。

---

121) ヴィスコンティによるベルガモでの党派間の均衡政策を扱った次の論文が近刊予定。P. Grillo, *Il territorio conteso. Conflitti per il controllo del contado di Bergamo alla fine del Trecento*, in *Controllare il territorio. Norme, corpi e conflitti tra medioevo e prima Guerra mondiale (Abbiategrasso-Milano, 15-17 settembre 2010)*, Atti in corso di stampa a cura di L. Antonielli.

第5章 在地的党派と地域形成

―― 14世紀のベルガモ領域アルメンノとイマーニャ渓谷

写真:アルメンノ

イマーニャ渓谷は静謐な山間の秘境である。中世初期,ランゴバルド王国の侯領が置かれたベルガモの中にあって,この渓谷には長くローマ系の定住地が生き残った。イマーニャ渓流の河口に位置し,重要な中心地として古代ローマ時代の農村部行政区画・パグスの中心となったのがアルメンノ。14世紀,アルメンノは激しいゲルフィ・ギベッリーニ抗争の末,「上アルメンノ」と「下アルメンノ」に分裂した。後に上アルメンノの人口が増大し,教会制度の上でも同地の聖バルトロメオ教区が元来の単一教区・聖サルヴァトーレ教区から独立。現在は「アルメンノ・サン・バルトロメオ」と「アルメンノ・サン・サルヴァトーレ」の二つの自治体となっている。

背景写真:シモーネ・ピリスの公証人記録簿　ベルガモ国立文書館 (Archivio di Stato di Bergamo) 所蔵。掲載許可 PROVVEDIMENTO N.144

はじめに

　前章において，実際的な平和秩序の形成と維持という課題を前に，15世紀初頭には小地域の地縁的結合が浮上し，党派的結合と共存しながら発展しつつも，それを相対化する傾向も見られたことが明らかになった。このことは，党派が直ちに急速に弱体化したことを意味していたのではなかった。党派そのものが自らの内部での平和維持機能を高めることによって，地域の平和の需要に応えていた。また，都市領域内の党派を形成する在地的ミクロ党派においては，地域的枠組みと党派の人的結合の分布の枠組みが一致することもあり，それだけに一層，地域の浮上が党派的結合を逆に強化することもあり得たことであろう。

　党派的結合と地域的結合の関係の問題をより一般的に言い換えれば，人的結合と地縁的結合の関係の問題であり，この二つの結びつきは，原理的には相反する内容を持っているとも言える。だが 14・15 世紀の紛争と平和の問題を，党派と地域に注目しつつ在地的現実に接近することから明らかになったのは，それらが相互に有機的に結びつきながら共存しつつ，地域の秩序形成により適合的な形態へと変容してゆく姿であった。M. デッラ・ミゼリコルディアは，テッリーナ渓谷の事例において，コムーネが単位となってゲルフィとギベッリーニの党派に加盟している事例を指摘している[1]。これらの原理は，現実の歴史的過程の中では極めて長期的に共存し，時代の総合的なダイナミズムの影響下に，しばしば互いに補強し合いながら様々な異なる形体を取りつつ再生産を繰り返すのではないだろうか。したがってその意義は，具体的な事例においてのみ理解され得，その上で初めて一般化の可能性が与えられるはずである。

　本章は，対象地域を限定して，地域に生きる人間の活動に密着したミクロな視点から地域と党派的人的結合の関係の具体相を明らかにすることを目的としている。対象とする地域は，ベルガモ領域内のボルゴであるアルメンノ

---

1) M. Della Misericordia, *Dividersi per governarsi: fazioni, famiglie aristocratiche e comuni*, in «Società e storia», (1999), pp. 715-766.

と，その周辺地域，特にイマーニャ渓谷である[2]。中世のボルゴ・アルメンノは，現在はアルメンノ・サン・サルヴァトーレとアルメンノ・サン・バルトロメオの二つの町に分かれており，ベルガモ市から北西にそれぞれ12キロメートルと9キロメートルに位置する。アルメンノおよびイマーニャ渓谷は，前章で扱った『年代記』に登場する紛争の主要舞台の一つであり，激しい在地的グェルフィ・ギベッリーニ抗争が展開した地域である。

　農村部や渓谷部の住民の人的結合関係を明らかにし得る史料は限られているが，その中でも最も有力な史料類型の一つは公証人文書であろう。ベルガモ国立文書館（Archivio di Stato di Bergamo）は，ベルガモ市とその領域内で作成された公証人登記簿を保管しており，特定の地域の公証人文書を総合的に検討することができる。ここでは14世紀後半にアルメンノで活動したシモーネ・ピリスとジョヴァンニ・ピリスの公証人登記簿を中心に，関連する文書を検討し，第3節の人的結合関係の考察を進めたい。しかしながら，これらの公証人文書が記録するのは多くの場合個別の，主として経済的な契約関係であり，それだけから地域的枠組みとの関連が明らかになる可能性は限定されている。そこで第1節，第2節では，同地域の聖界団体関連史料を用い，聖界所領，教区，コムーネなどの枠組みがどのように地域の人的要素と関わっているかを検討し，第3節の準備としたい。

　ベルガモの支配領域に関しては，P. マイノーニによって13世紀から14世紀にかけて活発な農村部の経済活動の発展が見られたことが明らかにされており，特に鉄や金属の生産と，毛織物工業，およびそれらの流通が注目されている。ベルガモでは，「ベルガモ織」と呼ばれる2級品の生産が既に12世紀には発達し，ポー川流域一帯へ広範に普及しており，都市コムーネ当局もその生産の保護と技術的改良に多大な意を用いている。したがって都市での生産を保護するために，農村工業に対する優位を維持しようとする都市職人や都市商人の意志は強固なものであった。しかし一方では，低コストでの毛織物生産が可能な農村部や渓谷部と独自の結びつきを維持して投資し，生産や流通を支配した商人や有力者達もいた。彼らはしばしば現地の出身者で

---

[2] 同地域の選択に際しては，バーリ大学のパトリツィア・マイノーニ氏に大変有益な示唆をいただいた。深く謝意を表したい。

第5章　在地的党派と地域形成

あり，独自の親族的・地域的結合をてこに，これらの活動を展開したのである[3]。

　アルメンノでは，13世紀には既に多数の商人が活発な活動を展開しており，これらの商人が現地住民に生産を委託し，生産過程にも関わった可能性をマイノーニは指摘している[4]。だが，毛織物の生産について，これまで検討されてきた史料上で比較的頻繁に言及されてきたのはセリアーナ渓谷であり，ベルガモ領域西部のブレンバーナ渓谷やイマーニャ渓谷については，ごく散発的な地名への言及を除けば，その実態は全く明らかにされていない。ところが14世紀の商業協定には，しばしば「イマーニャ渓谷織（drapum valdemagnum）」と呼ばれる品目が登場する[5]。この名称は「ベルガモ織」同様，直接の生産地に言及するというよりは，高級品に比べて等級の落ちる商品類型一般を指している。しかしこのような名称の存在そのものが，イマーニャ渓谷での毛織物生産の存在と，その製品の商品としての普及を推測させずにはおかない。また，上述のような都市の農村工業への対抗政策を省みても，アルメンノは極めて有利な地理的位置にある。ベルガモ領域西部はアッダ川に接するため，都市ベルガモを介することなく河川交通路を利用してミラノへ，さらには南ロンバルディアからポー川に沿ってヴェネツィアへ向かう交易路への接続を維持することが可能だからである[6]。

　このような地域において，党派と地域の実態を明らかにすることができれば，そこから，在地社会と並立する地域国家や，それらを結ぶコミュニケーションへの接合を展望する一つの素材が得られるのではないだろうか。ここではまず，中世におけるアルメンノの輪郭を把握する作業から始め，それをもとに具体的な地域的結合と人的・党派的結合の様相をつかむ検討へと進め

---

3) P. Mainoni, *L'economia di Bergamo tra XIII e XV secolo*, in *Storia economica e sociale di Bergamo. I primi millenni. Il comune e la signoria*, a cura di G. Chittolini, pp. 257-338; Ead., *Per un'indagine circa i "panni di Bergamo" nel Duecento*, in Ead., *Economia e politica nella Lombardia medievale. Da Bergamo a Milano fra XIII e XV secolo*, Cavallermaggiore 1994, pp. 13-92; Ead., *Politiche fiscali, produzione rurale e controllo del territorio nella signoria viscontea (secoli XIV-XV)*, in Ead., *Economia e politica*, op. cit., pp. 93-126.

4) P. Mainoni, *L'economia di Bergamo*, op. cit., pp. 303-304.

5) Ibid., p. 305.

6) Ibid., pp. 304-305.

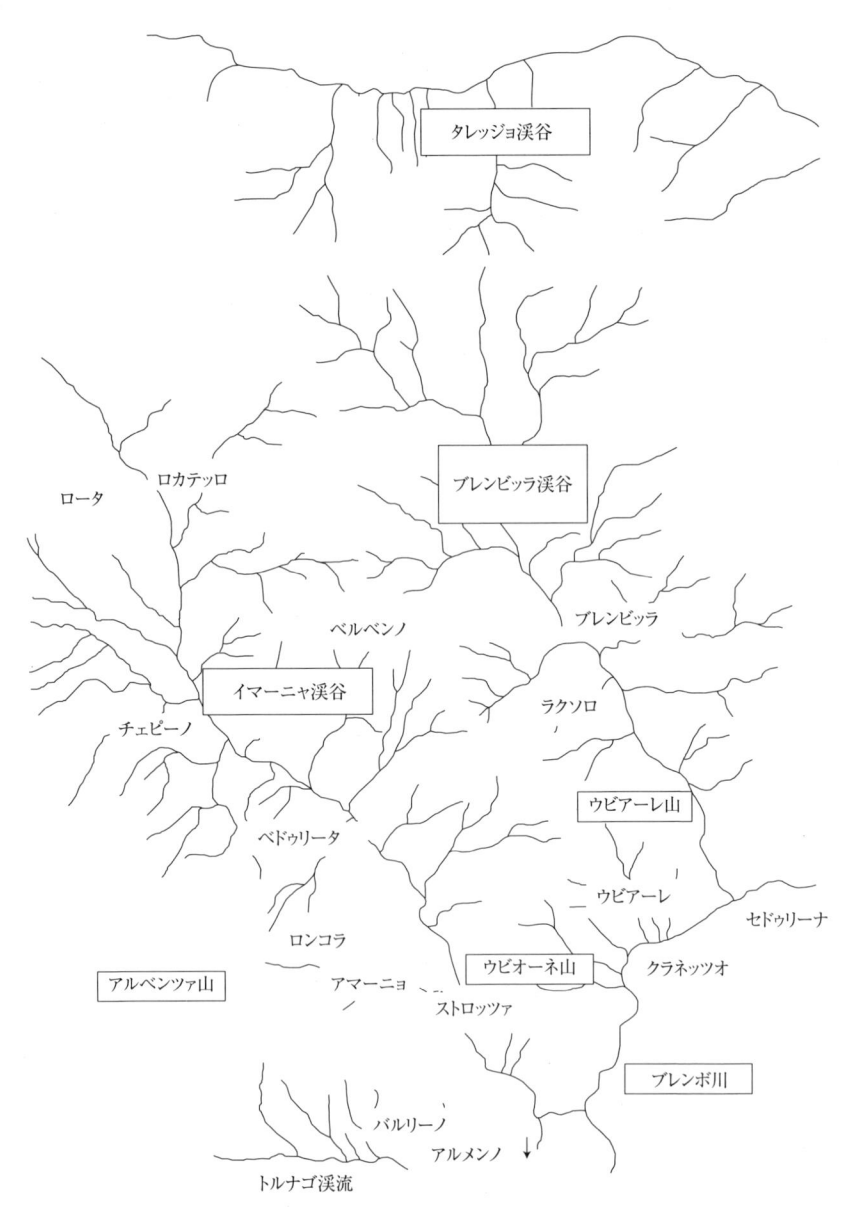

H. Sato, *Fazioni e microfazioni: Guelfi e ghibellini nella montagna bergamasca del Trecento*, in «Bergomum», Anni 104-105 (2009-2010), pp. 149-169, p. 168 より作成

第5章　在地的党派と地域形成

てゆきたい。

第1節　中世アルメンノおよびイマーニャ渓谷における所有と支配

　アルメンノという定住地の存在は，ローマ時代には既に「パグス・アルメンノ（pagus Lemennis）」として確認されている。ベルガモとコモを結ぶ軍道上に位置し，ブレンボ川に架橋された「アルメンノの橋（ponte di Lemine）」によってその接続を保障していたことからも，同定住がベルガモ周辺領域で決して小さからぬ役割を果たしていたことが分かる。ローマ帝国の衰退後はランゴバルド族支配下で王領となり，続いてフランク族支配，レッコ伯領を経て，ベルガモ司教の封土となった[7]。

　アルメンノの歴史については，郷土史家 P. マンゾーニの研究によって，概要を知ることができる。アルメンノの「コムーネ」が生まれるのは，この司教支配下でのことである。コムーネの存在そのものは1151年に既に確認されるが，司教の封建的裁判権からの解放は，1220年になってようやく実現する。アルメンノのコムーネが当初覆っていた領域は広く，近隣の司教領に一致しており，アルメンノ，パラッツァゴ，全イマーニャ渓谷およびブレンビッラ渓谷を含んでいた。

　ここから後にパラッツァゴ，イマーニャ渓谷，ブレンビッラ渓谷がそれぞれ分離し，独自のコムーネを持つようになる。その正確な年代は不明だが，マンゾーニはベルガモの全領域で農村コムーネが次々に成立した1230年前後と見なしている[8]。同時期にはベルガモの都市コムーネが着々とコンター

---

7) A. Sala, *Almè e Almenno nelle pergamene degli archivi di Bergamo*, in *Atti dell'ateneo di scienze, lettere ed arti di Bergamo*, vol. LVII, anno accademico 1994-95, Bergamo 1996, pp. 471-481; F. Cremaschi, *Il monastero di S. Sepolcro di Astino (Bergamo) dalle origini sino alla fine del secolo XII*, tesi di laurea dell'Università di Milano, Facoltà di lettere e filosofia, Corso di laurea in lettere moderne, Coordinatore Gigliola Soldi Rondinini, anno accademico 1991/1992, p. 81; G. Feo, *Terra e potere nel Medioevo. Frammentazione e ricomposizione del dominio nel territorio di Lemine (secoli XI-XIII)*, in «Archivio storico bergamasco», (1990), pp. 7-41.

8) P. Manzoni, *Lemine dalle origini al XVII secolo*, Almenno San Salvatore 1988, pp. 38-43, p. 116.

ドへの裁判・行政支配を拡大しており，財政支配の効率化のため，10～12戸程度の小規模な定住地にも「コムーネ」としての独立を許可し，その把握を進めていた[9]。

このようなコンタード支配の進展状況にあったベルガモ市と，支配領域西北部山岳地帯の麓に広がる中心地・アルメンノの間には，おのずと利害関心に基づいた相互依存関係が成立する。やはり1230年前後，都市ベルガモは支配領域を「ファッジャfaggia」と呼ばれる4つの区画に編成し，それぞれを都市の4つの市門に対応させたが，アルメンノは聖アレッサンドロ門に編入されている[10]。

その後1266年，アルメンノは「都市ボルゴ」として特別な地位を獲得する。ミラノのデッラ・トッレ家の支配下での財政的疲弊への対処策として，同年8月4日，都市ベルガモのコムーネの一般評議会が，都市に一定の財政的支援を行う用意のある支配領域内の定住を「都市ボルゴ」という特別な地位に格上げすることを定めた決議を受け，翌9月3日，他の農村コムーネに先立って，アルメンノは2700リレを提供し，その見返りに都市への行政的編入を獲得するのである[11]。即ち，ここでの「都市ボルゴ」の地位とは，都市からの自立を意味するのではなく，行財政上都市民と同等の扱いを獲得するということであり，むしろ都市制度の特権的受容に基づく都市との関係の緊密化を意味していた。

ここでアルメンノがわずか1ヶ月の間に2700リレを用意し得たという事実は極めて示唆的である。P. マイノーニは，アルメンノおよびイマーニャ渓谷地域における驚くべき財政力を指摘し，これらの商人が在地の住民に毛織物生産を発注し，その製品を商う織物商であった可能性を示唆している[12]。1251年，ベルガモの商業コンソリによる課税を受けるために召還された商人のリスト5種の中の6月3日付けのものは，アルメンノとその周辺地域

---

9) P. Manzoni, *Lemine*, op. cit., p. 116-117. 以下，特に断りのない限り，アルメンノの概要は同書による。但しイマーニャ渓谷は1237年においてもアルメンノのコムーネの一部をなしている。P. Manzoni, op. cit., p. 116.

10) P. Manzoni, *Lemine*, op. cit., p.119

11) Ibid.

12) P. Mainoni, *L'economia di Bergamo tra XIII e XV secolo*, op. cit., p. 263.

の出身者の名を挙げており，この地域における商業の小規模ならぬ展開を示しているのである[13]。

しかし一方で，マンゾーニが推測するように，パラッツァゴ，イマーニャ渓谷，ブレンビッラ渓谷のアルメンノからの分離が1230年前後に実現したとするならば，1266年の「都市ボルゴ」昇格の恩恵を受けたのはボルゴ・アルメンノのみであり，パラッツァゴと2渓谷は支配領域（distretto）の地域として重い差別的課税を都市ベルガモから受け続けたということになる。課税単位であるコムーネとしての分離後，アルメンノの都市ボルゴ昇格を経ることによって，13世紀後半にはこれらの元アルメンノの領域内諸地域間の対照はさらに際立ったと言うことができるだろう。

だがこのような分離と差異化は，都市コムーネ・ベルガモの領域支配という文脈において生じたものであり，その影響力がいかに大きかったにせよ，それが地域の実生活のすべてを規定したわけではない。その他の政治的・社会的・経済的枠組みとしては，教会と聖俗の領主支配を考えることができる。アルメンノは聖サルヴァトーレ教会による教区としても組織されていた。アルメンノ教区の領域はボルゴ・アルメンノとイマーニャ渓谷，ブレンビッラ渓谷に加え，現在のヴィラ・ダルメとその他の地域をも覆っていたようであるが，記録の不完全さからその全領域は確定できない[14]。1360年には，上の諸地域に加えてゾーニョ，エンデンナもアルメンノ教区に従属している[15]。一方聖サルヴァトーレ教会の所領は，これら従属教会の領域を超えて広がる。1353年の時点で，イマーニャ渓谷とブレンビッラ渓谷内の諸地域に加えて，ロカーテ，マペッロ，キニョーロ，トレゾルツィオ，アンビヴェレ，パラッツァゴおよびブレンバーナ渓谷内のサン・ペッレグリーノ，ゾーニョ，エンデンナ，プレデッツォなどに確認される。この1353年の記録そのものは，農民の地位向上による借地の長期化または永代化によって事実上権利を喪失しつつあった教区教会側が，権利確認を行ったことに

---

13) この時召喚された商人のリストは，P. Mainoni, *Le radici della discordia. Ricerche sulla fiscalità a Bergamo tra XIII e XV secolo*, Milano 1997, pp. 145-149.

14) L. Chiodi, A. Bolis, *Nota ecclesiarum civitatis et episcopatus bergomi MCCCLX*, in «Bergomum», 31 (1957), pp. 39-89, 特に p. 45.

15) P. Manzoni, *Lemine*, op. cit., p.108.

よって作成されたものであるから，13世紀には上のものを超える広範な所領があったと考えて間違いないだろう[16]。

この所領確認事業の契機となった借地農への事実上の権利の移動のため，うち続いた戦乱の被害とも相俟って，聖サルヴァトーレ教会の全般的な経営難は徐々に深刻化し，14世紀には聖務も規模縮小することとなった。聖サルヴァトーレ教会の参事会は共住共同体を形成していたが，1307年には司教が参事会の規約を見直し，「もはや共同生活は行っていないにも関わらず」参事会員は参事会の家での居住を続け，昼夜の聖務に支障がないようにすることを義務付けている[17]。参事会員の共同体離れは同世紀前半を通じて進行し，1368年には参事会の家に居住するものはとうとう一人もいなくなった[18]。

このような教区教会の衰退の背景では，地域の信仰生活の新たな中心として，小教区教会が次第に台頭しつつあった。イマーニャ渓谷ではベルベンノ所在の聖アントニオ教会，聖オモボーノ教会，アマーニョ所在の聖アンドレア教会が，ブレンビッラ渓谷ではラクソロ所在の聖ジョヴァンニ教会がそれぞれ正式の小教区教会としての地位を享受し，ボルゴ・アルメンノでは聖ジョルジョ教会，聖トメ教会，聖グレゴリオ教会などが事実上の信仰生活の中心となっていった。だが一方では，実際の聖務は果たされなくなりつつあったにも関わらず，教区教会聖職者は聖職禄を受け取り続けたようである[19]。

教区教会以外で，当初アルメンノとイマーニャ・ブレンビッラ渓谷周辺地域に影響力を持った聖界領主は，ベルガモ近郊のアスティーノ渓谷に所在地を持つ聖墳墓修道院である。この修道院は，アスティーノ渓谷やベルガモ市東南部の平野部に加え，旧アルメンノの領域を含むブレンバーナ渓谷以西，とりわけイマーニャ渓谷のベドゥリータ，ベルベンノなどに所領を集中させていたもののようである。修道院の側は，アルメンノ周辺やイマーニャ渓谷，

---

16) P. Manzoni, op. cit., pp. 110-112.
17) Ibid., p. 108.
18) Ibid., p. 109.
19) Ibid., pp. 108-110.

第5章　在地的党派と地域形成

　ブレンビッラ渓谷に保有する土地は貸し出し経営を行っているが，その借主には在地の直接耕作者や放牧業者に加え，分離以前の旧アルメンノ領域周辺の中規模借地経営者と思われる人々も見える。1288年12月，アスティーノ修道院の代表・ジョヴァンニ・デ・イゾラが，アルメンノのラメーノ・プランドーニ，ザンボーノ・プランドーニおよびアルベルト・ロンボーニ・デ・ベルゴンツィの子供達から，イマーニャ渓谷のヴァルセッカ地域に所在する地片に関して毎年21ソルディ4デナリの地代を受け取ることを確認している[20]。この時期に「アルメンノの (de Lemine)」という記述が指すのはボルゴ・アルメンノのみであるから，三者は借地をさらに第三者に貸し出し，経営していたはずである。また1270年12月には，イマーニャ渓谷のザンボーノ・ロカテッロが，同じイマーニャ渓谷のレクペラート・バッフェーネと自身の2者の名において，アスティーノ修道院の代表に数片の地片に関する地代を支払っているが，これらの地片はイマーニャ渓谷のベルベンノ，セリーノに加え，ブレンビッラ渓谷のラクソロにも位置していた[21]。ロカテッロとバッフェーネは，ここでアスティーノ修道院を通じて，イマーニャ渓谷とブレンビッラ渓谷の双方に経営上の関心を持っているということになる。ただしここで，ベルベンノという地区の地理的位置は注意を払うに値する。ベルベンノは丘陵地の頂点に位置し，その尾根を境界に左右山腹がイマーニャ渓谷とブレンビッラ渓谷を分けている。ラクソロはその麓にあたる。ロカテッロとバッフェーネの保有地のあるセリーノとラクソロは，ベルベンノによって一つに結ばれているのである。したがって13世紀後半の旧アルメンノ領域は，各集落や各渓谷への分離が徐々に進行する一方で，土地経営上の関心が何らかの形で分離過程の諸地域間を結びつけており，分散と統合の双方向の傾向が複雑に絡み合いながら共存発展していたのだと言うことができる。

　アスティーノ修道院がアルメンノのコムーネと関係を結んだ時期は，パラッツァゴ，イマーニャ渓谷，ブレンビッラ渓谷の分離の遥か以前に遡る。

---

20) Civica Biblioteca e Archivi storici "Angelo Mai" (＝以下A. Mai), Collezione di pergamene, Perg 1774.
21) A. Mai, Collezione di pergamene, Perg 1812.

1161 年，アルメンノの共同体が，ベルガモ司教ジラルドの同意の下に，アスティーノ修道院に全アルメンノの領域の放牧地と森林を借して（investitura）いる[22]。したがってここで借し出された土地はパラッツァゴ，イマーニャ渓谷，ブレンビッラ渓谷の領域内のものも含んでいたはずであり，これらのコムーネがアルメンノのコムーネから分離することによって，権利主体の不明確化を招いた可能性は極めて高い。1234 年 3 月には，アスティーノ修道院がアルメンノのコムーネのコンソリ達に，アルメンノの領域の境界を確定し，その中に修道院の財産が含まれているようにすることを請求している[23]。この時には既に，少なくとも事実上は分離が始まり，アスティーノ修道院が借り受けた「アルメンノの領域」をめぐって解釈の混乱を惹き起こし始めていたものと思われる。このような混乱状況下で，おそらく聖サルヴァトーレ教会にも生じたような保有農への権利移譲などの一般的な状況変化も加わって，アスティーノ修道院が所有の危機と紛争状態に巻き込まれていたことを史料から窺い知ることができる。1272 年，修道院はベドゥリータ所在の放牧地および耕地に関して，それらを不正に占拠していたベルトラーモとヴェントゥリーノ兄弟にその返却を求め，有利な裁定を得ることに成功している[24]。また 1260 年，ベルガモの都市コムーネの裁判官の命令の下で，アスティーノ修道院の代理人が，ベドゥリータに所在する修道院所有地を宣誓下で詳述する者を選出した。問題になっているのは 2 片の耕地および放牧地であり，これらの土地は当初ベドゥリータのグァレーニ家のマスカロとオットボーノ兄弟によって，地代年額 15.5 ソルディで借地経営されていたが，その後マスカロとオットボーノの相続人が継続して経営していた。しかしこの間に地代の不払いが始まり，修道院側はベルガモ市当局に訴え，所有権の回復命令を受けることに成功し，問題の土地の宣誓詳述へと至ったというわけである[25]。同年やはり同じベドゥリータの耕地および放牧地

---

[22] A. Caldara, *Il monastero di S. Sepolcro di Astino: dalla sua fondazione fino all'inizio del secolo 14*, tesi di laurea dell'Università di Milano, relatore: Giuseppe Martini, anno accademico 1955/1956., 104, CXXXIV, LXXXVII c., p. VI, appendice 1.

[23] Ivi.

[24] Ivi.

[25] A. Mai, Collezione di pergamene, Perg. 1466.

第5章　在地的党派と地域形成

22.5 ペルティカに関して，イマーニャ渓谷のピエトロ・サイタボーニもアスティーノ修道院への返還命令をベルガモ市コムーネの裁判コンソレから受けている[26]。ベルガモ都市コムーネの裁判官の裁定は一般にアスティーノ修道院に対して好意的である。1306年には，ベルガモ都市コムーネの裁判官の命令の下に，ベルガモ都市コムーネのセルヴィトールであるアルメンノ出身のジョヴァンニ・デ・ボザスコが，イマーニャ渓谷の全住民に，同渓谷内のアスティーノ修道院の所有地および所有財産はすべて同修道院に返還するよう命じている[27]。

　上のグァレーニ兄弟の保有地をめぐる係争は，1250年から1253年にかけて行われ，最終的には1260年の宣誓詳述人選出に至っているが，この間に証拠書類として，おそらくグァレーニ家の相続人の側から提出された文書がある。それによると，1207年，マスカロは「アルメンノの領域内の」「グルメッロ・ガンバレートとグルンモ」に居住しており，同地の「グルンモの」「チェレゾーラのセヨーラ」と「フォーパの平地」にある耕地および放牧地を，親類でベドゥリータ出身のアイメリーコ・グァレーニから購入した[28]。その後1219年，マスカロとオットボーノはベルガモ市民のオットー・オットーニとその甥グリエルモからベドゥリータ地区の「グルメッロ・ガンバレート」所在の耕地および放牧地を永代借地として受け取った[29]。翌1220年には，やはり「グルメッロ・ガンバレート」にあるもう一片の地片を，同じグリエルモ・オットーニから永代借地で受け取っている[30]。後の1306年，ベルガモ市のコムーネの裁判官の命令の下に選出された宣誓人が，やはりアスティーノ修道院所有のベドゥリータ所在財産を詳述することになるが，そこには「グルメッロ・ガンバレート」の地片があり，これらがグァレーニ兄弟の相続人が購入と永代借地の事実を主張した地片と同じものである可能性はある[31]。ベルガモ市民オットーニとアスティーノ修道院の間にアスティー

---

26) A. Mai, Collezione di pergamene, Perg. 1824.
27) A. Mai, Collezione di pergamene, Perg. 0821.
28) A. Mai, Collezione di pergamene, Perg. 0457.
29) A. Mai, Collezione di pergamene, Perg. 0485.01.
30) A. Mai, Collezione di pergamene, Perg. 0485.02.
31) A. Mai, Collezione di pergamene, Perg. 1562.

ノ修道院が地代徴収権を持つ形で権利譲渡があったにも関わらず，グァレーニはそれを支払っていなかったということになるだろう。

　このようなベルガモ市民の渓谷部土地保有への参入は他の事例にも確認される。1301 年，ベルガモ市民でありプラッツァ出身のピアッツェット・パニゴーニが，イマーニャ渓谷のベルベンノのアルベルト・マズークスの息子であるボノーモとジョヴァンニ兄弟に，ロマコロ，ブレンビッラ，ベルベンノの各地区に所在する耕地および放牧地からなる地片を総数 9 片，11 年契約で借地に出している。そしてその地代年額の内，4 リレ 2.5 ソルディは貸主に，15.5 ソルディはアスティーノ修道院に払うものとし，修道院への支払いは「イマーニャ渓谷のバッフェーネ家の者達」が，ベルベンノのイマーニャ渓谷内の土地に関して負っていた地代であると特定している[32]。ここから推定されるのは，イマーニャ渓谷のバッフェーネ家の者達がアスティーノ修道院からベルベンノその他の地域の土地を保有し経営していたところを，ベルガモ市民パニゴーニがバッフェーネから保有権を買い取ったということであろう。6 年後の 1308 年には，同じパニゴーニが故ソッツォー・バッフェーネの寡婦・アネージアにベルベンノの領域内の地片 5 片を地代年総額 40 ソルディの借地契約で与えている[33]。ところで，この借地契約のためにパニゴーニから派遣された代理人は「アルメンノの」ガスパリーノ・コアーツィで，文書を作成した公証人はピエトロ・ピリスである。ピエトロ・ピリスの公証人記録簿は残存していないが，その息子シモーネ・ピリスとジョヴァンニ・ピリスは 14 世紀後半にアルメンノで活動する公証人である。ピエトロの活動領域もアルメンノであったと考えて間違いないだろう。即ちここでは，イマーニャ渓谷と都市ベルガモを結ぶ私的経済関係の間に，ボルゴ・アルメンノの人脈が介在しているのである。

　このことは直接・間接に都市ベルガモの市民や都市を拠点に活動する人々と，アスティーノ修道院の間に経済関係が形成されていたことを示している。アスティーノ修道院の都市的要素との関係の全体においては，イマーニャ渓谷やアルメンノのそれはむしろ小規模であると言える。より緊密な関

[32] A. Mai, Collezione di pergamene, Perg. 0281 0A.
[33] A. Mai, Collezione di pergamene, Perg. 1585.

係が目立つのはベルガモ市南東部の平野部である[34]。このような，市民や貴族との要所を押さえたバランスのとれた利害関係の共有が，先に述べたような都市コムーネ・ベルガモのアスティーノ修道院に対する好意的な態度をある程度説明すると言えるだろう。

　いずれにせよ，ここに述べてきたことを要約すれば，次のような過程であったと言えるだろう。渓谷や集落が行政上の枠組みとして互いに分離し，教区結合が弛緩し，所領経営難が進む中で，基本的には地域の細分化が進んでいった。その中で，借地経営上の関心や小教区の結合によって，徐々にそれらの地域が新しくまとまってゆこうとしていた。そこに，都市的・市民的要素が参入し，地域の諸勢力と関係を結んでいったのである。こうした在地の枠組みの変動は，都市コムーネ・ベルガモのコンタードにおける行財政の組織化といった，より広域的な領域編成を目的とする当局の政策とも関連しながら進展していった。続く13世紀後半から14世紀にかけては，広域秩序の形成に関わる諸勢力が多様化し，相互に競合しながら変遷してゆくのであり，それとともに在地的現実もより複雑な様相を呈してゆくことになる。即ちシニョリーアの台頭とその成長を支えた党派の拡大，そしてその下に形成された諸国家間の関係と，そこに参入しながらローマ帰還と領域国家形成を目指してゆく教皇庁，および帝権との関係がそれである。その中で，様々な水準の上位権力が，自らの権力の意義を領域秩序との関連においても位置付けてゆくことになる。

　これらはすべて地域の所有と権利をめぐる混乱の深化を後押しし，紛争状態の拡大を促すに十分な影響力を持っていたはずである。次節では，そのような状況下で見られた紛争状態と，アルメンノ周辺地域の領域的な様々な枠組みがどのように関連していたかを検討していきたい。

---

34) A. Caldara, *Il monastero di S. Sepolcro di Astino*, op. cit.; F. Cremaschi, *Il monastero di S. Sepolcro di Astino (Bergamo) dalle origini sino alla fine del secolo XII*, op. cit.

第2節　境界紛争とコムーネ・教区・小教区

　このような状況が進展する中，1353年成立のベルガモ都市コムーネの条例集において，ジョヴァンニ・ヴィスコンティはベルガモ支配領域内の諸コムーネに，それぞれの領域相互間の境界を明確に定めることを義務付けた。この命令が全領域において実現されたことを確証する史料は残存していないが，1353年9月16日と23日付けで，アルバーノとガンディーノの境界を定めた公正証書がある。他にも多数の境界画定が行われた中で，この2枚の文書だけが幸運にも散逸・破壊を免れたものであろう。続くベルナボ・ヴィスコンティも条例集を定め，諸コムーネの境界確定を命じたものと推測されているが，関連する史料は残存していない[35]。

　現在ヴァチカン使徒図書館に保存されており，1996年にV.マルケッティの編纂で刊行された『ベルガモ領諸コムーネの境界（1392-1395）』は，ベルナボの後を襲ったジャンガレアッツォ・ヴィスコンティの命令に基づいて，1392年から1395年に行われた境界確定の記録である[36]。命令そのものは遅くとも前年の1391年には既に出されていたはずであり，1391年のベルガモ都市条例集にはこの件に関してもジャンガレアッツォの規定が以下のように見える。

> 市門（帰属）の諸コムーネを召喚してその土地と領域の全方向で隣接する諸コムーネとの境界を定めるべきこと
> 　ボルゴであれ，ヴィラであれ，ローコであれ，ベルガモの支配領域に属するコムーネで，この条例集に満足しないコムーネは皆，2ヶ月以内に参上し，全方向で隣接するコムーネと自らの土地と領域の境界を，明白に，一切不確か

---

35) E. Camozzi, *Confini dei Comuni del territorio di Bergamo 1392-1395*, in *Confini dei comuni del territorio di Bergamo (1392-1395)*, a cura di V. Marchetti, Introduzione di E. Camozzi ed Indici a cura di P. Oscar, Bergamo 1996, pp. IX-XXXII., p. XVIII. また，コムーネの境界の問題については，A. Mazzi, *I confini dei comuni del contado*, in «Bollettino della Civica Biblioteca di Bergamo», 16 (1922), pp. 1-50 も参照。

36) *Confini dei comuni del territorio di Bergamo (1392-1395)*, op. cit.

なところがないように定めること。ベルガモの支配下にある各部・各地が確かになるような方法と形式において［境界確定をなし］、ベルガモのコムーネの［文書］庫に羊皮紙4枚にてその境界確定［の結果］を収めること。［違反の場合］各コムーネにつき10帝国リレの罰が課される。もし先述の事についていずれかのコムーネの間で争いが起こったら、ポデスタ殿とその裁判官および役人の各人が、その問題と争いを裁定して、全般的に簡潔で明瞭な形で、もめ事を起こしたり命令外の裁判沙汰になったり［……］することなく収束させること［……］[37]

　ここからは、コムーネ間の境界紛争が決して珍しいものではなかったことが明らかに分かる。このジャンガレアッツォの命令自体がおそらくそのような紛争状態への対処として出されたものであろうことが推測される。

　これらの地域における、日常生活の単位共同体である「コムーネ」間の境界紛争の具体的な様相を記録する史料は管見の限りはなく、ただ同時代における同様の紛争の偏在性から、その存在が推測されるのみである。だがコムーネの境界とは問題が若干異なるが、イマーニャ渓谷に関しては、教区内の小教会相互間での管轄領域の境界をめぐる紛争の記録がある。1355年9月14日、聖サルヴァトーレ教会の司祭ジラルド・スカルポーニの命令によって、ベルベンノの聖アントニオ教会の司祭と、イマーニャ渓谷の聖オモボーノ教会の司祭は、互いに相手の領域の魂の世話に関しては、部分的にも全体的にも決して介入しないことが定められた。こうしてここに小教区の境界が定められたのである。この定めによると、聖オモボーノ小教区にはロータ、チェピーノ、ベドゥリータ、ゴルナンゾーノ、ヴァルセッカ、ロカテッロの各地区が属し、聖アントニオ教会にはセリーノ、ラコルナ、ベルベンノ、オポロ、ブレッロ、ジェローザの地区が属することになっている[38]。内ブレッロとジェローザは、ブレンビッラ渓谷に所在する。この争いがここで収束したのか、継続したのかは全く不明である。しかしこれが容易ならぬ問題であっ

---

37) Ibid., p. XXII.
38) Archivio di Stato di Bergamo（以下ASBg.）, Fondo Notarile（以下FN）, n. 75, Simone Pilis, fascicolo 1, p. 172.

たであろうことは推測できる。第一にベルベンノ，ベドゥリータなどは前節で見たようにアスティーノ修道院の所領集中地であり，さらにこれらの地域における土地や権利の所有状況はしばしば両小教区にまたがっていた。詳しくは次節でも検討するが，この地域にはアッリゴーニ家やロータ家の所有地が各地に分散して広がっているのである。1354年12月15日，アルメンノの故アルベルト・チェレゾーリの息子フランツィーノが，セリーノ地区の故パッシーノ・ランツォッリの息子ランフランコから，チェピーノ，セリーノ，ロータに所在する地片に関して1年分の地代を受け取っているが，この徴収権は，フランツィーノ・チェレゾーリがチェピーノの故ジョヴァンニ・アッリゴーニの息子ジャコモから公正証書による契約で獲得していたものであった[39]。また1355年1月12日には，イマーニャ渓谷のロカテッロのザンポーノの息子ベルトラーモが，兄弟パッシーノとグリエルモを代表して，聖サルヴァトーレ教会の司祭にブレッロの土地に関する地代を支払っている[40]。

こうした小教区の管轄圏問題の背後には経済的利害関係があったはずである。ベルナボ・ヴィスコンティの課税用教会調書を見ると，聖オモボーノ教会と聖アントニオ教会はいずれも司祭を1人ずつ持ち，同額の25リレを聖職録として支払っている[41]。これらの聖職録は管轄下共同体の納税によって賄われたはずであるが，上のスカルポーニの命令がそれぞれの小教区に同数の6地区を割り振っていることを考えれば，各地区共同体が約4リレ強を支払う計算になる。

したがってコムーネや小教区のような小領域間の境界紛争が無視できない意義を持っていたことは明らかである。しかしここで小教区間の紛争解決を司宰したのがアルメンノの聖サルヴァトーレ教会であるという点も重要であろう。前節で述べたように，14世紀中葉の聖サルヴァトーレ教会は衰退の一途を辿りつつあり，共住生活の停止によって聖務履行への支障も来たしていた。しかしその代わりに信仰生活の中心となりつつあった小教区教会の枠

---

39) ASBg, FN, n. 75, Simone Pilis, fascicolo 1, pp. 111-112.
40) ASBg, FN, n. 75, Simone Pilis, anno 1355, pp. 120-121.
41) L. Chiodi, A. Bolis, *Nota ecclesiarum*, op. cit., p. 71.

第 5 章　在地的党派と地域形成

組みは，未だ確定への過程にあった。そしてそれ故の紛争状態が，その解決にあたる教区教会に新たな意義を与えていたのである。聖務は後退しつつも，地代徴収者としての経済的地位は一応健在であったことに加え，上で述べたような同地域における世俗権力の空白状態を考え併せれば，この時期に時局的状況に支えられて教区教会が持ちえた意義が理解できるであろう。即ちここでは，次第に後退しつつあった，小教区やコムーネよりも広範囲の枠組みである教区が，抵抗力を維持して存在し続け，新たな存在意義を獲得していたのである。

　この教区で，ジョヴァンニ・アッリゴーニが聖サルヴァトーレ教会の主席司祭であった時期に[42]，イマーニャ渓谷とブレンビッラ渓谷が聖サルヴァトーレ教会との間に起こした紛争の記録がある。1389 年 3 月，ベルガモ司教の代理である修道士マンフレード・デッラ・クローチェから，ブレンビッラ渓谷のジョヴァンニ・ルーパ・ペゼンティへ，聖サルヴァトーレ教会のジョヴァンニ・アッリゴーニの求めによって召喚命令が出され，数リレと 10 ソルディを支払うようにとの命令が発せられた。その後ベルガモ司教は書状において 3 月 28 日に日時を定め，ブレンビッラ渓谷のラクソロ地区とカスティニョーラ地区から総数 34 名を召喚し，破門を宣告した。この書状には理由の明記がないが，もう 1 枚の同日 3 月 28 日付けの文書には，ピエトロ・「グァリーノ」・カルミナーティその他の召喚された人物に，聖サルヴァトーレ教会の主席司祭ジョヴァンニ・アッリゴーニに期限内に定められた額の支払いをなすようにとの命令がなされ，罰として破門を警告している。一方 3 月 26 日には，マンフレード・デッラ・クローチェから，やはりジョヴァンニ・アッリゴーニの求めに応じて，イマーニャ渓谷のヴァルセッカのピエトロ・「ピナーラ」に召喚命令が出され，7 リレ 10 ソルディを支払うように命じられた[43]。

　ここで大量の破門宣告の対象となっているラクソロとカスティニョーラと，聖サルヴァトーレ教会の関係には曖昧なものがある。地理的には，ラク

---

42) 聖サルヴァトーレ教会の主席司祭については，P. Manzoni, op. cit., pp. 107-108.
43) Archivio Storico Diocesano di Bergamo, Archivio Capitolare di Bergamo (以下 ASDBg, ACBg), 910, edicta et mandata curiae episcopali.

199

ソロはブレンビッラ渓谷南部右岸に位置しているが、ベルベンノからウビアーレ山へと続く尾根によってイマーニャ渓谷からは隔てられている。聖アントニオ小教区への帰属地域はジェローザ、ブレッロ、コルナ・イマーニャ、セリーノ、ベルベンノ、ベドゥリータの順に北から南へと連続しているが、ラクソロはベルベンノから東へ分かれた尾根の麓に位置しており、地理的連続性が明白であるとは言いがたい。一方このラクソロのブレンビッラ渓流対岸にはカスティニョーラの位置する山中に発するテヌータ渓谷が接合しており、両地域の間には一応の連続性が見られる。1360年のベルナボの教会課税調書によれば、ラクソロの聖ジョヴァンニ教会はアルメンノ教区にもその他の教区にも一切属していない[44]。カスティニョーラの教会にも特に言及はないが、カスティニョーラは地理的にサン・ペッレグリーノに隣接しており、その小教区教会が属するアルメンノ教区に属した可能性は高い。

だがラクソロ南部のウビアーレの聖バルトロメオ教会は、アルメンノに近接しているにも関わらず、ゾーニョ、エンデンナ、サン・ペッレグリーノのアルメンノ教区帰属教会を飛びこす形で、サン・ジョヴァンニ・ビアンコからフォンドラへ向かう上ブレンバーナ渓谷と同じドゼーナ教区に属している[45]。これもやはりブレンバーナ渓谷西部のソルナデッロ山を中核とする一連の山塊を一つの地理的連続と考えれば理解できるが、そのためラクソロとカスティニョーラは一種の境界地域に置かれていたことになる。

問題の文書を見ると、このようなラクソロとカスティニョーラの破門候補者リストのほとんどは、数親族によって占められている。即ち、カルミナーティ、ドゥニネーニ、ペゼンティ、トレメーリ、モローニらである[46]。し

---

44) L. Chiodi, A. Bolis, *Nota ecclesiarum*, op. cit., pp. 41-49.

45) L. Chiodi, A. Bolis, *Nota ecclesiarum*, op. cit., p. 45.

46) ASDBg, ACBg, edicta et mandata., op. cit., 1389 maggio 28. «[...]contrate de laxolo Petrus dictus guavars de Carminatis heres Johannis qui dicitur Purmoyrs de Carminatis Patinus filius quondam maiordi de Montanaris Manfredus qui dicitur Morsus de Carminatis Andrea filius quondam Mostronij de Carminatis Perano filius quondam Canali de Carminatis Johannes qui dicitur Pena de Carminatis Oprandus qui dicitur Miolus de dunineis Belinus qui dicitur Mattus de dunineis Petrus qui dicitur Pezanus de dunineis Paxinus filius quondam johannis de lera. Contrata de casreriola Zanus dictus Zenarius de Pesentis Savalus filius quondam Johannis de Pesentis Albertus qui dicitur de Plazara de Tremeris Bertolettus de Tremeris Maza filius quondam Reboli de Tremeris Petrus filius quondam johannis de Durellis Salamanius Moronum Donzelus filius quondam Bonadei Moronum Johannes qui dicitur

第5章 在地的党派と地域形成

たがって，同地域においては，このような地理的境界性に加え，地理的枠組みと親族の分布が一致し，一つの独立的なまとまりを作っていたものと思われる。そしてこのような地域が，教区教会聖サルヴァトーレ教会との経済的対立を引き起こしていたのである。

聖サルヴァトーレ教会が，背後に都市ベルガモとの結合を控えたボルゴ・アルメンノと市民の利害を代表するものと見なされ，都市やボルゴ・アルメンノへの従属度の低い在地的勢力との緊張関係にあった可能性も，あながち否定すべきものではあるまい。上で小教区の境界画定命令を行っているジラルド・スカルポーニはプレザーテの人であるが，彼は1333年から1361年まで教区教会長を務めており，その後には1362年から1366年までアルベルト・ウスピネッリが続く[47]。シモーネ・ピリスの公証人登記簿にアルメンノの人，アルベルト・ウスピネッリの子・カリジモの子としてアルベルトという人物が1354年12月10日に見えるため[48]，教区教会長のアルベルト・ウスピネッリもアルメンノの人である可能性が高いだろう。そしてこのアルベルトの後に，1366年から1390年までイマーニャ渓谷のジョヴァンニ・アッリゴーニが続く[49]。次節で述べるように，アッリゴーニはイマーニャ渓谷の最有力親族であるが，ボルゴ・アルメンノとの結合が極めて強い。

そしてこのことが，在地社会への市民的要素の参入による所有と支配の流動化への一つの反応形態であったこと，換言すれば，このような地域と親族の結合が，流動化を経た再編・強化の帰結であったことも，十分に推測可能であろう。だがここでは，領域的枠組みの細分化過程の中で，コムーネ，小教区，自然の地理的境界などの多様な枠組みが紛争の基盤となり得，それらが親族などの人的集団との結合を持ちえた可能性を指摘するに留めなければならない。いずれにせよ重要なのは，この時期には，教区，小教区その他の

frater Moziis de Pesentis Simone filius quondam vimani de Carminatis Antonius eius filius Omobonus Gamboryti de Carminatis heredes Casteli de Carminatis heredes Johannis de Muzzo Petrus filius quondam Simonis de Foppo Zambonus de Oplo heredes Carcanei de Carminatis heredes Jacobi Girandi de Foppo Albertus condam Pelati de Carminatis Albertus Virdigate de Carminatis Albertus Casteli de Carminatis heredes Marteche de Opulo Manynus Parti de sentelino»

47) P. Manzoni, op. cit., pp. 107-108.
48) ASBg, FN, n. 75, Simone Pilis, fascicolo1, p. 108.
49) P. Manzoni, op. cit.

大小の領域的枠組みが共存し、そのそれぞれが、紛争状態の中で紛争の担い手または調停者として独自の意義を獲得して存在し続けたという事実である。したがって、人々には様々な結合の利用可能性が開いたまま残されていたのであり、その具体的展開は、人的、または社会的な様々な条件によって確定していったはずである。

　以下第3節では、このような在地社会における人的結合の分析に移りたい。そしてその中で、地域と党派の抗争の在地的展開の背景を探ることとしたい。

第3節　党派と地域をめぐる在地的人的結合関係

　ベルナボ支配下の渓谷部グェルフィ反乱の渦中にあった1369年3月26日、アルチェナーテで一時的な平和協定が在地諸勢力の間で結ばれた。『書簡記録簿』中の「ソッツォーネ・スアルディの備忘録」には、この時にベルガモのカピターノからミラノのシニョーレ宛てに出された書簡の写しが含まれている。

　　偉大にして卓越したシニョーレへ。貴方様の偉大なる支配下に、[以下のことを]申し上げます。昨日、私ニコラオと、ラリオッロと私の代官とは、私の任地であるマルティーニへ、騎兵とポデスタの傭兵大部分を伴って、平和を取り結ぶために参りました。この平和の締結の場には、アルメンノ、ブレンバーナ渓谷、上下セリアーナ渓谷、トレスコーレ、サロニーコ、ウルガーノ、コロニョ、ロマーノ、マルティネンゴ、タレッジョの貴方様の代官達が参加しました。さらにそこには両党派の被追放者が大量に、またスアルディ、リヴォラ、コッレオーニ、ランツィとその他のベルガモ市民の親族（parentelarum）の大部分、またカルミナーティ、ペゼンティ、チェレゾーリ、アルメンノのピリス、カヴァネイス、アルメンノのベルゴンツィ、ゾーニョ、ロータ、アッリゴーニ、ロカテッロ、セルベッローニ、ドゥニネーニ（de Duninenis）その他の複数の親族、また先述の渓谷および土地とレッコ湖岸の土地とミラノのコンタード内アッダ川彼岸の土地の共同体の代表達（sindicii）、さらに一般に先述の平和に

関心を持つ者，つまりマペッロとアルメンノおよび上ブレンバーテの間のアルチェナーテの平野部の領域の者が参加いたしました。上の場所および日付において，貴方様の偉大なる名と権威とそれによる命令の下に，上述の党派の間に，過去上述の日に至るまでの間に上述の党派の間で，上述の党派によって，いかなる方法によってであれ引き起こされた，物品および人身に対してのすべての殺人，傷害，放火，窃盗，損害および不正に関して，永遠に継続すべく神に導かれ貴方様の偉大さの手を加えられた，善き真実の平和を，作成し，署名し，宣言し，発行し，作成させました。即ち，上述の事柄に関する平和を，共通にも個別にも，作成し，発行し，作成させました。即ち，彼らの間で行われ，我々の目に表れたところの不正と攻撃に応じて，方法や協定，刑罰，約束，義務，和解や誓約，命令や利益を与えつつ，党派と党派，親族と親族，個人と個人の間にです。……[50]

　ここには，この党派抗争に参加し，中核的な役割を担ったアルメンノ周辺の在地の親族の名が多数確認される。即ちカルミナーティ，ペゼンティ，チェレゾーリ，アルメンノのピリス，カヴァネイス，アルメンノのベルゴンツィ，ゾーニョ，ロータ，アッリゴーニ，ロカテッロ，セルベッローニ，ドゥニネーニらである。これらの内多くは『年代記』にも繰り返し登場する名前であり，その在地での重要性には疑いがなく，また『年代記』その他の史料から，およその党派的帰属関係を明らかにすることも可能である。直ちに目に付くのは，公正証書を作成することによって「ギベッリーニになった」後に「ロータ地区を襲撃した」アッリゴーニとロカテッロ，『年代記』に頻出するピリス，ペゼンティ[51]，後にパンドルフォ・マラテスタに都市ベルガモのシニョリーアを承認する際にギベッリーニの代表の一部として登場するカルミナーティらのギベッリーニ[52]，グェルフィの首領として著名なロータである[53]。

　ここでは，これらの親族が在地社会で結んでいた人的結合関係を明らかに

---

50) *I "Registri litteratum" di Bergamo (1363–1410), Fonti e materiali di storia lombarda (secoli XIII–XVI)–1*, a cura di P. Mainoni, A. Sala, Milano 2003, p. 60
51) 本書第4章参照。
52) B. Belotti, *Storia di Bergamo e dei Bergamaschi II*, Bergamo 1992., p. 327
53) 本書第3章，第4章参照。

してゆきたい。上の親族リストにも名前の見える「アルメンノのピリス」家は，14世紀から15世紀にかけてボルゴ・アルメンノを拠点として活動した公証人を多数出している。うち，シモーネ・ピリスとジョヴァンニ・ピリスの兄弟は，それぞれ1353年から1360年，1360年から1365年にボルゴ・アルメンノで作成された公証人登記簿を残しており，そこから渓谷グェルフィ反乱とその後の混乱に先行する時期のアルメンノおよびイマーニャ渓谷，ブレンビッラ渓谷をはじめとする周辺地域の私的契約関係を多数知ることができる。

ところで，このシモーネ・ピリスの記録簿には，1355年6月29日にボルゴ・アルメンノの全体集会が開かれ，監視人（camparius）が選出された記録があるが，そこには評議員とコンソリの名が記録されている。それによると，この時のコンソリはファキーノ・「ベズーカ」・チェレゾーリであり，評議員の中にはシモーネ・チェレゾーリ，ゾアンノ・チェレゾーリ，ボーノ・コベッリ・ベルゴンツィ，ヴェントゥーラ・ピリス，シモーネ・ピリスらが含まれていた[54]。チェレゾーリ，ピリス，ベルゴンツィらは，ボルゴ・アルメンノの有力者であったのである。一方，イマーニャ渓谷のコンソリと評議会については，公証人ペテルゾーロ・ディ・ベルトラーモ・デ・ボンドの作成した公正証書に1360年1月9日のそれについての記録がある。同年同日，イマーニャ渓谷のコンソリであるグリエルモ・アッリゴーニ，マイフレード・カルミナーティ，モンテナーロ・アッリゴーニの三者は，評議会員達とコムーネの名において，ベルガモ市民のアントニオ・グラッシスに1200リレの融資を求めた。そこで名前を挙げられた20名の評議員の中に，カルミナーティ

---

54) «In publica et generali credencia suprascripti comunis burgi de Lemen ibi more solito convocatis et congregatis [...] in qua quidam credencia erant Fachinus qui dicitur besocha de ceresolli consul suprascripti comunis burgi de Lemen et simone de ceresolli et guillelmus caplinonum et zoannus de ceresollis et petrus mazze borsera et bonus cobelli de bergonzis et pagus venturi mazze et ventura de pilis et et venturinus pertice artussonum et simonue de pilis et martinus valenti de sestis et iacobus bunialli et [...] et leo caplinonum et conternus bertoni de chinellis et tomaxius dictus zuria de zeffis [...] baxini et panuanus inbersi belore et zambonus menini de feraris et guillelmus dictus zeya de caponzellis omunes credendarij suprascripti comunis burgi de Lemen.» ASBg, FN, n. 75, Simone Pilis, fascicolo 2, p. 72. なお，人名表記において史料上"dictus"に続く通称は「」内に表記した。アルメンノのコムーネについては，P. Manzoni, op. cit. も参照。

第5章 在地的党派と地域形成

の者が4名，ロカテッロが1名，ロータが1名，アッリゴーニが1名見える[55]。アッリゴーニ，カルミナーティ，ロカテッロ，ロータはイマーニャ渓谷の政治的指導者達であったのである。ロカテッロとロータについては，地名との対応からも容易にイマーニャ渓谷を拠点としていたことが理解される。一方アッリゴーニとカルミナーティは，対応する地名はイマーニャ渓谷にはなく，後述のように親族の分布も渓谷外に広がっていたが，より規模の大きな親族はアッリゴーニ一族であろう。

以下では，これらの親族の活動をいくつかの公証人登記簿から抽出し，整理してみたい。

A）アッリゴーニ家

アッリゴーニは起源の古い領主層に属し，一族の本拠はタレッジョ渓谷およびサッシナ渓谷にある。1311年，イタリアに南下して来ていたハインリヒ7世がブレーシャで恩恵を与えた領主達の中にボーノ・アッリゴーニがおり，このボーノに始まる系統がアッリゴーニ一族の中でも最も華々しく活躍した。ボーノは1311年から1321年にかけてタレッジョ渓谷での存在が確認され，その孫にあたるボネットは1360年から1409年の間の存在が確認されている。ボネットはタレッジョ渓谷のヴェデセータ地区の領主であり，防備用の塔を保持していた。その子ジャコモは15世紀初頭のヴェネツィア・ミラノ戦でヴィスコンティ陣営に付いて活躍する。ベルガモ渓谷部は1428年にヴェネツィアに降伏し，その後アッリゴーニ家の財産は略奪に曝され，一族はサッシナ渓谷への避難を余儀なくされたようである[56]。ただし，彼らのタレッジョ渓谷内での拠点が完全に失われたのではないことは，16世紀初頭のヴェデセータの小教区簿冊から理解される[57]。またアッリゴーニの名は，同タレッジョ渓谷周辺部の関連史料においては18世紀に至るまで，

---

55) *Gli statuti del vicariato di Almenno, Valle Imagna e Palazzago del 1444 (Quaderni del sistema bibliotecario 1)*, a cura di Comunità montana Valle Imagna, S. Omobono Imagna 2000, p. 20, nota 33.

56) P. Pensa, *Il libro della nobiltà lombarda III. Famiglie nobili e notabili stanziatesi prima del 16. secolo in Lecco, nella Valsassina, nella Valvarrone, nella Val d'Esino e sulla riviera orientale del Lario*, Milano 1976, 177p., p. 22.

57) Archivio Storico Diocesano di Milano, Valsassina, vo. 24, q. 23.

地域有力者として繰り返し登場し続けるのである[58]。

このアッリゴーニ一族のイマーニャ渓谷での拠点形成と移住がいつに遡るのかを確証するのは難しいが、シモーネ・ピリスの公証人登記簿に登場するアッリゴーニ家の者はしばしば「イマーニャ渓谷のチェピーノ地区の故アルベルト・アッリゴーニ殿の (olim domini Alberti Arigonum contratis de cipino de Valdimania)」という付記を伴っている。1354年に同族のアルベルト・「トーナ」・アッリゴーニから地代を受け取っているグリエルモ・「ベダーナ」・アッリゴーニは Guillielmo qui dicitur bedana filio emancipato domini johannis olim filij domini alberti arigonum contratis de cipino de valdimania（イマーニャ渓谷のチェピーノ地区のアルベルト・アッリゴーニ殿の息子であったジョヴァンニ殿の親権を解かれた息子、「ベダーナ」と呼ばれるグリエルモ）と記されており、アルベルトの孫にあたる[59]。また、同じチェピーノ地区出身の「ジョヴァンニ殿の息子である故ピエトロの息子」ジャコモ Iacobus filius quondam petri olim filij domini iohannis arigonum contratis de zipino de valdimania は、1359年1月5日にセリーノ地区の不動産と諸権利をヴェントゥリーノ・ピリスに売却している[60]。

アッリゴーニ一族が、1350年代にはイマーニャ渓谷およびブレンビッラ渓谷に広く土地と権利を保有していたことは間違いない。1354年、上のアルベルト「トーナ」とその兄弟グリエルモが、イマーニャ渓谷とブレンビッラ渓谷の地片八つ以上に関して地代を受け取っている。文書の破損によって全体像の回復は不可能だが、少なくともその一部はベルベンノ地区にあり、隣接地の保有者を見れば、東にはベルベンノのラケイ・エンリコ・ロカテッリ、南にはベルベンノのピエトロ・ボナフィーデイ・カルミナーティ、南の一部はソッツォー・バッフェーネの相続人達、西にはベルベンノのマルティーノ・「バッツァ」・ボナデイ・ロカテッリ、西の一部にはアルベルト・「ザレッロ」・ルベイ・エンリコ、マルティーノ・ソッツォー・バッフェー

---

58) Archivio di Stato di Milano, fondo confine, cartella 288.
59) ASBg, FN, n. 75, Simone Pilis pp. 45-46.
60) ASBg, FN, n. 75, Simone Pilis, 30 ottobre 1358-24 aprile 1369, p. 83.

第 5 章　在地的党派と地域形成

ネ，ザンボーノ・「ザブエッロ」・ロカテッロの相続人などがいる[61]。ここではロカテッロ，カルミナーティがいずれも「ベルベンノのロカテッロ」「ベルベンノのカルミナーティ」と限定を付して呼ばれており，彼らもまたベルベンノを拠点とした分家であることが分かる。そしてチェピーノのアッリゴーニとベルベンノのロカテッロ，ベルベンノのカルミナーティは境界を接した土地をこの地区に保有していたのである。隣接地保有者の中には，他にもソッツォー・バッフェーネの相続人達もいる。バッフェーネは第 1 節で見たようにアスティーノ修道院の関連文書中に名が見える。1301 年には「バッフェーネの者達」がベルベンノの土地に関して同修道院に地代を支払わなければならなかったことが確認されたし，また 1308 年には，ソッツォー・バッフェーネの寡婦・アネージアがベルベンノの土地を永代借地に受け取っていた。上のマルティーノ・ソッツォー・バッフェーネはアネージアの息子であろう。

　グリエルモ・「ベダーナ」・アッリゴーニの兄弟と思われる，同じジョヴァンニの息子，アルベルト・「ベート」・アッリゴーニは，1355 年 9 月 26 日，チェピーノ地区のコムーネと全住人，および土地所有者を代表して，聖サルヴァトーレ教会に 25 ソルディの地代を支払っている[62]。したがって，彼がチェピーノを代表できる実力を持っていたことが分かるが，ただしここでは彼の公的な地位は不明である。他の事例から考えても，共同体コンソレとしての行動ならばその地位が記載されるはずであり，したがってここでのアルベルトの立場は，教会に対する地代請負人，または彼の経済力によって私的に代納を任されたものと考えることができるだろう。ただしアルベルトは聖サルヴァトーレ教会の参事会に直接の支払いはしておらず，アルメンノのパッシーノ・カポンチェッリに支払っている。カポンチェッリにも公的な地位の記載は一切ない。これはカポンチェッリが聖サルヴァトーレ教会から徴税権を取得したということであり，アルベルトはその末端の請負をしていたということになると思われる。

　同じイマーニャ渓谷の南部に位置する地域ストロッツァに関しては，アル

---

61) ASBg., FN, n. 75, Simone Pilis, fascicolo 1, 24 novembre 1353-12 dicembre 1356, p. 39.
62) ASBg., FN, n. 75, Simone Pilis, fascicolo 2, p. 88.

207

ベルトがアマーニョの聖アンドレア教会から徴税権を購入している記録がある。1358年3月5日，アルベルトは同教会の司祭長，ジョヴァンニ・アッリゴーニから「イマーニャ渓谷のストロッツァ地区の共同体構成員達および個々人に対して」教会の名において，司祭長のジョヴァンニが聖職録として受け取るべきところの20帝国リレの徴収権を買い取った[63]。司祭長ジョヴァンニが同族であることがこの購入に有利に働いたことは間違いないだろう。既述のように，同じジョヴァンニは，1366年から1390年にかけては，聖サルヴァトーレ教会の参事会長の地位にも就いている。また，アルベルトはボルゴ・アルメンノに家を所有している。アルベルト・アッリゴーニにせよパッシーノ・カポンチェッリにせよ，ボルゴ・アルメンノを一つの中核としつつ，教会の徴税権や地代徴収権を獲得し，イマーニャ渓谷に経済的利権を拡大しているという点は共通である。

　アルベルト・「ベート」・アッリゴーニの経済活動は，土地経営や徴税請負に留まっていない。1355年9月27日，アルベルト・「ベート」は，アルメンノの故アルベルト・チェレゾーリの息子であり相続人であるシモーネ，ゾアンノ，ベルトラーモ，フランツィーノ，ベルナルド兄弟に，「白色，仕上げ加工済み，良質，汚れなしの」「ベルガモ織」の布9反を納めた。この9反は，本来1350年が納入期限であり，アルベルト・「ベート」が，アルベルト・チェレゾーリの名において契約した公証人エンリコ・デ・ソラリオに納入する約束となっていたところの「白色・仕上げ加工済み・良質・汚れなしの整った短布」で「ベルガモのコムーネの機織の重量と大きさに従って各反48ブラッチョ」に作られた「ベルガモ織40反」のうち一部であるという[64]。つまりアルベルト・「ベート」・アッリゴーニは「ベルガモ織」の生産を行っていたのである。アルベルトも渓谷住民に発注していたと考えて間違いないはずである。そしてそのためにアルベルト・チェレゾーリが融資を行い，返済の形式として完成品40反の納入を義務付けていた。即ち，イマーニャ渓谷での「ベルガモ織」生産のために，渓谷を拠点とする領主アッリゴーニとボルゴ・アルメンノのチェレゾーリが経済関係を結んでいたのであ

---

63) ASBg, FN, n. 75, Simone Pilis, 1358.6. gennaio al 22. ottobre, p. 45.
64) ASBg, FN, n. 75, Simone Pilis, fascicolo 2, p. 89.

る。

B）ピリス家

　イマーニャ渓谷での「ベルガモ織」生産への関与が見られる地域有力者は，アッリゴーニとチェレゾーリのみではない。1356年3月27日，故ピエトロ・ピリスの息子ヴェントゥリーノに，アマーニョ地区の故マルティーノの息子ファキーノが，42帝国リレを支払っている記録があるが[65]，同日中にファキーノとヴェントゥリーノはもう一件の契約を交わし，ファキーノがヴェントゥリーノに「白色，仕上げ加工済み，良質，美品，短布，単色で，自家の羊毛または同様に良質の羊毛を使用した，ベルガモのコムーネの機織の大きさと重量に従ったベルガモ織2反」を，1年以内に納入することを約束している[66]。このファキーノの出身地であるアマーニョ地区は，既出の聖アンドレア教会の所在地であり，アルベルト・「ベート」・アッリゴーニが徴税権を買い取ったストロッツァ地区内に位置する。2反という量も小規模であり，ヴェントゥリーノ・ピリスはあるいはアルベルト・「ベート」の下請けをしていたものかも知れず，ファキーノはその下で直接生産に携わっていたのである。契約条件には「自家の羊毛または」とあり，ファキーノは自ら羊毛を生産してそれを毛織物に変えていたということになる。

　ピリス家とアッリゴーニ家の間には少なからぬ関係が確認される。1359年1月14日には，チェピーノのベルトラーモ・アッリゴーニが，ベルガモ市民のスッツィーノ・ソラリオとヴェントゥリーノ・ピリスを係争における代理人に指名している記録がある[67]。また1359年1月5日には，ジャコモ・アッリゴーニがヴェントゥリーノ・ピリスに，イマーニャ渓谷のチェピーノ・セリーノ・ロータ各地区の地代徴収権その他の諸権利を売却している[68]。チェピーノは父祖以来の中心的拠点であり，また前章で検討した小教区の問題にも見られたように，境界紛争の危険に曝されていた地域でもあ

---

65) ASBg, FN, n. 75, Simone Pilis, fascicolo 2, p. 110.
66) Ivi.
67) ASBg, FN, n. 75, Simone Pilis, da 1358.30 ottobre a 1359.24. aprile, p. 89.
68) ASBg, FN, n. 75, Simone Pilis, da 1358.30 ottobre a 1359.24. aprile, p. 83.

る。そこを譲る以上は小さからぬ信頼関係があったと考えて然るべきであろう。

　ヴェントゥリーノ・ピリスは故ピエトロ・ピリスの息子であり，したがって同じピエトロの子である公証人兄弟シモーネとジョヴァンニの兄弟である。ヴェントゥリーノの公証人記録簿は残存していないが，彼が公証人であることは上の売却証書にも記載があり[69]，ボルゴ・アルメンノのピリス家はこの当時少なくとも3人の公証人を出していたことになる。また先に見たようにシモーネ・ピリスは1355年のボルゴ・アルメンノの評議員でもあった。ピリス家は公証人として活躍し，高い社会的地位を持ったボルゴの政治的指導者層に属していると言ってよい。

　シモーネ・ピリスとジョヴァンニ・ピリスの公証人文書作成地はボルゴ・アルメンノに限られており，彼らの活動がこの地域内に限定されていたことが分かるが，一方同じ「ピリス」を名乗る同時期に活動した公証人は多数存在し，彼らの活動地域は主にベルガモ市内である。その中で1348年から1390年の活動期間を持つトデスキーノ・ピリスの名前は，『年代記』にも登場する[70]。1393年8月1日，「ピリス城」にて，グェルフィ1500人の手によってトデスキーノ・デ・ピリスの息子ジョヴァンニが殺された[71]。ジョヴァンニ・ピリスもまたベルガモ市の公証人であり，1379年から1389年にかけて活動している[72]。

　彼らベルガモ市のピリスの公証人記録簿に一通り目を通して見れば，スアルディ家やランツィ家などのベルガモ市の大ギベッリーニ親族の関連証書が少なくないという印象を得る。その中で1364年9月18日には，グリエルモ・スアルディの息子ムレットが，娘コミーナの代理として，ソリゾーレのペティーノ・カジッツィの息子ジョヴァンニに，ベルガモ市の聖ロレンツォ地区にある土地と家屋を貸し出している記録があるが，それによればコミーナは「ベルガモ市の故マルケット・ピリス・デ・スタベッロの息子アンドリ

---

69) Ivi.
70) ASBg, FN, nn. 50-55, Todeschino Pilis.
71) *Chronicon bergomense guelpho-ghibellinum ab anno MCCCLXXVIII usque ad annum MCCCCVII*, a cura di C. Capasso, R. I. S. 2, t. XVI, p. II, Bologna 1926-1940, p. 41.
72) ASBg, FN, n. 119.

オーロの妻」であった[73]。『年代記』においても 1403 年にマルシリオ・デ・ピリスの娘ドノーラが，アントニオ・スアルディの息子，故グイディーノの妻であったことが見え[74]，ピリス一族とスアルディ一族の間には姻戚関係があったことが確認される。

だが，上のコミーナの夫アンドリオーロは「ベルガモ市の故マルケット・ピリス・デ・スタベッロの息子」と記載されており，ピリス家にはスタベッロを拠点とした分家があり，ベルガモのピリス家からは明確に分離した一家と見なされていたことが分かる。1364 年 10 月 11 日には，バッシアーノ・ピリス・デ・スタベッロが，スタベッロのコンソレとして見え[75]，やはり地域の政治的指導者として活躍している。これらの分家が相互にどの程度の交流関係を日常的に持っていたのかは明らかではない。だがピリス一族は，ベルガモ市では姻戚関係等を通じてスアルディ家などの大ギベッリーニ貴族と結合し，全体的に見ればギベッリーニ地域と言えるスタベッロやボルゴ・アルメンノでは地域政治における指導者として活躍する一方，ボルゴ・アルメンノのピリスはイマーニャ渓谷の有力ギベッリーニ領主アッリゴーニと，地代徴収，地域教会を介した徴税権の取得，さらに「ベルガモ織」の生産などを介して結合していた。この「ベルガモ織」生産のための資本投入においては，やはりボルゴ・アルメンノの有力ギベッリーニであるチェレゾーリとアッリゴーニの結合も見られた。即ちアルメンノおよびイマーニャ渓谷のギベッリーニ地域有力者達は，土地経営と毛織物生産を二つの柱とした密接な関係をボルゴと渓谷部の間で日常的に結んでおり，それが緩やかに，親族関係や都市における保護関係などを通じて都市ベルガモの大親族に結びついて

---

73) ASBg, FN, n. 51, Todeschino Pilis, 1364, p. 21. «Ibi Mulettus filius quondam domini Guillelmi de Suardis civitatis pergami profitens se lege lungobardorum vivere et etatem decemocto annorum plur. excesisse nomine et vice et procuratoris et procur[atorum] nomine domine Comine filie sue et uxoris Andrioli filij quondam Marchetti de Pilis de Stabullo civitatis Pergami et pro ipsa domina Comina, de qua procuratione constat[ur] instrument[o] rogat[o] per me notarum, et etiam nomine et vice procuratoris et procur[atorum] nomine suprascripti Andrioli et etiam pro ipso Andriolo pro carta [...] investivit Iohannem dictum Zovascum filium quondam Petini qui dicitur Zinardus de Casizzijs de Sorisole. Nominatim medietate pro indiviso cuiusdam petie terre casate solerate et coppate et cum curte et hera iacentis in vicinia sancti Laurentij civitate pergami»

74) *Chronicon bergomense*, op. cit., p. 117.

75) ASBg., FN, n. 51, Todeschino Pilis, 1364, p. 80.

いたと言ってよいであろう。

C) カルミナーティ家

　イマーニャ渓谷のアッリゴーニも，都市ベルガモのスアルディも疑念の余地のない強力な「ギベッリーニ」であり，都市と渓谷の両極で彼らに結びついたピリスもまた一貫して「ギベッリーニ」として行動している。『年代記』を見る限りでは，彼らと「グェルフィ」の首領ロータとの対立関係は鮮明である。だがその一方にあって，基本的には「ギベッリーニ」と見なされていながら，比較的曖昧な行動を取っている親族がカルミナーティである。

　カルミナーティは，ブレンビッラ渓谷とイマーニャ渓谷南部一帯に拠点を持っているが，ウビオーネ山の城砦を確保し，強力な独立的権力の基盤としていた。1408 年に，ジョヴァンニ・スアルディがギベッリーニの代表達の立会いの下でパンドルフォ・マラテスタに都市ベルガモを明け渡した時の代表の中には，「ブレンビッラのカルミナーティの代表」と「イマーニャ渓谷のカルミナーティの代表」が見え，この時には両者がそれぞれに独立した集団を形成していたことが分かる[76]。

　シモーネ・ピリスとジョヴァンニ・ピリスの公証人登記簿には，既出の「ベルベンノのカルミナーティ[77]」に加えて，「オポロのカルミナーティ[78]」「クラネッツォのカルミナーティ[79]」が見える。また前章で見た聖サルヴァトーレ教会への不払い闘争の参加者中のカルミナーティは，ラクソロ地区とカスティニョーラ地区に分かれていた。オポロはイマーニャ渓谷南部の渓流左岸，ベルベンノとウビオーネ山の中間地点にあり，一方クラネッツォはイマーニャ渓流とブレンボ川が合流する要地で，船着場を持っていた。ラクソロはブレンビッラ渓流右岸，カスティニョーラはブレンビッラ渓谷とブレンボ川のちょうど中間の山中に位置し，その麓にはゾーニョ，スタベッロ，セドリーナなど，グェルフィ・ギベッリーニ双方の重要集落が並ぶ。

---

76) B. Belotti, *Storia di Bergamo e dei Bergamaschi II*, Bergamo 1992, p. 327.
77) ASBg, FN, n. 75, Simone Pilis, 24 novembre 1353-12 dicembre 1356, p. 39.
78) ASBg, FN, n. 75, Simone Pilis, fascicolo 2, p. 70; ASBg, FN, n. 24, Giovanni Pilis, p. 55.
79) ASBg, FN, n. 75, Simone Pilis, fascicolo 2, p. 74.

第5章　在地的党派と地域形成

　1355年5月16日，イマーニャ渓谷のオポロの故ジャコモ・カルミナーティの娘ヴォレンテラとその息子フラソツィーノが，アルメンノの故オプランド・チェレゾーリの息子ジョヴァンニに，10帝国リレを4年間で支払うことを約束している。夫はブレンビッラのボンドのペドレットであり，その出身地「ブレンビッラのボンド」は，ウビアーレ山麓のクラネッツォ地域内にある。ヴォレンテラとペドレットの婚姻は，オポロとクラネッツォの結合を強め，ウビアーレ山を中心とした同地域のカルミナーティの基盤を強化するものでもあったことであろう。そしてやはりアルメンノのチェレゾーリから融資を受けている。ここにもチェレゾーリのイマーニャ渓谷への金融を通じた影響力の行使と，そこでのギベッリーニの人脈形成が窺われる。ペドレットは「ボルゴ・アルメンノの住民 habitatoris burgi de Lemen」であり，5月16日の契約確認は「ボルゴ・アルメンノのプテオ地区の下記ヴォレンテラの居宅 in burgo de Lemen in contrata de puteo ad domum habitationis infrascripte volentera」で行われた[80]。ここでもやはり，このような関係形成の拠点はボルゴ・アルメンノであった。

　こうした人脈が，そのままクラネッツォ地域の在地住民に影響を与えることもあったようである。同年8月5日，「ブレンビッラの領域内のクラネッツォで」シモーネ・ピリスが公正証書を作成し，クラネッツォ地域の故マルコ・ダルマゾーニの息子ジョヴァンニが，同じクラネッツォの同族であるサバト・ダルマゾーニの息子ヴェントゥリーノに，同地域内の地片に関して永代借地契約を行っているが，その証人となったのはアルベルト・チェレゾーリの息子ベルトラーノ，ファキーノ・チェレゾーリ，クラネッツォの故アレッシオ・カルミナーティの息子達であるトゥルッシーノとジャコモ兄弟，クラネッツォのブレンビッラ・ダルマゾーニの息子ベルトラーモであった[81]。

　しかしどちらかと言えば，カルミナーティはイマーニャ・ブレンボ間の地域で，ウビオーネ山を中心として在地的関係を強固に結んでいるという印象が強い。上のヴォレンテラとペドレットの他にも，1356年3月25日の記録

---

80) ASBg, FN, n. 75, Simone Pilis, fascicolo 2, p. 70.
81) ASBg, FN, n. 75, Simone Pilis, fascicolo 2, p. 74.

213

には、ブレンビッラのウビアーレ地区の故ボンド・カルネヴァーレと、故ピエトロ・カルミナーティの息子オポロの娘であるジョヴァンナの娘、ジャコマが、母ジョヴァンナの婚資35帝国リレと衣服1着を、姉妹達から受け取るというものがある。この時ジャコマは、母の夫ボンドの在所と同じウビアーレ地区の、ジョヴァンニ・ガヴァザッリの息子マルティーノの妻であった[82]。母娘いずれもウビアーレでの婚姻を行っており、結果カルミナーティから出た婚資はウビアーレに留まることになっている。ウビアーレはブレンビッラ渓流とブレンボ川が合流する地点のブレンボ左岸、セドリーナの対岸に位置し、クラネッツォ地区とブレンビッラ渓流を結ぶ上での要所である。

このウビアーレの共同体構成員の中には、1354年にはカスティニョーラに土地を保有し、カスティニョーラの共同体と共同で聖サルヴァトーレ教会に10分の1税を支払っている者達が見える[83]。そしてこの時支払いを行った、カスティニョーラの出納役であるベッロ・ノヴァリーズィの息子マッフェオは、同年11月24日には自らと兄弟の名においてカスティニョーラに保有する土地の地代を聖サルヴァトーレ教会に支払っているが、当該地の東に隣接する土地は故バイロ・カルミナーティの息子達が保有するものであった[84]。クラネッツォ・ウビアーレ・カスティニョーラ間の地域には、共同体間にも緊密な関係があり、カルミナーティはそこに根を張っていたのである。前章で見た聖サルヴァトーレ教会への不払い闘争は、このようなカルミナーティを中核とした地域的結合の強固さが、ボルゴ・アルメンノや、そこを介して形成される都市との人的結合に対して、十分な均衡を保っており、局面的状況によってはむしろ後者を圧倒して前面に浮上することを表しているのではないだろうか。

このようなカルミナーティは、一時的に「ロータと結びつく」こともあり得たのである[85]。1355年8月8日、イマーニャ渓谷の故ジョヴァンニ・カルミナーティの息子であるピエトロは、イマーニャ渓谷の故モンテナーロ・

---

82) ASBg, FN, n. 75, Simone Pilis, fascicolo 2, p. 108.
83) ASBg, FN, n. 75, Simone Pilis, fascicolo 1, p. 63.
84) ASBg, FN, n. 75, Simone Pilis, fascicolo 1, p. 100.
85) 本書第3章3節参照。

第5章　在地的党派と地域形成

グァリノーニ・デ・ロータの息子ジョヴァンニに，ベルベンノの故マルティーノ・ザネット・ブロッツォーニの息子達であるピエトロとジョヴァンニが，イマーニャ渓谷のオボロの故マッツァ・カルミナーティの息子ピエトロに支払う約束であったところの金銭に関する権利を市場価格で売却している[86]。

こうして見ると，渓谷部の在地有力者達とボルゴ・アルメンノ，および都市の結合の様相は決して一様ではない。全体として見れば，サッシナ渓谷およびタレッジョ渓谷でのデッラ・トッレ家家臣らとの対立関係まで遡る根強いギベッリーニ的伝統を持つアッリゴーニ，スアルディ家との緊密な結合を持つピリス，ボルゴ・アルメンノを中核として金融活動を展開するチェゾーリらが，ベルガモ織という時代の経済活動を通じて結合することで，この地域のギベッリーニは無視できないまとまりを維持していたが，独自の強固な基盤を持つカルミナーティのような不確定な要素も存在したのである。

D) その他の地域住民との関係

このような状況の下で，末端の在地住民達はどのような立場に置かれたのだろうか。上で1356年にヴェントゥリーノ・ピリスにベルガモ織2反の納入を約束した，アマーニョのマルティーノの息子ファキーノには，少なくとも二人の兄弟がおり，いずれもベルガモ織に関与している。内一人テンタルドは，1361年，アルメンノの故ピエトロ・カポンチェッリの娘で，アルメンノの故ジョヴァンニ・カプリノーニの息子である故レオーネの妻リッカドンナから，彼女の息子であるベルトラーモとボニファード兄弟の名において，「イマーニャ渓谷産またはそれと同様に良質の羊毛で生産した，良質で汚れのない短布の，きちんとしたベルガモ織厚布」に関する権利を買い取っている[87]。もう一人のボノーモは，同年3月15日，パラディーナの故ボンベッリ・パラツォーニの息子マルティーノに，「白色のベルガモ織の厚布3反」の代金として市場価格で複数の期限に分けて支払うことを契約した66

---

86) ASBg, FN, n. 75, Simone Pilis, fascicolo 2, p. 76.
87) ASBg, FN, n. 24, Giovanni Pilis, p. 25.

帝国リレのうち22帝国リレを支払った[88]。ちょうど厚布1反分の価格に相当する。当時の渓谷部織物工業は多く共同経営で行われており，共同体が織機を所有する場合もある[89]。マルティーノの息子兄弟に関しても，共同で経営されていたのではないか。そしてここでテンタルドとボノーモが買い入れた「厚布」が，兄弟の下で仕上げ加工を施され，ヴェントゥリーノ・ピリスらに納入されたという推測が可能ではなかろうか。

上のリッカドンナの生家であるアルメンノのカポンチェッリも，ベルガモ織の生産と流通においてイマーニャ渓谷と関係を持っている。1358年7月29日，故ジョヴァンニ・カポンチェッリの息子アルベルトが，イマーニャ渓谷のロンコラの故ボーノ・ペトラッリ・ロッシの息子マルティーノから，「白色仕上げ加工済みベルガモ織」2反を価格3帝国リレで受け取った[90]。ロンコラ地区でのベルガモ織生産の事例は他にもある。1361年4月8日，ロンコラの故マルティーノ・ペトリの息子故シモーネの息子ファキーノは，イマーニャ渓谷のベドゥリータの故デテサルヴォ・ピリグリーニの息子ピエトロに，「白色，良質，汚れなしの，加工済み，単色，自家の地元羊毛または同様に良質の原毛によるベルガモ織半反7つ」に関する権利を売却した[91]。このロンコラのファキーノも，自ら羊を所有し，ロンコラまたはイマーニャ渓谷内で原毛を生産していることが分かる。ロンコラはイマーニャ渓流右岸のアルベンツァ山の麓に位置し，ベドリータやアマーニョと隣接する，良質な放牧地の一つである。アマーニョのマルティーノの息子兄弟の活動と併せて考えれば，イマーニャ渓谷右岸南部のアルベンツァ山麓が，ベルガモ織生産の有力な中心地であったことが推測される。

ところで，これらの事例では原毛に関して「イマーニャ渓谷産」「地元産」「自家の」との限定が契約時に付されることが多い。したがって確実な白羊の所有または委託放牧の受注と，間違いのない牧羊，そのための牧草地の確

---

88) ASBg, FN., n. 24, Giovanni Pilis, p. 116.
89) P. Mainoni, *L'economia di Bergamo tra XIII e XV secolo*, op. cit., p. 300. セリアーナ渓谷のヴェルトーヴァでは，13世紀末葉には縮絨機は水車とともに共同体所有とされ，すべての共同体構成員がその用益権を世襲的に保有していた。
90) ASBg, FN, n. 75, Simone Pilis, 1358.6. gennaio al 22. ottobre, p. 58.
91) ASBg, FN, n. 24, Giovanni Pilis, p. 29.

保が切実な問題になってくる。ロンコラ地区やアマーニョを含むストロッツァ地区その他のイマーニャ渓谷右岸南部，およびアルベンツァ山麓の土地所有・保有関係はどうなっていたのだろうか。

　チェピーノがアッリゴーニの中心的拠点であり，その一部の地代徴集権をピリスが保有していたこと，アマーニョの聖アンドレア教会を介してピリスがストロッツァにも権利を保持していたことは既に見た通りである。ロンコラに関しては，1357年12月9日に地域共同体がまとまって聖サルヴァトーレ教会に地代を支払っている記録がある[92]。ところがこれらの地域に関しては，少なからぬロータの土地所有も確認される。1361年4月16日，チェピーノの故アルベルト・ムッスィの息子オモボーノは，兄弟のオプランドからチェピーノの土地を買い[93]，同時にもう一人の兄弟ジラルドに同じチェピーノの土地を2片売った[94]。ここでオモボーノがオプランドから買った土地は，東は故ジョヴァンニ・アッリゴーニの息子アルベルトの，西はその兄弟グリエルモ・「ベダーナ」・アッリゴーニの土地に隣接していた[95]。一方オモボーノがジラルドに売った土地の一つは，東はもう一人の兄弟であるジョヴァンニの土地に，北はジラルド自身の土地に隣接している[96]。したがって彼ら兄弟の保有地は皆チェピーノに集中しており，この売買はジラルドが隣接地を併せることで経営の拡大が図れるようにとの考えから兄弟の内部で行われたものであろう。そしてもう一つの地片は，北はジラルド自身の土地に，西はジョヴァンニ・ロータの土地に隣接しているのである。事実，これらの土地はオモボーノがジョヴァンニ・ロータから永代借地として保有していたものの一部であり，オモボーノはジョヴァンニ・ロータに毎年48帝国ソルディの支払いを約束していた。ジラルドはこの売買によって，その内12帝国ソルディを支払うことになるとあるため[97]，オモボーノはこの他に未だ36帝国ソルディの地代相当の土地をジョヴァンニ・ロータから保有

---

92) ASBg, FN, n. 75, Simone Pilis, 1357.9. Novembre a 1358 a Nativitate, p. 26.
93) ASBg, FN, n. 24, Giovanni Pilis, p. 6.
94) ASBg, FN, n. 24, Giovanni Pilis, p. 8.
95) ASBg, FN, n. 24, Giovanni Pilis, p. 6.
96) ASBg, FN, n. 24, Giovanni Pilis, p. 8.
97) Ivi.

しているはずである。したがってオモボーノは，東西をアッリゴーニに挟まれた土地と，ジョヴァンニ・ロータの土地とをいずれも保有していることになる。ジョヴァンニ・ロータの土地所有は，ストロッツァにも確認される[98]。

　直接ベルガモ織の生産は確認されないが，やはり良質な放牧地であるアルベンツァ山南麓のバルリーノもまた，複雑な保有関係を示している。バルリーノ住民としてしばしばシモーネおよびジョヴァンニ・ピリスの公証人記録簿に登場する人物に，タレッジョの故グァリスコの息子であるジャコモ・「タイェージョ」がいる。出自がタレッジョ渓谷であることはその呼称から明らかであろう。娘アネッシアが1356年には既に結婚しているため[99]，若く見積もってもこの時ジャコモは30代で，およそ1320年前後の出生ということになるが，父グァリスコへの言及があることから，彼がタレッジョ渓谷に結びついた意識を持ち続けていたことを推測することも不可能ではあるまい。上で見たように，タレッジョ渓谷はアッリゴーニ家の出身地でもある。

　ジャコモは1354年に，バルリーノ所在の地片に関してイマーニャ渓谷のマルティーノ・ガヴァツェーネから永代借地の地代として13ソルディ4デナリを受け取っている[100]。この時期には借地経営を行うだけの安定した経済力を持っていたものと思われる。その過程でアルメンノのギベッリーニ人脈が何らかの影響力を持った可能性は否定できない。1354年12月14日，故ピエトロ・デ・ピリスの息子ジラルドが，アルメンノ領域内のベルタッリという土地の地代16ソルディと去勢鶏1羽の徴収権をジャコモに譲与している[101]。この地代徴収権はそもそも，ジラルド・ピリスが，ベルガモ市民である故ジョヴァンニ・ズーキの娘で故・騎士イザルド・コッレオーニの妻であったクラリーナから買い取ったものであった[102]。当初からそれを目的に購入が行われたものと思われる。当該の地片はその一部でトルナゴ渓流に接しているとの記述がある。トルナゴ渓流はバルリーノからアルベンツァ山

---

98) ASBg, FN, n. 24, Giovanni Pilis, p. 33.
99) ASBg, FN, n. 75, Simone Pilis, fascicolo 2, 1356. 4 gennaio a 8 maggio, p. 99.
100) ASBg, FN, n. 75, Simone Pilis, fascicolo 1, p. 104.
101) ASBg, FN, n. 75, Simone Pilis, fascicolo 1, p. 110.
102) ASBg, FN, n. 75, Simone Pilis, fascicolo 1, pp. 109-110.

第 5 章　在地的党派と地域形成

への放牧地を潤す貴重な水であり，ジャコモの利益が推し量られる。だが一方で，この地片は他方ではジョヴァンニ・ロータの所有地にも接している。いずれにせよ，ジャコモはバルリーノからアルベンツァ山にかけての土地を，自らの所有地なり借地なりの多様な形態で集め，そこをさらに借地に出して放牧や林業の経営に充てていたもののようである。1356 年 3 月 13 日には，ベルガモ市民であるマルキーノ・ソラリオに，アルベンツァ山のムジノーニ谷の土地に関して栗の粉 3 セスタリオで地代を納入している[103]。ソラリオもやはりベルガモの有力なギベッリーニ家系である。1361 年にはアルメンノのアルベルト・チェレゾーリの息子シモーネに 1 年分の地代を支払っている[104]。また 1355 年 1 月 12 日には，ジャコモはイマーニャ渓谷のポルトゥッラの故ジャコモ・オルデーネの息子グリエルモに白羊を売り，6 帝国リレを代金として受け取っている[105]。この白羊がベルガモ織の原毛供給に充てられた可能性は高いだろう。ところでグリエルモ自身は，この羊を直ちに委託放牧に出している。受託者はバルリーノ住民でイマーニャ渓谷出身の故アルベルト・ガヴァツェーネの息子ボネットである[106]。こうして見ると，ジャコモ・「タイェージョ」は直接・間接にバルリーノ居住のガヴァツェーネと経済関係を結んでいることが分かる。

　ガヴァツェーネは直接耕作または放牧を行う末端の受託者と見える。しかし先ほどのジャコモへの地代支払いが永代借地に対してなされたものであったことを想起しても，その経営が極度に不安定であったとは考えにくい[107]。1354 年 11 月 23 日には，ルベイ（rubey）・ガヴァツェーネの子孫である故ヴェントゥリーノの息子マルティーノが，ロンコラのペトロ・デ・ペトラッリの息子ジョヴァンニから牛 1 頭の放牧を受託している[108]。当時の時の経済を担ったのはベルガモ織ばかりではなく，移動放牧による牧牛とチーズ生

---

103) ASBg, FN, n. 75, Simone Pilis, fascicolo 2, 1356. 4 gennaio a 8 maggio, p. 107.
104) ASBg, FN, n. 24, Giovanni Pilis, p. 35.
105) ASBg, FN, n. 75, Simone Pilis, p. 121.
106) ASBg, FN, n. 75, Simone Pilis, p. 121.
107) 一般にベルガモ平野部の大部分では，土地は市民の手に渡り，借地契約が短期化したが，山間部では農民所有が維持された。P. Grillo, *Le campagne bergamasche nel XIV secolo: agricoltura e società rurale*, in *Storia economica e sociale di Bergamo*, op. cit., pp. 339-369. 特に pp. 361-365.
108) ASBg., FN, n. 75, Simone Pilis, fascicolo 1, p. 99.

219

産もまた，その重要な一端を担っていた。ガヴァツェーネはこれらの経済活動の末端を担う放牧業者であり，小規模ながらも永代借地や継続的な委託放牧の受託によって安定を得ていたものと思われる。

そのような立場のガヴァツェーネが，基本的に人脈のギベッリーニ色の強いジャコモ・「タイェージョ」らと継続的に関係を結ぶ一方，ロータとも無関係ではなかったことは注目に値するだろう。1356年3月24日，上のマルティーノは，イマーニャ渓谷の故モンタナーロ・グァリスコ・ロータの息子ジョヴァンニに地片一つの1年分の地代として栗の粉1セスタリオを収めている。当該地片の所在地は，やはりバルリーノである[109]。実際に放牧を行う立場にあるマルティーノとしては，放牧地は連続させて確保することが望ましい。また，彼らの立場は各地に分散した所有地や権利を持つ大経営者や貴族とは異なり，略奪や没収が生じれば致命的な損害を受けやすいことを考えれば，グェルフィ・ギベッリーニのいずれとも関係を結びつつ，地域にまとまった経営を維持することが賢明である。党派的人脈を活用したベルガモ織や放牧が繁栄すればする程，経営の階層化も進み，末端の生産者は自らの零細な経営を守るためには逆に党派に対して中立的な立場を取らざるを得なくなるのではないのだろうか。

このような党派からの相対的自立性をもたらすものの一つは，経営基盤の局所性にあるものと思われる。地域的一貫性の高い基盤を重視する結果，党派的結合の重要性が相対化されることもあり得るという現象は，カルミナーティのような中規模の親族にも見られたことであり，それが末端のみの現象であったと言うことはできないだろう。先のジャコモ・「タイェージョ」に関しても，1384年5月20には，彼が上アルメンノの共同体構成員 vicini comunis de Lemen superiores であることが確認される[110]。上アルメンノは，激しい党派抗争ゆえにボルゴ・アルメンノが分裂した結果生じた上・下アルメンノの内，グェルフィ中心の集落である。ジャコモはバルリーノに集中した生産性の高い経営地を維持し，グェルフィ共同体に適応することを選んだものと思われる。

---

109) ASBg, FN, n. 75, Simone Pilis, fascicolo 2, 1356. 4 gennaio a 8 maggio, p. 107.
110) ASBg, FN, n. 25, Agnello della Piazza, p. 23.

第 5 章　在地的党派と地域形成

　アルメンノ周辺では，党派的人脈が都市ベルガモとボルゴ・アルメンノおよび渓谷部を結びつけ，都市やボルゴの資本と渓谷部の土地と動産，労働力をつなぎ，ベルガモ織生産や酪農，およびそれらの製品の流通の発展に寄与していた。このような生産関係が形成途上にあったことが，この地域の党派的結合をより強めていったと言える。だがその全く同じ生産関係の発展は，自らの内部に党派的結合を相対化する方向へと発展する要素をも内包していた。ベルガモ織に関して言うならば，原毛生産から仕上げ加工に至るまでの各工程の分化とその間の流通関係の発展によって，請負関係の階層化が進展すると同時に，生産地の地域的一貫性の重要性が高まり，それによって末端の直接生産者や中間経営者と地域の結合が深まることで，党派の意義は相対化されていったのである。14 世紀から 15 世紀初頭のアルメンノ周辺地域においては，この双方の傾向が未だ対立し合うことなく共存し，むしろ相互に刺激し合って発展を続けていたのだと言える。

章括

　13 世紀から 14 世紀にかけて，都市コムーネ・ベルガモによる領域編成が進展し，その下で行財政単位としての農村部および渓谷部のコムーネが成立していった。この動きはアルメンノとその周辺の渓谷地域では，聖サルヴァトーレ教会やアスティーノ聖墳墓修道院などの聖界所領の漸次的解体や，その枠組みの影響を受けながら成立した自生的な初期的農村・渓谷コムーネの分離と相互に連関しながら進展していった。そしてその動きは，渓谷部の土地所有や経済活動へのベルガモ市民やボルゴ・アルメンノ住民の参入と同時に進行し，この新しい動向と，既存の在地領主や土地所有者，保有農や放牧業者達は，それぞれの条件に応じた結合や対立の関係を形成し，地域の紛争状態を拡大再生産していった。
　渓谷部の小教区や各地域のコムーネ間の境界紛争はこのような文脈の中に位置付けられ得る。しかしそのような紛争状態の中で，聖務の執行や所領経営においては衰退の方向を辿っていたボルゴ・アルメンノ所在の教区教会，

聖サルヴァトーレ教会が，紛争解決を司宰することによって存在意義を高めつつ，渓谷部へのボルゴ・アルメンノの影響力を維持していた。またそれ故に，親族の分布や地形の影響下で強い結合力を持った渓谷部の小地域と，聖サルヴァトーレ教会の間の紛争状態も生じていた。即ちここでは，渓谷部と，都市および都市と密接な関係にある経済中心地であるボルゴとの間に，結合と分離の二重の方向の関係が形成され，二つの傾向は互いに開かれた可能性を持ちながら共存していたのである。

　そのような中で，全体として見れば強力な結合関係をボルゴ・アルメンノとイマーニャ渓谷の間に維持する媒介となったのは，地域のギベッリーニの党派的結合であり，そこに形成された経済関係であった。ベルガモのギベッリーニを率いるスアルディ家と，アルメンノをはじめとして都市とその近郊に広い基盤を持つピリス家，アルメンノを基盤に広範な投資を行う資本力を持つチェレゾーリ家，サッシナ渓谷からタレッジョ渓谷，イマーニャ渓谷へと広がる領主的基盤を持つアッリゴーニ家らがここでは緊密に結びつき，地域の経済活動に多様な影響を与えていた。中でも特筆すべきは時代の中核的産業であるベルガモ織の生産と流通への関与である。彼らの資本はイマーニャ渓谷南部でのベルガモ織生産に投下され，地域の毛織物工業の発展を支えていた。またその生産には現地生産の原毛が使用され，放牧業の展開や委託放牧にも結びついていた。

　しかしこのような，都市とボルゴと渓谷部を結ぶ党派的結合は，強固な在地的基盤をもとに分離傾向，または相対的な独立傾向を持つ，ウビアーレやカスティニョーラのカルミナーティのような勢力が党派内に生じることを妨げなかった。また一方では，党派的人的結合を介して成長した毛織物産業や放牧業の展開そのものが，徐々に成長する末端の受託業者の安定的経営への希求をもたらし，党派には必ずしも拘束されない，地域と結びついた経営基盤の展開が図られたことによって，地域における党派の意義は相対化されていった。14世紀ベルガモの党派による活動は，このような地域との関係の複合的な様相の下に展開したのである。

　前章では，地域の紛争と平和との関連から党派の変化が明らかにされた。即ち党派は，激しい流動性をもった組織から，地域と密着し，むしろ発展さ

第5章　在地的党派と地域形成

せるという複合的発展を示した。このような変化を促進した日常的基盤を，本章は具体例にそって明らかにし得たのではないだろうか。土地と権利の流動化状況の中で存在意義を獲得した党派が，その自らの活動の中核の一つである経済活動の総合的な展開の力によって，自らの相対化を帰結したのである。

　党派抗争を在地社会で展開する住民達の動向が，ヴィスコンティ国家の制度的確立と地域への浸透にとって重要な意義を持ったことや，そのヴィスコンティ国家がやがて領域把握のために都市党派を介した党派の統制を行おうとしたことは第3章および第4章で検討してきた。このように，党派は一方では国家的展開の媒介となった。他方では第4章および本章で検討してきたように，発展過程にあった経済活動の進展を，人的結合，および資本的結合によって促進し，その一翼を略奪や軍事行動によっても支え，生産活動の安定を図るとともに，その展開地となる地域の平和維持にも積極的に関わった。これらの展開の背景には，コムーネ時代における経済的発展を前提とした都市・農村関係の緊密化と，市民の農村部や渓谷部の所有経営関係への参入，その一方で解体する分散所領の危機を背景に経営の再編を行う聖俗大土地所有者による経営合理化と市場向け産業の発展，そしてこれらすべての条件の上に展開した毛織物市場の拡大，といった社会経済的変動があった。それはこの変動の帰結が，党派という，社会的流動性の急速な実現を可能にし得る人間集団の形に結晶することによって，初めて可能になったと言えるのではないだろうか。

　党派という組織は二重の顔を持っていた。即ち一方では地域や小党派との緩やかな結合を，他方では地域や国家までも超えた結合を同時に持っていた。そのことにより，長期的に，不断のダイナミズムを伴って展開した中世的社会と国家を，そして人々の日常の営為と政治を，直接の関係によって結合したのである。したがってそこは，日常に密着した慣習の領域と，制度的国家や法の領域が絶え間なく遭遇する一方で，既存の政治社会の枠組みを超えた，またはそこからは除外されていた，エネルギーの参入を許す場でもあり得た。即ち党派は，放浪する被追放者達，家畜や牧場の所有者を頼って移動する貧しい牧人層，傭兵を季節労働とする山岳民らと，都市や国家の頂点の交錯す

223

る場でもあったのである。このような党派の時代は傭兵の時代でもあり，その頂点にはフランチェスコ・スフォルツァーの到来を位置付けることができるだろう。

　むろん，このような一般的展望に対して，本章はあくまで，地域的にも時間的にも著しく限られた一事例を提供し得たに過ぎない。ここでは事例を事例として，そしてその余白に浮かぶ展望を，猶検証されるべき一つの可能性として提示するに留めたい。

終章　結論と展望

　本書は，都市コムーネ間の激しい競合を経験し，シニョリーア制と地域/領域国家が成立した北部イタリアを検討対象とし，都市コムーネから地域/領域国家への移行を，一つの連続的な，広義の社会史的過程として捉えつつ，国家的秩序と社会を論じることを目指した。そしてそのために，紛争と平和の問題を介して，在地社会と広域的な政治・領域秩序が接合される諸相とそのダイナミズムを検討してきた。

　コムーネ時代の北イタリアでは，仲裁制を核とした，当事者の合意と承認に基づく秩序形成が都市や貴族の間に成立していた。仲裁者の役割をしばしば担った有力都市・ミラノは，やがて強力なイニシアチヴを握り，干渉力を高めるに至る。しかし，軍事協力を超えて，徴税，司法，警察等の諸方面にわたる緊密な関係を結んだ諸都市コムーネの間には，システマティックな関係者の承認と誓約による仲裁手続きが実現していた。したがってミラノの権限強化へ至る過程は決して直線的な自明のものではなかった。本書では，このような過程を，戦争や紛争を進め，それを解決し，秩序を形成する実践のメカニズムから検討し，その内部から生じる動態を明らかにしようとした。仲裁はいかに行われなければならないのか，という，あるべき仲裁の理念が共有されていたことは，逆に仲裁裁定を戦争遂行の過程で自らの正当性を主張する根拠として主張する方向へも道を開いた。こうして，仲裁を含む，既存の戦争と平和の慣行の内部で，当事者達は自らに有利な結果を得ようと努め，その結果仲裁者の権威が高まっていったのではないだろうか。しかしその一方で，このような仲裁制を支えた在地の現実の構成要素は多様化していった。都市や大貴族だけではなく，農村部の指導層とその構成員もまた，実質的に地域秩序を担う実力を高め，戦争や同盟関係に参画し，その動向を左右するようになる。ここに至って都市と貴族を主体とした広域秩序は限界

を露にし，再編を求められていく。

　したがって，都市間の仲裁による広域秩序システムを内側から変貌させたところの，農村部の諸勢力を広く巻き込んだ在地的現実の動態的把握が必要である。本書では農村部の都市的定住《準都市》が，地域の秩序を担う政治的主体，即ち共同体として成長する過程を，紛争論的視点から検討した。《準都市》の成長と拡大は，定住史的には中世イタリアの長期的な集村化過程の一環である。しかしその要因は，都市コムーネの領域政策や，それによる都市・貴族間の戦争，およびその中で拡大する党派抗争にも影響を受けたものであり，都市・農村を貫く一つの動態をなしている。本書が検討対象としたカザーレは，長期にわたって武力紛争を含む対立を繰り返した隣村・パチリアーノとの合併を経験する。地域秩序を担う主体としての成長のためには，パチリアーノをはじめとする近隣の集落領域や領主支配地域への裁判権や影響力の拡大が意義を持ったであろう。共同体カザーレは立法，警察等の対内的平和秩序維持機能を担うとともに，シニョーレら上級支配者に対する強力な自立性を維持していく。このように，共同体の成長は，集落の合併と拡大によって促進されたが，それは互いに対立する集落間の在地紛争の只中から実現したものであった。教区教会の所領解体による小教区共同体の台頭は，共同体間の紛争状態を高め，各共同体の内部に対立する2党派を形成した。共同体の合併は，これらの党派が，諸集落を横断して広がり，共通の構成員を持っていたことによって実現したのである。局地的な党派の形成とその間の紛争が，より広い人的結合の媒介として機能し，農村部の在地社会をも広域秩序へと結びつけていったのであると言えよう。これらの党派と，その結合を媒介に形成された新共同体の指導者達は，少なくともピエモンテの当該地域においては，合併された2集落の双方に基盤を持ち，「騎士」と呼ばれる在地の小貴族達であった。彼らは「ポポロ」に対する指導層として，「騎士」と「ポポロ」の二重共同体を形成していた。その背景には，拠点とした教会の領主支配の後退や，都市コムーネや領域君侯との複雑な対抗関係や，新たな小共同体を前に，基盤の再編による地域社会での指導力の保持を目指した在地小貴族層の行動があった。彼らは，局地的な所領の枠を超えて結集し，共同体の行為能力を高めていったとの想定が可能なのではないか。そし

終章　結論と展望

て農村部における党派抗争とは，このような新たな広域秩序の単位となる地域社会を形成する運動の一環であり，それはミクロな地域的現実を規定しつつ，緩やかに広域秩序へと接合してゆく人的結合なのであると言えよう。

　こうして在地から形成される，いわば自生的な秩序を持つ地域社会と，それらの相互関係によってつくられる広域秩序は，国家という組織の形成とどのような関係にあるのか。本書では国家と地域社会の秩序を互いに排他的で自己完結的なものとは捉えずに，両者が相互関係の内部から展開してゆく側面に注目し，検討した。14世紀の初期ヴィスコンティ国家においては，G. キットリーニの地域国家モデルを構成する「君主」や「地域団体」は，未だ形成途上にあり，それらの相互関係に，国家の制度的側面と在地社会の双方が規定されていた。本書では，このようなヴィスコンティ国家の制度的新要素である代官と代官区を，規範と現実の双方において，ベルガモの在地社会との関連の中で検討した。ヴィスコンティ国家の代官という役職の定着と発展を支えたのは，在地社会内部でグェルフィとギベッリーニの党派抗争を展開した渓谷や農村の住民達であった。14世紀後半，ヴィスコンティ権力の過渡期に渓谷部の諸条例集が作成された。これらは互いに異なった構造を持ち，その中ではヴィスコンティ国家の体現者である代官の位置付けすらも異なっていた。このことは，代官と代官区は，中央が単なる在地社会を統制する道具としては決して理解され得ず，むしろ正義の回復や安全の保障と平和，共同体財産の保障や負債の健全化という在地の需要を反映していること，そして在地的要素の参入を許すことによって，この制度が定着を果たしていったことを表している。このような代官の，在地での現実的な権力は極めて弱体なものであったが，それ故にこそ在地社会側からの積極的利用への道が開かれていた。代官の地位の弱体性を規定した大きな要因は，地域住民の高い武力の利用可能性であったが，そのような物理的な力と機会を住民に提供したのは，在地の小社会の末端に至るまで浸透したグェルフィ・ギベッリーニの党派抗争と，それによる同盟関係であった。住民側は，そのような代官の地位の弱さに基づいて，自らの権利を主張し，国家に対しては果たすべき義務の履行を求めていった。即ち国家と地域の関係に保護と庇護の双務的性格を与えていったのである。さらに，住民は自らの在地的な紛争を実践する上

で，正当化の根拠，または紛争を有利に展開させるための回路として，国家を利用していった。在地的な紛争が，グェルフィ・ギベッリーニの抗争と接合することによって，国家と地域社会の間に上のような関係が形成されていったのである。したがって，14世紀のヴィスコンティ国家においては，在地的な紛争と平和の実践の内部から展開する広域秩序という問題を，グェルフィ・ギベッリーニ抗争の在地的実態から理解し得るのではないか。

およそ14世紀にヴィスコンティ国家が展開した地域では，極めて在地的な小党派にも「グェルフィ」と「ギベッリーニ」の名称が用いられ，これらが都市領域の「グェルフィ」と「ギベッリーニ」，および一都市を超えて広がる「グェルフィ」と「ギベッリーニ」に接合していく。したがって「グェルフィ」と「ギベッリーニ」は，地域と国家，およびそれらの全体と国家間関係をゆるやかに接合する役割を果たしてゆくのである。このような「グェルフィ」と「ギベッリーニ」は，どのような構造を持っているのか。国際関係の水準においては，それらは都市国家や地域／領域国家，またはその内部の各陣営を広域的な同盟関係へと結合する名称であると言える。一方その構成要素である地域的な「グェルフィ」と「ギベッリーニ」は，それぞれの国家や都市，地域の内部に共存し，役職などの政治的な資源分配の単位として，秩序の構成要素となると同時に，都市や国家を超えた結合の媒介であり続けた。在地の小党派は，このように一都市領域内部に見られる党派を介しつつ，より広い関係へと結びついてゆく。

このような在地的党派の実態を，本書は，ヴィスコンティ国家と在地社会双方の平和政策および平和維持機能との関連から検討した。ベルガモの事例においては，「グェルフィ」と「ギベッリーニ」は，領域内の自立性の高い在地的ミクロ党派の緩やかな結合によって成立していた。この小党派間の結合は，生産・経済活動や軍事的同盟の網の目としての役割を果たしており，その間の紛争の展開にも，都市党派の影響からは自立した独自のメカニズムがあった。ヴィスコンティ家の支配者達は，都市の首領にそれぞれの党派を掌握させることによる平和政策を試みたが，在地的ミクロ党派の自立性は失われなかった。そのような在地から生まれる紛争は，都市を中心とするグェルフィとギベッリーニの党派によっては把握しきれなかったのである。それ

終章　結論と展望

故，地域における実効力のある平和を求める動きは，下からも進展した。ここに党派をめぐる二つの傾向が同時に発展し，共存しながら，領域国家の形成過程と連れ立ってゆくことになる。即ち，党派がその内部での平和維持機能や仲裁の役割を高め，存在意義を高める一方で，時にはその党派を相対化する，領域内の在地的な地域的結合の意義も高まっていったのである。

そのような結合の細胞となる在地的人的結合の具体像を，本書ではベルガモのアルメンノおよびイマーニャ渓谷の周辺において検討した。この地域では，ベルガモ都市コムーネの領域編成や聖界所領の解体の影響を受け，分散してゆく地域が，その一方で在地的ギベッリーニの党派的人的結合によって結びつきを維持していた。そしてこのような党派的結合が，ベルガモ織への投資と生産・流通などを通じて，地域の経済活動を支えていたのである。しかしこのことは一方では，安定的な経営を目指した地域的結合の重要性をも高め，党派という人的結合の意義の相対化をも帰結していったと考えられるのである。

本書は，コムーネから広域秩序，そして地域／領域国家への展開を，その政治的・社会的秩序を構成する諸集団——都市，共同体，党派など——の内外の相互関係によるダイナミズムとして展望してきた。そこから生み出された地域／領域国家とその社会は，ここでどのような相貌を示しているだろうか。本書で明らかにされた地域と人間の集団の再編と，そこに生まれるそれらの相互関係は，14世紀から15世紀においてはなお，確定的な，閉鎖的領域を持つ地域と国家に帰結するものではなかったと言えるのではないだろうか。本書においては，《準都市》のような新共同体の形成や，渓谷やその内部の小地域における在地的な地域的凝集力の高まり，そしてそのような地域における平和と安定的秩序の重要性の高まりへと向かう傾向が明らかにされた。しかしこれらは同時に，既存の党派的な人的結合を完全に排除することは決してなかった。むしろ，そのような党派的結合の意義を，ある程度相対化しつつ，新たに凝集力を高めた地域社会に適合する役割を党派に与えていったのである。グェルフィとギベッリーニの党派は，緩やかな結合を維持しながら，その内部での構成員間の紛争解決と平和維持の役割を担っていった。また，グェルフィとギベッリーニを構成する在地的なミクロ党派は，

共同体の地域的枠組みともしばしば一致し、そのことによってむしろ一時的に基盤を強めたとも言える。地域社会で大所領の解体と、それに伴う所有と経営の再編、共同体の強化などが進行する一方で、党派を介した緩やかな人的結合は維持され、地域の経済と社会を支える媒介ともなっていったのである。ここに、イタリア中世後期地域／領域国家に同時的に内在する、二つの傾向を見ることができるのではないか。即ち、より安定的に編成された領域的枠組みへの志向と、それを超えて領域外へも開かれた、人的結合の継続的存在とその新しい意義の獲得である。地域的枠組みと党派的枠組みは、互いに相対化し合いつつ、補強し合いながら、地域／領域国家の形成と展開を支える二重の糸として共存し続けた。

　このような認識を前提に、ここで本書の検討対象を越えて前方を望めば、どのような近世秩序を展望することが可能だろうか。15世紀中葉には、境界地域ベルガモの道は、経済的にはミラノとヴェネツィアの間で双方に開かれたまま残り、その彼方には東西の地中海とイベリア半島、アルプス以北の市場が、それぞれに手を差し伸べていた。このような状況を準備したイタリアとスペイン、ティロルやオーストリアとの結合は、党派や同盟による人的結合をも一つの媒介として、緩やかな結合の一形態として、14・15世紀に作り上げられてきた秩序を前提としたものであった。

　在地社会を広域的秩序へと緩やかに接合した党派的結合は、14世紀には、なおイタリア半島を越えた国際的広がりを持っていた。アンジュー家に対してアラゴン朝を中核に据えたギベッリーニ陣営や[1]、東北部渓谷地域にも関連領域の広がった反スカーラ家同盟などは[2]、交通と通商に関わる密接な経済的利害関係を持つイベリア半島やティロルなどの諸勢力を同盟関係に直接的に引き入れていた。このような緩やかな広域的同盟に、地域的な党派が接合していたのである。このことは、これらの関係の展開期には、都市の支配領域や領域国家をはじめとする地域的枠組みが、その内部に複数の国際、ま

---

1) I. Lazzarini, *L'Italia degli Stati territoriali*, Roma-Bari 2003, pp. 53–54, pp. 57–58.
2) J. Riedmann, Mittelalter, in J. Fontana, P. W. Haider, W. Leifner, G. Mühlberger, R. Palme, O. Parteli, J. Riedmann, Geschichte des Ländes Tirol, Bänd1, Bozen-Innsbruck-Wien, 1990, pp. 291–698, p.464; F. Cognasso, *Il Ducato visconteo da Gian Galeazzo a Filippo Maria*, in *Storia di Milano VI, il Ducato visconteo e la Repubblica ambrosiana（1392-1450）*, Milano 1955, pp. 1–383, p. 19.

終章　結論と展望

たは地域間関係への回路を保持し続けたということを意味している。本書でも検討対象としたベルガモは，ギベッリーニのスアルディ家を強力な支持者としたヴィスコンティ国家による支配期の後，1428年にヴェネツィア支配下へ移行する。このヴェネツィアの対ミラノ戦におけるベルガモおよびブレーシャの帰趨を決定的にしたのは，渓谷部を主要な拠点とするグェルフィ達の主体的な対ヴェネツィア協力であった[3]。彼らの主要な目的が，有利な交易や自治と特権の維持，在地的な領主間や共同体間の紛争におけるヴェネツィアの利用にあったことは明らかである。したがって，同様の意味での価値を完全に失ってはいないミラノとの関係も，直ちには消滅し得なかった。

これらの間にあってベルガモは，16世紀には，少なくとも経済的には，ヴェネツィアとミラノのいずれに対しても相対的に自立的な独自の市場網を繁栄させる。ベルガモは毛織物と鉄工業を中心として，中東ヨーロッパへ伸びる国際的活動領域を維持するが，その一方で，毛織物生産にはスペイン産原毛やリヴォルノやプーリア産の原毛が用いられ，ジェノヴァ経由の通商網が重要な意味を持ち続けていた[4]。このように多方向へ開かれた地域間関係と，広域的・国際的に伸びる人的関係の総体，という，オルタナティヴな選択に常に開かれた政治・社会・経済空間を，人々はどのように生き，時代を動かしたのか。その中で，何がどのように選択されていったのか。在地的秩序形成の延長上に実現したローディの平和のイタリアの均衡，イタリア戦争期の変動，およびスペイン支配下の地中海秩序の現実を，そのような場から見つめることができた時，イタリアから描き直される近世化の歴史像へと向かうささやかな一歩が踏み出され得るだろう。だがこれは，本書の課題と筆者の力をはるかに超える問題である。

かつて，アルプス以北の諸国との比較に基づいてイタリアに「衰退」の刻印を押したのは，分裂と外国支配が決定的になったことによる国民国家形成の失敗という認識であった。そしてこのような認識と，イタリア中世都市国

---

[3] B. Bellotti, op. cit., pp. 357-365.
[4] P. Lanaro, *Periferie senza centro. Reti fieristiche nello spazio geografico della Terraferma veneta in età moderna*, in *La pratica dello sambio. Sistemi di fiere, mercanti e città in Europa e in Italia, 1400-1700*, a cura di P. Lanaro, Marsilio, Venezia 2003, pp. 21-51.

家および中世国家認識は，極めて緊密な関係にあった。現在，国民国家を基調とする歴史認識が厳しい批判を受けて久しいのみならず，それを相対化する「地域」や「ヨーロッパ」という様々な枠組みに対してもまた，その極めて現代的な意義故に，より冷静にして批判的な視点によるアプローチが求められている。そこでは，多様な水準の政治秩序を，その形成の歴史的現場に可能な限り微視的に接近して再構成する努力の意義は決して無ではないはずである。その結果として，本書の北イタリアの事例において明らかにされたような，地域的，および人的な結合の同時形成とそれぞれの再定義を介して形成される，多方向的地域間関係に基づく広域秩序が，中近世ヨーロッパ全体の内部でどのような位置付けを与えられ得るかについては，今後の総合的比較検討の成果を待つより他にないだろう。

附章　研究史概観　都市コムーネから地域国家へ：移行の契機とその歴史的特質，そして国家の歴史の方法論

1. 都市コムーネからの「移行」問題

1-1　戦後から1970年代までの日本学界における研究史

　本書序章で述べたように，日本のイタリア史研究は比較的新しく発展した分野である。だが，その誕生は，戦後の日本西洋史研究から切り離されたものではなかったはずである。戦後日本におけるイタリア社会経済史研究のパイオニア的役割を果たした森田鉄郎氏は，『中世イタリアの経済と社会——ルネサンスの背景』において，自らの研究の視角を明確に述べている。森田氏は後進資本主義国の市民革命の不徹底さとファシズム台頭の関連への関心から，リソルジメント期イタリアの研究に関心を向けた。その後，リソルジメントの社会経済史的背景がそれに先行する外国支配下の「沈滞期」イタリアのそれに規定され，さらにはそれ自体がルネサンス期イタリアの社会に規定されているという展望を得，中世社会経済史の研究へと向かった。このような長期的視点と，ヨーロッパ社会全体への広範な関心とを交錯させつつ，氏はイタリア中世社会の特徴を描き出した。それは古代的伝統に多くを負い，その独特のあり方が，ルネサンス期以降17, 18世紀イタリア社会の近代化の遅れを帰結し，結局は地主的ブルジョワジーのもとでの不徹底な変革しか遂げ得なかったリソルジメントの性格に大きく作用を及ぼす。したがって，イタリア中世社会の構造分析に密着して，イタリアにおける近代社会成立過程の特殊性を究明する研究は，古典古代社会から近代社会にかけての一貫した社会構成史的把握に道を拓くものとなり得る，とういうことが氏の基本姿勢であった[1]。

　そして特殊イタリア的展開の最大の鍵は，中世都市国家の繁栄である。森

[1) 森田鉄郎『中世イタリアの経済と社会——ルネサンスの背景』, 1987年, 山川出版社, 5頁。

田氏はそれが「あまりにも全面的に社会をおおいつくしたために近代的繁栄にのりおくれた」のであると主張した。イタリア中世都市は，古代末以来の都市と農村の間の有機的繋がりを保ち，「都市に指揮と組織の中心をおく広い領域と一体化した，どちらかというと領邦に近い性格を初発から示していた[2]」。この特質は12・13世紀のコムーネ時代に一層強化され，富裕化した遠隔地商人層や高利貸資本家達によって構成される不在地主的市民的土地所有がイタリアの支配的土地制度となっていった[3]。

イタリア都市をヨーロッパ諸国の都市とは異なる特質を持つものと見なし，その特質に近代化の遅れの主要因を見る，という点において，森田氏の見解は基本的には増田四郎の市民社会論と基調をともにしている[4]。また森田氏は，シニョリーア制の成立とルネサンス期地域国家への移行という問題を，地主的市民層が，所有の安全を願って，封建的再編成の方向へ向かうシニョリーアを進んで受容した結果成立したものとして位置付けた。

続いて，このような都市の社会経済と都市国家制度史の総合的理解を進め，日本の中世イタリア史研究において，都史国家論に一期を画したのが清水廣一郎氏の諸研究である。氏は著書『イタリア中世都市国家研究』において，N. オットカールの研究に言及しつつ，中世中北部イタリアの自治都市国家が周囲の農村地帯に広がる領域（コンタード contado）を持つ領域国家の形体をとっていたことを重視した。したがって，市民の存在形態や文化も，アルプス以北の都市の場合とは異なる独自のものであり，そこは「都市は，為替や複式簿記などの先進的な商業技術に見られる合理的・打算的意識の展開が行われる場であると共に，有力市民間の私戦慣習が存続し，各所に砦を想起させる豪族の堅固な館がそびえている環境なのである[5]」。

そのような特徴に由来する「北中部イタリアの中世後期から近世を貫く基本的な骨組[6]」は，清水氏にとって「領域国家としての自治都市（コムーネ）相互の対立抗争，大コムーネによる小コムーネの併呑，それによって生ずる

---

2) 同書，7頁。
3) 同書，7頁。
4) 増田四郎『都市』，筑摩書房，1994年，228頁。本書序章参照。
5) 清水廣一郎，『イタリア中世都市国家研究』岩波書店，1975年，1-2頁。
6) 同書，2頁。

附章　研究史概観　都市コムーネから地域国家へ

コムーネの変質，シニョリーア制の確立とコムーネ体制の否定，同時に進行する都市文化の変質」[7]等の動きであった。氏の一連の都市国家研究を基底で支えたのは，オットカール・テーゼに見られる，都市と農村の有機的関係と，その制度的表現である「領域国家」としての都市国家＝都市コムーネの認識であったと言える。シニョリーア制への移行という問題は，このような都市・農村関係を構造論的な静態性を超えて把握し，都市国家の形成と展開の過程において動態的に理解する，という課題を端的に表していたと言えよう[8]。また，氏はこのような「コムーネの危機」の頂点として1378年にフィレンツェで生じた「チョンピ一揆」に注目し，その結果としての個人あるいは少数者への権力の集中が，ルネサンス国家成立の前提となると結論する[9]。

　1975年に刊行された『イタリア中世都市国家研究』を，現在の研究史的条件に基づいて読み直せば，いくつかの批判も可能である。ルネサンス国家への移行は，一都市の支配域を超える領域的再編成を伴う現象である。その主要因を都市社会内部の矛盾に帰し，それによる都市国家の制度的変遷の問題としてのみ取り扱うことは限定的にすぎよう。また，現在は経済史におけるいわゆる「14世紀の危機」の影響の評価も大きく緩和されており，国制へのその直接的影響を無条件に前提として扱うこともできない[10]。だが一方で，そのような限界にも関わらず，同書には既に，後述するようなその後の欧米学界の研究動向と重なる問題意識と論点も姿を見せていた。清水氏はフィレンツェの支配層に関して，商業活動と都市生活の絶えざる存続と，13世紀における著しい経済的発展の影響を重視しており，「コムーネの危機」

---

7) 同書，2頁。
8) N・オットカール著，清水廣一郎・佐藤眞典訳『中世の都市コムーネ』創文社，1972年，4頁。同書「訳者あとがき」155頁において清水氏は「静態的なオットカールのコムーネ像をいかにのり越えるかが我々にとっても重要な課題なのである」と述べている。
9) 清水廣一郎，前掲書22-23頁，26-27頁。チョンピ一揆に関しては，同書第5章「「チョンピ一揆」に関する二つの記述史料」，同『イタリア中世都市国家研究』，187-248頁。
10) 星野秀利著，齊藤寛海訳『中世後期フィレンツェ毛織物工業史』名古屋大学出版会，1995年；M. Knapton, *Dalla signoria allo stato regionale e all'equilibrio della pace di Lodi*, in *Storia della società italiana, diretta da Giovanni Cherubini, 8: I secoli del primato italiano: il Quattrocento*, a cura di G. Cipiani et al., Milano 1988, pp. 87-122.

を封建化とは見なしていない。さらに清水氏は，コンタード内には自立的な農村コムーネが散在した，という領域支配の非完結性に関わる問題をも指摘し，そのような状況の中で都市コムーネの領域支配の発展を支えた基礎過程を，農村の村落秩序の変容に関して検討する必要性について述べている[11]。

　清水氏の関心はあくまでも「都市国家」にあり，したがって一都市の支配領域を超えた広域的権力の下での国家秩序に関する論点が現れないことは当然とも言える。だが一方では，広域地域国家としてのルネサンス国家論にとって不可欠の前提であるコンタードの領域構造上の多元性を指摘した上で，都市・農村関係を不動の二項対立とは見なさず，農村部の在地的な社会経済的変容を都市経済との関係の中に位置付け，それを都市国家の国制と総合的に理解することの必要性を説いたことは，イタリアでの1980年代から1990年代にかけての議論の展開に直接的に接続し得る射程を持っていたと言うことができる。したがって，日本の学界内部の問題として捉えれば，清水氏の都市国家論の後には，広域権力としての地域国家への展開を射程に入れ，そのような広域におよぶ領域秩序の再編成の問題として国制の変遷を捉える視角を導入し，農村部の在地的秩序の変遷を都市・農村関係全体の中で検討することが課題の一つとして残されていたと言うことができる。

　1980年代から90年代にかけては，森田氏や清水氏の問題提起を受けつつ，齊藤寛海氏の商業史・経済史における実証性を高めた個別研究が蓄積され[12]，また佐藤眞典氏による帝国との関係と領域支配の問題を総合した都市国家研究が出された[13]。その一方で，中北部イタリアを対象とする研究者達の関心は，多角的な視点による都市社会史の方向に大きく旋回した。むろん，社会史研究は決して無前提に国家や社会経済の問題からの関心の切断

---

11) ここで清水氏は，プレスネルによる「コンタードによる都市征服」論への批判をも展開している。氏はプレスネルが土地所有者の連続性を強調するあまり，領主と地主との範疇的区別をも見失っていることを批判し，上層農民の都市移住は村落秩序の変容と成立しつつあった地主・小作関係を前提として地主層が市民化して行くことを示していること，およびプレスネルによって封建領主が窮乏化していないことの根拠として取り上げられた農村部修道院領の拡大も，実際には「封建的危機」への対応形態としての一般的な地主制の展開を示すものであり，その内部では領主・農民関係に大きな変化があったことを指摘している。清水廣一郎，前掲書，14頁。
12) 齊藤寛海『中世後期イタリアの商業と都市』知泉書館，2002年。
13) 佐藤眞典『中世イタリア都市国家成立史研究』ミネルヴァ書房，2001年。

附章 研究史概観 都市コムーネから地域国家へ

を意味するものではなく,この点はとりわけ,国家的なものが都市という場に実現したイタリアでは改めて強調されるに値する[14]。商業史と都市国家の政策の関係や,親族などのそれまで「私的」と見なされてきた諸要素に注目しつつ権力構造の問題に取り組んだ齊藤寛海氏の研究に加え[15],同様に親族や家と都市国家の問題をヴェネツィアについて掘り下げた高田京比子氏やジェノヴァ商人の「家」についての亀長洋子氏の研究が発表される中で[16],都市国家をめぐる諸問題は継続的にイタリア史研究にとって重要な位置を占めてきた[17]。

---

[14] 社会史研究の位置付けについては,二宮宏之『全体を見る眼と歴史家たち』平凡社ライブラリー,1995年,同「戦後歴史学と社会史」『戦後歴史学再考「国民史」を超えて』青木書店,2000年,123-147頁を参照。

[15] 齊藤寛海「一五世紀のフィレンツェにおける権力構造 ── 研究視点についての予備的考察」,佐藤伊久男編『ヨーロッパにおける統合的諸権力の構造と展開』創文社,1994年,419-475頁。

[16] 高田京比子「都市国家ヴェネツィアにおける貴族の親族集団」『史林』第75巻第2号,1992年,1-39頁;同「中世イタリアにおける支配層の家と都市農村関係 ── 都市コムーネ理解に向けて」『史林』第78巻第3号,1995年,117-136頁;同「一三世紀前半におけるヴェネツィア都市法の変遷とその社会的背景」『西洋史学』第192号,1998年,48-69頁;同「サン・マルコ財務官と中世ヴェネツィア都市民 ── 遺言書史料に見る行政機構の発展」『史林』第84巻第5号,2001年,34-65頁。亀長洋子『中世ジェノヴァ商人の「家」── アルベルゴ・都市・商業活動』刀水書房,2001年。

[17] 研究対象の拡大により,必ずしも中北部イタリアの都市コムーネとそこからの移行を射程に収めない,半島内各地域やその影響を受けた地域に関する中近世国家研究も近年は多数発表されている。高山博「十二世紀シチリアにおけるノルマンの財務行政機構」『史学雑誌』第92編第7号,1983年,1-46頁;同『中世地中海世界とシチリア王国』東京大学出版会,1993年,28頁;同「ノルマン・シチリア王国のアミラートゥス ── ノルマン行政の頂点に立つアラブ官職」,樺山紘一,編『西洋中世像の革新』刀水書房,1995年,31-50頁;同『神秘の中世王国ヨーロッパ,ビザンツ,イスラム文化の十字路』東京大学出版会,1995年;大黒俊二「都市共和国ラグーザの存続条件 ── フィリッポ・デ・ディヴェルシ『ラグーザ頌』によりつつ」,中村賢二郎編『国家 ── 理念と制度』京都大学人文科学研究所,1988年,303-341頁;山辺規子「中世の教皇領」,中村賢二郎編『国家 ── 理念と制度』京都大学人文科学研究所,1988年,343-377頁;永井三明『ヴェネツィア貴族の世界 ── 意識と社会』刀水書房,1994年;阪上眞千子「フェデリーコ二世治下のシチリア王国における国家組織・経済・社会」『阪大法学』第46巻第1号(通巻181号),1996年,83-110頁;工藤達彦「「教皇国家」の建設とユリウス2世」『西洋史学報』26,1999年,1-24頁;北田葉子『近世フィレンツェの政治と文化』刀水書房,2003年;藤内哲也『近世ヴェネツィアの権力と社会 ──「平穏なる共和国」の虚像と実像』昭和堂,2005年;中平希「十五・十六世紀ヴェネツィア共和国におけるテッラ・フェルマ支配 ── イタリア領域国家の中央と地方」(広島大学,博士論文),2005年;同「ヴェネツィア「神話」とその再生 ── ガスパロ・コンタリーニ『ヴェネツィア人の行政官と共和国に見る一六世紀の国家像』『西

国家史研究が継続的な関心の対象であり続けたのであれば，それは，かつてのそれに代わる，どのような意義を担っており，また今後担い得るのか。中北部イタリア中世に関して言うならば，シニョリーア制への移行が近代イタリアの衰退を画したというグラン・セオリーは，日本では正面からの批判的検討を経ずに後景に退いたと言ってよく，80 年代から 90 年代初頭の日本のイタリア史研究において，この点がどう捉えられていたかを明確に述べることは，筆者には困難である。だが個別実証研究の増加と対象の広がりという点において，この時期は極めて豊饒であった。これらの成果をもとに，イタリアおよび欧米の研究史とも総合しながら，改めて国家と社会の議論に新たな視角から着手することが可能になったのはごく近年のことであり，日本では三森のぞみ氏と徳橋曜氏によるフィレンツェ領域国家の研究が発表されている[18]。都市共和国フィレンツェが従属都市を包含する領域国家を形成する過程を分析した徳橋氏は，領域の共同体との同意に基づきつつも，その上位にある統一権力として自らを確立しようとするフィレンツェ国家の特質を描きだしている[19]。これらの研究と時期を前後して刊行された『新版世界各国史十五　イタリア史』において，齊藤寛海氏は，シニョリーア制を，常態化した政治危機への対応，という社会の現実的必要に応じた「より自然な形態」と捉えている。そして「問題となるのは，なぜシニョリーアが出現したかではなく，むしろ，なぜ共和政が存続しえたかであろう」という，全く異なる視覚からの問題を投げかける[20]。

洋史学報』第 24 号，1997 年，58-86 頁；同「一六世紀ヴェネツィア共和国財政と税制 —— テッラフェルマ支配解明に向けて」『史学研究』第 241 号，2003 年 45-65 頁；松本典昭『メディチ君主国と地中海』晃洋書房，2006 年；三森のぞみ「フィレンツェにおける近世初期的政治秩序の形成」『歴史学研究』822 号，2006 年，1-13 頁；徳橋曜「15 世紀フィレンツェの領域行政と従属コムーネ」科研報告書『中世・近世イタリアにおける地方文化の発展とその環境』（代表・山辺規子），2007 年，123-141 頁。

18) 三森のぞみ，前掲論文；徳橋曜，前掲論文。

19) 徳橋曜，前掲論文。フィレンツェ国家とヴィスコンティ国家の構造的相違については，本書第 4 章参照。

20) 齊藤寛海「二つのイタリア」，北原敦編『新版世界各国史十五　イタリア史』山川出版社，2008 年，引用は 191 頁。都市コムーネ制度の変遷については，高田京比子「支配のかたち」，齊藤寛海・山辺規子・藤内哲也編『イタリア都市社会史入門　12 世紀から 16 世紀まで』昭和堂，2008 年，51-69 頁も参照。

一方，国家制度史研究に関して，この間に南イタリア史研究が急速に進展したことの重要性も指摘しておかなければならない。高山博氏は，日本のみならず諸外国でも研究の困難であった中世シチリア王国に関して，王国が高度に発達した行政制度を持っていたという通説に疑問を呈し，既存の地域行政単位の上に複合的に形成された行政制度の実体を明らかにした。また，同氏の研究は，ラテン・キリスト教文化圏，ギリシャ・ビザンツ文化圏，アラブ・イスラム文化圏にまたがる文化共存地域を正面から取り上げることにより，王国行政制度という研究対象を越えて，西欧世界研究の枠組みの再考を迫る貴重な成果を提供した[21]。中世にシチリア王国を形成した南イタリアと，自治都市コムーネの世界・中北部イタリアの間に横たわる研究上の差異は大きく，この点は，そもそも南イタリア研究の量的蓄積そのものが少ない日本の研究状況においては，なお一層際立っている[22]。だが，両者はいずれも，地中海海域世界という広い活動の場を背景に，多元的現実の遭遇の只中に展開した中世の国家的現実である。海域研究としての地中海研究という枠組みの中で，ジェノヴァやヴェネツィアなど海港都市の植民や商業活動，異文化間交通に注目する研究は，近年飛躍的に増加しており，これらの研究は国家という一つの枠組みがはめ込まれた現実の開放性と多元性に様々な角度から光をあてている[23]。

---

21) 高山博『中世地中海世界とシチリア王国』東京大学出版会，1993 年。
22) 南北イタリアを「二つのイタリア」とする見解の代表的なものとして，D. Abulafia, *The Two Italies. Economic relations between the Norman Kingdom of Sicily and the Northern Communes*, Cambridge 1977; P. J. Jones, *Economia e società nell'Italia medievale: la leggenda della borghesia*, in *Dal feudalismo al capitalismo, Storia d'Italia 1, Anali 1*, Torino 1978, pp. 186-373. 邦語でのまとまった記述は，齊藤寛海前掲論文「二つのイタリア」，南北イタリア史への比較史的・総合的視覚の必要性について，書評として拙稿「齊藤寛海・山辺規子・藤内哲也編，『イタリア都市社会史入門 ―― 一二世紀から一六世紀まで』」『西洋史学』232 号，2009 年 8 月，71-73 頁も参照。
23) 歴史学研究会編「地中海世界史」シリーズ（全 5 巻）は，海域としての地中海の多元性とネットワークに光をあて，西欧，イスラム，東方の三世界を統合的に扱っている。その他，堀井優「オスマン帝国とヨーロッパ商人 ―― エジプトのヴェネツィア人居留民社会」，深沢克己編『近代ヨーロッパの探求⑨　国際商業』ミネルヴァ書房，2002 年，234-259 頁；同「条約体制と交渉行動 ―― 近世初頭のオスマン権力とエジプトのヴェネツィア人領事」，林康史編『ネゴシエイション　交渉の法文化史』国際書院，2009 年，157-176 頁；飯田巳貴「近世のヴェネツィア絹織物産業とオスマン市場」，歴史学研究会編『シリーズ港町の世界史 1　港町と海域世界』青木書店，2005 年，299-331 頁；亀長洋子「キオスに集う人々 ―― 中世ジェノヴァ人の海外進出」，

これらの研究は全体として，イタリアの国家に着目した研究が，分析の枠組みの上でも，また個別実証研究によってもたらされた情報の上でも，イタリアのナショナル・ヒストリーと結びついた衰退論や，その衰退論と響きあいつつ，日本のナショナル・ヒストリー認識によっても独自の形で規定された，アルプス以北を中心に置いた西洋近代化論の全体に対して十分に批判的な距離をおき，展開され得ることを第一に示しているのではないだろうか。
　そこで，視点を同時期のイタリアおよび欧米の学界に移してみたい。同様の問題は，どのように受け止められていたのだろうか。

1-2　1970年代までのイタリアおよび欧米学界における研究史

　イタリアにおける研究史と諸外国や日本におけるイタリア史認識を交差させるためには，第一に，イタリア都市が特別に封建的であり，非典型的な中世都市であるという認識は，19世紀から20世紀前半におけるイタリア歴史学界では決して一般的ではなかったということを記憶しておかなければならない。
　19世紀のイタリアはリソルジメント運動の渦中にあった。リソルジメント期の歴史学，および後述の経済法制史学派と都市史については，G. ミラーニによる要を得た研究史整理がある[24]。歴史学も国民意識形成の思想運動と手を携えて進行するが，その中核となる価値観を提供したのがコムーネ時代の都市史であった。外国支配からの独立と自由，統一国家形成への願いは，フリードリヒ・バルバロッサとロンバルディア同盟諸都市の戦いに重ね合わされる。ここに，諸都市コムーネの自治，即ち分立の時代こそが，形成途上のイタリア人という国民を統一する共通の価値を提供する，というリソ

齊藤・山辺・藤内編前掲書，89-98頁；高田良太「中世後期クレタにおける教会とコミュニティ」『史林』第89巻題2号，2006年，68-102頁；同「ヴェネツィア共和国の海外領土」，齊藤・山辺・藤内編前掲書，98-106頁；松本典昭，上掲書；高田京比子「中世地中海における人の移動――キプロスとクレタの「ヴェネツィア人」」，前川和也編『空間と移動の社会史』ミネルヴァ書房，2009年，185-213頁。

24) G. Milani, *I comuni italiani*, Roma-Bari 2005. 特に pp. 159-168. イタリアの自由都市論と都市史研究について，邦語では高田京比子「中世イタリアにおける支配の変遷　2004年におけるひとつの到達点の紹介」神戸大学文学部『紀要』第35号，2008年3月，51-88頁も参照。

ルジメント期独自の歴史観が生まれる[25]。

　このようなリソルジメント期の都市コムーネ観を支えた歴史記述の代表は，1807年から1818年にかけて刊行されたJ. シスモンディの『中世イタリアの諸共和国の歴史』であった[26]。シスモンディはそこで，自立した個人である市民によって構成される近代的共和国の起源を，イタリアの都市コムーネに見出した。こうして都市コムーネは，進歩的ブルジョワジーの世界としてのイメージを付与されてゆくことになったのである。この時期，コムーネには古代ローマからの影響が見られるのか，またはランゴバルド族の侵入による断絶をローマとコムーネの間にも重視するのか，という論争も，このように高い価値を与えられたコムーネの起源の解釈の問題として展開する[27]。

　19世紀末から20世紀初頭にかけては，民族を中心とした歴史観から階級闘争史観へと重点を移動させつつ，「コムーネの自由」の変奏が続く。G. サルヴェミニは，リソルジメント期の歴史学が一般にラテン的要素とゲルマン的要素の対立に因を帰していたグェルフィとギベッリーニの闘争をフィレンツェの事例について分析し，そこに民族的要素ではなく，生産者階級＝民衆層と消費者階級＝豪族層の階級対立を見出した。またG. ヴォルペは，コムーネはローマ起源かゲルマン起源かという論争から完全に距離を置き，都市コムーネは11，12世紀の経済的発展を背景に台頭した都市指導層の私的な誓約団体であると主張した。しかしこのような階級闘争に注目した研究も，リソルジメント期の研究における，コムーネが市民的な，自由のための闘争の場であったという認識を完全にくつがえした訳ではなく，逆に補強したとすら言える[28]。

　このような伝統とは異なる立場にたったのが，N. オットカールの研究である。オットカールはサルヴェミニの階級闘争史観を批判し，グェルフィ・ギベッリーニ闘争は階級対立ではなく政治的対立であり，共通の基盤を持つ

---

[25] G. Milani, pp. 159-160.
[26] J. Sismondi, *Histoire des république italiennes du moyen âge*, Paris. 初版は1807-09年に，第2版は16巻で1809-18年に刊行された。
[27] G. Milani, op. cit. p. 162.
[28] Ibid., pp. 162-163; G. Volpe, *Medio Evo Italiano*, Roma-Bari 2003.

都市指導層内部の抗争であることを主張した[29]。さらに都市と農村の対立にも階級闘争を投影することを批判しつつ成立したのが，イタリア都市における「都市と農村の有機的結合」というオットカール・テーゼである。このオットカール・テーゼが一種の構造論的議論であり，その動態的把握が課題として残されていたことは，既に述べた通りであるが，オットカールが活躍し，サルヴェミニらとの論争を展開した時期に後続する時期の歴史的条件が，イタリア学界における活発にして自由な学問的展開を不可能にしたことは，記憶に留められるべき出来事であったと言わねばならない[30]。

したがって，終戦直後に研究活動を再開したイタリア学界の中で中世都市という研究対象がどんな意義を担ったかを，同様の歴史的経験を経た日本学界に属する我々が理解することは，決して困難ではない。戦後の空気の中では，一般的にはオットカールの議論を延長した「都市と農村の有機的結合」よりも，都市内の「自由な」市民層への関心の方がより高かったと言えるだろう。後に1970年代後半に入って，P.J. ジョーンズら主として英米学界の研究者によって展開される，後述するような都市中心主義批判は，このような一般的傾向を前提としている。

だがここで忘れてはならないのは，1953年に発表されたC. ヴィオランテの『前コムーネ期におけるミラノ社会』であろう[31]。この著書は，長らくフィレンツェやヴェネツィアの都市コムーネを主たる研究対象としてきた英米学界や，その影響の強い我が国の学界では，十分に知られていない。だが同書は，封建的・農村的要素と市民的・都市経済的要素との単純な二項対立を超えた，中世史におけるイタリア的個性と，封建制という現象のイタリア的発現形態そのものへの深い省察をその出発点に据え，その結果「都市的自由」と「封建制」の関係についての一般的通念を完全に逆転させた記念碑的研究であると言える。

ヴィオランテは第一に，イタリア海港諸都市における商業と貨幣経済の継

---

29) G. Milani, op. cit., p. 163.
30) オットカールの経歴とその歴史的背景については，N. オットカール前掲書『中世の都市コムーネ』における「訳者あとがき」(145-164頁) 参照。
31) C. Violante, *La società milanese nell'età precomunale*, Bari 1953.

続的展開と，その影響を受けたイタリア内陸部荘園経済における市場的開放性を指摘することでピレンヌ・テーゼを批判した。そして，こうして証左を得た都市社会の経済活動を背景に，土地投機が活発化し，その結果前コムーネ期において既に，急速に商人や法律家などの市民層が社会的上昇を果たして土地所有者化するとともに，そのような上昇の動きが農村からの移住者をも巻き込んでいったことを実証した。その結果，市民的経済活動と農村における土地所有，およびそれらを有利に展開させる聖界団体等との封建関係のすべてを共通の社会的基盤とする市民層が生まれ，彼らが都市と農村の有機的にして動態的な結合を体現したことが示されたのである。

　ヴィオランテの著書の第一の研究史的意義は，このような実証をもとに，当時の学界において理念的に対立していた「都市的自由」と「封建的」なものを接合したことであろう。ヴィオランテによれば，「土地所有者や，法律家や，商人達からなる市民層は，他の者が，経済的勢力や裁判権力，つまり封建的な力として，精力的に自由を獲得した結果，自らが抑圧され自由を制限されるのを見るに至って，自分自身にも自由を要求するようになるのである。しかし自由とは，この時代においては，特権以外ではあり得ず，封建的ヒエラルキー内部への参入以外の事柄は意味しえなかった[32]。」即ちヴィオランテは，前コムーネ期のミラノにおける封建制の発展を，自由への欲求という力によって促進されたものとして位置付けることにより，「封建制」と「都市」と「自由」を結合したのである。このようなヴィオランテの指摘が，前コムーネ期のミラノ社会を超えて広く示唆する問題は現在もなお大きいのではないか。

　続いて時代は1970年代から80年代を迎える。この時期の傾向を最も明瞭に特徴付けるのは，先にも言及した都市中心主義批判である。一連の議論は，代表的論者P.J.ジョーンズの言を借りて，しばしば「コンタードによる都市の征服」論と呼ばれる。

　ジョーンズは，中世イタリア都市を「資本主義的」「ブルジョワジー」の世界であるとして，それと「共和政」と「民主主義」の発展を結びつけて近

---

32) C. Violante, op. cit., p. 172.

代ヨーロッパの祖形と見なす教科書的理解の批判から出発した。都市コムーネの支配下でも強力な農村部領主支配は残存し続け，彼ら封建貴族が逆に都市指導層となったのであるとジョーンズは主張し，「都市がコンタードと土地所有貴族を征服し支配したのではなく，大多数の地域においてはコンタード，または農村が都市を征服したのである」と述べた。そしてこのような前提の上で，土地所有が他の経済活動による富を圧倒したという経済的条件を，政治的なシニョリーア制と地域国家への移行の中心的要因と見なしたのである[33]。

基本的にはこのように要約され得るジョーンズおよび「コンタードによる都市の征服」論は，都市経済や市民層の政治的・文化的影響をあまりにも過小に評価していることによって，イタリア学界では厳しい批判を受けた。事実，上に述べた日本の森田鉄郎氏や清水廣一郎氏の議論にも既に見られたように，富の所有形態が土地に集中するという現象そのものが，市民層が歴史的に経た動態の帰結なのであり，その意義を捨象して農村・土地・封建貴族を一括して都市に対する農村の勝利と位置付けることは困難である。したがって，それをシニョリーア制への移行の根本要因と位置付けその歴史的性格を議論することも不可能であろう。また都市の歴史的役割の過小評価が不可能であることについて，現在の学界はおよその意見の一致を見ていると言ってよい[34]。

このことは，都市コムーネからの「移行」問題のもう一つの極である，ルネサンス地域国家の性格理解にも大きく関わる問題である。そこで次節で

---

33) P.J. Jones, *Economia e società nell'Italia medievale: la leggenda della borghesia*, in *Storia d'Italia Annali 1, Dal feudalismo al capitalismo*, Torino 1978, pp. 185-372. 引用は p. 295.

34) 同様に，イタリア都市における貴族の問題を扱った代表的研究としてH. ケラーの研究がある。H. Keller, *Signori e vassalli nell'Italia delle città (secoli IX-XII)*, Torino 1995 [trad.it.di Adelsherrschaft und städtische Gesellschaft in Oberitalien. 9 bis 12. Jahrhundert, Tübingen 1979]。 ケラーの研究も，市民層の評価に関してイタリア学界における議論の対象となった。イタリア学界からの批判については，R. Bordone, *Tema cittadino e «ritorno alla terra» nella storiografia comunale recente*, in «Quaderni storici», 52, (1983), pp. 255-277; Id., *Storiografia recente sui comuni italiani delle origini*, in J. Jarnut, P. Johanek (hg.), Die Frühgeschichte der europäischen Stadt im 11. Jahrhundert (Stadtforschung 43), Köln, Weimar, Wien 1998, pp. 45-61. 拙稿「中世イタリアにおける領域構造論，及び都市―農村関係論の課題」『史林』82巻3号，1999年，131-151頁参照。高田京比子「中世イタリアにおける支配の変遷 2004年におけるひとつの到達点の紹介」，前掲論文。

は，20 世紀におけるルネサンス地域国家論をめぐる研究史を整理し，それに続く，同世紀末からの都市史研究の展開を踏まえた現在における国家研究を理解する準備としたい。

2. 中近世イタリア地域国家論

2-1 F. シャボーから G. キットリーニへ

キットリーニの地域国家研究『地域国家の形成とコンタード制度（*La formazione dello Stato regionale e le istituzioni del contado*）』に理論的パースペクティヴを与えたのは，1970 年初出の論文「コムーネの自由の危機と領域国家の起源（*La crisi delle libertà comunali e le origini dello stato territoriale*）」である[35]。キットリーニの同論文によると，当時のルネサンス期地域／領域国家の理解には相反する二つの見解があった。一つは，19 世紀以来の都市中心史観の系統を引くもので，サルヴェミニに代表される見解である。サルヴェミニらは都市コムーネが自治都市として到達した共和制度を，「市民階級」が「封建貴族階級」に対する階級闘争を経て獲得した「近代的」自由の原初的表現として高く評価した。それ故 13 世紀末のシニョリーア制への移行は，都市コムーネ的自由の「衰退」として否定的に位置付けられ，その結果ルネサンス期領域国家は，そもそも主要な歴史学的関心の外部に置かれることになった。

一方その対極には，やはり 19 世紀以来の伝統を継承しつつ，ブルクハルト的国家観を延長し，ルネサンス国家に近代化の牽引を見ようとする，F. シャボーの見解があった。シャボーはミラノ公国の誕生と発展の歴史を，合理的国家機関の整備と中央集権化，という近代国家構成原理の成長の歴史として捉えた。ここではサルヴェミニとは対照的に，中世都市はギルド的，封建的性格を持つものとされ，その桎梏を超克する君主にこそ近代原理の体現者としての役割が与えられることになる[36]。

---

35) G. Chittolini, *La crisi delle libertà comunali e le origini dello stato territoriale*, in «Rivista storica italiana», 82 (1970), pp. 99-120. 後に Id., *La formazione dello Stato regionale e le istituzioni del contado*, Torino 1979 及び同書再版（Milano 2005）に再録。

36) G. Chittolini, *La crisi delle libertà comunali*, op. cit. シャボーについては，F. Chabod, *Esiste uno Stato del Rinascimento?* in Id., *Scritti sul Rinascimento*, Torino 1967, pp. 591-623; Id., *La genesi del*

しかし，サルヴェミニもシャボーも，ルネサンス国家には相異なる評価を与えているとは言え，その根本的な動機は近代的原理の誕生と成長をイタリア中世史の中のいずれかの要素に見出そうとするところにあったと言えよう。サルヴェミニにとっては，シニョリーアの台頭と領域国家への移行とは，近代的市民の封建社会への敗北であった。一方シャボーにとっては，領域国家は近代原理の表現であり，封建的原理の再現ではなかった。換言すれば，領域国家はそれが近代的であるためには，可能な限り「非近代的」と見なされ得る要素の排除の上に成り立っていなければならない，ということであり，もし何らかの「封建的」要素が国制の中枢に出現すれば，立論そのものが成り立たないということになる。つまり両者は，「近代」と「封建制」を相互に排除し合うものと見なし，封建的要素を歴史的後退の指標とするという点において完全に認識を共有するメダルの表裏なのである。

キットリーニの立論の出発点はこれらの点の実証的批判にあった。第一に，都市による「コンタード征服」は完成していない。極めて僅かな例外を除けば，ほとんどの都市のコンタード内には貴族所領や，自治的農村共同体や，城塞集落が，都市による領域統制の外部に残存し続ける。であるとすれば，コンタード征服の完成を前提とした都市観に立脚する領域国家論は，根本的な修正を迫られなければならない[37]。

ここに，都市コムーネの危機と領域国家への移行は，農村部を含む抜本的な領域再編成の必要に端を発するという認識が生まれる。即ち，既存の歴史観においては，都市コムーネの危機とは過熱した党派抗争に起因する自治共和国崩壊，という制度的問題として解釈されていたが，それをより全体的な政治と領域編成に関わる問題として把握し直そうというのである。

こうして捉え返されたルネサンス期領域国家は，消しがたいコムーネ時代

«Principe» e l'esperienza delle cose d'Italia, in *La crisi degli ordinamenti comunali e le origini dello stato del Rinascimento*, a cura di G. Chittolini, Bologna 1979, pp. 323-342.

37) コンタード征服は完成していないという認識の下に，農村部の支配領域への視点を導入することは，コムーネ時代における都市の意義の過小評価とは決して同義ではない。むしろキットリーニは，コムーネ期の中北部イタリアでは早期に顕著な都市的発展が見られ，都市国家という特別な政治形態を実現したが，それ故に成長の限界に達し，ヨーロッパの他地域にも見られる政治秩序へ「回帰」したと述べる。G. Chittolini, *Introduzione*, in, *La crisi degli ordinamenti comunali* op. cit., pp. 7-50. 特に pp. 16-17.

の遺産を内部に包含しつつ，新たな均衡の要素を加えた国制として登場する。即ち，君主は都市にそのコンタードに対する特権を保障し，広範な自治を認めるが，同時に君主立法の下に統制し，一方で都市の支配に対抗して自治を求める農村領域の城塞集落や共同体，有力領主らは君主に直属させ，都市の影響権の外部に位置付けることで，都市の強大化を防ごうとする。こうしてルネサンス国家は君主または支配都市，諸都市，自立的農村内諸勢力の間の均衡の確立によって成立するのである。

キットリーニは，このような均衡の内部で，都市・農村の地域的政治団体が君主または支配都市の交渉相手としての位置付けを与えられたこの国制を，W. ネフの表現にあやかって「二元的国制 (ordinamenti di tipo dualistico)」と定義する[38]。ここには，イタリアを他のヨーロッパ諸国とは異なる「後退」の事例と見なす歴史観を比較国制史的観点によって，超克しようという意図が示されている[39]。イタリア地域国家を完全な理念的近代国家と同一視することができないということは，決して歴史的停滞・後退と同義ではない。それは，遅々として困難に満ちた，しかし逆行不可能な，中世から近代へ向かうイタリア的歩みの一段階を画しているのである。

このことを明瞭に示しているのが，ミラノ公国での「授封」である。15世紀中葉を境として，ミラノ公国の封は著しくその性格を変える。公は各封土への支配権力に合法性を与える上位権力としての地位を不動のものにし，封を人的結合関係形成の手段としてではなく，公国内各種勢力の規律化の手段として広範に用いていくことになるのである。即ち，公国が封を多用したことは決して分権化と中世への「後退」の指標ではない。したがって再封建化を根拠とするイタリアの衰退論は徹底的に批判されることになる[40]。

その後キットリーニの研究対象は，これらの多様な地域団体が地域国家内部で担った具体的な役割と，それらと君主との関係の検討へと向かい，『中

---

38) G. Chittolini, *Introduzione*, op. cit. p. 17.
39) Ibid.
40) G. Chittolini, *Infeudazione e politica feudale nel ducato visconteo-sforzesco*, in Id., *La formazione dello Stato regionale e le istituzioni del contado*, Torino 1979, pp. 36-100. 封については，高田京比子前掲論文，「中世イタリアにおける支配の変遷　2004年における一つの到達点の紹介」における紹介も参照。

北部イタリア諸国家における都市・共同体・封 (14-16 世紀) (Città, comunità e feudi negli stati dell'Italia centro-settentrionale (secoli XIV-XVI))』として刊行される[41]。ここでは，地域国家の領域構造の構成要素として，都市に加えて《準都市 (quasi-città)》[42]をはじめとする有力な自治的集落，防備集落，小集落，領主的小国家，封等のそれぞれに焦点が当てられ，都市国家支配からの行財政司法上の「分離 (separazione)」と自治を求めて君主との激しい交渉にあたる共同体の姿が活写されている[43]。そして比較史的観点から，キットリーニはこの動きを中世後期ヨーロッパ各地の領主に対する農民反乱・農民戦争へ向かう動きと本質的に同質のものと結論付ける。即ち，イタリアにおいては都市国家が他国の領主の地位にあって農村部を抑圧するため，それへの対抗勢力として，農村部共同体と農村部領主は同じ位置に立つ。それゆえ農民と領主の間には，むしろ緊密な協力と保護・被保護の関係が成立し，他国の動きに対して一見逆行するように見えるが，本質は同一だというのである[44]。君主側も，強大な都市勢力に対する対抗軸を築くためにこのような勢力にはしばしば「分離」に基づく広範な自治を承認し，協力関係を作り上げる。

しかし，キットリーニは結論において，地域国家の国制内部では，都市の本質的な優位はゆるぎないことを確認する。君主にとって都市との協力関係の維持は最重要課題であり，とりわけ，スフォルツァー家の諸君主にとってはそうであった。スフォルツァー家はヴィスコンティ国家を継承したものの，支配の正統性の根拠は不確実なままであった。その上，アンブロジアーナ共和国の成立によって根強い都市共和主義の存在を見せつけられていたの

---

41) G. Chittolini, *Città, comunità e feudi negli stati dell'Italia centro-settentrionale (secoli XIV-XVI)*, Milano 1996.
42) G. Chittolini, «Quasi città». Borghi e terre in area lombarda nel tardo Medioevo, in Id., *Città, comunità*, op. cit., pp. 85-104. また本書第 2 章も参照。
43) G. Chittolini, I capitoli di dedizione delle comunità lombarde, in Id., *Città, comunità*, op. cit., pp. 39-60; Id., Le 'terre separate' nel ducato di Milano in età sforzesca, in Id., *Città, comunità*, op. cit., pp. 61-83; Id., Principe e comunità apline, in Id., *Città, comunità*, op. cit., pp. 127-144. 本書第 4 章，および高田京比子前掲論文も参照。
44) G. Chittolini, Premessa, in Id., *Città, comunità*, op. cit., pp. IX-XXVIII. 農民反乱との比較については特に p. XV.

である。農村部共同体の都市からの「分離」要求は，特にジャンガレアッツォ・ヴィスコンティの死後の公国混乱期に増大し，《準都市》や規模の大きな防備集落に限らず，小集落までが分離要求を提出するに至る。しかしフィリッポ・マリア・ヴィスコンティによる公国再建期以降，要求は継続的に提出され続けるにも関わらず，「分離」の実現数は減少する。そして1430年代から40年代にかけて都市側からの不満と抵抗が明らかになり，1440年の大法官令（decreto del Maggior Magistrato）が都市の司法官の権限を拡大し，封土のポデスタの裁判権を縮小することで，公国における都市優位の原則が完全に確定する[45]。

このように，キットリーニの関心は国制とそれを支える地域的現実の理解に向けられていた。しかし自治的な地域的政治勢力がやがて規律化され地域国家の国制内部に収斂していくことを，唯一可能な歴史的帰結と結論するには，キットリーニ自身が描き出すこの地域的現実はあまりに活力に満ちているのではないだろうか。

この点に関しては，キットリーニ自身が『都市・共同体・封』の序文でその検討の必要性を指摘し，都市や共同体，封のような行政組織としての団体と相互に影響し合う「例えば親族，隣人団体，党派，職業団体等，即ち『共同体』内部相互に交差し交接する諸集団」が国家の全体的枠組みにおいて同等の重要性を持つことを示唆している[46]。近年，特に21世紀以降の研究においては，地域的事例研究や社会史的現実との統合が飛躍的に進んでおり，基本的にはこのような方向での研究の深化が進んだと言うことができるだろう。だがそれに先立って，1990年代のイタリア学界では，国家の歴史をめぐる方法論的議論が展開することになる。

2-2 《ミクロストーリア》と《国家の起源》，および現状と課題

日本の歴史学界でも馴染みが深い《ミクロストーリア（microstoria）》，または「ミクロヒストリー」「マイクロヒストリー」という言葉自体は，イタリアで1960年代から既に姿を見せており，C. ギンスブルグの優れた研究に

---

45) G. Chittolini, *Città e stati regionali*, in Id., *Città, comunità*, op. cit., pp. 19-37.
46) G. Chittolini, *Premessa*, in Id., *Città, comunità*, op. cit., p. XXVI.

よって広範に知られている[47]。「小さな歴史学」とも訳される同じ言葉はイタリア学界以外でも用いられているが，英米ではカルロ・ギンズブルグの仕事の枠組みに準拠するところが大きい一方，イタリアのミクロストーリアの実践には多様な広がりがあり，唯一の潮流に還元することは難しい。しかし，分析の対象を村や共同体や親族など，日常生活に近接した小さな領域に設定するという点，そして何よりも，個々の事象の個別性・一回性と多様性を重視するという視覚は共通である。この点において，ミクロストーリアは紛れも無く，国家や世界を対象とする巨視的分析を批判する中から生まれた，1970年代後半以降の様々な新しい歴史学の一環に位置を占める[48]。

そうであればこそ，ミクロストーリアは中近世国家論から離れた，別個の分野を構成することなく，正面から交錯することとなる。ギンズブルグのミクロストーリアがアナール派の新しい社会史とともに紹介され，社会史が1980年代から90年代にかけて一種の流行をなした日本の学界状況の中では，国家論としてのミクロストーリアが特に注目されたことはない[49]。しかし，日本史学における国民国家批判が戦後史学を支えていた枠組みそのものへの批判であったことと同じように，ミクロストーリアによる巨視的分析批判もまた，近代国民国家の形成と発展を歴史的動態の中心的枠組みと考える近代史学全体への批判的まなざしを一つの出発点とするものであった。そのような視覚が，国家という研究対象の放棄ではなく，ミクロな視覚から国家を理解するという方向で実践され，オルタナティヴな国家像の構築に向けられれば，国家論として結実することになる。

イタリアでミクロストーリアが国家論との関連で新たな展開を見せたのは1980年代から90年代にかけてのことである。1986年には雑誌 Quaderni storici が特集「地域紛争と政治的言語（Conflitti locali e idiomi politici）」を組

---

[47] ミクロヒストリーの歴史について，近年邦語でまとめられたものとしてはジョン・ブルーア，水田大紀（訳）「ミクロヒストリーと日常生活の歴史」『パブリック・ヒストリー』2巻，2005年，19-37頁を参照。

[48] C. Ginzburg, *Microstoria: due o tre cose che so di lei*, in «Quaderni storici», 86 (1994), pp. 511-539.

[49] 正確には，日本では2000年代以降西洋史学においても活発になった紛争史研究を介して，ミクロストーリアの成果と国家論が間接的に接合しているというべきであろう。

み⁵⁰⁾，続いてギンスブルグが監修するエイナウディ社の叢書《ミクロストーリエ》から，1990年にはO. ラッジョの『フェーデと親族 —— フォンタナブォーナから見たジェノヴァ国家』が⁵¹⁾，1993年にはE. グレンディの『チェルヴォと共和国 —— 旧体制下のリグーリア・モデル』がそれぞれ刊行された⁵²⁾。両書はいずれも，キットリーニの地域国家論を含む，当時の国制史研究に対する痛烈な批判を出発点としていた。ここでミクロストーリアはルネサンス国家を対象として，「国家」および「政治」の解釈と方法論をめぐって正面から出会うことになったのである。これを受けて1995には雑誌 Società e storia が特集「国家と地域社会 (Stato e società locale)」を組み，前掲2著を対象にその射程と可能性をめぐる議論が行われた⁵³⁾。

《ミクロストーリア》は《微視的分析》とも呼ばれるが，それが「ミクロ」であるのは分析対象が「大きな歴史」よりも「小さい」からだけではない。分析対象が小規模な地域社会や極短期間の歴史に限定され，歴史家は，それを鳥瞰するよりは密着した態度によって臨む。このようなミクロストーリアの具体的実践の中から，「国家」はどのような相貌をもって立ち上がってくるのか。ラッジョが『フェーデと親族』の中で明らかにするのは，《親族(parentela)》を政治的・経済的行動の単位とし，深く根付いた在地の慣行に基づく広範な自治を前提とする《間接統治 (governo indiretto)》により，国家と地域社会の間に《相互依存 (interdipendenza)》関係が成立することによって成り立つジェノヴァ共和国である。そこには国家機構の発展と集権化を基調とするシャボー的近代国家の影は微塵もないだけでなく，キットリーニ的「地域国家」のモデルにすら適合しないとラッジョは言う。「地域国家」は，長い困難な過程を経るとはいえ，自らを合法性の基盤とし，国家組織の内部に中世的自治の勢力を馴致していこうとする。一方，近代においても公的行政制度の形成を伴わず，寡頭政的性格を強める貴族の私的支配が存続し続けるジェノヴァ共和国は，それとは異質な国家である。このような国家をマー

---

50) *Conflitti locali e idiomi politici*, a cura di S. Lombardini, O. Raggio, A. Torre, in «Quaderni Storici», 63 (1986), pp. 681-930.
51) O. Raggio, *Faide e parentele. Lo stato genovese visto dalla Fontanabuona*, Torino 1990.
52) E. Grendi, *Il Cervo e la repubblica. Il modello ligure di antico regime*, Torino 1993.
53) *'Stato e società locale: una discussione'*, in «Società e storia», 67 (1995), pp. 111-167.

ジナルな例外として検討対象の外部に押し出すことによって成り立つ近代国家像と，それを中心とする近代政治社会像は不完全である，というのがラッジョの主張するところである[54]。同書においては，フォンタナブォーナの地域的政治社会の現実が驚くべき生命力を持って再構成されており，その意義を主張するラッジョの議論は説得的である。

だがそれが，既存の国家論に対してどのような位置に立つのかを問う時，ミクロストーリアからの国家論の創造的可能性と同時に，それが論争形態を取った時の問題も浮上してくる。イタリア史学においては，そもそも研究史上「近代国家」の強力なイメージが支配的な位置を占めていたとは言えず，上述のように，少なくとも中世後期からルネサンス期の国家に関しては，長く研究者の関心の外にあったといった方が正しい[55]。そのような学界で国家を論じることの意味は，他のヨーロッパ諸国とは自ずと異なっていたはずである。にも関わらず，批判し乗り越えるべき対象として既存の「国家」研究が一般的に描き出される時，論争は本来的には不在の敵の再構築に帰着する危険を免れ得なかったのではないか。

国家論に対してより抜本的な批判を展開したのはグレンディであるが，その射程は国家論そのものというよりも，それまでの国家論を成立させていた方法論および解釈論上の基盤に及んでいる。『チェルヴォと共和国』におけるグレンディの主張によれば，問題は，国家という歴史的形成物を出発点として，そこから遡及的に，そこへと収斂する流れを跡付けようとすることから生まれる歴史家の視角である。そうではなく，歴史家は決定論を回避して史料そのものの内部から対象とする時代を理解しなければならないとグレンディは主張し，それまでは周縁的と見なされてきた研究対象を「も」扱うだけでは単なる議論の回収であり，不十分であると言い切る[56]。

このような議論が安易な結論に到達することは困難である。だが，この論争においてはミクロストーリアの歴史家達が，国家論に豊かな新要素をもた

---

54) O. Raggio, *Introduzione*, in Id., *Faide e parentele*, op. cit., pp. IX-XXXI.
55) イタリアの研究史上では，中央集権的国家モデルが稀薄なことは，E. ファザーノ・グァリーニも指摘している。E. Fasano Guarini, *Centro e penferia*, op. cit.
56) E. Grendi, *Il Cervo e la repubblica*, op. cit., pp. X-XI.

附章　研究史概観　都市コムーネから地域国家へ

らす一方で，それ以外の国家史研究，特に国制史研究を，中央集権的近代国家モデルを唯一の基準とするものとして一括し，対立の図式を単純化しすぎる傾向があったことは否定できないだろう。後述するように，イタリアの国家史研究は決してそのような画一的な道を歩んできたのではなかったからである。

　その中でグレンディ自身が，ミクロストーリアとは何よりもまず，文書館で「歴史をする」実践の形態なのだと断言することで，議論に一定の緩和が与えられた[57]。だがこれらの激しい論争が，同時期の歴史学一般における方法論的革新の影響と相俟って，関連領域全体に与えた相互交流の影響は計り知れないと言える。

　ここでラッジョの『フェーデと親族』の国家論的射程を整理して見れば，次のように言うことができる。第一に，同著はルネサンス国家のリグーリア型モデルを提示し，地域国家モデルの唯一性と中心性を批判するものであり，ルネサンス国家論の類型論的多元化への道を開いたと言える。第二に，ルネサンス国家下の地域的政治社会の現実を微視的に検討することにより，国家像が修正される潜在的な可能性を示唆するものである。事実，その後のルネサンス国家研究は，この両方向に一定の進展を見せている。M. フォリンは前者の方向でエステ家の小国家を研究して，ハプスブルク家支配下で，既存の在地的自治や政治構造，法的多様性が維持された帝国を対象とした J. エリオットの「複合君主国 monarchia composita」モデルの適用を試み，ルネサンス小国家内の法秩序の分散性を指摘した[58]。また I. ラッザリーニは一都市とその領域のみを領域国家の構成要素とする単都市型国家・君主国マントヴァ侯国を分析し[59]，視角の拡大に貢献している。

---

57) E. Grendi, *Ripensare la microstoria?*, in «Quaderni storici», 63 (1986), pp. 539-549.

58) M. Folin, *Il sistema politico estense fra mutamenti e persistenze (secoli XV-XVIII)*, in «Società e storia», 77 (1997), pp. 505-549. J・エリオットの複合君主国モデルについては，J. H. Elliott, *A Europe of composite monarchies*, in «Past and Present», 137 (1992), pp. 48-71. また服部良久「地域と国家　非「国民国家」型統合」，谷川稔編『歴史としてのヨーロッパ・アイデンティティ』山川出版社，2003 年，135-151 頁，及び渋谷聡「近世神聖ローマ帝国をめぐる研究動向 —— 近年のドイツにおける「国家・国民」意識によせて」『史林』第 89 巻第 1 号，2006 年，109-136 頁も参照。

59) I. Lazzarini, *Tra continuità e innovazione: trasformazioni e persistenze istituzionali a Mantova nel Quattrocento*, in «Società e storia», 62 (1993), pp. 699-764. 近年刊行されたラッザリーニの概説書は，

253

また，このような議論は方法論全般に及び，人類学や社会学からの少なからぬ影響を国家論にもたらすとともに，伝統的国家制度史の意義や，それと新しい研究との統合の理論的模索を促していった。そのような試みの一つの到達点として，1993年にシカゴで開かれた中近世の国家形成に関する米伊の共同研究集会を位置付けることができる[60]。ここでは，従来の国制史研究が現実には多様な国家認識に対して開かれていたことが改めて研究史的に確認されるとともに，画一的に近代中心主義的中央集権国家論として制度史を切り捨て，中近世における国家の意義をあまりにも矮小化する傾向が根本的に批判されることになった。だが同時に，「国家」という問題の分析手法が，もはや伝統的な機構としての「国家制度」のみには限定され得ないという認識も共有されることとなった。そしてそこに対して開かれつつ，伝統的国制史を安易に破却しない国家の歴史の必要が主張されたのである。その具体的な方向性として，15世紀における中央への凝集性の高まりとその重要性は確認しつつ，分析の対象や手法においては，従来「私的」とされてきた諸現象やミクロストーリアと国制史の交錯する領域が多く導入された。中央と地方の関係と地域形成の問題，裁判制度と法実践と紛争の諸側面，宮廷の形成と人的結合関係の問題などが研究課題として提起されたのである[61]。

　その後，近年の国家をめぐる諸研究を規定しているのは，基本的にはこのような方向性ではないだろうか。キットリーニの地域国家論を出発点としつつ，手法としてのミクロストーリアを採り入れ，地方的現実を検討したA. ガンベリーニ，M. ジェンティーレ，M. デッラ・ミゼリコルディアらのヴィスコンティ国家研究などが，そのような成果を代表していると言える[62]。

多様化した中近世地域／領域国家像の展望を明快に示している。I. Lazzarini, *L'Italia degli Stati territoriali. Secoli XIII–XV*, Roma-Bari 2003.

60) 報告集は，*Origini dello Stato. Processi di formazione statale in Italia fra medioevo ed età moderna (Annali dell'Istituto storico italo-germanico, Quaderno 39)*, a cura di G. Chittolini, A. Molho, P. Schiera, Bologna 1994.

61) 「公」と「私」についてはG. Chittolini, *Il 'privato', il 'pubblico', lo Stato*, in *Origini dello Stato*, op. cit., pp. 553-589; 中央と地方に関しては，E. Fasano Guarini, *Centro e periferia*, op. cit. が研究史上の問題との関連に基づいた提起を明解に示している。

62) A. Gamberini, *La città assediata. Poteri e identità politiche a Reggio in età viscontea*, Roma 2003; Id., *Lo stato visconteo. Linguaggi politici e dinamiche costituzionali*, Milano 2005; M. Gentile, *Terra e poteri. Parma e il Parmense nel ducato visconteo all'inizio del Quattrocento*, Milano 2001; M. Della Misericordia,

これら三者の著書を同時に扱った G. チッカリョーニの書評は，その方法論的共通性に言及して「ミクロストーリア」への近接を指摘し，新世代の研究者の「新しい歴史学」への開放性を肯定的に評している[63]。したがって，21世紀に入って公にされた研究が，何らかの形でキットリーニの地域国家論とミクロストーリアの総合の上に成り立っているという事実は，長期にわたる理論的論争が個別実証研究のレベルで新たな実を結んだということを意味しており，『地域国家』に発したルネサンス国家論が，一つの中継点に達したのだと言うことができるのではないだろうか。

個々の研究者はこの点をどう受け止めているのだろうか。上記のガンベリーニは論集『ヴィスコンティ国家 —— 政治的言語と国制的ダイナミズム (Lo stato visconteo. Linguaggi politici e dinamiche costituzionali)』の序文において「この歴史学研究史上の実験［＝ミクロストーリアのこと。筆者注］の終わりには……［中略］……制度史研究を攻撃したことへの弁解ともいえる，閉鎖的議論との繋がりがほとんど見出せない。しかしながら，直観的洞察と手がかりに満ちた豊饒な季節を，単なる弔辞をもって終わったことにするのは安易にすぎるのではないか。実際，ミクロストーリアが残した肥沃な遺産からは，多様な展開が可能であり，それは多くの国家（に限らない）研究者達の中に入り込んでいるのである[64]」と述べている。

グレンディの言葉を借りて言い換えれば，「ミクロストーリア的実践」，つまり研究対象のスケールによって規定される研究作業上の態度が，現在の研究の中に手法として定着したということである。その手法がむしろ，制度としての国家の重要性を再評価する国家研究を支えているのである。

ところで，これらの研究は各地域の現実に密着した分析を一つの特徴としているが，そのような視角ゆえにここに至って改めて浮上してきたのが，都市・農村関係の問題ではないだろうか。キットリーニの地域国家論が，国制

La disciplina contrattata. Vescovi e vassalli tra Como e le Alpi nel tardo Medioevo, Milano 2000; Id., *Divenire comunità. Comuni rurali, poteri locali, identità sociali e territoriali in Valtellina e nella montagna lombarda nel tardo medioevo*, Milano 2006.

63) G. Ciccaglioni, *Ricerche recenti sulla Lombardia viscontea*, in «Società e storia», 107 (2005), pp. 141-159.

64) A. Gamberini, *Lo stato visconteo*, op. cit., 引用は p. 16.

の枢要として最重要視したのは都市であった。しかしこれらの地域研究は，ヴィスコンティ国家下で，一般には都市の優位性が確定したと考えられてきた15世紀においてさえも，農村部諸勢力の活力と自律性は衰えず，むしろ国家との新たな関係を主導する力量を示したことを浮き彫りにし，都市・農村関係の再考を再度促すに至ったのである。

したがって，手法としてのミクロストーリア，および人類学的視点や社会集団論の定着を前提としつつ，都市・農村関係論を国家論の内部に統合的に位置付けることが現在の出発点としての課題であると言えよう。

だがここで重要なのは，都市・農村関係の再考は，都市と農村の二項対立におけるいずれかの優勢をめぐる問題と等置できないことである。ここで言う農村部の高い自律性とは，国家と都市との関係における新たな保護や，地域的平和と秩序の必要に基づく，領主による小地域の掌握や，地域の凝集性の高まり，共同体の強化などをその実質的な内容としている。またそこにはグェルフィ・ギベッリーニの党派のような都市・農村を横断する人的結合関係も介在している。M. ジェンティーレによるパルマの党派研究は，一面で都市による強固な農村支配という画一的な都市像に修正を迫りつつ，他面では都市国家の制度，そして都市という舞台が党派の存在形態にとっていかに本質的な重要性を持っているかを雄弁に物語っている[65]。したがってこのような過程の全体そのものが，都市経済や都市的政治文化の活発な展開を除外しては理解されがたい。むしろこれらの現象は，都市・農村双方の経済的・文化的展開を前提として生じる，それぞれの地域的・人的枠組みを持つ政治主体，即ち共同体と地域社会の再編と国家との関係形成の中世後期における表現であると言えよう。そしてこのように理解されてこそ，他地域の事例とも比較可能な統一的理解と比較史的議論も展開できるのではないだろうか。

したがって，都市・農村の二項対立を超えて都市の重要性を位置づけ，むしろそれらをつなぐ要素として登場する，様々な広がりを持つ小地域や党派と国家の連関を明らかにする必要があるだろう。そしてその形成と発展の過程において，保護と庇護と秩序に関わる諸側面，即ち紛争と平和の問題との

---

[65] M. Gentile, *Terra e poteri. Parma e il Parmense nel ducato visconteo all'inizio del Quattrocento*, Milano 2001; Id., *Fazioni al governo. Politica e società a Parma nel Quattrocento*, Roma 2009.

附章　研究史概観　都市コムーネから地域国家へ

関連において意義付けることが，これらの研究成果を受けた課題として浮上してくる。中世北部イタリアにおいては，様々な公権力が，コムーネ時代から地域国家時代にかけて，変化し，混在し，時とともにヒエラルキーを作り上げてゆく。いわば自明の君主的権力が不在の中で，全中世を通じて諸原理が対抗・共存し，多様な展開の潜在的可能性の中から一つの秩序が生まれてゆくのである。その全過程において，「法発見」行為である紛争と平和の実践に，諸勢力はどのように関わり，どのような影響を与え合っていったのか。そのような場所から生まれる「国家」とは何なのか。そして「国家」とそこに交錯する諸集団は，「国家」を超えて広がる場にどのように結びついていたのか。このような問いに，都市，農村，共同体，党派，小地域などの領域的・人的諸集団とその相互関係，およびそれらと「国家」との関わりのダイナミズムにおいて検討することによって答えることが必要である。

したがってこのような課題を，日本の中世イタリア都市国家研究において残された課題として冒頭で確認した，一都市の領域を越えた広域的な地域を展望しつつ，都市コムーネから地域 / 領域国家への移行を検討するという問題に接合することが本書の課題であった。戦後の歴史学においては，まさにこのような多元性故にこそ，イタリアは混乱と無秩序を代表し，近代化の裏面として位置付けられてきた。「近代」という理念とその価値そのものが相対化された現在において，そのような対象の歴史的動態に切り込み，その帰結として生み出されるものを確認することは，戦後の歴史学の単純な否定を超えた，対話の出発点としての意義を持ち得るはずである。むろん，その結果にどのような積極的意義を与えるかは，諸分野との対話と交流の中で長期的に実現されるべき問題である。

(付記) 本章では取り上げることができなかったが，*The Italian Renaissance State*, eds. A. Gamberini, I. Lazzarini, Cambridge 2012. が 2012 年に刊行された。併せて参照されたい。

あとがき

　私がまだ学生だったころ，京都大学の文学部には，美しい近代建築の「本館」がまだ残っていた。高い天井の下には，細長い窓にステンドグラスがはめ込まれており，薄暗い空間にいっそう映えていた。京都の底冷えのする冬に，暖房と言えば大教室でもガスストーヴが二つきり。そこで受けた「西洋史学序説」の講義では，時どき，欧州連合が話題になった。当時 EU と言えばまだ，遠くから眺めている日本の学生や研究者にとっては，来るべきポスト国民国家時代に一種の期待感をもたらす一つの可能性であり，進行形で未定型の現実だった。さて，そんなステンドグラスの文学部を北に，反対側の南には，同じくらい歴史の長い自治寮・吉田寮を主な行動半径としていた 20 世紀末，自治共同体の歴史と私の長いつきあいが始まったわけである。

　振り返れば，そんなふうに西洋史学の研究を志してから，ずいぶん長い年月が過ぎた。私は長い間，「壁の崩壊」をつい昨日の出来事のように感じ続けていたし，上の「西洋史学序説」の授業のことなどを奇妙によく覚えていた。私は時代をさっさと終わったことにするのが好きではないから，私の中では，なかなか時間が途切れなかった。ところがいつの間にか，教室の受講生の多くはソヴィエト連邦のない世界に生まれた人々になり，やがて欧州連合と通貨ユーロが一層多面的な顔を見せつつ一人一人の日常に関与するようになった。そうこうするうちに，時代をとらえる枠組みが，いつの間にか自分の中でも変わったと感じた。現在変動を続ける欧州連合そのものについて，何らかの歴史的見解を持つには早すぎると思う。けれどもとにかく私は，ヨーロッパという歴史的世界を見る目が，それまでと同じままではありえないことを自覚することになった。国家や地域の意味も，かつてよりずっと複合的になったと思った。人々が，自分の運命の舵を自分の手に取り戻そうとする時，どんな枠組みにどんな意味を与えてゆくのだろう。そんなふうにヨー

ロッパを見直してみたいと思った。本書の序が書かれたのは，そんな状況の中でのことである。本書は，2008年に京都大学文学研究科の課程博士学位論文として提出された，「中世北イタリアの地域国家と社会 ── 在地社会・党派・紛争と平和 ── 」を下敷きに，加筆・修正を加えたものであるが，序章は出版に際しての書き下ろしである。そこで私は，多少おぼつかない筆致ながらも，2008年の自分の枠組みと対話してみることを試みた。

以下，各章のもとになった論文の初出を記しておきたい。

> 第1章「コムーネと広域秩序 ── 一二・三世紀ロンバルディア・ピエモンテの都市間仲裁制 ── 」『史林』83巻5号，2000年
> 第2章「中世北イタリア《準都市》共同体の形成と発展 ── カザーレ・モンフェラートと在地紛争 ── 」『史林』89巻2号，2006年
> 第3章「一四世紀ヴィスコンティ国家下ベルガモにおける代官と代官区」『史林』90巻3号，2007年

第4章，第5章及び附論は，博士論文での書き下ろしである。附論は博士論文では「序論」として書かれたものだが，出版に際して，読みやすさを考慮して末尾に付し，併せて新しい序を書き下ろした。また，第4章，第5章からそれぞれ部分的に取り上げ，練り直した論文，*Fazioni e microfazioni: guelfi e ghibellini nella montagna bergamasca del Trecento*（「党派とミクロ党派 14世紀ベルガモ山間部におけるグェルフィとギベッリーニ」）が，イタリアの雑誌 Bergomum104-105（2009-2010年号）に発表されているが，この2章に関しては，全体としての刊行は本書が初めてである。

自分の研究生活もいつの間にか15年以上に渡って続き，枠組みも視角も少しずつ変化してきた。そして何が変わり，何が変わらなかったのかに改めて思いを致すとともに，この間に私の長い歩みを支え，指導を続けてくださった多くの先生方の学恩の深さをつくづくと感じている。

第一の感謝の言葉は，恩師，服部良久先生に捧げたい。出来も悪ければ，一筋縄でもゆかない私の遅々とした歩みを，あくまで信じ，指導と学問的対話を続けて下さった先生がなければ，私がこれまで研究を続けてくることは出来なかった。また，京都大学文学部の学部生時代から文学研究科での大学

あとがき

　院生時代にかけて,服部春彦先生,谷川稔先生,南川高志先生に,専門を越えて御指導いただき,研究者として育てていただいた。在学中に御指導を受けることはできなかったが,博士論文を審査していただき,多数の有益な御指摘をくださった小山哲先生にも,同じく御礼申し上げたい。

　奈良女子大学の山辺規子先生と,神戸大学の高田京比子先生には,イタリア史の大先輩として,学部生時代からお世話になり,貴重な史料や文献も貸していただいた。特に初期の研究は,お二人の御指導と御親切に多くを負っている。イタリア中世史を志し始めたばかりの学部三回生の時に,集中講義に京都へいらした齊藤寛海先生の講義を受講することができたこと,齊藤泰弘先生のイタリア語指導を受けられたことも大変な幸運であった。厚く御礼申し上げたい。

　その他,一人一人名前を挙げることは控えるが,服部ゼミの先輩たちと学友たち,関西中世史研究会や関西イタリア史研究会の方々からは,多くを学ばせていただいた。幸運な出会いに心から感謝したい。少なくとも私の記憶する限りでは,恩師は私たち門下生を,弟子というよりは若い研究仲間として遇し,自由な議論と対話を交わすことを何よりも好んだ。思えばこれも,関西西洋史学の良き伝統であり,私も学部生時代から,大学や学部の垣根を越えて,様々な研究会の場で学問的対話の機会を得てきた。当時はそれが当然と思っていた。しかし実は結構貴重なことだったらしい,ということを自覚したのは最近のことだ。私は,学問の泉はそんな議論の場にあると思っている。研究者,特に若手にとっては,益々環境の厳しい今日この頃だが,豊かな水源を守り,将来の世代に伝えることは,大切な,楽しい務めであるし,それが先輩たちの学恩に感謝を表すもっともよい方法ではないかと思っている。

　ミラノ大学留学中には,ジョルジョ・キットリーニ先生に御指導をいただき,様々なお世話になった。深く御礼申し上げたい。厳しくも大変心が広く,開かれた学問的好奇心を決して絶やさないキットリーニ先生は,出会えたことを心から幸運と思える人物である。また,現パルマ大学のマルコ・ジェンティーレ氏は,彼の大学院生時代から,よき先輩として助言と対話を惜しまず,私の拙い研究を支援してくれた。元ミラノ大学のレティツィア・アルカ

ンジェリ氏から受けた暖かな励ましもよき思い出である。心から感謝したい。その他，ミラノ大学大学院でお世話になった中世史学のエリーザ・オッキピンティ先生，ナディア・コヴィーニ先生，パオロ・グリッロ氏，アンドレア・ガンベリーニ氏，およびベルガモ史研究の専門家，パトリツィア・マイノーニ先生にも御礼申し上げたい。また，本書の下敷きになった博士論文の一部をもとにした論文を「ベルゴムム」誌に寄稿した際には，ベルガモ司教座文書館のアンドレア・ゾンカ氏，ベルガモ大学のリッカルド・ラオ氏に大変お世話になった。

　イタリア史研究の専門書である本書では，議論としては十分に展開することができなかったが，活発な日本中世史研究から受けた様々な刺激も，本書を支えてくれている。私が日本史へのまなざしを育てるきっかけを与えてくれたのは，やはり恩師の服部先生である。その後ミラノ大学の大学院に進学し，比較史の勉強を志した私の相談を快く受けてくださった藤木久志先生，小林一岳先生，蔵持重裕先生と村落交流史研究会の方々には，本当に感謝したい。どれほど専門分野が異なろうとも，歴史は歴史である。自分の専門研究の対象への思いと，分野を越えた広い関心の共存のもたらす豊かさ，対話の可能性についての実感と希望を私に与えてくれたのは，村落交流史研究会での経験である。

　さらに，研究の過程では，ミラノ国立文書館，ベルガモ国立文書館，ベルガモ司教座文書館，ベルガモ市立アンジェロ・マイ図書館，トレヴィーリョ市立図書館など，多数の機関の職員の方々に大変なお世話になった。記して御礼申し上げたい。

　本書の出版に際しては，京都大学の「平成23年度総長裁量経費　若手研究者に係る出版助成事業」による助成を受けた。この制度がなければ，本書の出版は不可能であったはずである。深く御礼申し上げたい。厳しい研究生活を続ける若手の例にもれず，私も長いオーバー・ドクター生活の中で，順調に前へ進む将来というものを想像したことは一度もなかった。だからその時，その時の研究の一つ一つに，悔いのないように向き合い，大好きな歴史を最大限に味わおうと思ってきた。そんな状況で生まれた本書は，後にも先にも一度きりの，今しか生まれなかった若書きである。その分，学問的にど

あとがき

うにも稚拙なのは否めないと思っている。出版に際しては加筆・修正を加え，初出時の少なからぬ誤りも訂正した。皆様の御指導を請いたいと思う。

　本書の編集にあたって下さった，京都大学学術出版会の鈴木哲也編集長と，福島祐子さんのお二方には，本当に何から何までお世話になった。内容から構成に至るまで丁寧な御意見をいただき，本書を大幅に改善するために御尽力いただいた。にも関わらず，私の不手際のため，大変な御迷惑をおかけしたことと思う。心からお詫びと御礼を申し上げたいと思う。

　本書の準備中，私は頻繁に亡き祖母を思い出した。私が歴史研究の道に進むことができたのは，ここまで何もかも好きなようにやらせてくれた父と母，そしてこの祖母のおかげである。祖母は明治生まれの農村の女性で，晩年も十分に文字が書けなかったことを覚えている。ところがこの人は，見事な記憶力の持ち主であり，卓越した近現代民衆史の証人であった。もちろんそんなことは，私を除いて誰も知らない。しかし幼い私に，生きた歴史というものを教え，育てくれたのはこの祖母である。

　最後に，私の書くイタリア語をいつも真っ先に読み，日々の暮らしを支えてくれている伴侶アルベルトと，うさぎの「ふさ」に，深い感謝を捧げたい。厳しい現代の日々をくぐりぬけ，私が歴史研究を続けることができているのも，イタリアの歴史を愛おしみ，私自身の歴史として生きようと思うことができるのも，すべて彼ら一人と一匹が傍にいてくれるおかげである。

2012年8月

　　　　　　　　　　　　　　アマルフィ海岸にて　佐藤公美

主要参考文献

1. 史料

未刊行史料

-Archivio di Stato di Bergamo, Fondo Notarile, n. 75, Simone Pilis.
-Archivio di Stato di Bergamo, Fondo Notarile, n. 24, Giovanni Pilis.
-Archivio di Stato di Bergamo, Fondo Notarile, n. 51, Todeschino Pilis.
-Archivio di Stato di Bergamo, Fondo Notarile, n. 25, Agnello della Piazza.
-Archivio di Stato di Milano, fondo confine, cartella 288.
-Archivio di Stato di Milano, Pergamene per fondi, cart. 313. n. 246.
-Archivio storico diocesano di Bergamo, Archivio Capitolare di Bergamo, 910, edicta et mandata curie episcopali.
-Archivio Storico Diocesano di Milano, Valsassina, vo. 24.
-Civica Biblioteca e Archivi storici "Angelo Mai", Collezione di pergamene.
-Statutum communis de Mozanica, Archivio di Stato di Milano, Fondo Statuti Comuni, II (M-Z).
-Statuti et ordinamenti antiqui per lo comun de Averara, Biblioteca Universitaria dell'Università degli studi di Pavia, Aldini 13.
-Statuta comunis burgi de Martinengo, Biblioteca Civica di Bergamo "A. Mai", Sala ID., 7, 39.
-Statuta castri Trivillii, Archivio Storico del Comune di Treviglio, ms. β 3.
-Statuta et ordinamenta vallis brembane, Biblioteca Universitaria dell'Università degli studi di Pavia, Aldini 517.
-Statuta et ordinamenta communis terrarum Talegii et Averarie, Biblioteca Civica di Bergamo "A. Mai", Sala ID., 5, 6.
-Statuta Vallis de Schalve, Archivio Arcipresbiterale, Miscellanea.

刊行史料

-*Annales Placentini Guelfi*, in *Monumenta Germaniae Historica. Scriptores 18*, Stuttgart 1990.
-Gli *atti del comune di Milano fino al MCCXVI*, a cura di C. Manaresi, Milano 1919.
-Gli *atti del comune di Milano nel secolo XIII vol. 1: 1217-1250*, a cura di M. F. Baroni, Milano 1976.
-Petri Azarii, *Liber gestorum in Lombardia*, a cura di F. Cognasso, R. I. S. 2, t. XVI, p. IV, Bologna

1926–39.
- *I Biscioni*, Tom. 1, vol. 2, a cura di G. C. Faccio, M. Ranno, Torino 1939.
- *I Biscioni*, Tom. 2, vol. 2, a cura di R. Ordano, Torino 1976.
- *Le carte dello archivio capitolare di Casale Monferrato fino al 1313*, a cura di F. Gabotto, U. Fisso, vol. I, Pinerolo 1907, vol. II, Pinerolo 1908.
- *Carte varie relative a Casale ed al Monferrato*, a cura di E. Durando, Torino 1908.
- Chiodi A., Bolis A., *Nota ecclesiarum Civitatis et Episcopatus Bergomi MCCCLX*, in «Bergomum», 31 (1957), pp. 39–89.
- *Chronicon bergomense guelpho-ghibellinum ab anno MCCCLXXVIII usque ad annum MCCCCVII*, a cura di C. Capasso, R. I. S^2, t. XVI, p. II, Bologna 1926–1940.
- *Confini dei comuni del territorio di Bergamo (1392–1395)*, a cura di V. Marchetti, introduzione di E. Camozzi, Indici a cura di P. Oscar, Bergamo 1996.
- Galvanei de la Flamma, *Opusculum de rebus gestis ab Azone, Luchino et Johanne Vicecomitibus ab anno MCCCXXVIII usque ad annum MCCCXLII*, a cura di C. Castiglioni, R. I. S. t. XII, p. IV, Bologna 1938.
- *Il libro dei «pacta et conventiones» del comune di Vercelli*, a cura di G. C. Faccio, Novara 1926.
- *Monumenta Germaniae Historica. Diplomata regum et imperatorum Germaniae, t. II, Ottonis III. diplomata*, Berlin 1957.
- *I "Registri litterarum" di Bergamo (1363–1410), il carteggio dei signori di Bergamo (Fonti e materiali di storia lombarda, secoli XIII–XVI–1)*, a cura di P. Mainoni, A. Sala, Milano 2003.
- Sangiorgio B., *Cronica del Monferrato*, Bologna 1975.
- *Statuta comunis castri trivilli*, a cura di T. Santagiuria, E. Genaro, Calvenzano 1984.
- *Gli statuti di Casale Monferrato del XIV secolo*, a cura di P. Cancian, G. Sergi, A. A. Settia, Alessandria 1978.
- *Gli statuti della Valle Brembana superiore del 1468*, a cura di M. Cortese, Bergamo 1994.
- *Gli statuti del vicariato di Almenno, Valle Imagna e Palazzago del 1444 (Quaderni del sistema bibliotecario 1)*, a cura di Comunità montana Valle Imagna, S. Omobono Imagna 2000.

2. 研究文献

外国語文献

- Abulafia D., *The Two Italies: Economic relations between the Norman Kingdom of Sicily and the Northern Communes*, Cambridge 1977.
- Adami N., *Bergamo e il suo contado tra i Visconti e Venezia: Questioni di giurisdizione*, tesi di laurea dell'Università degli studi di Milano, facoltà di giurisprudenza, relatore C. Storti Storchi, correaltore E. Dezza, anno accademico 1993–94.
- Adriani G. B., *Prefazioni agli statuti ed altri monumenti storici del Comune di Vercelli dall'anno 1241– al 1335*, Torino 1877.

-Albini G., *La popolazione di Bergamo e del territorio nei secoli XIV e XV*, in *Storia economica e sociale di Bergamo. I primi millenni. Il comune e la signoria*, a cura di G. Chittolini, Bergamo 1999, pp. 213-256.
-Algazi G., »Sie würden hinten nach so gail«. Vom sozialen Gebrauch der Fehde im späten Mittelalter, in T. Lindenberger, A. Lüdtke (hg.), Physische Gewalt: Studien zur Geschichte der Neuzeit, Frankfurt am Main 1995, pp. 39-77.
-Algazi G., Herrengewalt und Gewalt der Herren im späten Mittelalter. Herrschaft, Gegenseitigkeit und Sprachgebrauch, Frankfurt am Main 1996.
-Andenna G., *Per lo studio della società vercellese del XIII secolo. Un esempio: I Bondoni*, in Congresso storico vercellese, *Vercelli nel secolo XIII: atti del primo congresso storico vercellese, Vercelli, Auditorium di S. Chiara, 2-3 ottobre 1982*, Vercelli 1984, pp. 203-225.
-Andenna G., *Formazione, strutture e processi di riconoscimento giuridico delle signorie rurali tra Lombardia e Piemonte orientale (secoli XI-XIII)*, in *Strutture e formazioni della signoria rurale nei secoli XI-XIII*, a cura di G. Dilcher, C. Violante, Bologna 1996, pp. 123-167.
-Andenna G., *Il concetto geografico-politico di Lombardia nel Medioevo*, in Id., *Storia della Lombardia medioevale*, Torino 1998, pp. 3-19.
-Andenna G., *Storia della Lombardia medioevale*, Torino 1998.
-Angelino A., Castelli A., *Indagini sulla storia urbana di Casale. Dal borgo di S. Evasio alla città di Casale (1350-1500)*, in «Studi Piemontesi», (1975), pp. 279-291.
-Arcangeli L., *Appunti su guelfi e ghibellini in Lombardia nelle guerre d'Italia (1494-1530)*, in *Guelfi e ghibellini nell' Italia del Rinascimento*, a cura di M. Gentile, Roma 2005, pp. 391-472.
-Artifoni E., *I podestà professionali e la fondazione retorica della politica comunale*, in «Quaderni storici», 63 (1986), pp. 687-720.
-Barbero A., *Vassalli, nobili e cavalieri fra città e campagna. Un processo nella diocesi di Ivrea all'inizio del Duecento*, in «Studi medievali», (1992), pp. 619-644.
-Barni G., *La formazione interna dello Stato visconteo*, in «Archivio storico lombardo», 6 (1941), pp. 3-66.
-Baroni M. F., *Prefazione*, in *Gli atti del Comune di Milano nel secolo XIII, vol. 1: 1217-1250*, a cura di M. F. Baroni, Milano 1976, pp. XIX-XX.
-Bartolomeo V., *La valle brembana con Taleggio e Seriana e la valle Imagna con la Brembilla vecchia: notizie storiche, geologiche, artistiche, genealogiche e biografiche*, Bergamo 1895.
-Battioni G., *La città di Bergamo tra signoria viscontea e signoria malatestana*, in *Storia economica e sociale di Bergamo. I primi millenni. Il comune e la signoria*, a cura di G. Chittolini, Bergamo 1999, pp. 183-212.
-Belotti B., *La caccia dei brembillesi (1443)*, in «Bergomum», 9 (1935), pp. 211-232.
-Belotti B., *Storia di Bergamo e dei Bergamaschi II*, Bergamo 1992.
-Belotti B., *Storia di Bergamo e dei Bergamaschi, III.*, Bergamo 1989.
-Belotti B., *Storia di Zogno e di alcune terre vicine*, Bergamo 1942.

−Black J., *Absolutism in Renaissance Milan: Plenitude of Power under the Visconti and the Sforza 1329 −1535*, Oxford 2009.

−Blickle P., *Kommunalismus, Parlamentarismus, Republikanismus*, in «Historische Zeitschrift», 242 (1986), pp. 529−556.

−Bognetti G. P., *Le miniere della Valtorta e i diritti degli arcivescovi di Milano (sec. XII−XIV)*, in «Archivio storico lombardo», (1926), pp. 281−308.

−Boissevain J., *Factions, Parties, and Politics in a Maltese Village*, in «American Anthropologist», New Series, Vol. 66, No. 6, Part 1 (Dec. 1964), pp. 1275−1287.

−Bordone R., *Tema cittadino e «ritorno alla terra» nella storiografia comunale recente*, in «Quaderni storici», 52, (1983), pp. 255−277.

−Bordone R., *I comuni italiani nella prima lega lombarda*, in H. Mauer (hg.), Kommunale Bündnisse Oberitaliens und Oberdeutschlands im Vergleich, Vortrage und Forschungen XXXIII, Sigmaringen 1987, pp. 45−61.

−Bordone R., *Storiografia recente sui comuni italiani delle origini*, in J. Jarnut, P. Johanek (hg.), Die Frühgeschichte der europäischen stadt im 11. Jahrhundert (Stadtforschng 43), Köln, Weimar, Wien 1998, pp. 45−61.

−Bozzola A., *Appunti sulla vita economica, sulle classi sociali e sull'ordinamento amministrativo del Monferrato nei sec. XIV e XV*, in «Bollettino storico-bibliografico subalpino», (1923), pp. 211−261.

−Brunner O. *Land and Lordship: Structures of Governance in Medieval Austria*, translated by H. Kaminsky, J. Van Horn Melton, Philadelphia, 1992 [translated from O. Brunner, *Land und Herrschaft. Grundfragen der territorialen Verfassungsgeshichte Österrieches im Mittelalter*, Wien 1965].

−Caldara A., *Il monastero di S. Sepolcro di Astino: dalla sua fondazione fino all'inizio del secolo 14*, tesi di laurea dell'Università di Milano, relatore: Giuseppe Martini, anno accademico 1955/1956.

−Cancian P., *Gli statuti medievali di Casale: codici e tradizione erudita*, in Gli statuti di Casale Monferrato del XIV secolo, a cura di P. Cancian, G. Sergi, A. A. Settia, Alessandria 1978, pp. 93−103.

−Capasso C., *Introduzione*, in Chronicon bergomense guelpho-ghibellinum ab anno MCCCLXXVIII usque ad annum MCCCCVII, a cura di C. Capasso, R. I. S^2, t. XVI, p. II, Bologna 1926−1940, pp. I−CLX.

−Capasso C., *Il referendario a Bergamo e l'amministrazione viscontea*, in AA. VV., Raccolta di scritti storici in onore del prof. Giacomo Romano nel XXV anno di insegnamento, Pavia 1907, pp. 73−99.

−Capasso C., *Guelfi e ghibellini a Bergamo*, in «Bollettino della civica biblioteca di Bergamo», anno3, numero 2 (1921), pp. 1−44.

−Caron, P. G., *La giurisdizione ecclesiastica negli statuti medioevali del Comune di Vercelli*, in Vercelli nel secdo XIII, pp. 357−378.

-Cavalieri P., *"Qui sunt guelfi et partiales nostri"*, *Comunità, patriziato e fazioni a Bergamo fra il XV e XVI secolo*, Milano 2008.
-Chabod F., *Esiste uno Stato del Rinascimento?*, in Id., *Scritti sul Rinascimento*, Torino 1967, pp. 591-623.
-Chabod F., *La genesi del «Principe» e l'esperienza delle cose d'Italia*, in *La crisi degli ordinamenti comunali e le origini dello stato del Rinascimento*, a cura di G. Chittolini, Bologna 1979, pp. 323-342.
-Chiappa Mauri L., *Riflessioni sulle campagne lombarde del Quattro-Cinquecento*, in «Nuova rivista storica», (1985), pp. 123-130.
-Chiapa Mauri L., *Gerarchie insediative e distrettuazione rurale nella Lombardia del secolo XIV*, in *L'età dei Visconti. Il dominio di Milano fra XIII e XV secolo*, a cura di L. Chiappa Mauri, L. De Angelis Cappabianca, P. Mainoni, Milano 1993, pp. 269-301.
-Chiappa Mauri L., *Terra e uomini nella Lombardia medievale*, Roma 1997.
-Chittolini G., *La crisi delle libertà comunali e le origini dello stato territoriale*, in «Rivista storica italiana», 82 (1970), pp. 99-120.
-Chittolini G., *Introduzione*, in *La crisi degli ordinamenti comunali e le origini dello stato del Rinascimento*, a cura di G. Chittolini, Bologna 1979, pp. 7-50.
-Chittolini G., *Alcune considerazioni sulla storia politico-istituzionale del tardo Medioevo: alle origini degli "stati regionali"*, in *Annali dell'istituto storico italo-germanico in Trento*, II (1976), pp. 401-419.
-Chittolini G., *La formazione dello Stato regionale e le istituzioni del contado*, Torino 1979.
-Chittolini G., *Introduzione*, in Id., *La formazione dello Stato regionale e le istituzioni del contado*, Torino 1979, pp. IX-XL.
-Chittolini G., *Infeudazione e politica feudale nel ducato visconteo-sforzesco*, in Id., *La formazione dello Stato regionale e le istituzioni del contado*, Torino 1979, pp. 36-100.
-Chittolini G., *Benefici rurali nell'Italia padana alla fine del Medioevo*, in Convegno di storia della Chiesa in Italia, *Pievi e parrocchie in Italia nel basso medioevo (sec. XIII-XV): atti del 6. Convegno di storia della Chiesa in Italia: Firenze, 21-25 sett. 1981*, Roma 1984, pp. 415-468.
-Chittolini G., *Principe e comunità alpine in area lombarda alla fine del medioevo*, in *Le Alpi per l'Europa: una proposta politica: economia, territorio e società: istituzioni, politica e società, contributi presentati al 2. Convegno Le Alpi e l'Europa, Lugano 14-16 marzo 1985*, Milano 1988, pp. 219-235. ora in Id., *Principe e comunità alpine*, in Id., *Città, comunità e feudi negli stati dell'Italia centro-settentrionale (secoli XIV-XVI)*, Milano 1996, pp. 127-144.
-Chittolini G., *Statuti e autonomie urbane. Introduzione*, in *Statuti città territori in Italia e Germania tra medioevo ed età moderna (Annali dell'Istituto storico italo-germanico, Quaderno 30)*, a cura di G. Chittolini, D. Willoweit, Bologna 1991, pp. 7-45.
-Chittolini G., *The Italian City-State and Its Territory*, in *City States in classical antiquity and medieval Italy: Athens and Rome, Florens and Venice*, A. Molho, K. Raaflaub, J. Enlen, A.

Arbor (eds.), Stuttgart 1991, pp 589–602.
- Chittolini G., *Terre, borghi e città in Lombardia alla fine del Medioevo*, in *Metamorfosi di un borgo – Vigevano in età visconteo-sforzesca*, a cura di G. Chittolini, Milano 1992, 477p, pp. 7–30.
- Chittolini G., *Il 'privato', il 'pubblico', lo Stato, in Origini dello Stato. Processi di formazione statale in Italia fra medioevo ed età moderna (Annali dell'Istituto storico italo-germanico, Quaderno 39)*, a cura di G. Chittolini, A. Molho, P. Schiera, Bologna 1994, pp. 553–589.
- Chittolini G., *A proposito di statuti e copiaticci, jus proprium e autonomia. Qualche nota sulle statuizioni delle comunità non urbane nel tardo medioevo lombardo*, in «Archivio storico ticinese», (1995), pp. 171–192.
- Chittolini G., *Città, comunità e feudi negli stati dell'Italia centro-settentrionale (secoli XIV–XVI)*, Milano 1996.
- Chittolini G., *Premessa*, in Id., *Città, comunità e feudi negli stati dell'Italia centro-settentrionale (secoli XIV–XVI)*, Milano 1996, pp. IX–XXVIII.
- Chittolini G., *Città e stati regionali*, in Id., *Città, comunità e feudi negli stati dell'Italia centro-settentrionale (secoli XIV–XVI)*, Milano 1996, pp. 19–37.
- Chittolini G., *I capitoli di dedizione delle comunità lombarde a Francesco Sforza*, in Id., *Città, comunità e feudi negli stati dell'Italia centro-settentrionale (secoli XIV–XVI)*, Milano 1996, pp. 39–60.
- Chittolini G., *Le 'terre separate' nel ducato di Milano in età sforzesca*, in Id., *Città, comunità e feudi negli stati dell'Italia centro-settentrionale (secoli XIV–XVI)*, Milano 1996, pp. 61–83.
- Chittolini G., *«Quasi città». Borghi e terre in area lombarda nel tardo medioevo*, in Id., *Città, comunità e feudi negli stati dell'Italia centro-settentrionale (secoli XIV–XVI)*, Milano 1996, pp. 85–104.
- Chittolini G., *legislazione statutaria e autonomie nella pianura bergamasca*, in *Statuti rurali e statuti di valle. La provincia di Bergamo nei secoli XIII–XVIII. Atti del Convegno. Bergamo 5 marzo 1983*, a cura di M. R. Cortesi, Bergamo 1984, pp. 93–114, ora in Id., *Città, comunità e feudi negli stati dell'Italia centro-settentrionale (secoli XIV–XVI)*, Milano 1996, pp. 105–125.
- Chittolini G., *Un paese lontano*, in «Società e storia», 100–101 (2003), pp. 331–354.
- Chittolini G., *Gli stati cittadini italiani*, in R. C. Schwinges, Ch. Hesse, P. Moraw (hg.)., Europa im späten Mittelalter: Politik-Gesellschaft-Kultur, München 2006, pp. 153–165.
- Ciccaglioni G., *Ricerche recenti sulla Lombardia viscontea*, in «Società e storia», 107 (2005), pp. 141–159.
- Cognasso F., *Note e documenti sulla formazione dello stato visconteo*, in «Bollettino della società pavese di storia patria», 23 (1923), pp. 23–169.
- Cognasso F., *L'unificazione della Lombardia sotto Milano*, in *Storia di Milano V. La signoria dei Visconti (1310–1392)*, Milano 1955, pp. 1–567.
- Cognasso F., *Il Ducato visconteo da Gian Galeazzo a Filippo Maria*, in *Storia di Milano VI, il Ducato visconteo e la Repubblica ambrosiana (1392–1450)*, Milano 1955, pp. 1–383.

−Cognasso F., *Istituzioni comunali e signorili di Milano sotto i Visconti*, in *Storia di Milano VI, il Ducato visconteo e la Repubblica ambrosiana (1392−1450)*, Milano 1955, pp. 449−544.
−Cognasso F., *I Visconti*, Milano 1966.
−Cognasso F., *La fondazione di Alessandria*, in Congresso storico subalpino, *Popolo e stato in Italia nell'età di Federico Barbarossa: Alessandria e la lega lombarda, relazioni e comunicazioni al 33. congresso storico subalpino per la celebrazione del 8. centenario della fondazione di Alessandria, Alessandria 6−7−8−9 ottobre 1968*, Torino 1970, pp. 25−73.
−Colli E., *Paciliano e S. Germano: il comune, la collegiata, la chiesa*, Casale Monferrato 1914.
−Comba R., *Testimonianze sull'uso dell'incolto, sul dissodamento e sul popolamento nel Piemonte meridionale (XIII−XIV secolo)*, in «Bollettino storico-bibliografico subalpino», 68 (1970), pp. 415−453.
−Comba R., *«Ville» e borghi nuovi nell'Italia del Nord (XII−XIV secolo)*, in «Studi storici», 38 (1991), pp. 5−23.
−Comoli Mandracci V., *Studi di storia dell'urbanistica in Piemonte: Casale*, in «Studi Piemontesi», vol. II, fasc. 2 (1973), pp. 68−87.
−*Conflitti locali e idiomi politici*, a cura di S. Lombardini, O. Raggio, A. Torre, in «Quaderni Storici», 63 (1986), pp. 681−930.
−Conte E., La ribellione al sistema signorile nel Duecento italiano. Aspetti giuridici, in M. T. Fögen (hg.), Ordnung und Aufruhr im Mittelalter. Historische und juristische Studien zur Rebellion, Frankfurt am Main 1995, pp. 313−337.
−Cortesi M., *Statuti rurali e statuti di valle. La provincia di Bergamo nei secoli XIII−XVIII (Fonti per lo studio del territorio bergamasco III)*, Bergamo 1983.
−Cremaschi F., *Il monastero di S. Sepolcro di Astino (Bergamo) dalle origini sino alla fine del secolo XII*, tesi di laurea dell'Università degli studi di Milano, Facoltà di lettere e filosofia, Corso di laurea in lettere moderne a. a. 1991−1992, relatore: Gigliola Soldi Rondinini.
−*La crisi degli ordinamenti comunali e le origini dello stato del Rinascimento*, a cura di G. Chittolini, Bologna 1979.
−Cristiani E., *Sul valore politico del cavalierato nella Firenze dei secoli XIII e XIV*, in «Studi Medievali», (1962), pp. 365−371.
−Cristiani E., *Le alternanze tra consoli ed i podestà cittadini, I problemi della civiltà comunale: atti del Congresso storico internazionale per l'8. centenario della prima Lega Lombarda: Bergamo, 4−8 settembre 1967*, a cura di C. D. Fonseca, Milano 1971, pp. 47−51
−Croce L., *Le pievi vercellesi sulla sinistra della Sesia: territorio, istituzioni e insediamenti. Robbio*, in «Bollettino storico vercellese», 50 (1998), pp. 5−39.
−Dale S., *Contra damnationis filios: the Visconti in fourteenth-century papal diplomacy*, in «Journal of Medieval History», 33 (2007), pp. 1−32.
−De Conti V., *Notizie storiche della città di Casale e del Monferrato*, Casale vol. 1, 1838, vol. 2, 1839.

–Del Bo B., *Uomini e strutture di uno stato feudale. Il marchesato di Monferrato (1418–1483)*, Milano 2009.

–Della Misericordia M., *Dividere per governarsi: fazioni, famiglie aristocratiche e comuni in Valtellina in età viscontea (1335–1447)*, in «Società e storia», 86 (1999), pp. 715–766.

–Della Misericordia M., *La disciplina contrattata. Vescovi e vassalli tra Como e le Alpi nel tardo Medioevo*, Milano 2000.

–Della Misericordia M., *La «coda» dei gentiluomini. Fazioni, mediazione politica, clientelismo nello stato territoriale: il caso della montagna lombarda durante il dominio sforzesco (XV secolo)*, in *Guelfi e ghibellini nell' Italia del Rinascimento*, a cura di M. Gentile, Roma 2005, pp. 275–389.

–Della Misericordia M., *Divenire comunità. Comuni rurali, poteri locali, identità sociali e territoriali in Valtellina e nella montagna lombarda nel tardo medioevo*, Milano 2006.

–Dessì R. M., *I nomi dei guelfi e ghibellini da Carlo I d'Angiò a Petrarca*, in *Guelfi e ghibellini nell' Italia del Rinascimento*, a cura di M. Gentile, Roma 2005, pp. 3–78.

–Elliott J. H., *A Europe of composite monarchies*, in «Past and Present», 137 (1992), pp. 48–71.

–Fasano Guarini E., *Centro e periferia, accentramento e particolarismi: dicotomia o sostanza degli Stati in età moderna?*, in *Origini dello Stato. Processi di formazione statale in Italia fra medioevo ed età moderna (Annali dell'Istituto storico italo-germanico, Quaderno 39)*, a cura di G. Chittolini, A. Molho, P. Schiera, Bologna 1994, pp. 147–176.

–Fasoli G., *Ricerche sui Borghi Franchi dell'alta Italia*, in «Rivista di storia del diritto italiano», 15 (1942), pp. 139–214.

–Fasoli G., *Oligarchia e ceti popolari nelle città padane fra il XIII e il XIV secolo*, in *Aristocrazia cittadina e ceti popolari nel tardo Medioevo in Italia e in Germania (Atti della settimana di studio 7–14 settembre 1981, Annali dell'Istituto storico italo-germanico, Quaderno 13)*, a cura di R. Elze, G. Fasoli, Bologna 1984, pp. 11–39.

–Feo G., *Terra e potere nel Medioevo. Frammentazione e ricomposizione del dominio nel territorio di Lemine (secoli XI–XIII)*, in «Archivio storico bergamasco», (1990), pp. 7–41.

–Folin M., *Il sistema politico estense fra mutamenti e persistenze (secoli XV–XVIII)*, in «Società e storia», 77 (1997), pp. 505–549.

–Fonseca C. D., *Ricerche sulla famiglia Bicchieri e la società vercellese dei secoli XII e XIII*, in Università Cattolica del Sacro Cuole, Istituto di storia medioevale, *Raccolta di studi in memoria di Giovanni Soranzo. Contributi dell'istituto di storia medioevale, vol. 1*, Milano 1968, pp. 207–264.

–Fossati M., Ceresatto A., *La Lombardia alla ricerca d'uno Stato*, in G. Andenna, R. Bordone, F. Somaini, M. Vallerani, *Comuni e signorie nell'Italia settentrionale: la Lombardia (Storia d'Italia 6)*, Torino 1998, pp. 483–572.

–Franceschini G., *La vita sociale e politica nel Duecento*, in *Storia di Milano IV, Dalle lotte contro il Barbarossa al primo Signore (1152–1310)*, Milano 1954, pp. 115–212.

–Galizzi G. P., *Ancora sugli «statuti di S. Pellegrino»*, in «Bergomum», 51 (1957), pp. 41–54.

-Gamberini A., *La città assediata. Poteri e identità politiche a Reggio in età viscontea*, Roma 2003.
-Gamberini A., *Da universale a locale. La metamorfosi del linguaggio politico delle Parti attraverso il caso reggiano (secoli XIV-XVI)*, in *Guelfi e ghibellini nell' Italia del Rinascimento*, a cura di M. Gentile, Roma 2005, pp. 217-248, ora in Id., *Lo stato visconteo. Linguaggi politici e dinamiche costituzionali*, Milano 2005, pp. 265-288.
-Gamberini A., *Lo stato visconteo. Linguaggi politici e dinamiche costituzionali*, Milano 2005.
-Gamberini A., *Introduzione*, in Id., *Lo stato visconteo. Linguaggi politici e dinamiche costituzionali*, Milano 2005, pp. 11-30.
-Gasparri S., *I milites cittadini; studi sulla cavalleria in Italia*, Roma 1992.
-Gentile M., *Terra e poteri. Parma e il Parmense nel ducato visconteo all'inizio del Quattrocento*, Milano 2001.
-Gentile M., *Giustizia, protezione, amicizia: note sul dominio dei Rossi nel Parmense all'inizio del Quattrocento*, in *Poteri signorili e feudali nelle campagne dell'Italia settentrionale fra Tre e Quattrocento: fondamenti di legittimità e forme di esercizio, Atti del Convegno di studi (Milano, 11-12 aprile 2003)*, a cura di F. Cengarle, G. Chittolini, G. M. Varanini, Firenze 2005, pp. 89-104.
-Gentile M., *Guelfi, Ghibellini, Rinascimento. Nota introduttiva*, in *Guelfi e ghibellini nell' Italia del Rinascimento*, a cura di M. Gentile, Roma 2005., pp. vii-xxv.
-Gentile M., *«Postquam malignitates temporum hec nobis dedere nomina…». Fazioni, idiomi politici e pratiche di governo nella tarda età viscontea*, in *Guelfi e ghibellini nell' Italia del Rinascimento*, a cura di M. Gentile, Roma 2005, pp. 249-274.
-Gentile M., *Casato e fazione nella Lombardia del Quattrocento. Il caso di Parma*, in *Famiglie e poteri in Italia tra Medioevo ed età moderna (collection de l'école française de Rome 422)*, a cura di A. Bellavitis, I. Chabot, Roma 2009, pp. 151-187.
-Gentile M., *Fazioni al governo. Politica e società a Parma nel Quattrocento*, Roma 2009.
-Ginzburg C., *Microstoria: due o tre cose che so di lei*, in «Quaderni storici», 86 (1994), pp. 511-539.
-Goggi, C., *Per la storia della diocesi di Tortona. Raccolta di Notizie storiche: dalle origini a Federico Barbarossa*, vol. 1, Tortona 2000 [stampa anastatica 1963].
-Grendi E., *Il Cervo e la repubblica. Il modello ligure di antico regime*, Torino 1993.
-Grendi E., *Ripensare la microstoria?*, in «Quaderni storici», 63 (1986), pp. 539-549.
-Grillo P., *Le campagne bergamasche nel XIV secolo: agricoltura e società rurale*, in *Storia economica e sociale di Bergamo. I primi millenni. Il comune e la signoria*, a cura di G. Chittolini, Bergamo 1999, pp. 339-369.
-Grillo P., *Borghi franchi e lotte di fazione: tre fondazioni vercellesi negli anni 1269-1270*, in «Studi storici», 42 (2001), pp. 397-411.
-Grillo P., *Il territorio conteso. Conflitti per il controllo del contado di Bergamo alla fine del Trecento*, in *Controllare il territorio. Norme, corpi e conflitti tra medioevo e prima Guerra mondiale*

(*Abbiategrasso-Milano, 15–17 settembre 2010*), Atti in corso di stampa a cura di L. Antonielli.

–*Guelfi e ghibellini nell' Italia del Rinascimento*, a cura di M. Gentile, Roma 2005.

–Guglielmotti P., *Unità e divisione del territorio della Valsesia fino al secolo XIV*, in «Bollettino storico-bibliografico subalpino», 96. I (1998), pp. 125–156.

–Haverkamp A., *La lega lombarda sotto la guida di Milano (1175–1183)*, in *La pace di Costanza 1183: un difficile equilibrio di poteri fra società italiana e impero*, Milano 1984, pp. 159–178.

–*The Italian Renaissance State*, eds. A. Gamberini, I. Lazzarini, Cambridge 2012.

–Jones P. J., *Economia e società nell'Italia medievale: la leggenda della borghesia*, in *Storia d'Italia Annali 1, Dal feudalismo al capitalismo*, Torino 1978, pp. 186–373.

–Jones P. J., *The Italian City-State: from Comune to Signoria*, Oxford 1997.

–Keller H., Adel, Ruttertum und Ritterstand nach italienischen Zeugnissen des 11.–12. Jahrhunderts, in L. Fenske, W. Rösener und Th. Yotz (hg.), Institutionen, Kultur und Gesellshaft in Mittelalter. Festschrift für Josef Fleckenstein zu seinen 65. Geburtstag, Sigmaringen 1984, pp. 581–609.

–Keller H., *Signori e vassalli nell'Italia delle città (secoli IX–XII)*, Torino 1995 [trad. it. di *Adelsherrschaft und städtische Gesellschaft in Oberitalien. 9 bis 12. Jahrhundert*, Tübingen 1979].

–Knapton M., *Dalla signoria allo stato regionale e all'equilibrio della pace di Lodi*, in *Storia della società italiana*, diretta da Giovanni Cherubini, 8: *I secoli del primato italiano: il Quattrocento*, a cura di G. Cipiani et al., Milano 1988, pp. 87–122

–Lanaro P., *Periferie senza centro. Reti fieristiche nello spazio geografico della Terraferma veneta in età moderna*, in *La pratica dello scambio. Sistemi di fiere, mercanti e città in Europa e in Italia, 1400–1700*, a cura di P. Lanaro, Venezia 2003, pp. 21–51.

–Lazzarini I., *Tra continuità e innovazione: trasformazioni e persistenze istituzionali a Mantova nel quattrocento*, in «Società e storia», 62 (1993), pp. 699–764.

–Lazzarini I., *L'Italia degli Stati territoriali. Secoli XIII–XV*, Roma-Bari 2003.

–Mainoni P., *Economia e Politica nella Lombardia medievale. Da Bergamo a Milano fra XIII e XV secolo*, Cavallermaggiore 1994.

–Mainoni P., *Per un'indagine circa i "panni di Bergamo" nel Duecento*, in Ead., *Economia e politica nella Lombardia medievale. Da Bergamo a Milano fra XIII e XV secolo*, Cavallermaggiore 1994, pp. 13–92.

–Mainoni P., *Politiche fiscali, produzione rurale e controllo del territorio nella signoria viscontea (secoli XIV–XV)*, in Ead., *Economia e politica nella Lombardia medievale. Da Bergamo a Milano fra XIII e XV secolo*, Cavallermaggiore 1994, pp. 93–126.

–Mainoni P., *Le radici della discordia. Ricerche sulla fiscalità a Bergamo tra XIII e XV secolo*, Milano 1997.

–Mainoni P., *L'economia di Bergamo tra XIII e XV secolo*, in *Storia economica e sociale di Bergamo. I primi millenni. Il comune e la signoria*, a cura di G. Chittolini, Bergamo 1999, pp. 257–338.

–Maire Vigueur, J. C., *Cavalieri e cittadini. Guerra, conflitti e società nell'Italia comunale*, trad. da A.

Pasquali, Bologna 2004 [trad. it. di *Cavalier et citoyens. Guerre, conflicts et société dans l'Italie communale, XIIe–XIIIe siècles*, Paris 2003].

–Manaresi C., *Prefazione*, in *Gli atti del Comume di Milano fino all'anne MCCXVI*, a cura di C. Manaresi, Milano 1919.

–Mandelli V., *Il comune di Vercelli nel medio evo*, tomo1, Vercelli 1857.

–Manzoni P., *Lemine dalle origini al XVII secolo*, Almenno San Salvatore 1988.

–Mazzi A., *Sul diario di Castellus de Castello*, Bergamo 1925.

–Mazzi, A., *La podesteria di Recuperato Rivola. All'epoca della venuta di Enrico VII a Milano*, in «Bollettino della Civica Biblioteca di Bergamo», (1908), pp. 174–182.

–Mazzi A., *I confini dei comuni del contado*, in «Bollettino della Civica Biblioteca di Bergamo», 16 (1922), pp. 1–50.

–Menant F., *Lombardia feudale. Studi sull'aristocrazia padana nei secoli X–XIII*, Milano 1992.

–Menant F., *Gli scudieri («scutiferi»), vassalli rurali dell'Italia del Nord nel XII secolo*, in Id., *Lombardia feudale. Studi sull'aristocrazia padana nei secoli X–XIII*, Milano 1992, pp. 277–293.

–Menant F., *Campagnes lombardes du Moyen Âge. L'économie et la société rurales dans la région de Bergame, de Crémone et de Brescia du X e au XIIIe siècle*, Roma 1993.

–Milani G., *I comuni italiani*, Roma-Bari 2005.

–Minghetti L., *L'episcopato vercellese di Alberto durante i primi anni del XIII secolo*, in *Vercelli nel secolo XIII. Atti del primo congresso storico vercellese*, a cura di Società storica vercellese, Vercelli 1982, pp. 99–112.

–Minghetti Rondoni L., *L'espansione territoriale del monastero di S. Ambrogio di Milano nella zona pedemontana*, in AA. VV., *Il monastero di S. Ambrogio nel Medioevo. Convegno di studi nel XII centenario: 784–1984 (5–6 novembre 1984)*, Milano 1988, pp. 429–440.

–Montanari M., *Borghi di nuova fondazione e politiche comunali nel Piemonte dell'ultima età sveva*, in «Bollettino storico-bibliografico subalpino», (1997), pp. 471–510.

–Mor C. G., *«Universitas vallis»: un problema da studiare relativo alla storia del comune rurale*, in *Miscellanea in onore di Roberto Cessi, I*, Roma 1958, pp. 103–109.

–Mosel J., *Überlegungen zum sozialen Sinn der Fehdepraxis am Beispiel des spätmittelalterlichen Franken*, in D. Rödel, J. Schreiner (hg.), *Strukturen der Gesellschaft im Mittelalter: Interdisziplinäre Mediävistik in Würyburg*, Wiesbaden 1996, pp. 140–167.

–Muir E., *«Mad Blood Stirring». Vendetta and Factions in Friuli during the Renaissance*, Baltimore-London 1993.

–Nada Patrone A. M., *Il Piemonte medievale*, in A. M. Nada Patrone, G. Airaldi, *Comuini e Signerie nell'Italia settentrionale: il Piemonte e la Liguria (Storia d'Italia 5)*, Torino 1968, pp. 1–362.

–Nada Patrone, A. M., Airaldi, G., *Comuni e Signorie nell'Italia settentrionale: il Piemonte e la Liguria (Storia d'Italia 5)*, Torino 1968.

–Occhipinti E., *Milano e il podestariato in età comunale: flussi di esportazione e reclutamento*, in «Archivio storico lombardo», (1994), pp. 13–37.

–Occhipinti E., *L'Italia dei Comuni. Secoli XI–XIII*, Roma 2000.
–Ottone P., *Casale Monferrato nell'età comunale*, dattiloscritto presso l'istituto di storia, sezione Medievale, della facoltà di Lettere dell'Università di Torino, Torino 1974.
–Panero F., *Terre in concessione e mobilità contadina. Le campagne fra Po, Sesia e Dora Baltea (secoli VII e XIII)*, Bologna 1984.
–Panero F., *Villenove medievali nell'Italia nord-occidentale*, Torino 2004.
–Pasquali G., *La condizione degli uomini*, in A. Cortonesi, G. Pasquali, G. Piccinni, *Uomini e campagne nell'Italia medievale*, Roma-Bari 2002, pp. 73–122.
–Pederzani I., *Venezia e lo «Stato de terraferma». Il governo delle comunità nel territorio bergamasco (secc. XV–XVIII)*, Milano 1992.
–Pensa P., *Il libro della nobiltà lombarda III, Famiglie nobili e notabili stanziatesi prima del 16. secolo in Lecco, nella Valsassina, nella Valvarrone, nella Val d'Esino e sulla riviera orientale del Lario*, Milano 1976.
–Pesenti G., *Conflitti locali, poteri centrali e cartografia. Quattro mappe della Val Taleggio dei secoli XV e XVI*, in «Archivio storico bergamasco», 13 (1987), pp. 269–280.
–Pezzano P., *Istituzioni e ceti sociali in una comunità rurale: Racconigi nel XII e nel XIII secolo*, in «Bollettino storico-bibliografico subalpino», 74 (1976), pp. 619–691.
–Piccinni G., *La campagna e le città (secoli XII–XV)*, in A. Cortonesi, G. Pasquali, G. Piccinni, *Uomini e campagne nell'Italia medievale*, Roma–Bari 2002, pp. 123–189.
–Pittarello L., *Casale Monferrato*, in *Città da scoprire, guida ai centri minori. Italia settentrionale*, Milano 1983, pp. 106–119.
–*I podestà dell'Italia comunale. Reclutamento e circolazione degli ufficiali forestieri (fine XII– metà XIV secolo)*, a cura di Maire Vigueur, J. C., Roma 2000.
–Provero L., *Dalla realtà locale alla complessità di un modello: Chris Wickham e le comunità lucchesi*, in «Quaderni storici», 100 (1999), pp. 269–283.
–Raccagni G., *The Lombard League, 1167–1225*, Oxford University Press, 2010.
–Raggio O., *Faide e parentele. Lo stato genovese visto dalla Fontanabuona*, Torino 1990.
–Rao R., *Proprietà allodiale civica a formazione del distretto urbano nella fondazione dei borghi nuovi vercellesi (prima metà del XIII secolo)*, in *Borghi nuovi e borghi franchi nel processo di costruzione dei distretti comunali nell'Italia centro-setentrionale (secoli XII–XIV)*, a cura di R. Comba, F. Panero, G. Pinto, Cherasco-Cuneo 2002, pp. 357–381.
–Reynolds S., *Kingdoms and Communities in Western Eurpe 900–1300*, Oxford 1984.
–J. Riedmann, Mittelalter, in J. Fontana, P. W. Haider, W. Leifner, G. Mühl-berger, R. Palme, O. Parteli, J. Riedmann, Geschichte des Ländes Tirol, Bänd 1, Bozen-Innsbruck-Wien, 1990, pp. 291–698.
–Ripanti R., *Dominio fondiario e poteri bannali del capitolo di Casale Monferrato nell'età comunale*, in «Bollettino storico-bibliografico subalpino», (1970), pp. 109–156.
–Rosa G., *Statuti antichi di Vertova e d'altri comuni rurali*, in «Archivio storico italiano», (1860), pp.

85-93.
- Roveda E., *I benefici delle acque. Problemi di storia dell'irrigazione in Lombardia tra XV e XVII secolo*, in «Società e storia», 24 (1984), pp. 269-287.
- Roveda E., *Allevamento e transumanza nella pianura Lombarda: i bergamaschi nel Pavese tra '400 e '500*, in «Nuova Rivista Storica», (1987), pp. 49-70.
- Sala A., *La cospirazione antiviscontea in Bergamo del 1373*, in «Archivio storico bergamasco», 3 (1983), pp. 9-35.
- Sala A., *Almè e Almenno nelle pergamene degli archivi di Bergamo*, in «Atti dell'ateneo di scienze, lettere ed arti di Bergamo», vol. LVII, anno accademico 1994-95, Bergamo 1996, pp. 471-481.
- Salvemini G., *La dignità cavalleresca nel comune di Firenze e altri scritti*, a cura di E. Sestan, Milano 1972.
- Santini G., *I comuni di valle del medioevo. La costituzione federale del "Frignano" (dalle origini all'autonomia politica)*, Milano 1960.
- Santoro C., *L'organizzazione del Ducato*, in *Storia di Milano VII: L'età sforzesca dal 1450 al 1500*, Milano 1956, pp. 520-538.
- Sato H., *Fazioni e microfazioni: guelfi e ghibellini nella montagna bergamasca del Trecento*, in «Bergomum», Anni 104-105 (2009-2010), pp. 149-169.
- Scharf G. P., *Gli statuti duecenteschi di Vertova e Leffe*, in *Statuti rurali lombardi del secolo XIII*, a cura di L. Chiappa Mauri, Milano 2004, pp. 91-104.
- Sergi G., *Gli statuti casalesi come espressione di autonomia istituzionale in un comune non libero*, in *Gli statuti di Casale Monferrato del XIV secolo*, Alessandria 1978, pp. 1-30.
- Sestan E., *Le origini delle Signorie cittadine: un problema storico esaurito?*, in *La crisi degli ordinamenti comunali e le origini dello stato del Rinascimento*, a cura di G. Chittolini, Bologna 1979, pp. 53-75.
- Settia A. A., *«Villam circa castrum restringere»: migrazione e accentramento di abitati sulla collina torinese nel basso medioevo*, in «Quaderni storici», 24 (1973), pp. 905-944.
- Settia A. A., *Monferrato: strutture di un territorio medievale*, Torino 1983.
- Settia A. A., *Crisi e adeguamento dell'organizzazione ecclesiastica nel Piemonte bassomedievale*, in Convegno di storia della Chiesa in Italia, *Pievi e parocchie in Italia nel basso medioevo (sec. XIII-XV): atti del 6. Convegno di storia della Chiesa in Italia: Firenze, 21-25 sett. 1981*, Roma 1984, pp. 610-624.
- Settia A. A., *Castelli e villaggi nell'Italia padana. Popolamento, potere e sicurezza fra IX e XIII secolo*, Napoli 1984.
- Settia A. A., *«Fare Casale ciptà»: prestigio principesco e ambizioni familiari nella nascita di una diocesi tardomedievale*, in *Vescovi e diocesi in Italia dal XIV alla metà del XVI secolo (Italia sacra 44)*, Roma 1990, vol. II, pp. 675-715.
- Settia A. A., *Zone «strategiche» e borghi nuovi. Aspetti della guerra nell'età comunale*, in «Studi

storici», (1990), pp. 983–997.
- Settia A. A., *Da pieve a cattedrale: la «promozione» di Casale a città*, in Id., *Chiese, strade e fortezze nell'Italia medievale (Italia sacra 46)*, Roma 1991, pp. 349–389.
- Settia A. A., *Le pedine e la scacchiera: iniziative di popolamento nel secolo XII*, in «Rivista storica italiana», (1991), pp. 633–656.
- Settia A. A., *Rapine, assedi, battaglie. La guerra nel Medioevo*, Roma–Bari 2002.
- Silini G., *I giurisdicenti del territorio bergamasco nel periodo della dominazine veneta*, Bergamo 2005.
- Sismondi J., *Histoire des république italiennes du moyen âge*, Paris 1809–18.
- Somaini F., *Processi costitutivi, dinamiche politiche e strutture istituzionali dello Stato visconteo-sforzesco*, in G. Andenna, R. Bordone, F. Somaini, M. Vallerani, *Comuni e Signorie nell'Italia settentrionale: la Lombardia (Storia d'Italia 6)*, Torino 1998, pp. 681–786.
- Somaini F., *Il binomio imperfetto: alcuni osservazioni su guelfi e ghibellini a Milano in età visconteo-sforzesca*, in *Guelfi e ghibellini nell' Italia del Rinascimento*, a cura di M. Gentile, Roma 2005, pp. 131–215.
- 'Stato e società locale: una discussione', in «Società e storia» 67 (1995), pp. 111–167.
- *Statuti rurali e statuti di valle. La provincia di Bergamo nei secoli XIII–XVIII. Atti del Convegno Bergamo 5 marzo 1983 (Fonti per lo studio del territorio bergamasco V)*, a cura di M. Cortesi, Bergamo 1984.
- *Gli statuti della Valle Brembana superiore del 1468*, a cura di M. Cortese, Bergamo 1994.
- Storti Storchi C., *Diritto e istituzioni a Bergamo dal Comune alla Signoria*, Milano 1984.
- Storti Storchi C., *Statuti viscontei di Bergamo*, in *Statuti rurali e statuti di valle. La provincia di Bergamo nei secoli XIII–XVIII. Atti del convegno, Bergamo 5 marzo 1983*, a cura di M. Cortesi, Bergamo 1984, pp. 51–92.
- Tabacco G., *La storia politica e sociale. Dal tramonto dell'Impero alle prime formazioni di Stati regionali*, in *Storia d'Italia, 2. Dalla caduta dell'impero romano al secolo XVIII*, Torino 1974, pp. 249–274.
- Tabacco G., *Egemonie sociali e strutture del potere nel medioevo italiano*, Torino 1974.
- Tabacco G., *Nobiltà e potere ad Arezzo in età comunale*, in «Studi Medievali», (1974), pp. 1–24.
- Tabacco G., *Nobili e cavalieri a Bologna e a Firenze fra XII e XIII secolo*, in «Studi Medievali», 17 (1976), pp. 41–79.
- Tabacco G., *Su nobiltà e cavalleria nel medioevo. Un ritorno a Marc Bloch?*, in «Rivista storica italiana», 91 (1979), pp. 5–25.
- Tabacco G., *Ghibellinismo e lotte di partito nella vita comunale italiana*, in *Federico II e le città italiane*, a cura di P. Toubert, A. Paravicini Bagliani, Palermo 1994, pp. 335–343.
- Tagliabue M., *Come si è costituita la "communitas" di Val S. Martino*, in *Atti e memorie del secondo Congresso Storico lombardo*, Bergamo 1937, pp. 73–93.
- Tagliabue M., *Statuti di S. Pellegrino*, in «Bergomum», 38 (1944), n. 1, pp. 27–36.

-Toubert P., *Les statuts communaux et l'histoire des campagnes lombardes au XIVe siècle*, in «Mélanges d'archéologie et d'histoire (École française de Rome)», 72 (1960), pp. 397-508.
-Toubert P., *Les structures du Latium médiéval. Le Latium méridional et la Sabine du IXe à la fin du XIIe siècle*, Roma 1973.
-Toubert P., *Dalla terra ai castelli. Paesaggio, agricoltura e poteri nell'Italia medievale*, Torino 1995.
-Vallerani M., *La politica degli schieramenti: reti podestarili e alleanze intercittadine nella prima metà del Duecento*, in G. Andenna, R. Bordone, F. Somaini, M. Vallerani, *Comuni e signorie nell'Italia settentrionale: la Lombardia (Storia d'Italia 6)*, Torino 1998, pp. 427-453.
-Vallerani M., *Le città lombarde tra impero e papato (1226-1250)*, in G. Andenna, R. Bordone, F. Somaini, M. Vallerani, *Comuni e signorie nell'Italia settentrionale: la Lombardia (Storia d'Italia 6)*, Torino 1998, pp. 455-480.
-Varanini G. M., *La tradizione statutaria della Valle Brembana nel Tre-Quattrocento e lo statuto della Valle Brembana superiore del 1468*, in *Gli statuti della Valle Brembana superiore del 1468*, a cura di M. Cortese, Bergamo 1994, pp. 13-62
-Varanini G. M., *Nelle città della Marca Trevigiana: dalle fazioni al patriziato (secoli XIII-XV)*, in *Guelfi e ghibellini nell' Italia del Rinascimento*, a cura di M. Gentile, Roma 2005, pp. 563-602.
-Vayra P., *Cavalieri lombardi in Piemonte nelle guerre del 1229-30*, in «Archivio storico lombardo», (1883), pp. 413-422.
-Violante C., *La società milanese nell'età precomunale*, Bari 1953.
-Volpe G., *Medio Evo Italiano*, Roma-Bari 2003.
-Wickham C., *Community and Clientele in Twelfth-century Tuscany: The origins of the Rural Commune in the Plain of Lucca*, Oxford 1998.
-Zmora H., Adelige Ehre und ritterliche Fehde: Franken im Spätmittelalter, in K. Schreiner, G. Schwerhoff (hg.), Verletzte Ehre. Ehrkonflikte in Gesellschaften des Mittelalters und der Frühen Neuzeit, Köln-Weimar-Wien 1995, pp. 92-109.
-Zmora H., *Princely State-making and the "Crisis of the Aristocracy" in Late Medieval Germany*, in «Past & Present», 153 (1996), pp. 37-63.
-Zmora H., *State and nobility in early modern Germany. The knightly feud in Franconia, 1440-1567*, Cambridge 1997.
-Zonca A., *Cenate e Casco. Due comunità bergamasche nel Medioevo*, Bergamo 2005.
-Zorzi A., «*ius erat in armis*». *Faide e conflitti tra pratiche sociali e pratiche di governo*, in *Origini dello Stato. Processi di formazione statale in Italia fra medioevo ed età moderna (Annali dell'Istituto storico italo-germanico, Quaderno 39)*, a cura di G. Chittolini, A. Molho, P. Schiera, Bologna 1994, pp. 609-629.

邦語文献

飯田巳貴「近世のヴェネツィア絹織物産業とオスマン市場」歴史学研究会編『シリーズ港町の世界史1 港町と海域世界』青木書店，2005年，299-331頁。

石母田正『中世的世界の形成』岩波書店，1985年。
稲葉継陽『戦国時代の荘園制と村落』校倉書房，1998年。
稲葉継陽「村の侍身分と兵農分離」同『戦国時代の荘園制と村落』校倉書房，1998年，237-256頁。
稲葉継陽「中・近世移行期の村落フェーデと平和 —— 日本中世における権利と暴力」歴史学研究会編『紛争と訴訟の文化史』〈シリーズ歴史学の現在〉2 青木書店，2000年，101-134頁（現在，同『日本近世社会形成史論 —— 戦国時代論の射程』校倉書房，2009年に再録）。
稲葉継陽『日本近世社会形成史論 —— 戦国時代論の射程』校倉書房，2009年。
稲葉継陽「中世史における戦争と平和」同『日本近世社会形成史論 —— 戦国時代論の射程』校倉書房，2009年，53-77頁。
D・ウェーリー著，森田鉄郎訳『イタリアの都市国家』平凡社，1971年。
大黒俊二「都市共和国ラグーザの存続条件 —— フィリッポ・デ・ディヴェルシ『ラグーザ頌』によりつつ」，中村賢二郎編『国家 —— 理念と制度』京都大学人文科学研究所，1988年，303-341頁。
小倉欣一「盗賊騎士の名誉と帝国都市の自由 —— 中世ドイツの戦争と平和をめぐって」『ヨーロッパの市民と自由 —— その歴史的諸相の解明』早稲田大学アジア太平洋研究センター，1999年，85-117頁。
N・オットカール著，清水廣一郎・佐藤眞典共訳『中世の都市コムーネ』創文社，昭和47年。
勝俣鎮夫『戦国法成立史論』東京大学出版会，1979年。
亀永洋子『中世ジェノヴァ商人の「家」 —— アルベルゴ・都市・商業活動』刀水書房，2001年。
亀長洋子「キオスに集う人々 —— 中世ジェノヴァ人の海外進出」，齊藤寛海・山辺規子・藤内哲也編『イタリア都市社会史入門』昭和堂，2008年，89-98頁。
亀長洋子『イタリアの中世都市』山川出版社，2011年。
A・ガンベリーニ著，佐藤公美訳・解説「中世後期ロンバルディア農村地域における領主領民紛争 —— レッジョの事例から」『史苑』第72巻第1号，2011年12月，161-167頁。
北田葉子『近世フィレンツェの政治と文化』刀水書房，2003年。
城戸照子「10-12世紀イタリア中南部の農村構造 —— P・トゥベールの業績をめぐって」『九州経済学会年報』，1989年，62-67頁。
城戸照子「インカステラメント・集村化・都市」，江川温，服部良久編『西欧中世史 [中] 成長と飽和』ミネルヴァ書房，129-150頁。
工藤達彦「「教皇国家」の建設とユリウス2世」『西洋史学報』26，1999年，1-24頁。
久留島典子「中世後期の「村請制」について —— 山城国上下久世庄を素材として」『歴史評論』488号，1990年12月，21-40，81頁。
小関素明「岐路に立つ「戦後歴史学」 —— 歴史学にはいま何が求められているのか」『日

本史研究』537 号，2007 年，41-58 頁。
小林一岳『日本中世の一揆と戦争』校倉書房，2001 年。
小林一岳「中世荘園における侍」『日本中世の一揆と戦争』校倉書房，2001 年，27-44 頁。
小林一岳「殿原と村落」『日本中世の一揆と戦争』校倉書房，2001 年，45-65 頁。
齊藤寛海「一五世紀のフィレンツェにおける権力構造 ── 研究視点についての予備的考察」，佐藤伊久男編『ヨーロッパにおける統合的諸権力の構造と展開』創文社，1994 年，419-475 頁。
齊藤寛海「トスカーナ大公国の領域構造 ── コジモ一世時代」『信州大学教育学部紀要』第 90 号，1997 年。
齊藤寛海「イタリアの都市と国家」『岩波講座　世界歴史 8　ヨーロッパの成長』岩波書店，1998 年，251-274 頁。
齊藤寛海『中世後期イタリアの商業と都市』知泉書館，2002 年。
齊藤寛海・山辺規子・藤内哲也編『イタリア都市社会史入門　12 世紀から 16 世紀まで』昭和堂，2008 年。
齊藤寛海「イタリアの歴史　日本におけるその研究」，齊藤寛海・山辺規子・藤内哲也編『イタリア都市社会史入門　12 世紀から 16 世紀まで』，263-280 頁。
齊藤寛海「二つのイタリア」，北原敦編『新版世界各国史十五　イタリア史』山川出版社，2008 年。
阪上眞千子「フェデリーコ二世治下のシチリア王国における国家組織・経済・社会」『阪大法学』第 46 巻第 1 号 (通巻 181 号)，1996 年，83-110 頁。
阪上眞千子「一三世紀前半南イタリアにおける普通法，特有法と勅法」『阪大法学』第 54 巻 6 号 (通巻第 234 号)，2005 年，1383-1410 頁。
佐々木有司「中世イタリアにおける普通法 (ius commune) の研究 ── バルトールス・デ・サクソフェルラートを中心として ──（一）（二）（三）（四）」『法学協会雑誌』84-1, 84-4, 84-8, 85-8, 1967 年，1968 年，1-70, 437-487, 1018-1044, 1145-1172 頁。
佐藤眞典「西ドイツとイタリアにおける中世盛期研究 ── フリードリヒ・バルバロッサとイタリア諸都市（一）（二）（三）（四）」『史学研究』第 173 号，第 177 号，第 189 号，第 194 号，1986 年，1987 年，1990 年，1991 年，70-79 頁，78-85 頁，43-52 頁，82-90 頁。
佐藤眞典「フリードリヒ＝バルバロッサとミラノ市」『広島大学教育学部紀要』第 II 部第 10 巻，1987 年，11-26 頁。
佐藤眞典「フリードリヒ＝バルバロッサと破壊された中・小都市」『広島大学教育学部紀要』第 II 部第 12 巻，1990 年，1-14 頁。
佐藤眞典『中世イタリア都市国家成立史研究』ミネルヴァ書房，2001 年。
佐藤公美「中世イタリアにおける領域構造論，及び都市 ── 農村関係論の課題」『史林』82 巻 3 号，1999 年，131-151 頁。
佐藤公美「齊藤寛海・山辺規子・藤内哲也編『イタリア都市社会史入門 ── 一二世紀から一六世紀まで』」『西洋史学』232 号，2009 年 8 月，71-73 頁。

佐藤公美「一揆の比較史のための予備的考察」『日本学研究所年報』第9号，2012年3月，48-58頁。
渋谷聡「近世神聖ローマ帝国をめぐる研究動向 ── 近年のドイツにおける「国家・国民」意識によせて」『史林』第89巻第1号，2006年，109-136頁。
清水廣一郎『イタリア中世都市国家研究』岩波書店，1975年。
清水廣一郎『イタリア中世の都市社会』岩波書店，1990年。
図師宣忠「中世盛期トゥールーズにおけるカルチュレールの編纂と都市の法文化」『史林』第90巻第2号，2007年3月，30-62頁。
高田京比子「都市国家ヴェネツィアにおける貴族の親族集団」『史林』第75巻第2号，1992年，1-39頁。
高田京比子「中世イタリアにおける支配層の家と都市農村関係 ── 都市コムーネ理解に向けて」『史林』第78巻第3号，1995年，117-136頁。
高田京比子「一三世紀前半におけるヴェネツィア都市法の変遷とその社会的背景」『西洋史学』第192号，1998年，48-69頁。
高田京比子「サン・マルコ財務官と中世ヴェネツィア都市民 ── 遺言書史料に見る行政機構の発展」『史林』第84巻第5号，2001年，34-65頁。
高田京比子「メディアとしての聖地巡礼記 ── 中世地中海世界の情報網」，前川和也編『コミュニケーションの社会史』ミネルヴァ書房，2001年，73-101頁。
高田京比子「中世イタリアにおける支配の変遷 2004年におけるひとつの到達点の紹介」神戸大学文学部『紀要』第35号，2008年3月，51-88頁。
高田京比子「支配のかたち」，齊藤寛海・山辺規子・藤内哲也編『イタリア都市社会史入門 12世紀から16世紀まで』昭和堂，2008年，51-69頁。
高田京比子「中世地中海における人の移動 ── キプロスとクレタの「ヴェネツィア人」，前川和也編『空間と移動の社会史』ミネルヴァ書房，2009年，185-213頁。
高田良太「中世後期クレタにおける教会とコミュニティ」『史林』第89巻第2号，68-102頁。
高田良太「ヴェネツィア共和国の海外領土」，齊藤寛海・山辺規子・藤内哲也編『イタリア都市社会史入門 12世紀から16世紀まで』昭和堂，2008年，98-106頁。
高橋友子「中世後期フィレンツェにおけるヴェンデッタ」『西洋史学』第153号，1989年，58-72頁。
高山博「十二世紀シチリアにおけるノルマンの財務行政機構」『史学雑誌』第92編第7号，1983年，1-46頁。
高山博「ノルマン・シチリア王国のアミーラトゥス ── ノルマン行政の頂点に立つアラブ官職」，樺山紘一編『西洋中世像の革新』刀水書房，1995年，31-50頁。
高山博『中世地中海世界とシチリア王国』東京大学出版会，1993年。
高山博『神秘の中世王国 ヨーロッパ，ビザンツ，イスラム文化の十字路』東京大学出版会，1995年。
田中俊之「ドイツ中世後期の農民に関する一考察 ── 新しい農民像の構築にむけて ── 」

『金沢大学教育解放センター紀要』第 27 号，2007 年，39-51 頁．
田中俊之「一五世紀北西スイスの都市・領主・農民 ―― バーゼルの領域形成をめぐる権力関係」踊共二・岩井隆夫編『スイス史研究の新地平』昭和堂，2011 年，142-162 頁．
谷泰「十二・三世紀北イタリア都市における教区現実」，会田雄二，中村健二郎編『異端運動の研究』京都大学人文科学研究所，1974 年，59-102 頁．
寺澤一「血讐論」(一)(二)『法学協会雑誌』70 巻 1 号, 1952 年 11 月, 12-46 頁, 70 巻 2 号, 1953 年 1 月, 118-166 頁．
藤内哲也『近世ヴェネツィアの権力と社会 ――「平穏なる共和国」の虚像と実像』昭和堂，2005 年．
藤内哲也「序章 歴史の中のイタリア都市社会」，齊藤寛海・山辺規子・藤内哲也編『イタリア都市社会史入門 12 世紀から 16 世紀まで』昭和堂，2008 年，1-15 頁．
德橋曜「15 世紀フィレンツェの領域行政と従属コムーネ」，山辺規子(研究代表者)『中世・近世イタリアにおける地方文化の発展とその環境』研究課題番号 15320099，平成 15 年度(2003 年度)～平成 18 年度(2006 年度)科学研究費補助金基盤(B1)研究成果報告書，平成 19 年，123-141 頁．
中谷惣「中世イタリアのコムーネと司法 ―― 紛争解決と公的秩序」『史林』第 89 巻第 3 号，2006 年，106-125 頁．
中谷惣「中世後期イタリアにおける訴訟戦略と情報管理 ―― ルッカの事例から ――」『史学雑誌』第 117 編第 11 号，2008 年，1-36 頁．
中平希「ヴェネツィア「神話」とその再生 ―― ガスパロ・コンタリーニ『ヴェネツィア人の行政官と共和国』に見る一六世紀の国家像」『西洋史学報』第 24 号，1997 年，58-86 頁．
中平希「一六世紀ヴェネツィア共和国財政と税制 ―― テッラフェルマ支配解明に向けて」『史学研究』第 241 号，2003 年，45-65 頁．
中平希「十五・十六世紀ヴェネツィア共和国におけるテッラ・フェルマ支配 ―― イタリア領域国家の中央と地方」(広島大学，博士論文)，2005 年．
中山明子「コンタード(都市の周辺領域)内部の多様性について(A. Barlucchino 著作に基づく) ―― 13～14 世紀におけるシエナ領内アシャーノ(Asciano)の例」『京都芸術短期大学[瓜生]』第 22 号，1999 年，149-157 頁．
永井三明『ヴェネツィア貴族の世界 ―― 意識と社会』刀水書房，1994 年．
永原慶二『20 世紀日本の歴史学』吉川弘文館，2003 年．
成瀬治『絶対主義国家と身分制社会』山川出版社，1988 年．
西川長夫「戦後歴史学と国民国家論」，歴史学研究会編『戦後歴史学再考「国民史」を超えて』青木書店，2000 年，73-121 頁．
二宮宏之『全体を見る眼と歴史家たち』平凡社ライブラリー，1995 年．
二宮宏之「戦後歴史学と社会史」『戦後歴史学再考「国民史」を超えて』青木書店，2000 年，123-147 頁．
服部良久『ドイツ中世の領邦と貴族』創文社，1998 年．

服部良久「中・近世ティロル農村社会における紛争・紛争解決と共同体」『京都大學文學部研究紀要』第41号，2002年，1-149頁。
服部良久「地域と国家　非「国民国家」型統合」，谷川稔編『歴史としてのヨーロッパ・アイデンティティ』山川出版社，2003年，135-151頁。
服部良久「中世ヨーロッパにおける紛争と紛争解決 ── 紛争解決とコミュニケーション・国制」『史学雑誌』113-3，2004年，60-82頁。
服部良久「中世後期の「都市ベルト」地域における都市と国家 ── 比較地域史のこころみ」，紀平英作編『ヨーロッパ統合の理念と奇跡』京都大学学術出版会，2004年，56-111頁。
服部良久「中世盛期ドイツにおける紛争解決と国制」『京都大學文學部研究紀要』第43号，2004年，91-211頁。
服部良久「中世ヨーロッパにおける紛争と秩序 ── 紛争解決と国家・社会」『史林』第88巻第1号，2005年，56-89頁。
服部良久「13世紀のドイツ北西部における紛争解決と政治秩序」『京都大學文學部研究紀要』第45号，2006年，61-190頁。
服部良久編訳『紛争のなかのヨーロッパ中世』京都大学学術出版会，2006年。
服部良久「中・近世の村落間紛争と地域社会 ── ヨーロッパ・アルプス地方と日本」『京都大學文學部研究紀要』第46号，2007年，157-266頁。
服部良久『アルプスの農民紛争 ── 中・近世の地域公共性と国家』京都大学出版会，2009年。
F・ビアンコ著，高田良太訳「「復讐するは我にあり」── 15・16世紀フリウリのフェーデにおける貴族クランと農村共同体」，服部良久編訳『紛争のなかのヨーロッパ中世』京都大学学術出版会，2006年，181-214頁。
藤木久志『豊臣平和令と戦国社会』東京大学出版会，1985年。
藤木久志『新版　雑兵たちの戦場 ── 中世の傭兵と奴隷狩り』朝日新聞社，2005年。
藤木久志監修，服部良久・蔵持重裕編『紛争史の現在 ── 日本とヨーロッパ』高志書院，2010年。
P・ブリックレ著，服部良久訳『ドイツの臣民 ── 平民・共同体・国家1300-1800年』ミネルヴァ書房，1990年。
J・ブルーア著，水田大紀訳「ミクロヒストリーと日常生活の歴史」『パブリック・ヒストリー』2巻，2005年，19-37頁。
J・ブルクハルト著，柴田治三郎訳『イタリア・ルネサンスの文化』中央公論社，1974年。
O・ブルンナー著，石井紫郎・石川武・小倉欣一・成瀬治・平城照介・村上淳一・山田欣吾訳『ヨーロッパ ── その歴史と精神』岩波書店，1974年。
星野秀利著，齊藤寛海訳『中世後期フィレンツェ毛織物工業史』名古屋大学出版会，1995年。
堀井優「一六世紀前半のオスマン帝国とヴェネツィア ── アフドナーメ分析を通じて」『史学雑誌』第103編第1号，1994年，34-62頁。

堀井優「オスマン帝国とヨーロッパ商人 —— エジプトのヴェネツィア人居留民社会」, 深沢克己編著『近代ヨーロッパの探求⑨ 国際商業』ミネルヴァ書房, 2002 年, 233-259 頁.

堀井優「条約体制と交渉行動 —— 近世初頭のオスマン権力とエジプトのヴェネツィア人領事」林康史編『ネゴシエイション 交渉の法文化史』国際書院, 2009 年, 157-176 頁.

堀米庸三『西洋中世世界の崩壊』岩波書店, 1958 年.

増田四郎『都市』筑摩書房, 1994 年.

松本典昭『メディチ君主国と地中海』晃洋書房, 2006 年.

三森のぞみ「フィレンツェにおける近世的政治秩序の形成」『歴史学研究』822 号, 2006 年, 1-13 頁.

森征一「中世イタリアの都市コムーネと条例制定権 (ius statuendi) 理論 (一) (二) (三) (四)」『法学研究』49-8, 49-9, 49-10, 49-11, 1976 年, 30-70, 24-58, 52-89, 19-52 頁.

森田鉄郎『中世イタリアの経済と社会 —— ルネサンスの背景』山川出版社, 1987 年.

森田安一『スイス中世都市史研究』山川出版社, 1991 年.

山内進『略奪の法観念史 中・近世ヨーロッパの人・戦争・法』東京大学出版会, 1993 年.

山田雅彦「中世北フランスにおける都市付属領域の形成 —— アラスの事例を中心に」『熊本大学文学部論叢』第 78 号, 2003 年 3 月, 11-42 頁.

山辺規子「中世の教皇領」, 中村賢二郎編『国家 —— 理念と制度』京都大学人文科学研究所, 1988 年, 343-377 頁.

芝井 (山辺) 規子『中世中期イタリアにおける支配者層の諸相の比較研究』研究課題番号 11610395, 平成 11 年度～平成 13 年度科学研究費補助金 (基盤研究 (C) (2)) 研究成果報告書, 平成 14 年 (2002 年).

山辺規子 (研究代表者)『中世・近世イタリアにおける地方文化の発展とその環境』研究課題番号 15320099, 平成 15 年度 (2003 年度)～平成 18 年度 (2006 年度) 科学研究費補助金基盤 (B1) 研究成果報告書, 2007 年.

歴史学研究会編『戦後歴史学再考「国民史」を超えて』青木書店, 2000 年.

若曽根健治「報復としての差押えと中世社会 —— 比較法社会史の方法による試論」, 中村直美・岩岡中正編『時代転換期の法と政策』成文堂, 2002 年, 117-150 頁.

若曽根健治「平和形成としての紛争 —— フェーデ通告状の考察から —— 」『熊本法学』第 113 号, 2008 年 2 月, 464-368 頁.

Stato e società locali nell'Italia del Medioevo. La storia politica e sociale dei conflitti e della pace.

Hitomi Sato

Indice

Introduzione

Capitolo I. Comuni e l'ordine territoriale intercittadino. Il sistema arbitrale in Lombardia e Piemonte dei secoli XII−XIII

Introduzione
1. Lo stato attuale e i problemi dello studio
2. Lombardia e Piemonte nei secoli XII e XIII
3. La costruzione dei consensi tra i Comuni
    3−1. Il processo per giungere agli accordi
    3−2. I partecipanti agli accordi
4. Le relazioni tra le città piemontesi: Un esempio di Alessandria e Vercelli
5. Il principio del sistema arbitrale e il ruolo di Milano
    -Lo svolgimento della guerra
    -La logica dei trattati di tregua
    -La tregua come parte del proseguimento della guerra
6. Il limite del sistema arbitrale e i problemi del contado
Conclusione del capitolo

Capitolo II. La formazione e lo sviluppo della comunità di una «quasi-città» : Casale Monferrato e i suoi conflitti locali

Introduzione

1. Lineamenti della formazione e dello sviluppo di Casale medievale
2. L'organizzazione comunitaria di Casale medievale e la sua funzione nel mantenimento della pace e dell'ordine
3. I conflitti tra due villaggi e la formazione di una comunità: i conflitti tra Casale e Paciliano
   3-1. Lo svolgimento dei conflitti
   3-2. Il territorio e i protagonisti dei conflitti
4. Gli artefici dei conflitti nei villaggi medievali

Conclusione del capitolo

Capitolo III. Il vicario e il vicariato: Bergamo sotto lo stato visconteo del XIV secolo

Introduzione

1. I problemi dello studio sulla relazione tra lo stato visconteo e le società locali
2. Il vicario e il vicariato dello stato visconteo negli statuti rurali e delle valli bergamasche
3. Le realtà intorno al vicario nelle società locali

Conclusione del capitolo

Capitolo IV. Fazioni e microfazioni: guelfi e ghibellini locali a Bergamo dei secoli XIV-XV

Introduzione

1. La struttura delle fazioni locali
2. Le fazioni e lo sviluppo delle reti di alleanza locali
3. La pace dall'alto e la pace dal basso: i tentativi di controllo delle fazioni da parte dello stato visconteo e la creazione dell'ordine autonomo delle fazioni
4. "Si poterant accipere de iure": tentativi locali per il controllo dei conflitti e per il mantenimento della pace

要 約

Conclusione del capitolo

Capitolo V. Le fazioni locali e la formazione delle società locali: Almenno e la Valle Imagna nel territorio bergamasco del secolo XIV

Introduzione
1. Le proprietà e il controllo territoriale ad Almenno e nella Valle Imagna nel Medioevo
2. I conflitti sui confini: i comuni, la pieve e le parrocchie
3. Le fazioni e la trama dei rapporti personali nelle realtà locali
   A) Gli Arrigoni
   B) I Pilis
   C) I Carminati
   D) Le relazioni con gli altri abitanti del territorio
Conclusione del capitolo

Conclusioni e prospettive

Articolo addizionale: La storiografia: i problemi dello studio sulla società e lo stato nell' Italia del tardo Medioevo
1. I problemi della trasformazione dai comuni cittadini agli stati regionali/territoriali e la loro caratteristica storica
   1-1. Riflessione sulla storiografia giapponese dal dopoguerra fino agli anni settanta
   1-2. Riflessione sulla storiografia italiana e anglo-americana sino agli anni settanta
2. Gli studi sullo stato regionale dell'Italia del tardo Medioevo e della prima età moderna
   2-1. Da F. Chabod a G. Chittolini
   2-2. La « microstoria » e l' « Origine dello stato ». Ed anche gli studi recenti e i problemi attuali

Bibliografia

Introduzione

In questo libro si è cercato di esaminare i diversi aspetti dell'articolazione tra le società locali e le forme di ordine politico-territoriale, dal periodo comunale al tempo dello stato regional/territoriale, nel suo dinamismo di sviluppo, i quali vengono mostrati nelle documentazioni soprattutto attraverso i problemi nella pace e dei conflitti.

Quale significato ha scegliere l'Italia come oggetto di studio relativo al fenomeno statuale dalle società locali, profondamente influenzate dallo sviluppo urbano?

Nella stagione storiografica del periodo post-bellico giapponese, mentre la storia europea in generale assumeva un ruolo importante come oggetto di comparazione con la storia giapponese—un obbiettivo di studio determinato da una esigenza di costruire una società democratica e "moderna" —lo studio della storia medievale italiana occupava una posizione del tutto marginale, in quanto essa non era considerata un luogo di sviluppo tipico europeo, con le città medievali di origini antiche e il mancato sviluppo dello stato nazionale. Non sarebbe stato un caso che si sia vista diffondere l'attenzione alla storia italiana soltanto dopo gli anni ottanta del Novecento. Secondo Hiromi Saito, l'Italia era una volta, per i giapponesi, "un paese lontano" per scarso interesse, mentre oggi essa sarebbe diventata "un paese vicino" con il cambiamento generale della visione della storia: la nazione e la lotta di classe hanno smesso di essere gli unici punti di riferimento per gli storici, mentre al contempo, l'importanza della storia sociale è diventato un dato ormai accettato. Insomma si è reso possibile studiare l'Italia al pari di altri obiettivi. Così, la storia dell'Italia avrebbe smesso di essere "un paese lontano" per i giapponesi, mentre per molti italiani, secondo Giorgio Chittolini, lo sarebbe diventato, come metafora del "passato" in generale. Il cambiamento del punto di vista degli storici sui loro oggetti di studio si verifica quasi contemporaneamente nei due paesi sì distanti, pur rappresentando due evoluzioni completamente diverse. Penso, tuttavia, che le origini di questi due discorsi sulla lontananza, con espressioni assai diverse possano essere tradotte in un'unica tendenza comune. Ambedue i paesi, usciti dalla stessa guerra, hanno avuto una propria stagione storiografica post-bellica, i quali in diverse maniere, hanno lasciato impronte ancora difficili da valutare. Ci Si domanda se la storia italiana, "nuovo" oggetto di studio scoperto dai giapponesi solo in tempi relativamente recenti, non fosse in realtà molto più vecchio di quanto si fosse creduto.

Quale ruolo può avere lo studio della storia italiana, nell'attuale storiografia giapponese? La domanda pone la riflessione su una differenza tra le due storiografie, riguardanti le caratteristiche dei discorsi intorno allo "stato". Uno dei punti cruciali delle critiche rivolte alla storiografia post-bellica giapponese è la critica contro un quasi automatico rimando al quadro dello stato nazionale, così come lo stesso criticismo lanciato della nuova storia sociale o dai microstorici, mentre in Italia, per le sue condizioni storiche, esso non è mai stato così forte da rendersi punto di riferimento. Proprio per questo, l'Italia avrebbe offerto una arena sperimentale che dimostrerebbe quale possa essere stato il contributo dello studio dello stato o delle statualità ancora oggi agli studi storici. Esso significa affrontare i problemi delle scienze storiche del passato, prodotti da un particolare intreccio tra il quadro dello Stato Nazionale e quello dell'eurocentrismo.

Capitolo I. Comuni e l'ordine territoriale intercittadino. Il sistema arbitrale in Lombardia e Piemonte dei secoli XII-XIII

Nell'Italia settentrionale del periodo comunale esistevano già esperienze di coordinamento intercittadino per il mantenimento dell'ordine territoriale, attraverso il sistema dell'arbitrato basato sul consenso dei coinvolti. Tuttavia il percorso che da qui giunge prima al predominio milanese, poi allo stato regionale, non era affatto lineare. Una delle spinte verso tale direzione nasceva dal meccanismo nonché dal dinamismo delle prassi conflittuali stesse, le quali dovevano andare adeguandosi ai conflitti via via più intensi nel corso della conquista del contado. L'arbitrato, nell' insieme delle prassi conflittuali esistenti, andava assumendo sempre maggior significato strumentale nel proseguire dei conflitti per finire con l'ampliarsi dell'autorità dell'arbitro. Tuttavia, l'interferenza milanese poteva realizzarsi soltanto sulle pratiche dell'arbitrato intercittadino ben consolidate. Un esempio è la pace conclusa nel 1199 tra il marchese di Monferrato, Asti, Alessandria e Vercelli. Oltre che l'arbitrato milanese-piacentino era possibile soltanto dopo il consenso di tutte le parti coinvolte, e la pratica per la concessione dell'autorità arbitrale era minuziosamente osservata da ogni comune coinvolto , tale concessione dell'autorità era condizionata dal consenso preliminare di tutti i coinvolti, inclusi gli interessati che ufficialmente non facevano parte della pace. Pur senza pregiudicare il peso crescente dell'arbitro, in particolare di Milano, l'importanza del consenso di tutti gli interessati era rimasta sempre un oggetto di grande attenzione. Ciò si spiega parzialmente con la complessità dell'intreccio degli interessi soprattutto in Piemonte. Le paci intercittadine prevedevano, al contempo, che tra le parti venissero concluse nuove alleanze militari. Ma già la presenza di numerose eccezioni ai trattati di alleanze militari, evidenzia chiaramente la complessità degli interessi locali tra i protagonisti di pace e conflitto, che potevano trasformarsi, qualora si fosse verificata qualsiasi variazione nel rapporto di alleanze locali, per cui in una nuova situazione conflittuale non poche forze sarebbero state coinvolte. In alcuni casi le città stringevano tra di loro un rapporto talmente stretto che la scelta di pace o conflitto di una di tali città avrebbe inevitabilmente coinvolto le altre. Un esempio eclatante è l'alleanza tra Alessandria e Vercelli, che controllavano Torcello e Cognolo in comune, nonché stringevano un' intesa per l'aiuto reciproco nell' esercizio della giurisdizione civile e criminale e nella collaborazione militare. Le due città, Alessandria e Vercelli, si obbligavano reciprocamente a non iniziare alcuna guerra, né concludere alcuna tregua o pace senza ottenere il consenso dell'altra parte. In Piemonte, non mancano altri esempi di comuni che concordavano di avere un unico podestà o di formare un' unica *civitas* tra di essi. Tali stretti rapporti tra i comuni piemontesi si traducevano in una maggior necessità di collaborazione.

D'altro canto, sempre maggior autorità arbitrale offriva la possibilità di strumentalizzarla come fonte di legittimazione della propria azione alle parti coinvolte nel conflitto.

Al contempo, mentre il sistema arbitrale intercittadino si sviluppava, la realtà locale del territorio andava mutando. Nelle posizioni chiave nel mantenimento dell'ordine territoriale effettivo si inserivano anche forze del contado, incluse le comunità non cittadine, partecipando ai conflitti ed all'alleanza indipendentemente dalle grandi città o dai grandi feudatari, senza che però trovassero spazio nel sistema arbitrale esistente.

Tale mutamento doveva spingere verso una necessaria riorganizzazione territoriale della regione, superando il limite ormai manifesto, del sistema precedente.

要 約

Capitolo II. La formazione e lo sviluppo della comunità di una «quasi-città» : Casale Monferrato e i suoi conflitti locali

Uno degli elementi di tale dinamismo territoriale è l'espansione delle «quasi-città», inserita nel quadro generale della storia degli insediamenti dal punto di vista territoriale, ed al contempo in quella delle comunità rurali ed urbane dal punto di vista socio-politico: la politica territoriale delle città, il permanente stato di guerra e di conflitto e le lotte fazionali sviluppatesi dal seno di tali condizioni. In ambedue gli aspetti, le «quasi-città» fanno parte di un dinamismo comune tra la città e contado. In questo libro è stato esaminato il corso di sviluppo di una comunità di «quasi-città» come un soggetto politico in mezzo alle situazioni conflittuali, nel caso di Casale Monferrato. Lo sviluppo della comunità di Casale divenne evidente alla metà del Duecento, dopo che ebbe realizzato l'unione con un'altra comunità adiacente, Paciliano, con cui Casale fu a lungo in conflitto, allargando la giurisdizione e la sfera d'influenza sui villaggi e le signorie limitrofi. La comunità di Casale si occupava del mantenimento della pace e dell'ordine interni, con le funzioni legislativa e di polizia, che le conferirono una solida base di autonomia, con la quale si rivolgeva anche all'esterno, mostrando la piena facoltà di fare la guerra e la pace e di sviluppare dei rapporti di collaborazione e di alleanza con le altre comunità vicine. L'unione con Paciliano, da cui crebbe tale comunità, maturò dallo svolgersi dei conflitti locali che misero due comunità in opposizione all'altra, ma al contempo travalicando i loro confini. Il disfacimento della proprietà ecclesiastica e lo sviluppo delle comunità parrocchiali intensificarono lo stato conflittuale tra le due comunità, facendo risultare due parti all'interno d'ognuna di esse, coordinate anche dai comuni elementi personali, il che rese possibile l'unione di due comunità. Qui le parti locali e i conflitti tra loro rappresentano il tramite che lega le reti personali delle comunità, per poi rinsaldare la società locale in un ordine territoriale più vasto. I dirigenti delle parti e della nuova comunità dopo l'unione erano dei piccoli aristocratici rurali chiamati *milites*, che avevano le loro basi d'attività in ambedue le comunità prima dell'unione e quindi divennero la forza predominate nella doppia comunità dei *milites* e del popolo di Casale.

Sullo sfondo di tale movimento si potrebbero identificare i piccoli aristocratici locali che, davanti al declino della preprietà ecclesiastica della chiesa di base, ai

293

complessi rapporti di rivalità con i comuni cittadini e i principi territoriali ed all' ascesa delle nuove comunità, si unirono oltrepassando le circoscrizioni dei minuscoli domini locali, per mantenere lo spazio d'attività nel quadro locale della comunità, che è tuttavia ormai saldamente inserito in un altro quadro più vasto dei rapporti interlocali. I conflitti fazionali nel contado si inseriscono nel movimento di formazione della società locale come unità dell'ordine politico-territoriale di dimensione regionale, determinando da un lato le micro-realtà del luogo, dall' altro articolandole in un più vasto quadro di fluide alleanze personali.

Capitolo III. Il vicario e il vicariato: Bergamo sotto lo stato visconteo del XIV secolo

Lo stato regionale/territoriale del tardo Medioevo si doveva sviluppare su e dall'interno di tale ordine politico-territoriale sviluppatosi già nel periodo precedente, in cui le realtà locali e il continuo mutamento di esse determinano in non poca misura l'intero assetto. Quindi in questo libro la formazione e lo sviluppo delle forme statuali e le società locali non sono stati considerati come due processi distinti, ma secondo strette relazioni di influenza reciproca. Anche sotto lo stato visconteo del Trecento, quando né la figura del principe né i corpi locali avevano ancora raggiunto il termine del corso di formazione, a determinare i profili sia dell'istituzione statuale che la realtà socio-politica delle società locali erano il loro reciproco contatto ed il dialogo, la cui necessità emerse nel proseguire dei problemi conflittuali locali. Qui tali aspetti sono stati messi in luce tramite l'analisi del sistema del vicariato delle terre separate, che rappresenta uno degli elementi innovativi dello stato visconteo rispetto al sistema amministrativo del territorio comunale, nel caso del territorio bergamasco. E'emersa l'ipotesi che il radicamento e lo sviluppo del vicariato, quale rappresentante dello stato visconteo sul posto, erano resi possibili dalle esigenze degli abitanti delle valli e del contado, che proseguivano le loro lotte fazionali tra i guelfi e i ghibellini locali.

Gli statuti delle valli redatti nella seconda metà del Trecento si differenziano gli uni dagli altri , anche nella definizione del ruolo e del significato dato alla figura del vicario. I significati attribuiti al vicario e al vicariato a livello normativo emergono dagli statuti rurali e delle valli. Tali statuti sono stati sovente ritenuti come gli "statuti del vicariato", elaborati nelle città e imposti dai Visconti per un maggior

要約

controllo dall'alto, quindi con una omogeneità adatta per essere applicata a qualsiasi vicariato. Tuttavia l'analisi e il confronto tra alcuni statuti condotti in questa sede, soprattutto tra gli statuti della valle di Scalve, della valle Brembana e della valle Taleggio, rivelano delle significative differenze tra essi. Gli statuti della valle di Scalve si differenziano per contenere non pochi ordinamenti relativi alla vita comunitaria e all'autonomia locale da quelli di altre due valli che ne contengono pochissimi riferimenti. Le clausole riguardanti l'ufficio del vicario, tuttavia, sono identiche tra quelle della valle di Scalve e quelle della Valle Brembana. Assai diversi sono invece gli statuti della valle Taleggio, che riportano i nomi dei compilatori locali, l'obbiettivo specifico della compilazione degli stessi statuti e un' interpretazione particolare del ruolo dell'ufficio del vicario come protettore dei beni comuni della valle. Tali differenze mostrano ben chiaro il largo spazio aperto all'inserimento degli elementi locali nel corso di determinazione del profilo istituzionale dell'amministrazione locale dello stato visconteo.

Ciò fa presumere che la presenza del vicariato non possa essere interpretata unicamente come lo strumento del controllo dal centro, bensì rispecchi le esigenze di risolvere i problemi di natura locale, come la garanzia della giustizia, della sicurezza e della pace nel luogo, la protezione del bene comune, il sanare di debiti e cosi via, e che l'istituzione del vicariato si è potuto radicare tramite l'inserimento di elementi locali. Le attività dei vicari al di fuori delle norme statutarie sono riscontrabili nelle corrispondenze con il referendario. Le loro lettere delineano una sostanziale debolezza dell'autorità e del potere del vicario nei confronti delle società e degli uomini locali, che, trovandosi in mezzo ai conflitti fazionali, disponevano dei rapporti di alleanza fazionale e di una buona possibilità di sfruttare le loro forze armate. Tale debolezza diede luogo sia alla libera definizione della natura del rapporto tra lo stato e gli uomini del posto, in cui esso è interpretato in termini di protezione e difesa, che all'inquadramento degli elementi dello stato visconteo nei contesti locali come mezzi di legittimazione dei microconflitti locali. Insomma, in tali condizioni la posizione effettiva del vicario nei confronti della società locale risultava estremamente debole, il che diede ancora maggior spazio alla possibilità di utilizzarlo da parte degli abitanti locali, appoggiandosi sulla quale si poteva sviluppare la pretesa da parte degli abitanti allo stato e al vicario che lo rappresentava, della protezione e difesa in cambio dell'adempimento dell'obbligo finanziario. In questo senso i guelfi e i ghibellini locali e i conflitti tra loro facevano di sé il nodo dello stretto rapporto tra lo stato e la società locale, che rese possibile il maggior sviluppo dello stato regionale/territoriale. Quindi nel percorso d'inserimento del vicario e del vicariato nella società locale di Bergamo qui esaminato, si riscontra un largo spazio per le iniziative locali e lo sviluppo istituzionale dello stato che andarono di pari passo, formando uno stretto rapporto di interazione tra essi.

Capitolo IV. Fazioni e microfazioni: guelfi e ghibellini locali a Bergamo dei secoli XIV-XV

Resta dunque da esaminare la struttura, le funzioni e il meccanismo della messa in atto delle fazioni locali. Tra i guelfi e ghibellini locali di Bergamo vi erano fluide alleanze delle micro-fazioni locali ed autonome del territorio che si allargavano sia nella pianura che nella zona montana, e congiungevano esse nelle reti di collaborazione e di reciproco aiuto per attività economica produttive-commerciali e militari. Le situazioni di conflittualità tra tali micro-fazioni non erano governate sempre dall'influenza delle due fazioni di guelfi e ghibellini coordinate alla città. La politica di pace dei Visconti, soprattutto quella del tempo di Giangaleazzo, per ottenere gli effetti concreti doveva presupporre che i capi-fazione della città avessero il pieno controllo su dei micro-fazioni locali, che tuttavia restarono autonome. Ciò lascia spazio ai tentativi ed esperimenti nati dalle iniziative locali, per creare uno stato di pace durevole. Qui nascono e sviluppano due tendenze opposte ma coesistenti riguardo alle fazioni, ad accompagnare il corso dello sviluppo dello stato visconteo: da un lato le fazioni assumono sempre maggior importanza nei termini delle loro funzioni nel mantenimento della pace e dell'arbitrato, mentre crescono d'importanza il legame territoriale nelle società locali che a volte riescono anche a relativizzare il ruolo del legame fazionale pur di salvaguardare la pace locale.

Mentre i Visconti cercavano di stabilire la pace dall'alto, attraverso le due maggior fazioni quali guelfi e ghibellini capeggiati rispettivamente dai Rivola e Bonghi e dai Suardi, nacquero anche i tentativi di costruire la pace "dal basso". Il grande raduno dei bianchi per la pace sul monte Fara del 1399, descritta nel *Chronicon bergomense*, è un episodio del movimento di pace, nato spontaneamente tra gli abitanti del territorio, coinvolgente tutto il territorio bergamasco. In un primo momento, la maggior parte dei partecipanti dello stesso movimento di pace furono piccoli gruppi di guelfi e ghibellini locali, o le famiglie e parentele locali che agivano al di fuori del controllo dei Suardi, dei Rivola e Bonghi, oppure non avevano colori fazionali molto chiari. Essi erano, prima di tutto, un collettivo per la pace temporaneamente costruito per la pace sotto l'effetto della celebrazione divina. In più, il fatto che vi erano presenti anche i gruppi con i gonfaloni, lascia intendere che c'era la partecipazione delle comunità e collettività che rappresentavano, in qualche modo, istituzioni giuridiche e amministrative sotto lo stato visconteo. Ciò potrebbe aver conferito, alla stessa iniziativa per la pace sul monte Fara "dal basso", una caratteristica "pubblica" o semi-pubblica, nella sua dimensione collettiva di una partecipazione ad un rituale di pace, aprendo lo spazio per lo sviluppo che andava oltre la misura viscontea del controllo delle fazioni per la pace.

Il collettivo del monte fara sparì in seguito al divieto voluto dai Visconti. Tuttavia esso ha dimostrato l'insufficienza della politica di pace viscontea, che non seppe rispondere alle esigenze locali nel territorio bergamasco. Dalla logica di pace del collettivo del monte Fara emerse chiaramente, prima di tutto, la struttura fluida delle fazioni bergamasche, in cui le microfazioni mantennero la propria autonomia. Le divisioni tra le microfazioni e famiglie alimentarono motivi di conflitto all' interno delle grandi fazioni.

Dopo la fine dell'esperienza del monte Fara, da un lato, le fazioni riemersero come soggetti attivi per la costruzione della pace. Sotto la leadership dei Suardi si cercò di evitare le faide interne della fazione ghibellina, mentre al livello locale, piccole e medie famiglie "buone ghibelline" erano in grado di mediare i conflitti tra i membri della stessa fazione territorialmente circoscritti.

Alcuni casi dimostrano che negli ambienti strettamente locali nel territorio, la solidarietà tra le microfazioni era ritenuta più importante dell'intervento dei leader dei Suardi nel risolvere i conflitti locali. Talvolta, dal forte legame con il territorio circoscritto poteva risultare una tendenza a preferire la soluzione giuridica e sopprimere la violenza tra le fazioni, che ricorrere alle armi per proseguire la stessa conflittualità fazionale, senza però togliere definitivamente i ruolo chiave per la pace dalle fazioni guelfi e ghibellini.

Capitolo V. Le fazioni locali e la formazione delle società locali: Almenno e la Valle Imagna nel territorio bergamasco del secolo XIV

Tale realtà locale intrecciata con dei rapporti personali di forma fazionale e micro-fazionale è stata messa sotto esame nel caso di Almenno e della valle Imagna nel territorio bergamasco all'intorno la metà del Trecento. Qui il quadro territoriale di riferimento e il rapporto personale, precedentemente determinato dalle signorie ecclesiastiche e monastiche, mentre subisce man mano l'effetto del moto disgregativo spinto anche dalla politica territoriale della conquista del contado del comune di Bergamo, riesce anche a mantenere in qualche misura una forza di coagulazione tramite una rete di rapporto personale ghibellino, che si sviluppava alla base dell'attività economica locale, come il finanziamento del capitale per la produzione e il commercio di lana. Lasciando, però, crescere anche sempre maggior esigenza del svolgimento stabile dell'attività, che non escludeva che il legame territoriale che traversava il rapporto fazionale crescesse d'importanza.

I legami personali legati alla logica di fazione si palesano anche nella vita quotidiana. Nel nostro caso, essi, soprattutto ghibellini, costituirono la cinghia di trasmissione tra Almenno e la Valle Imagna, organizzando in maniera capillare le attività economiche della valle. I maggiori casati ghibellini della zona, quali gli Arrigoni, i Pilis e i Ceresoli, nonché i Suardi di Bergamo, intessero stretti rapporti economici, riconducibili per lo più alla produzione dei "panni di Imagna". I loro capitali furono investiti nell'industria tessile attiva nella zona meridionale della Valle Imagna, che utilizzava la lana proveniente dall'allevamento locale.

Tuttavia, tale forte impronta nella zona dei legami fazionali non escluse la convivenza con altre logiche sociali, come nel caso dei Carminati. Inoltre, lo stesso sviluppo dell'industria tessile e dell'allevamento consigliò alla stirpi radicate su territori circoscritti di mantenere aperte le relazioni sia con i guelfi, sia con i ghibellini.

Dalla riorganizzazione delle società locali e dei gruppi sociali e la loro riarticolazione nell'ordine politico-territoriale di più vasto respiro esaminate in questa sede non emergerebbe facilmente, nel Tre e Quattrocento, l'immagine dello stato con una circoscrizione territorialmente ben definita. La formazione delle nuove comunità, il rafforzarsi della forza coagulante delle società locali ed il maggior rilievo d'esigenza di pace e sicurezza locale, non escludeva mai la presenza del legame personale fazionale già esistente. Si direbbe anzi che tale situazione abbia contribuito a ridefinire il significato del legame fazionale in una forma adeguata alle nuove esigenze delle società locali.

Conclusione e prospettive

Il quadro di insieme della società e dello stato regionale/territoriali, visto dal punto di vista della riorganizzazione del rapporto tra il territorio e i gruppi personali, risulta, dunque, nei secoli XIVe XV, ancora aperto alle diverse evoluzioni. È emerso il dinamismo dello sviluppo delle comunità nuove come il caso della «quasi città» e l'aumento della forza di coesione e una crescente esigenza di pace e di stabilità all'interno delle valli e dei micro-territori. Era una manifestazione della tendenza verso un quadro territoriale stabile, che tuttavia, non si sviluppò a detrimento del ruolo attivo dei legami personali fazionali già esistenti. Anzi, tale tendenza conferì alle fazioni, unitamente alla sua rilevanza, un nuovo significato adeguato alle società locali coeve. I guelfi e ghibellini, mantenendo una fluidità del legame tra gli elementi interni, andarono assumendo sempre maggior importanza nel loro ruolo nella soluzione dei conflitti e mantenimento della pace. Le micro fazioni, componenti delle fazioni guelfa e ghibellina, a volte risultavano come uno degli elementi che rafforzavano la forza di coesione territoriale, qualora esse fossero attive nelle circoscrizioni corrispondenti ai territori comunitari. Mentre andava avanti il processo di riorganizzazione territoriale nelle società locali, di pari passo con lo sgretolarsi delle grandi proprietà e con il rafforzarsi del quadro comunitario, i legami personali fazionali continuarono ad essere dei canali importanti che sostennero l'economia e le società locali. Le due tendenze, ossia uno sviluppo del quadro territoriale più stabile, e la presenza dei legami fazionali aperti allo sviluppo al di fuori di tale territorio con un rinnovato significato, coesistevano contemporaneamente all'interno del quadro dello stato regionale/territoriale del tardo medioevo.

Nel Trecento, le fluide relazioni personali legate agli schieramenti fazionali, che univano le società locali ad un ordine politico di dimensione più vasto, potevano anche estendersi oltre la penisola italiana coinvolgendo diverse forze politiche, come la penisola iberica o la contea del Tirolo, nelle reti di alleanze. Le fazioni locali e micro fazioni, pur essendo molto diverse nelle loro strutture e nella logica di convergenze personali, si agganciarono ad esse. I quadri territoriali, che andavano man mano consolidandosi nel percorso dello sviluppo dal comune allo stato regionale, erano dunque sempre gravidi di diversi canali di comunicazione interregionali o internazionali. Resta dunque da accostare ad una prospettiva verso un nuovo ordine della prima età moderna, la cesura e la continuità dal tardo medioevo, dove si era sviluppato uno spazio politico-sociale-economico fatto da un insieme di relazioni personali e interregionali sempre aperto alle scelte alternative.

(Si omette il sommario dell'articolo addizionale sull'aspetto storiografico)

索　引（事項・地名・人名）

事項索引

14世紀の危機：235

アヴィニョン教皇庁：98, 129
アスティーノ（聖墳墓）修道院：150, 191-195, 198, 207, 221
アナール派：6, 250
アラゴン朝：230
アルメンノの代官：118 →地名索引参照
アンブロジアーナ共和国：248
委託放牧（契約）：157, 216, 219-220, 222
イタリア社会経済史：233
イタリア戦争：231
イタリア都市：1, 3, 234, 240, 242-243
一国史観：7
移動放牧：157, 219
イマーニャ渓谷織：185
インカステラメント：58
ヴィスコンティ国家 lo stato visconteo：2, 11, 91, 93, 100, 104-106, 111, 113-114, 116, 120,
　　125, 131, 156, 161, 172, 176, 223, 227-228, 231, 248, 254-256 →国家
　ヴィスコンティ政府：146
　反ヴィスコンティ反乱：98-99, 138
ヴェルチェッリ司教：31, 63, 72-74
ウビオーネ城：177
大コンソリ／大コンスル：75, 78, 80, 82, 84
オットカール・テーゼ：235, 242

カーネ・トゥルテ派：79
海域研究：239
「外部」estrinseca の党派（「外部」派）：77-79
カザーレ教会：64, 72, 74, 76, 79, 81-83 →教会
カザーレの騎士達：81 →騎士

301

課税用教会調書：198 →教会
合併：60, 64, 67, 71-72, 79, 82, 85-86
カピターノ：64, 67, 70, 85, 114, 202
 カピターノ・デル・ポポロ：100
 カピターノ条例：64-65
監視人：68, 204
間接統治：251
キヴィタス：34
騎士：47-48, 60, 85, 226
 騎士層：86
 騎士とポポロのコンソリ：65
 騎士とポポロの全体集会：67-68 →全体集会
 カザーレの騎士達：81
 農村騎士：86
 ビアンドラーテの騎士：48
キゾラ記録簿：114
キットリーニの地域国家論：251, 254-255 →国家論, 人名索引参照
ギベッリーニ：11, 90, 98, 101, 109-110, 115, 119, 122, 125-126, 128-132, 134-136, 138-140, 142-152, 154-166, 168, 171, 174-175, 177-180, 182-183, 203, 210-213, 215, 218-220, 222, 227-231, 241, 256 →グェルフィ・ギベッリーニ抗争
 ギベッリーニ党：98, 131, 146, 172-173, 179
休戦：22-24, 26, 29, 33, 38, 41, 77-78, 144-145, 162-163, 165-167, 178
休戦協定：24, 37, 77-78
教会 / 修道院
 教区教会：74, 189-190, 199, 201, 221, 226
 聖アントニオ教会：190, 197-198
 聖アンドレア教会：190, 208-209, 217
 聖アンブロージョ修道院：71
 聖アンブロージョ修道院長：81-82
 聖エヴァジオ教会：74-75, 80-84
 聖オモボーノ教会：190, 197-198
 聖グレゴリオ教会：190
 聖サルヴァトーレ教会：189-190, 192, 197-199, 201, 207-208, 212, 214, 217, 221-222
 聖ジェルマーノ教会：75-76, 81
 聖ジョヴァンニ教会：190, 200
 聖ジョルジョ教会：190
 聖トメ教会：158, 190
 聖バルトロメオ教会：200

索引

聖墳墓（アスティーノ）修道院：150, 190-195, 198, 207, 221
 カザーレ教会：64, 72, 74, 76, 79, 81-83
 課税用教会調書：198
 従属教会：189
 小教区教会：74, 77, 190, 198, 200
 ティトゥルス：72
 パチリアーノ教会：72-74, 82
境界画定：196, 201
教区：74, 184, 189, 197, 199-201
 教区教会：74, 189-190, 199, 201, 226 →教会
 教区共同体：87
教皇庁：98, 129-130, 167, 195
教皇党／教皇派：20, 22, 100, 129
共住生活：198
共同体：24, 48-50, 52, 55, 57, 59-62, 66, 68, 69, 71, 80, 84, 86-87, 88, 92-93, 95, 103, 106-108, 110-112, 115-117, 121, 134, 161, 168, 171-172, 176, 192, 197-198, 202, 214, 216, 226, 229-230, 238, 247-250, 256-257
 共同体主義：55
 共同体条例：64, 67, 105
 共同体論：2
共和政：238, 243
近代化（論）：3, 233-234, 240, 245, 257
近代歴史学：6 →歴史学
グエルフィ：11, 90, 98-101, 109-110, 118-119, 121-123, 126, 128-132, 134, 136, 138-168, 171, 175, 178-180, 182-183, 203, 210, 212, 220, 227-229, 231, 241, 256 →グエルフィ・ギベッリーニ抗争
 グエルフィ主義：129
 グエルフィ党：98, 100, 131, 144, 146, 154, 168, 173, 179
 グエルフィ反乱：115, 202, 204
グエルフィ・ギベッリーニ抗争：115, 125, 138, 146, 184, 228
君主：55, 67, 80, 92-93, 95-96, 119-121, 133-134, 167, 173, 227, 245, 247-248
渓谷条例集：103, 105-106, 113
毛織物：184-185, 188, 209, 211, 222-223, 231
賢人 sapientes：65, 68
広域的秩序：8, 11, 16, 52, 62, 230
公証人登記簿：184, 201, 204-206, 212
公正証書：143, 145-146, 163, 196, 198, 203-204, 213
皇帝党／皇帝派：20, 22-23, 40, 47, 100, 129

303

国民国家：3, 6, 7, 250 →国家
国家
　国民国家：3, 6, 7, 250
　国家史研究：238, 253
　ヴィスコンティ国家 lo stato visconteo：2, 11, 91, 93, 100, 104-106, 111, 113-114, 116, 120, 125, 131, 156, 161, 172, 176, 223, 227-228, 231, 248, 254-256
　自治都市国家：15, 234
　地域国家：1-2, 11, 93-94, 96, 227, 234, 236, 244-245, 247-249, 251, 253
　都市国家：1, 15, 51, 56, 233-237, 248, 256
　領域国家：1, 8, 11, 91-92, 94, 100, 125, 129-131, 195, 225, 228-229, 230, 234-235, 238, 245-246, 253, 257
　　フィレンツェ領域国家：93, 238
国家論：3, 250, 252-254, 256 →歴史学
　キットリーニの地域国家論：251, 254-255
　中世国家論：9
　都市国家論：234, 236
　ルネサンス国家論：236, 253, 255
コッレオーニ一党：145
コムーネ：11, 18-20, 22, 24-26, 28-30, 32-36, 40, 44-50, 63-65, 67-71, 73, 75, 77-79, 82, 91, 105-106, 108, 110-111, 125, 130, 145, 154, 163-164, 172, 183-184, 187-189, 191-192, 196-199, 201, 204, 207-209, 221, 229, 234-235, 241
　　コムーネ時代：11, 15, 16, 50-52, 56, 58-59, 91, 97, 223, 225, 234, 240, 246, 257
　コムーネの危機：235
　コムーネの自由：241
　都市コムーネ：1-2, 8, 19-21, 23, 29, 31, 35, 43, 47, 49-51, 56, 63, 78, 90-92, 97, 99-100, 131, 133, 136, 184, 189, 192-193, 195-196, 221, 225-226, 229, 235-236, 239-242, 244-246, 257
　農村コムーネ：86, 169, 187-188, 236
コンスタンツの和約：20, 22
コンソリ / コンソレ：29-30, 45, 63, 65, 68-69, 73, 75, 78, 81, 83-84, 107, 112
　コンソリ貴族：20
コンタード：46, 56, 67, 70, 87, 94-97, 99, 103, 195, 202, 234, 236, 243-244, 247
　コンタード支配：71, 92, 97, 188
　コンタード征服：15, 56, 95, 243, 246

誘い：150, 153, 163
侍身分論：87
参事会：190, 207

サン・ロレンツォ城：138, 141, 148 →地名索引参照
ジェノヴァ商人：237
ジェノヴァ共和国：14, 134, 251
司教座：57, 66, 90
自治：2, 56, 59, 61-63, 66, 91-92, 96-97, 105, 108, 111, 113, 128, 131, 231, 240, 246-249, 251, 253
　自治共同体：56, 66-67, 86
　自治都市：1, 90, 234, 239, 245
　自治都市共和国：1-2, 100, 129
　自治都市国家：15, 234 →国家
シチリア王国：239
シニョーレ：15-16, 51, 66, 91, 97, 99-100, 108, 110, 112, 114-117, 119, 144-145, 147, 149, 153-157, 162-163, 168, 170, 173, 202, 226
　　シニョーレ補佐官：103, 114
シニョリーア：15-16, 43, 51-52, 101, 114, 130, 138, 195, 203, 234, 238, 246
　　シニョリーア制：91-92, 97, 100, 129, 225, 234-235, 238, 244-245
地主的市民層：234
資本主義：243
社会史：2, 4, 6, 9, 11, 236, 249-250
社会集団論：2
従属教会：189 →教会
従属都市：238
集村化：226
自由ボルゴ：42 →ボルゴ
授封：2, 31, 247
準都市 quasi città：11, 57, 59, 86-87, 93, 226, 229, 248-249
荘園：88
小教区：74, 76, 86, 195, 197-199, 201, 209, 221
　小教区教会：74, 77, 190-200 →教会
　小教区共同体：86, 88, 226
条例：64-71
　条例集 statuti：100, 103, 105-107, 109-111, 113, 115, 196, 227
自力救済：9, 132 →フェーデ
神聖ローマ皇帝：30, 91, 130
親族：46, 95-96, 99, 123, 130, 132, 134, 144, 151, 162, 164, 166, 171, 173-175, 177, 185, 200-205, 211-212, 220, 222, 237, 249, 251
新村：58-60
新ボルゴ：42-43

スアルディ家 / スアルディ党：99, 101, 136, 141, 143, 145-149, 152, 159, 171-174, 210-211, 215, 222, 231
出納役：68, 214
スカルピネッリの塔：149, 152
スクワドラ：96, 135
スペイン支配：231
聖アントニオ教会：190, 197-198
聖アンドレア教会：190, 208-209, 217
聖アンブロージョ修道院：71
聖アンブロージョ修道院長：81-82
聖エヴァジオ教会：72, 74-75, 80-84
聖オモボーノ教会：190, 197-198
聖グレゴリオ教会：190
聖サルヴァトーレ教会：189-190, 192, 197-199, 201, 207-208, 212, 214, 217, 221-222
聖ジェルマーノ教会：72, 75-76, 81
聖ジョヴァンニ教会：190, 200
聖ジョルジョ教会：190
聖トメ教会：158, 190
聖バルトロメオ教会：200
聖墳墓（アスティーノ）修道院：150, 190-195, 198, 207, 221
聖職録：198, 208
戦後史学：3-6 →歴史学
全体集会 consiglio generale：65-68, 204
    騎士とポポロの全体集会：67-68
    ポポロの全体集会 consiglio generale del popolo：65
ソキエタス：48-49
ソッツォーネ・スアルディの備忘録：114, 202
村落間紛争：9
村落フェーデ：9-10 →フェーデ

代官 vicario：11, 97, 99-100, 103, 106-125, 202, 227
    代官区 vicariato：97-101, 103, 105-106, 108, 111-113, 125, 128, 227
第二次ロンバルディア同盟：21
大法官令 decreto del Maggior Magistrato：249
楯持ち：60
地域
    地域エリート：86
    地域国家：1-2, 11, 93-94, 96, 227, 234, 236, 244-245, 247-249, 251, 253 →国家

索引

地域（的）団体：8, 93, 97, 227, 247
 地域的党派 fazione locale：136-137, 142
地中海海域世界：239 →海域世界
地中海研究：239
仲裁：14, 18-19, 23-26, 28, 30, 42, 44, 49-51, 78, 112, 174-175, 180, 225-226, 229
 仲裁制 / 仲裁システム：11, 50, 56, 225
中世国家論：9 →国家論-
中世都市論：3
超地域的党派 fazione sovralocale：136, 142 →地域的党派
チョンピ一揆：235
沈滞期：233
定住史：57-59, 226
ティトゥルス：72 →教会・修道院
党 pars：135
党派：11, 16, 18, 20, 36, 38, 41, 45, 59-60, 65, 77-80, 91, 96, 99-101, 110, 118-119, 121, 125-126, 129-139, 141-142, 145, 148, 154-155, 157-158, 161, 167-169, 171-180, 183, 185, 195, 202-203, 220-224, 226, 228-230
 党派抗争：58-59, 65, 67, 77-80, 86, 99-101, 118, 121, 125, 129-131, 203, 220, 226-227
 党派論：132

同調者 adherenti：143-144, 162-166, 168
都市
 都市・農村関係：2, 11, 56-57, 86-87, 99, 223, 235-236, 255-256
 都市共和国：1, 100
 都市国家：1, 15, 51, 56, 233-237, 248, 256 →国家
  都市国家論：234 →国家論-
 都市コムーネ：1-2, 8, 19-21, 23, 29, 31, 35, 43, 47, 49-51, 56, 63, 78, 90-92, 97, 99-100, 131, 133, 136, 184, 189, 192-193, 195-196, 221, 225-226, 229, 235-236, 239-242, 244-246, 257 →コムーネ
 都市コムーネからの「移行」：233, 244
 都市条例集：103
 都市中心主義批判：242-243
 都市的自由：242-243
 都市同盟：16-17, 20
 都市ボルゴ：188-189

「内部」intrinseca の党派 /「内部」派：77-79, 82 →「外部」の党派
二元的国制：247

307

日本中世史：8-11 →歴史学
『年代記』→『ベルガモのグェルフィ・ギベッリーニ年代記』
農村
　農村騎士：86 →騎士
　農村コムーネ：86, 169, 187-188, 236 →コムーネ
　農村コムーネ条例：67
　農村条例集：103-106

派 fazione：135
パチリアーノ教会：72-74, 82 →教会
破門：22, 64, 73-74, 76, 199-200
　破門候補者リスト：200
　破門宣告：22, 199
パレオロゴ朝：65
反ヴィスコンティ反乱：98-99, 138 →ヴィスコンティ家
反スカーラ家同盟：230
ビアンドラーテの騎士：48 →騎士
ビアンドラーテ伯領：47
微視的分析：251 →歴史学
評議員：83-84, 204, 210
ピリス城：150-151, 155, 178, 210
ファラ山の平和（集団）：169-170, 172-173
フィレンツェ（領域）国家：93-94, 238 →国家
フェーデ：9, 33, 133-134, 174-175 →自力救済
　フェーデ放棄：174-175
　フェーデ論：9, 132 →紛争論
ブルジョワジー：233, 241, 243
プロルザーノの塔：154 →地名索引参照
紛争社会史：2, 9
紛争論：8-11, 226
分離 separazione：94, 97, 101-102, 248-249
平和：19-20, 25, 28-29, 33-34, 37, 42-44, 49-52, 55, 62, 65, 69-70, 75, 108, 110, 112, 115, 123-125, 131-133, 144-147, 161-176, 178-180, 183, 202-203, 222-223, 225-229
　平和集団：171 →ファラ山の平和
　ローディの平和：231
ベルガモ→地名索引参照
　ベルガモ織：184-185, 208-209, 211, 215-216, 218-222, 229
　　ベルガモ国立文書館：184

ベルガモ司教：165, 167, 187, 192, 199
ベルガモ市民：163, 170, 193-194, 202, 204, 209, 218-219, 221
ベルガモ市立 A. マイ図書館：114
『ベルガモ書簡記録簿』：114
『ベルガモのグェルフィ・ギベッリーニ年代記』/『年代記』：138-143, 146-147, 151, 154-155, 159-160, 162, 167-169, 173-174, 184, 203, 210-212
ベルガモのコムーネ：154, 188, 197, 208-209
封建化：236
封建制：242-243, 246
封建的再編成：234
朋友 amici：143-146, 149, 152, 159, 162, 164-165
ポデスタ：15, 18, 25, 29-30, 33-35, 44, 48, 63, 65-66, 68-70, 76-78, 97, 101, 106-107, 114, 116-117, 121, 124, 145-146, 150, 162-168, 197, 202
　ポデスタ管区 podestariato：97-98, 103, 106
　ポデスタ制：16-18, 20
　ロマーノのポデスタ：117 →地名索引参照
ポポロ（平民層）：70-71, 85, 130, 226
ポポロの全体集会 consiglio generale del popolo：65 →全体集会
ボルゴ borgo：57, 183, 196, 210-211, 221-222
　ボルゴ政策：43

マペッロ城：176-177 →地名索引参照
ミクロストーリア microstoria：2, 6, 10, 134, 249-256 →歴史学
ミクロ党派：142, 145-146, 148, 153, 160, 169, 173, 176, 179-180, 183, 228-229
ミラノ →地名索引参照
　ミラノ公：114, 119
　ミラノ公位：91, 167
　ミラノ公国：2, 245, 247
　ミラノ大司教領：105
免税渓谷 valli esenti：102
モンフェッラート侯国：61, 66

ユーロ・セントリズム：7 →歴史学
幼児洗礼：72-73, 75

リヴォラ・ボンギ党：145-146
リソルジメント（運動）：233, 240
略奪：143, 147-148, 152-158, 161, 166-167

309

領域国家：1, 8, 11, 91-92, 94, 100, 125, 129-131, 195, 225, 228-229, 230, 234-235, 238, 245-246, 253, 257 →国家
ルネサンス期：59, 91-92, 233-234, 252
　　ルネサンス期領域（地域）国家：11, 56, 86, 92, 96, 234, 245-246 →国家
ルネサンス国家：93, 235, 245-247, 251, 253 →国家
　　ルネサンス国家論：236, 255 →国家論
歴史学→国家論，フェーデ論，紛争論
　近代歴史学：6
　戦後史学：3-6
　日本中世史：8-11
　微視的分析：251
　ミクロストーリア microstoria：2, 6, 10, 134, 249-256
　ユーロ・セントリズム：7
レクトール：33, 48, 68-69, 77
レフェレンダリオ：114
郎党（sequaces）：143-148, 152, 162-165, 168
ローディの平和：231 →平和
ローマ法：68
ロンバルディア皇帝代理：100
ロンバルディア同盟：16-17, 19, 21-23, 27, 30, 36-37, 41, 47, 240

地名索引

Paxiliano：28 →パチリアーノ
Piperia：142
Ulzinate：149

アヴェラーラ：104, 109-110, 144-145, 153, 162
　　アヴェラーラ渓谷：104-105
アクィ：29, 34
アスティ：21-22, 25, 27, 29-30, 34, 36, 38, 41-42, 54
アスティーノ渓谷：190
アッダ川：141, 185, 202
アネジア：160
アマーニョ：190, 208-209, 215-217
アルクァータ：14, 34, 38-39, 41

索引

アルチェナーテ：202, 203
アルツァーノ：160
　　上下アルツァーノ：164
アルデジオ：148, 159
アルバ：29-30, 34
アルバーノ：196
アルビーノ：118-119, 121-122
　　上アルビーノ：159, 164
　　下アルビーノ：159, 164
アルプス：25, 48
　　アルプス以北：230
　　アルプス渓谷部：136
　　アルプス山脈：141
　　アルプス前山地域：98
アルベンツァ山：160, 216-219
アルメンノ：103, 118, 151, 158, 165, 175, 182-185, 187-188, 190-195, 198, 200-204, 207-208, 210-211, 213-216, 218, 220-222, 229
　　上アルメンノ：158, 160, 165, 182, 220
　　下アルメンノ：151, 157-158, 160, 165, 178, 182, 220
　　アルメンノ・サン・サルヴァトーレ：182, 184
　　アルメンノ・サン・バルトロメオ：182, 184
　　アルメンノ教区：189, 200
アレッサンドリア：21-22, 25-27, 29-38, 41-42, 44, 54
イヴレア：28
イゼオ湖：141, 152, 159
イゾラ：142
イベリア半島：230
イマーニャ渓谷：103, 110, 115, 122-124, 141, 143, 158, 160, 162, 164-165, 168, 175, 182, 184-185, 187-194, 197-201, 204, 206-207, 208-209, 212-218, 220, 222, 229
インスラ：151-152
ヴァルセッカ：191, 197, 199
ヴァレンツァ：29, 70, 83
ヴィチェンツァ：22
ヴィッラ・ダルメ / Vale de Lemene：149, 150-151, 160, 165, 178, 189
ヴェデセータ：110, 205
ヴェネツィア：105, 153, 185, 230-231, 237, 239, 242
ヴェネト地方：137
ヴェルチェッリ：21-23, 25, 34, 36, 42-49, 54, 63, 71-72, 78-79, 83

311

ヴェルチェッリーナ：81-82
ヴェルトヴァ：142, 159, 164, 166
ヴェローナ：22
ウビアーレ：160, 200, 214, 222
　　ウビアーレ山：199-200, 213
ウビアーロ地域：177
ウビオーネ山：212-213 →ウビオーネ城
ウルガーノ：103, 202
エミーリア：135
エンディネ湖：159
エンデンナ：142, 147, 150, 159, 189, 200
オーストリア：230
オッリョ川：141, 159
オポロ：197, 212-213, 215
オルモ：143, 159
オロビエ：141
　　オロビエ・アルプス：141

カヴァッリーナ渓谷：141, 158-159
カザーレ：30-32, 54, 61-88, 226
　　カザーレ・サン・エヴァジオ：63, 75
　　カザーレ・モンフェッラート：63
カスティニョーラ：199-200, 214, 222
ガッツァニカ：164, 165
ガッツァニーガ：119, 171
カッツァニコ：119
カプリアータ：34, 38
上アルビーノ：159 →アルビーノ
上アルメンノ：158, 160, 220 →アルメンノ
上コニョーロ：31 →コニョーロ
上セリアーナ渓谷：103, 141, 147, 152-154, 158, 202 →セリアーナ渓谷
上ネンブロ：119
上ブレンバーテ：160, 203
上ブレンバーナ渓谷：106, 112, 143, 146, 200
カモニカ渓谷：141, 152, 154, 158, 163
ガルビアーテ：149, 152, 164
カルヴァローレ山：154
ガンディーノ：119, 142, 154, 159, 196

索 引

ギアーラ・ダッダ：142
キアヴェンナ渓谷：96
キエリ：34
クラネッツォ：160, 212-214
クルゾーネ：142, 147, 152-153, 159
クルツィナーテ：155-156
グルメーラ：149-150
グルメッロ：150-151
グルメッロ・デ・ザンキ：150
クレマ：119
クレモナ：18, 22, 119
グローモ：159
ケリオ川：141
ゴッジャ：159
「ゴッジャ向う」：104-105, 107, 143, 147-148, 159, 163-164, 168
　「ゴッジャ向こう」ブレンバーナ渓谷：107, 111
コニョーロ：31-32, 34, 63
　上コニョーロ：31
　下コニョーロ：31-32
コメンドゥーノ：159
コモ：27, 123, 187
コモ湖：141
コルテヌォーヴァ：23, 117
コルナ・イマーニャ：200
ゴルナンゾーノ：197
コルネッロ：143, 146-148, 159, 164
ゴルノ：153, 155
コローニョ：103, 202

サッシナ渓谷：105, 160, 205, 215, 222
サルツァーナ：110
サルニーコ：103
サロニーコ：202
サン・ジョヴァンニ・ビアンコ：143, 146-148, 159, 164, 200
サン・ピエトロ・オルツィオ：146-147
サン・ペッレグリーノ：105, 147, 159, 189, 200
サン・マルティーノ渓谷：103, 115, 120-121, 141, 158, 160, 162, 164-165, 168
サン・ロレンツォ：163, 168, 170 →サン・ロレンツォ城

ザンクト・ゴットハルト峠：25
ジェノヴァ：20, 21, 27, 34-38, 40-41, 134, 231, 239
ジェローザ：197, 200
ジザルバ：154-156
下アルビーノ：159 →アルビーノ
下アルメンノ：151, 157, 158, 160, 220 →アルメンノ
下コニョーロ：31-32
下セリアーナ渓谷：103, 119, 171, 202 →セリアーナ渓谷
スカルヴェ渓谷：105, 111-112, 147, 158
スカンツォ：155
スタビーナ渓谷：141
スタベッロ：148, 151, 160, 211-212
ストロッツァ：207-209, 217-218
スペイン：230
聖アントニオ小教区：200
聖オモボーノ小教区：197
セドリーナ：151, 160, 165, 178, 212-214
セリアーナ渓谷：103, 121, 142, 148, 158-159, 164, 168, 185
　上下セリアーナ渓谷：202
セリーナ渓谷：141
セリーノ：191, 197-198, 200, 206, 209
セリオ川：141, 159
ソアレ：163, 168
ソヴェレ：142, 152, 159
ゾーニョ：147, 150, 159, 160, 164, 189, 200, 212
ソニカ：149
ソリゾーレ：151-152, 159-160, 166, 177-178, 210
ソンゾーニョ：147, 159

タレッジョ：109-110, 144, 162, 168, 202, 218
　タレッジョ渓谷：103-105, 109-110, 141, 143, 160, 205, 215, 218, 222
　　タレッジョ・アヴェラーラ渓谷：107, 111, 112
　　タレッジョ・アヴェラーラ：113
チェピーノ：197-198, 206-207, 209, 217
チェレーテ：142
ディオンゴ：151
ティロル：230
テゲーティス渓谷：151

索引

テストーナ：34
デゼンツァーノ：159
テッリーナ渓谷：96, 136, 141, 183
ドゼーナ教区：200
トリノ：30, 34, 41, 54
トルチェッロ：31-32, 34, 63, 83
トルトーナ：21, 34, 39, 40-42, 44
トルナゴ渓流：218
トレヴィーゾ：22
トレヴィーリョ：104-105
トレスコーレ：116-117, 142, 159, 165, 172, 174, 202
　　トレスコーレ渓谷：103

ネンブロ：159, 164
ノヴァラ：23, 27, 47, 49

パヴィア：18, 29, 43-47, 155, 157, 162-163
パチリアーノ：28, 63-64, 71-73, 75-82, 84-85, 226
パドヴァ：22
パニッツォーロ：150
パラッツァゴ：115, 187, 189, 191, 192
バルツィッツァ：119
パルマ：18, 95, 135-136
バルリーノ：218-220
ピアチェンツァ：25-30, 35, 43-44, 47, 135, 155
ピアッツァ：143
ピアッツァ・ブレンバーナ：159
ビアンツァーノ：142, 159
ビアンドラーテ：47, 49
ピエモンテ：18-19, 226
　　ピエモンテ州：2
ピッツィデンティ：152
ピネローロ：34
ファラ山：164-165, 169, 170-172
フィレンツェ：93-94, 129, 242
ブエノ山：154
フォレスト：151
フォンタナブォーナ：134

315

フォンドラ：159, 200
ブラーノ：168
フラッシネート：71, 81
フランチジェナ街道：20
ブリヴィオ：123
ブレーシャ：22, 119, 137, 141, 152, 158, 205, 231
ブレッロ：197-198, 200
ブレドリオ：163, 168
ブルサポルコ：117
ブレンバーナ渓谷：103-104, 106, 108, 121-122, 141, 147-148, 151-154, 158-159, 162, 164, 165, 168, 177, 185, 189-190, 200, 202
ブレンビッラ：142-143, 149, 151, 162, 164-165, 168, 175, 177-178, 194, 213-214
　ブレンビッラ渓谷：141, 160, 187, 189-192, 197, 199, 204, 206, 212
　ブレンビッラ渓流：200, 214
ブレンボ川：141-142
ブロルザーノ：149, 152
ベドゥリータ：190, 192-193, 197-198, 200, 216
ベルガモ：18, 90, 98-99, 101, 103-104, 106, 116-117, 120-121, 123, 136-139, 141-145, 148, 150-152, 154-155, 159-160, 163-164, 166-170, 172-173, 179, 183-185, 187-190, 192-196, 201, 208-212, 221-222, 227, 229, 231
　ベルガモ渓谷部：156, 205
　ベルガモ東部：158
　ベルガモ西部：158
　ベルガモ市近郊：158
ベルタッリ：218
ベルベンノ：190, 191, 194, 197-200, 206-207, 212, 215
ポー川：31, 54, 185
ポー平野：18
ボスカンテ：150-151, 160
ボッビオ：27
ボルゴ・アルメンノ：184, 190, 194, 201, 204, 210-211, 214-215, 220-221
ボルトゥッラ：219
ボルドーニャ：147, 159
ボルレッツァ渓流：159
ボローニャ：22
ポンティーダ：120, 123, 165, 170
ポンテラニカ：159-160, 163, 166, 177-178
ボンド：213

ポントレモリ：27

マペッロ：103, 176-177, 189, 203
マルティネンゴ：103-107, 202
マントヴァ：22
ミラノ：2, 18-20, 22, 63, 66, 100, 106, 131, 135-136, 141, 202, 225, 230-231
モッツァニカ：104-107
モデナ：18

ラクソロ：190-191, 199-200, 212
ラコルナ：197
レゼゴーネ山：160
レッコ：123, 160
　　レッコ湖岸：202
レッジョ：18, 95, 136
レッフェ：119
レンナ：159
ロアレ：163, 168
ロヴェレ：142, 152, 159
ロータ：110, 143, 160, 162, 168, 197-198, 209
ローディ：22, 27, 119
ロカーテ：160, 189
ロカテッロ：143, 162, 168, 197-198
ロッシャーテ：155, 160
ロツィオ：154
ロッビオ：44-47, 63
ロマーノ：103, 117-118, 202
ロラスコ：83
ロンカリア：147
ロンコラ：216-217, 219
ロンバルディア：2, 19, 91, 93-94, 135, 157

人名索引

アッヴォカーティ，アルディッチョ：77
アッリゴーニ家：109-110, 143, 168, 198, 202, 205, 209, 211-212, 215, 217-218

アッリゴーニ，故アルベルト：206
アッリゴーニ，アルベルト（故ジョヴァンニ・アッリゴーニの息子）：217
アッリゴーニ，アルベルト・「トーナ」：206
アッリゴーニ，アルベルト・「ベート」：207-209
アッリゴーニ，ヴィタリ：108-110
アッリゴーニ，グリエルモ（イマーニャ渓谷のコンソレ）：204；（グリエルモ・「ベダーナ」）：206-207, 217
アッリゴーニ，ジョヴァンニ：199, 201, 208
アッリゴーニ，ベルトラーモ：209
アッリゴーニ，モンテナーロ：204
アッリゴーニ，ジャコモ：206, 209
アッリゴーニ，レオ：108-109
アネージア（ソッツォー・バッフェーネの寡婦）：194, 207
アミゴーニ家：109-110, 143
　アミゴーニ，ザニーノ：108-109
アリブランディ，パガーノ・デ：162, 168
アルベルト（ヴェルチェッリ司教）：21, 72
アンジュー家：230
　ダンジュー，シャルル：15, 129
イゼオ家：174
インノケンティウス3世：64, 73, 75-76
ヴィオランテ，C.：242
ヴィスコンティ家：2, 61-67, 66, 91, 95, 98-102, 108, 129, 131, 136, 146, 167-168, 172-173, 179, 228
　ヴィスコンティ，アッツォー：100-101, 131
　ヴィスコンティ，ガレアッツォ（2世）：66, 100-101
　ヴィスコンティ，ジャンガレアッツォ：91, 101, 106, 138, 144, 167-169, 172-173, 176, 179, 196-197, 249
　ヴィスコンティ，ジョアンノット：144, 162
　ヴィスコンティ，ジョヴァンニ：100-101, 107, 196
　ヴィスコンティ，フィリッポ・マリア：95, 249
　ヴィスコンティ，ベルナボ：98, 100-101, 108, 110, 116, 121, 138, 196, 198
　ヴィスコンティ，マッテオ：70, 100-101, 131
　ヴィスコンティ，ルキーノ：100-101, 107
ウェルフ家：129
ヴォルペ，G.：241
ウスピネッリ，アルベルト：201
ウスピネッリ，アルベルト（アルベルトの父・カリジモの父）：201

索引

ウスピネッリ，カリジモ：201
ウリオ，ジョヴァンニ・デ：165, 169, 172
オッチミアーノ侯：27, 83
　　オッチミアーノ侯マンフレード：77
オットー3世：63
オットー4世：64, 129
オットカール，N.：234, 241-242
オルデーネ，グリエルモ：219
オルモ家：123
　　オルモ，メルリーノ・デ：141-142

カーネ家：82, 85
　　カーネ，ウベルト：84
　　カーネ，オベルト：81-83
　　カーネ，カッランテ：82
　　カーネ，グイド：78, 79, 82, 85
　　カーネ，ジェラルド：85
　　カーネ，ジョヴァンニ：82
　　カーネ，デルフィーノ：85
　　カーネ，ファチーノ：138
　　カーネ，ジャコモ・アッヴォカーティ：85
ガヴァツェーネ，故アルベルト：219
ガヴァツェーネ，故ヴェントゥリーノ：219
ガヴァツェーネ，ボネット：219
ガヴァツェーネ，マルティーノ（イマーニャ渓谷の）：218
ガヴァツェーネ，マルティーノ（故ヴェントゥリーノの息子）：219-220
ガヴァツェーネ，ルベイ：219

カヴァッリャ伯：71
カヴァネイス家：175, 202
　　カヴァネイス，ノーロ・デ：174-175
　　カヴァネイス，フィーニ・デ：175
カスティリオーネ，ジョヴァンニ：154-156, 168, 170
　　カステッリ，カステッロ：138, 153
カッレート，オットーネ・デル：26
カナヴァーゼ伯：20
カプリノーニ，ベルトラーモ：215
カプリノーニ，ボニファード：215

319

カポンチェッリ家：216
　　カポンチェッリ，アルベルト：216
　　カポンチェッリ，パッシーノ：207-208
　　カポンチェッリ，リッカドンナ（故ピエトロ・カポンチェッリの娘，故レオーネ・カプ
　　　リノーニの妻，ベルトラーモとボニファードの母）：215-216
亀長洋子：237
カルネヴァーレ，ジャコマ（ボンド・カルネヴァーレとジョヴァンナ・カルミナーティの
　　娘）：214
カルネヴァーレ，ボンド：214
カルミナーティ家：123, 175, 177, 200, 202-205, 207, 212-215, 220
　　カルミナーティ家（イマーニャ渓谷の）：212
　　カルミナーティ家（オポロの）：212
　　カルミナーティ家（クラネッツォの）：212
　　カルミナーティ家（ブレンビッラの）：212
　　カルミナーティ家（ベルベンノの）：207, 212
　　カルミナーティ，ヴォレンテラ：213
　　カルミナーティ，ジャコモ：213
　　カルミナーティ，トゥルッシーノ：213
　　カルミナーティ，バイロ：214
　　カルミナーティ，ピエトロ・「グァリーノ」：199
　　カルミナーティ，ピエトロ（故ジョヴァンニの息子）：214
　　カルミナーティ，ピエトロ（オポロの故マッツァの息子）：215
　　カルミナーティ，ピエトロ・ボナフィーデイ：206
　　カルミナーティ，マイフレード：204
ガンベリーニ，A.：95-96, 254-255
キゾラ，ジョルジョ（シニョーレ補佐官）：103, 114-117, 122
キットリーニ，G.：4-5, 57, 92-96, 245-249, 251, 254
ギンスブルグ，C.：249
グァレーニ家：192-194
　　グァレーニ，マスカロ：192-193
　　グアレーニ，オットボーノ：192-193
グイド（ビアンドラーテ伯）：63
グラッシス，アントニオ：204
クリヴェッリ，フランチェスコ：147
クレーロ，ジャコモ・デ：177
グレゴリウス9世：22, 82
グレンディ，E.：251-253, 255
クロータ，ジャコモ・デッラ：151

クローチェ，マンフレード・デッラ：199
ケレスティヌス3世：73, 76
コッレオーニ家：141, 145, 202
　　コッレオーニ，クラリーナ：218

齊藤寛海：3-4, 236, 238
サヴォイア伯：37, 64
佐藤眞典：236
ザニーノ家：109
サルヴィオーニ家：109
　　サルヴィオーニ，コスタンツォ：108-109
サルヴェミニ，G.：241-242, 245-246
サルツァーナ，マスタリーノ・デ：108-109
サルッツォ侯：29
ザンキ家：150
ジェンティーレ，M.：95-96, 135-136, 142, 254, 256
シスモンディ，J.：241
清水廣一郎：234, 236
ジャコモ・「タイェージョ」(故グァリスコの息子)：218-220
シャボー，F.：245-246, 251
ジョーンズ，P.：242-244
スアルディ家：99, 101, 136, 141, 152, 159, 162-165, 168, 171-175, 202, 210, 212, 215, 231
　　スアルディ，アントニオ：211
　　スアルディ，イザベータ：174
　　スアルディ，オノフリオ：141-142, 153
　　スアルディ，グイディーノ：175
　　スアルディ，故グイディーノ：211
　　スアルディ，グイド：176-177
　　スアルディ，コミーナ(アンドリオーロ・ピリス・デ・スタベッロの妻)：210-211
　　スアルディ，ジョヴァンニ：177, 212
　　スアルディ，ゼノーノ：152
　　スアルディ，バルディーノ：141
　　スアルディ，マゾーロ：169, 174
　　スアルディ，ムレット：210
　　スアルディ，ジャコモ：153, 177
スカルヴェ，アロヴィジオ・デ：171
スカルポーニ，ジラルド：197-198, 201
スフォルツァー家：248

321

スフォルツァー，フランチェスコ：224
聖エヴァジオ：63
セルベッローニ家：202-203
ゾーニョ家：202
　　ゾーニョ，ヴェスコンティーニ・デ：175
ソラリオ家：219
　　ソラリオ，エンリコ・デ（公証人）：208
　　ソラリオ，ジョルジーノ・デ：176-177
　　ソラリオ，スッツィーノ：209
　　ソラリオ，マルキーノ：219

高田京比子：237
高山博：239
ダルマゾーニ，ヴェントゥリーノ：213
ダルマゾーニ，ジョヴァンニ：213
ダルマゾーニ，ベルトラーモ：213
ダルマゾーニ，マルコ：213
ダンジュー，シャルル：15, 129 →アンジュー家
チェッラ，ニコラオ・デ：78
チェレゾーリ家：175, 202-204, 208-209, 211, 213, 215, 222
　　チェレゾーリ，アルベルト：198, 208
　　チェレゾーリ，シモーネ：204, 208, 219
　　チェレゾーリ，ジョヴァンニ：213
　　チェレゾーリ，ゾアンノ：204, 208
　　チェレゾーリ，ファキーノ：204, 213
　　チェレゾーリ，フランツィーノ：198, 208
　　チェレゾーリ，ベルトラーノ：213
　　チェレゾーリ，ベルトラーモ：208
　　チェレゾーリ，ベルナルド：208
デ・ズーキ家：177
　　デ・ズーキ，マルキオンド：176-177
デ・ソリゾーレ家：152
　　デ・ソリゾーレ，ファキネート：178
デ・ペゼンティ家（ペゼンティ家）：177, 202-203
デッラ・トッレ家：100, 109, 136, 188, 215
　　デッラ・トッレ，グイド：131
デッラ・ミゼリコルディア，M.：95-96, 183, 254
デッラ・ロッカ，ディーノ：162, 168

索 引

テルツィ，アドロンジーノ：174
テルツィ，アンドリオーロ：174
テルツィ，ニコラオ・デ：168
ドゥニネーニ家：200, 202-203
徳橋曜：93, 238
トルニエッリ，アントニオ・デ：144, 162-163, 168
トレメーリ家：200
ドンナ・ベルタ，アスクレリオ・デ：78

ネフ，W.：247
ノヴァリーズィ，マッフェオ：214

ハインリヒ5世：85
ハインリヒ6世：20-21, 25
ハインリヒ7世：101
バッフェーネ家：194, 207
　バッフェーネ，ソッツォー：206-207
　バッフェーネ，レクペラート：191
　アネージア（ソッツォー・バッフェーネの寡婦）：194, 207
ビアンドラーテ伯：20, 22-23, 47-49
　ビアンドラーテ伯グイド：63
　ビアンドラーテ伯ライネリオ：26
ピゾーニ家：175
　ピゾーニ，ガテッロ：175
　ピゾーニ，ボノーモ：174-175
ビッキエリ，マルティーノ：28, 29
ピリス家：202-204, 209-211, 215, 217, 222
　ピリス，ヴェントゥーラ：204
　ピリス，ヴェントゥリーノ：206, 209-210, 215-216
　ピリス，シモーネ：184, 194, 204, 210, 212-213
　ピリス，ジョヴァンニ（トデスキーノ・ピリスの息子）：151, 210
　ピリス，ジョヴァンニ：184, 194, 204, 210, 212, 218
　ピリス，ジラルド：218
　ピリス，トデスキーノ：151, 210
　ピリス，ドノーラ：211
　ピリス，ピエトロ：194, 209-210, 218
　ピリス・デ・スタベッロ，アンドリオーロ：211
　ピリス・デ・スタベッロ，バッシアーノ：211

ファキーノ（アマーニョの故マルティーノの息子）：209, 215
ファキーノ（ロンコラの）：216
フィーネ, アラマニーノ・デ：141-142, 159
ブスカ侯：29
ブスコ侯：29
ブスコ, グリエルモ・デ：26
プテオ, ステファノ・デ（イマーニャ渓谷代官）：122-124
フランチスキ, ピエトロ（下セリアーナ渓谷代官）：118-119
フリードリヒ1世（バルバロッサ）：15-17, 19, 30, 63, 240
フリードリヒ2世：21, 49, 64, 129
ブルクハルト, J.：2, 245
ペゲーラ, ペリツィア・デ：108-109
ペゼンティ家：151, 175, 177, 200, 202-203
　ペゼンティ, ジョヴァンニ・ルーパ：199
　ペゼンティ, ビゼゴット・デ：177
ベッラヴィータ家：109
　ベッラヴィータ, バローノ：109
ペッルコ, カリステル：83
ペッルコ, グリエルモ：83
ペッルコ, ブリチオ：81, 83
ペッルコ, ライモンド：83
ベネディクト, オットボーノ・デ：77
ペラヴィチーノ, オベルト：15
ベルゴンツィ家：202-204
　ベルゴンツィ, ボーノ・コベッリ：204
ホーエンシュタウフェン家：129
ボニファード,（リッカドンナの息子, ベルトラーモの兄弟）：205
ホノリウス3世：64
ボンギ家：99, 136, 141, 162-163, 165-166, 168, 173
　ボンギ, アサンドリーノ：151
ボンドノ, ロジェリオ・デ：77

増田四郎：3, 234
マッフェイス家：147, 151, 159
マラスピーナ侯：27
　マラスピーナ侯グリエルモ：30, 44
マラテスタ, パンドルフォ：114, 138, 212
マリーア, アンブロージョ：115, 121

索引

マンデッロ，マンゾーノ・デ（下セリアーナ渓谷の代官）：124
三森のぞみ：238
ムーゾ家：177
　ムーゾ，アキーレ・デ：176
　ムーゾ，トノーロ・デ：177
ムッスィ，オプランド：217
ムッスィ，オモボーノ：217-218
ムッスィ，ジラルド：217
モジータ，ジャコモ・デ：176
モジータ，ジョヴァンニ・デ：177
森田鉄郎：233-234, 236
モローニ家：200
モンテロンゴ（教皇特使）：23
モンフェッラート侯：15, 20, 22, 24-25, 27-29, 37, 42-43, 64-66
　モンフェッラート侯（アレラミチ系）家：65
　モンフェッラート侯グリエルモ4世：31
　モンフェッラート侯グリエルモ7世：64-65
　モンフェッラート侯コッラード：63
　モンフェッラート侯ジョヴァンニ・パレオロゴ：66
　モンフェッラート侯テオドロ・パレオロゴ：65
　モンフェッラート侯ボニファッチョ：21, 83

ヨーハン（ベーメン王）：101

ラッジョ，O.：134, 251, 253
ランツィ家：172, 174, 202, 210
　ランツィ，ヴィスカルディーノ：174
　ランツィ，ピエトロ：174
リヴォラ家：99, 118, 136, 141, 162-163, 165-166, 168, 173, 202
　リヴォラ，レクペラート：117
ルーポ，オットー：81-83
ルーポ，カルデラ：82
ルーポ，マンフレード：81
ルーポ，ルフィーノ：78-82, 84
ルーポ，ロランド：80-81, 83-84
ルキウス3世：72
ロアリス，アンドリオーロ・デ：175
ロータ家：123-124, 198, 202-203, 205, 212, 214, 217, 220

ロータ，ジョヴァンニ：217-220
　　ロータ，ジョヴァンニ（故モンテナーロ・グァリノーニの息子）：214-215
　　ロータ，メルロ・デ：122-123
　　ロータ，モンタナーロ・グァリスコ：220
ロカテッリ，マルティーノ・ボナデイ：206
ロカテッリ，ラケイ・エンリコ：206
ロカテッロ家：124, 202-203, 205, 207
　　ロカテッロ，ザンボーノ：191
　　ロカテッロ，ザンボーノ「ザブエッロ」：207
　　ロカテッロ，トーパ・デ：122-123
ロタリオ（ヴェルチェッリ司教）：73, 75
ロッシ家：95
ロッビオ，グイド・デ：45-47
ロマーノ，エッツェリーノ・ダ：15, 23
ロマニャーノ侯：20
ロモーニ家：143

著者紹介

佐藤公美（さとう・ひとみ）

1973年　山形県生まれ
1996年　京都大学文学部史学科卒業
2006年　京都大学大学院文学研究科博士後期課程歴史文化学研究指導認定退学
2008年　京都大学にて博士（文学）の学位を取得
2012年　ミラノ大学にて dottore di ricerca in Storia medievale の学位を取得
　　　　ブルーノ・ケスラー財団イタリア・ドイツ歴史学研究所（Fondazione Bruno Kessler, Istituto storico italo-germanico）共同研究員
現在　甲南大学文学部准教授

代表論文
「コムーネと広域秩序 ── 一二・三世紀ロンバルディア・ピエモンテの都市間仲裁制」『史林』83巻5号，66-102頁，2000年。
「中世北イタリア《準都市》共同体の形成と発展 ── カザーレ・モンフェラートと在地紛争」『史林』89巻2号，36-67頁，2006年。
「一四世紀ヴィスコンティ国家下ベルガモにおける代官と代官区」『史林』90巻3号，1-34頁，2007年。
Fazioni e microfazioni: guelfi e ghibellini nella montagna bergamasca del Trecento, in «Bergomum», 104-105 (2009-2010), pp.149-169.

（プリミエ・コレクション 20）
中世イタリアの地域と国家
── 紛争と平和の政治社会史　　　　　　©Hitomi Sato 2012

2012年10月20日　初版第一刷発行

著者　　佐藤　公美
発行人　檜山爲次郎
発行所　京都大学学術出版会
　　　　京都市左京区吉田近衛町69番地
　　　　京都大学吉田南構内（〒606-8315）
　　　　電話（075）761-6182
　　　　FAX（075）761-6190
　　　　URL http://www.kyoto-up.or.jp
　　　　振替 01000-8-64677

ISBN978-4-87698-224-0
Printed in Japan

印刷・製本　㈱クイックス
定価はカバーに表示してあります

本書のコピー，スキャン，デジタル化等の無断複製は著作権法上での例外を除き禁じられています。本書を代行業者等の第三者に依頼してスキャンやデジタル化することは，たとえ個人や家庭内での利用でも著作権法違反です。